# 八十文存

## 大時代中的史家與史學

陳三井——著

作者八十初度（2017年3月攝於山東旅次）

1912年上海出版的月份牌畫，慶祝辛亥革命成功，圖中人物為國父（中）、黃興（左）、黎元洪（右）。（參閱第三輯史述第一篇：再現世紀風華）

1895年甲午戰爭失敗，法國畫報插圖，顯示中國版圖任列強宰割。（參閱第三輯史述第一篇：再現世紀風華）

朱德群膺選法蘭西藝術學院院士留影。（參閱第
四輯史憶第十一篇：朱德群的繪畫人生）

作者與兩位內蒙古摔跤選手暨兩位美女合影。（參閱第三輯史述第五篇：內蒙草原行）

作者攝於抱犢寨。（參閱第三輯史述第六篇：天下奇寨：抱犢寨）

西柏坡五大書記塑像。（參閱第三輯史述第七篇：毛澤東的1949）

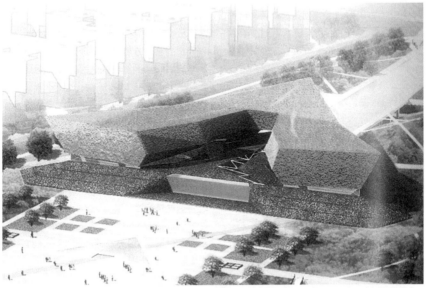

武漢辛亥革命博物館外觀示意圖。（參閱第三輯史述第二篇：首義之城，魅力武漢）

作者（右）與梅理事長合影（參閱第
四輯史憶第八篇：梅培德與華僑協會
總會）。

華僑協會總會理長梅培德。（參閱：
同上）

近代史研究所創辦人郭廷以先生（參
閱第四輯史憶第一篇：經師易得，人
師難求）

# 代序／歡歡喜喜　迎接八十

　　我是一個務實而達觀的人，無論生活或工作總以「盡人事而後聽天命」為憑，常抱「船到橋頭自然直」、「水到渠成」的態度，較缺乏古代文士「人生不滿百，常懷千歲憂」的襟懷。因為，論天下事、國事，自有政治人物去操心、去操煩、去操勞，何勞我們一般人微言輕的市井小民來置喙，甚至越俎代庖！當然，我也並不完全贊成時下若干「名嘴」在電視台節目中自以為是耍嘴皮式的治國高調。而家事有學商的太座一肩獨挑，從開門七件小事至投資理財置產大規劃，她都比我高明，我也樂得清閒少過問。我唯一關心的是個人的治史研究工作和舞文弄墨的筆耕生涯。

　　做為一位需要不斷開發新題目、挖掘新材料的史學工作者，我給自己訂下的最低目標，那便是人生不留白。因此之故，不停地撰寫長短不拘的大小文章，努力不懈地發表論文，經常參加海內外學術研討會並提交報告，成為佔滿我這一生的日常功課，這也是個人自知別無一技之長勉強能做的唯一工作。

　　「文章千古事，得失寸心知」，再怎麼說，拿筆桿的人（現在則是打電腦較快），甚少有人不珍惜自己過往一點一滴的辛苦成績，而不把這些不管能否登大雅之堂，能不能獲得讀者共鳴共賞的敝帚自珍之作當成寶貝一樣，而適時的結集成書出版，並引為平生最快慰而有紀念意義的一件事。我曾說過，論文集的出版，一者便於今日同道以及後之來者查閱檢索和參考，一者也是為自己留下一面隨時可以省思、向上奮發的明鏡。

　　退休以來，我感到「諸法皆空，悠遊自在」，多輕鬆，多快意！在此，我要珍惜和感恩，提出四點感謝：

　　首先，我要感謝服務近四十年的近史所，讓我繼續保有書滿為患的一間研究室，還有一台可與外界互通聲氣的電腦，讓我有機會遊走在中研院幾個社會人文所圖書館、檔案館，和浩瀚如海的史料與堆積如山的書本常相為伍，心無旁鶩的馳騁遨遊。年屆八十，仍然有班可上，有地

方可去，一切要感恩，更要惜福！

　　其次，我要感謝華僑協會和《僑協雜誌》，在我與它結緣的三十多年間，承歷屆編輯委員的鞭策和鼓勵，雜誌變成我傾吐心聲、發表文章的最佳園地。

　　再其次，我要感謝林弘毅先生，他在政大攻讀史學博士期間，願意屈就我的兼職研究助理，一手承擔輸入、校訂、編排、電傳所有文稿的工作，既熟練又盡職，功德圓滿。在我退休之後能夠年年有成果，繳出自己尚稱滿意的成績單，弘毅功不可沒。

　　最後，我還要感謝秀威資訊公司和它的傑出編輯群。一個偶然的機緣認識了秀威主編蔡登山，透過他的推薦和成全，十幾年來秀威為我出版了九本性質不同的書籍，從專書、資料彙編、論文集到開會旅遊小品，堪稱琳瑯滿目。秀威擁有最先進的POD印刷機器，出書快而兼具品質，雖然行銷網可能不及若干知名且具規模的出版社，卻滿足了我不必捧著豬頭到處找廟祭拜的痛苦。除個人的作品外，秀威也為華僑協會總會出版了《吳鐵城與近代中國》、《海外華人之公民地位與人權》、《何宜武與華僑經濟》、《吳鐵城重要史料彙編》（上下兩冊）等書，雙方合作愉快。

　　轉瞬年滿八十。自知爬梳原始材料的精力已不再，現在所能做的只是拭拂歷史塵埃的一些輕鬆工作。收在本書的文章，區分為史評、史譚、史述、史憶和史論五輯。望文生義，「史評」乃讀他人撰史之作的心得，可視為《四分溪畔讀史》的續篇；「史譚」係生活與工作中的偶得戲作，難登大雅之堂，或可博讀者茶餘飯後一粲！「史述」則是參觀古蹟盛景之作，旨在存真留念！「史憶」多為個人追憶前賢、師友的文章，結集在一起，可以擺在案頭，隨時見面增加思念，彷彿他們並未離開塵世一樣。最後「史論」的九篇嚴肅的學術性論文，都是七十歲之後至八十歲之前的新作，其所以一並收錄，用意在便於隨時查閱，不致有日久散佚之虞！

　　本書內容既以「五史」（史評、史譚、史述、史憶、史論）為主軸，亦摘取若干位名史學家的部分剪影，故為順應潮流，書名乃大膽的冠上《大時代中的史家與史學》，以彰其盛，並做為筆者八十初度之紀念。

　　出書，對個人而言，永遠是一件快樂的事情。最後，敬祈海內外諸同道友好暨知己不吝賜正。是為序。

陳三井謹識於南港中研院近史所

2017年3月

# 目次
## CONTENTS

## 217 │ 第五輯　史論

# 第一輯　史評

# 蔣介石的親情、愛情與友情

書　　　　名：《蔣介石的親情、愛情與友情》
策劃、導讀：呂芳上
作　　　　者：王奇生、江朝光等9人
出　版　者：時報文化公司
出　版　時　間：2011年3月
頁　　　　數：285頁
定　　　　價：新台幣300元

## 一、一部創新的傳記書寫

　　莎士比亞曾說：「有些人生來就偉大，有些人成就偉大，還有些人不得不偉大。」隨著《蔣介石日記》的開放，蔣介石傳記不但如雨後春筍般出現，有關蔣介石傳記的書寫也逐漸在改變。根據本書策劃呂芳上教授的說法，過去有關蔣傳的書寫，大約可歸納為三個寫法、四個觀點。先談寫法，形態上，一是偉人傳。在黨國體制下，這樣的歷史很可能變成宗教史，即使有各種新資料出現，書寫方式也容易浪漫化，滑向「民族英雄」、「愛國主義者」、「開明專制者」。二是揭密式的記載，近於坊間稗官野史，或以政治理由主導無稽的內容；時過境遷，往往成為廢紙一堆。三是工具性的年譜、年表、長編、事略，多少提供治史研究的基礎，但內容中不無隱含春秋微言大義。

　　次談四個觀點，一是一種價值批判與態度，稱之為塑造「偉人」型，往往有神化、製造偉人的時代背景和條件；二是反對型，來自敵人或權力競爭陣營，對人物生平作全面或分割式的肯定或否定，近乎政治評論；三是「成王敗寇」為準則的品評法。以上三種都犯了一個毛病，只讓一部分史料說話，而不讓另一部分史料說話。第四是為做出不平凡事業之「凡人」立傳者，是走出威權時代，為社會民主化、自由化之後，最有可能的書寫重要人物的方式。1980年代以後的台灣，有這個條

件，也有這個傾向。這種研究與書寫的新方式，正悄悄地到來，而且已經逐步開始。

本書以蔣的人際網絡為研究對象，亦包含蔣個人性格、內心世界、處事方法、治術及謀略，並探討蔣的親情、愛情與友情的各個面向，反映了蔣個人的奮鬥史，更構成了波瀾起伏、複雜多變的民國史重要內涵。

## 二、親情──從孤兒寡母到孤家寡人

由北京大學歷史系教授王奇生所撰寫的這篇文章中，特別強調，在蔣的童年記憶中，孤兒寡母，孤苦伶仃，孤立無援。寡母是唯一可敬可信的人，其他人都不可信賴。正因為從小缺乏對人的基本信賴，養成他成年以後幽暗多疑的心理和性格。《蔣介石日記》中經常慨嘆，質疑友朋、同志、部屬之間的忠誠、信任、友愛之不可靠。

蔣介石曾說：「天下事之難，莫難於用人及用於人也。」從蔣早年成長的經歷，作者也分析了他在這方面的作風。陳英士是蔣離開寡母步入社會後，所結識的第一位關照和提攜他的人。由於得到陳英士的充分信任和賞識，蔣盡心竭力為他驅馳效命，甚至挺身而出暗殺了陳的競爭對手陶成章。因為從小失怙的蔣介石，從這位同鄉大哥身上找到了一種近似父愛的情感。

陳英士死後，蔣逐漸與孫中山建立起比較直接的關係，以孫中山為師，不僅渴望孫中山如陳英士那般充分信任他，還要求黨內其他同志也像陳英士那樣容忍他、體貼他。1922年陳炯明叛變前，蔣經常到廣東協助陳，蔣陳交往，互珍互惜，粵變之後，蔣即以「中師」之敵為敵，未嘗改變。

蔣介石用人，最重忠誠，然而卻少有人長久不變地受到他的信任。對上、對下、對同輩，他又常懷疑忌，防患太過。親信如陳立夫，在晚年回憶錄中亦感嘆「蔣公好使部下力量對立」。同樣是擁蔣派系，蔣有意讓CC系、力行社、政學系三足鼎立。抗戰時期之成立三青團，又有意使黨、團相互制衡。特務系統也是中統、軍統雙軌。之所以如此，是因為對部下信任不專，有意使部屬之間相競相成，相剋相生，從相互制衡中達到駕馭的目的。從孤兒寡母，到孤家寡人，任何人都不可信賴，想不獨裁也難。

論蔣介石的用人，尚收有金以林（中國社會科學院近代史研究所研究員）的〈蔣介石的1932年〉一篇文章。

親情單元，尚有汪朝光的〈戰時蔣介石和孔祥熙〉和林桶法的〈親族關懷〉兩篇文章，限於篇幅，均不贅述。

# 三、愛情——一王四「后」

在蔣介石的感情世界裡，依可靠記載，有四位女性伴侶，即毛福梅、姚冶誠、陳潔如、宋美齡。毛福梅是髮妻，元配夫人；姚冶誠是妾婦，如夫人；陳潔如是良伴，也算是如夫人；宋美齡則是明媒正娶，最後的蔣夫人。她們都陪伴蔣介石度過一段生活，然而在他的心目中，她們的地位和分量卻有輕重高下之別，也有著愛恨情仇的不同際遇。

在這個單元裡，收錄了兩篇文章，一是邵銘煌（中國國民黨文傳會黨史館主任）的〈蔣介石的愛與恨〉，二是羅敏（中國社會科學院近代史研究所副研究員）的〈蔣介石筆下之情愛世界〉。兩篇文章對於蔣介石的愛情生活都有忠於史實的描繪，茲略作綜述。

蔣與元配毛氏的婚姻，因奉母命成婚，毫無感情基礎。蔣對毛氏之憎恨與厭惡，甚至到了聞見其「人影步聲，皆足刺激神經」的地步。為了追求精神上的幸福，不惜頂撞母親，不顧親戚反對，終於與毛氏離異。

1911年蔣介石居上海，與姚冶誠相識，翌年納為側室。姚冶誠原是上海妓館中的娘姨，花名怡琴，小名阿巧。蔣姚結合之初，兩人感情堪稱「甚篤」，但到民國8年以後，據蔣日記記載，他們的感情已到了尖銳衝突的地步，侍妾變為「悍姜」，其表現大體有幾方面：一是蔣介石恨姚冶誠嗜賭成性；二是蔣介石惱姚冶誠不關心體貼，甚至連他生病住院還去糾纏，增加煩惱；三是怒姚冶誠出言尖利，缺乏教養。蔣本有意與姚氏分居，但考慮再三，還是聽朋友的勸說，繼續維持同居關係。直到蔣與宋美齡結婚，才正式公開宣布脫離關係。

蔣介石外表堅毅，很怕內心空虛，所以身邊總需要好女伴。而在追求幸福婚姻與美滿家庭生活的驅使下，不斷尋求理想伴侶。陳潔如與宋美齡，是國民黨同志眼中認可的蔣夫人。

1921年，蔣介石經張靜江夫婦介紹，結識了陳潔如。陳潔如原名陳潞，曾就讀愛國女學。不久，由張靜江證婚，娶為第二側室，儀式雖不

隆重，但也並非如蔣以後所說的「本無契約」。其後陳潔如在廣州經常隨蔣出入交際場所，參與社會活動，故與國民黨上層人士的接觸也多。惟相處一久，齟齬必生，兩人關係，到了1925年發生變化。時愛時憎，亦愛亦憎。蔣除了懷疑陳潔如出軌不忠外，對她的生活態度及治家無方，亦頗有怨言。更重要的是，自1926年6月蔣與宋美齡見面後，對陳氏不滿更多。

蔣介石遇到宋美齡，在蔣的感情世界裡發生天旋地轉的變化。1927年12月1日，蔣宋在上海大華飯店舉行世紀婚禮，到場觀禮來賓千餘人，民眾爭睹於道，極一時之盛。在蔣介石筆下，與宋美齡的戀情是「情緒綿綿，相憐相愛」，並由衷地感嘆「惟此稍得人生之樂也」。在蔣的眼中，新娘美齡宛如「雲飄霞落」，「平生未有之愛情」，令他陶醉不已，更有不知「身置何處」之感。新婚燕爾之際，蔣「在家與愛妻並坐擁談，乃知新婚之蜜，非任何事所可比擬」。宋美齡家世好，條件出眾，且善解人意，體貼備至，關心人群，熱愛國家，表現卓爾不凡，從此成為「永遠的蔣夫人」。蔣介石幾度尋尋覓覓，終於找到理想伴侶，並以之為「惟一之妻」。

## 四、友情──人際網絡千千結

從人際網絡的角度，可以介紹的有三篇論文，即黃道炫（中國社會科學院近代史研究所研究員）的〈君臣師友之間──圍剿期間的蔣介石與陳誠〉、劉維開（政治大學歷史學系教授）的〈蔣介石軍事方面的人際網絡〉、楊維真（中正大學歷史學系副教授）的〈蔣介石的地緣關係〉。

前兩篇文章，側重蔣介石的軍事人脈。黃文指出，蔣介石一生，用人無數，有始有終者，首推陳誠。蔣對陳誠的期待、信任和培植，超乎常人。1930年代，蔣介石展開對中共的數次圍剿，陳誠在圍剿中發揮了重要作用。圍剿期間，蔣、陳之間互動尤多，透露出兩人介乎君臣師友間之複雜關係。

陳誠是國民革命浪潮中成長起來的青年將領，他效忠於蔣，但也比較敢於向蔣提出不同的意見。兩人的互動，不乏磨合和齟齬，但蔣並沒有因為陳常持不同的意見而影響對陳的信任。作者從陳誠在這期間寫給夫人譚祥的家書中找到了論述蔣陳關係的好材料。舉例而言，1930年代

前後，陳誠對於蔣介石追求無上權力的心態不無察覺，內心也期期以為不可。1933年5月，因第四次圍剿遭遇挫敗，陳誠致函蔣介石請辭，並在家書中明確談到：「今日之社會，沒有武力不能確保和平，單純以武力保障和平，仍有走上獨裁政治之危險。」作者認為，國民黨內有陳誠這樣一批人的存在，在相當程度上制約著蔣介石走向過度集權。

民國以來，陸軍的派系複雜，劉文除了探討蔣介石與保定、士官、黃埔等不同軍系領導者之間的關係外，也注意到了蔣與結拜盟兄弟之間的互動關係。根據蔣日記所得，蔣氏的結拜兄弟除了早期的陳英士、黃郛外，尚有邵元冲、朱培德、李宗仁、馮玉祥，後三人均為蔣氏掌握軍權後所結交的軍系領導人，或可視為經營軍中人際關係的一種模式。

朱培德，雲南人，出身滇軍，北伐前後曾任國民革命軍第三軍軍長、江西省政府主席，與蔣的關係大致良好，朱對蔣服從，蔣對朱信任。蔣對於朱的個性雖然有「消極、守成、無勇氣」等批評，但卻十分肯定他的才能，認為是政府官員中的賢才、幹才。

馮玉祥，字煥章，安徽人，原屬北洋系中的直系，後率所部加入中國國民黨，響應國民革命軍北伐。1928年2月18日，蔣馮二人結拜為兄弟，蔣氏送給馮的譜書寫道：「安危共仗，甘苦同當；海枯石爛，死生不渝。」馮送給蔣的譜書寫道：「結盟真意，是為主義；碎屍萬段，在所不計。」

傳統中國鄉土觀念濃厚，俗云：「人不親土親」，地緣關係對人際的交往與拓展甚具影響。楊文指出，在蔣介石的地緣關係中，留學日本階段及上海時期，多與士官學校同學及江浙人士往來，尤以浙江同鄉最為密切。其後，隨著蔣介石權力攀上高峰，浙籍人士也水漲船高。黨政方面有邵元冲、陳果夫、陳立夫、朱家驊、陳布雷、張其昀等；軍政方面有蔣鼎文、陳儀、陳誠、湯恩伯、胡宗南等；特務方面有徐恩曾、陳立夫、戴笠、毛人鳳等。較為特殊的是，蔣的近衛系統幾乎皆由浙江子弟充任，構成一支絕對效忠於蔣的重要武力。

在廣州時期，蔣開始擴大其地緣關係，除與粵系人物如胡漢民、汪精衛、孫科等粵系人物往來外，因掌握軍校之故，須向全國徵才，軍校師生來自全國各地，不但打破地域觀念，也頗有利於日後以國家領袖的身分治理全國。南京時期，蔣以國家建設所需，求才若渴，其徵才早已突破江浙地緣關係，真正擴展至全國範圍。抗戰時期，政府內遷重慶，西南成為抗戰大後方，蔣介石與西南地方關係進入更緊密，也更複雜的

階段。台灣時期，蔣以台灣作為反攻復國的新基地，雖發表浙籍的陳誠為台灣省主席，卻訓勉陳誠「多方引用台籍學識較優，資望素孚之人士，參加政府」，並「培植台灣有為之青年與組訓」。這也是政府後來起用台籍青年才俊的張本。

——原載《僑協雜誌》，第130期

# 蔣中正總統五記

書　　　名：蔣中正總統五記
總　策　劃：何智霖
編　　　輯：黃自進、潘光哲
出　版　者：國史館
出版時間：2011年12月
頁　　　數：《困勉記》上下二冊，975頁；《省克記》，252頁；《游記》，165頁；《學記》，325頁；《愛記》，327頁。
定　　　價：新台幣1,600元

　　國史館舉辦《蔣中正總統五記》新書發表會，並邀請蔣中正總統舊屬包括前侍衛長郝柏村、監察院前院長錢復、前新聞秘書楚崧秋、總統府前副秘書長張祖詒、前侍衛樓文淵、蔣家牧師周聯華等發表談話，同時安排學者張玉法、黃克武、呂芳上、劉維開、何智霖、許秀孟等座談，分就《五記》的內容發表意見，進行導讀。國史館館長呂芳上表示，《五記》的出版，是民國史研究的一大盛事。誠然，在《蔣中正日記》尚未獲得授權出版之前，《五記》的發行，確實發揮了讓台灣史學界「止渴」的作用，藉此對《蔣中正總統五記》的內容稍做介紹，應為讀者所樂見。

## 一、何謂《五記》？

　　抗戰時期，陳布雷主持「事略稿本」編纂工作，蔣同時命奉化同鄉王宇高、王宇正，依照過往名人模式，輯錄日記內容，概分為五類，可名為「五記」。
　　《五記》即《困勉記》（上下二冊）、《省克記》、《游記》、《學記》、《愛記》五種摘錄自蔣日記內容，分類編輯而成的一種抄本。問題在於，《五記》摘錄的內容並非原文照抄，而是有所潤飾或增

刪，有些則不見於日記原本，而是引錄其他始料來源。

《五記》係採編年體而成，摘取《蔣中正日記》的精華，批露其個人性格、家庭生活、讀書游歷、感情故事、交友應酬、社會觀察、國之大事等種種公私紀錄。從這些豐富史料的出版，研究工作者可以從中勘磨、爬梳作出研究成果，讓歷史人物重現在歷史現場，將蔣中正還諸歷史的本來面目，讓人們更認識民國史。

# 二、《困勉記》史料價值高

《困勉記》（起訖時期1902-1943），記述蔣氏個人奮力以爭，艱苦求進的事蹟以及處理黨政事務之心跡，82卷分上下兩冊，都975頁，數量最多。

《五記》之中，當以《困勉記》史料價值最高。書中對若干人物的批評頗有顛覆歷史的震撼，茲舉對胡適的觀感為例。國際間對中國政府任命胡適為駐美大使一事，備加讚揚，認為是明智之舉，甚至連日本的輿論都說：「日本需要派出三位精幹使者，才能抵得住一個胡適。」可見胡適名望之崇隆。而胡在四年多的任期中，由於他和羅斯福總統始終保有極為親密的私人友誼，能夠受到許多特殊的禮遇，因之中美關係的各種交涉，包括桐油借款等都能順利推動，使我對日作戰獲得極大財政支援。此外，胡在任內經常到全美各地演講，解說中國政府抗日戰爭的決心和艱辛，因而獲得美國民間廣大的支持，促使美國政府對於日本採取不妥協的態度，直到1941年12月日本突襲珍珠港，中美兩國成為盟邦，中美關係更為緊密。1942年9月胡適辭卸大使，可謂不辱使命。

令人訝異的是，蔣在《困勉記》中有多處對胡表示不滿，甚至有不屑的言詞。如1939年9月11日說：「胡適、楊杰（駐蘇）太不成事，應速更調。」1942年10月25日於接見自美返渝後的宋子文曰：「胡適乃今日文士名流之典型，而其患得患失之結果，不惜藉外國之勢力，以自固其地位，甚至損害國家威信，亦所不顧。彼使美四年，除為其個人謀得名譽博士十餘個以外，對於國家與戰爭，毫無貢獻，甚至不肯說話，惟恐獲罪於美國，而外間猶謂美國之不敢與倭妥協，終至決裂者，乃彼之功。幸於此次廢除不平等條約以前，早予撤換，否則，其功更大，而政府令撤更為難矣。嗚呼！文人名流之為國，乃如此而已，真可歎也！」蔣的這番話，儼然是宋子文的口吻，顯然受宋的影響甚深！當道的定評

與輿論的風評，落差竟然有如此之大。

## 三、《省克記》——人格修持記錄

《省克記》（起迄時間1915-1943）係摘錄《蔣中正日記》「雪恥」項內容及書寫自我反省和克己修身之語句而成，凡24卷。蔣個人道德要求高，並常引宋明理學作為克己修身的功夫。

他每日一省，每星期一省，每月一省，乃至一年一省，不勝枚舉。例如：1939年1月1日，反省上星期事，曰：「對人對事，多操切發怒，修養不足，日見退步，戒之！以後一切，應以靜敬處之！」2月4日，反省上星期曰：「心神憂慮，且帶機心，疑人忌人怕人，幸能省察修養，尚以寬裕之時為多耳。」再如同年1月31日，反省本月事，曰：「以人之態度涼熱，或恩怨之見，而轉移我之憂樂，此種心理，乃最近之大病也，應特別矯正之！只問我心之公私是非，而不必競競於恩怨利害，只要我能積極於今日之進取，則明日之禍福成敗，何必作杞人之憂哉？但須時時謹慎，處處戒懼，事事有備，尤須切戒暴戾、忿怒，勿使自棄自餒，修身養心，自勉自強可也。」又如1938年12月31日，反省本年一年事，曰：「德行進步甚少，修養不足，暴戾未減，二十年來，每日靜坐二次，至今反覺退步；惟信仰上帝之心益篤，禱告無間，對人民與所部，皆以至誠出之，差足自慰耳！」

## 四、《游記》——遊歷聞見紀錄

《游記》（起迄時間1892-1942），係摘錄日記中之遊歷記事及所思所想而成，凡14卷。

蔣中正先生喜歡旅遊，足跡遍及全國。他喜歡旅遊，不外三個理由：（1）藉行軍之便，遊山玩水，觀賞美景為樂；（2）藉旅遊順便考察國防地理及民情風俗；（3）藉出遊時間，或修改重要文稿，或構思黨政外交大事，或透過遊歷所見，提供觀光開發參考。

俗云：「讀萬卷書，行千里路」。遊歷之助益，蔣本人在日記中頗能心領神會，例如：

1939年9月28日，在三泉公園溫泉別墅聽秋樓構思擬稿，曰：「手擬斥汪稿，已成輪廓，思維已能深入，乃知心神得山水之助，休養漸復

矣。」

同年11月3日，遊福嚴寺，坐山樓靜思，曰：「思慮清晰，於外交形勢、內外政策、黨務、行政，皆深入有得，此居山林而心身逸豫之益也。」

1940年1月2日，坐黃山雲岫樓構思，曰：「對俄外交，對倭戰局，從容研究，乃知居山中而心身逸豫，得益甚大也。」

而遊歷之功效，蔣特別總結說出：「凡余所經游之地，無不時時念之，尤以自北平跨八達嶺，越長城，經宣北、張北、大同，而至歸綏一段游程，至今雖相隔已有五年，而腦海歷歷，如在目前。此種錦繡河山、民族遺產，何能何棄尺寸與片刻也；倭寇乃欲強佔而有之，其可能乎？如余當民國23、4年時，不遍歷西北西南，亦不知我國力之雄厚與偉大，恐不能決定抗戰之大計，因此更知遊歷之功效，較任何努力為大也。」

# 五、《學記》——讀書學習心得

《學記》（起迄時間1892-1943）係摘錄蔣的日記中所記的學習心得而成，凡32卷。

除了旅遊外，蔣先生也喜歡讀書，他讀古書，也念新書，從傳統到現代，無所不包，不斷追求新知識。自1920年至1943年，據粗略統計，他至少讀過250本書，他讀書有計畫（按日課讀）、有恆心，不但精讀，而且反覆的讀。

綜合他所讀過的書，相當駁雜而多樣，大致可分為幾類，縷舉如下：

## （一）傳統古書

春秋、左傳、戰國策、歷代通鑑輯覽、宋鑑、元鑑、明鑑、明儒學案、陸象山全集、曾文正家書、胡文忠全書、太平天國外略、中國哲學史、五經、四子書、孔子家語、史記、漢書、資治通鑑、朱子全書、清史輯覽、諸葛武侯集、岳武穆集、文文山全集、曾國藩全集、胡林翼全集、左宗棠全集、李鴻章全集、管子、莊子、韓非子、飲冰室集、清代學術概論等。

## （二）現代新書

政治學大綱、俄國革命記、法國革命史、經濟學、杜威講演集、經濟學原論（孟舍路著）、國民經濟學原論（津村秀松著）、易卜生記、鄂爾斯泰人生觀、天演論、地形學、心理學、統計學、社會學、西洋通史、拿破崙本記（林譯）、泰戈爾傳、列寧叢書、社會進化史、俄國共產黨史、盧梭學案、孟德斯鳩傳、達爾文傳、亞丹斯密傳、邏輯學、日本史等。

## （三）兵書戰史

戰略論（蒲魯美）、初級戰術（室少佐）、普法戰史、拿氏戰史、日俄戰史、歐戰史、各種軍事史、巴爾克戰術、六韜、孫子、交戰及統帥學等。

## （四）消遣書籍

唐宋小傳、水滸傳、儒林外史、西遊記、洪楊演義、福爾摩斯偵探集等。

從上舉可知，蔣先生是個好讀書的人，在戎馬倥傯之際，他經常利用車上、舟中、飛機上，甚至空襲時間看書，稱得上手不釋卷。在語言造詣方面，除了日文外，蔣先生學過德文、俄文、英文，但還不到能看原文經典的地步。蔣先生為何如此好學不倦？首先，他訓誡自己，「軍人第一宜多讀書，始能了解三民主義，為黨國服務；否則，一無所知，與從前腐化的軍隊何異？」其次，他以愛惜光陰，努力求學自勉，曰：「不看書，不勤勉，禍將及身！」

# 六、《愛記》──從小愛到大愛

《愛記》（起迄時間1897-1943）係摘錄《蔣中正日記》中對家人、師友、同志關愛之意的記述，凡30卷。

整本《愛記》中，主要在營造一個愛的世界，從夫妻之愛到鶼鰈情深，從父慈子孝到天倫之樂，進而推及到對同志、對部屬之愛，乃至對關懷民眾之大愛，甚至對政敵對侵略者寬恕之情，在在顯露無遺。

眾所周知，在蔣中正先生的感情世界裡，前後至少有四位女性伴

侶，即髮妻毛福梅，如夫人姚冶誠、陳潔如和蔣夫人宋美齡。但《愛記》裡，刪除了對前三人的愛恨情仇，只以宋美齡為「惟一之妻」，萬千寵愛在一身，一再描述兩人「情緒綿綿，相憐相愛」的閨房之樂。蔣甚至化私情為公誼，推崇夫人「愛夫之篤，愛國之切，誠不愧女中豪傑」，又說：「吾妻謀國之忠，愛國之切，刺激之烈，幾難名狀！國有良妻，人心猶在，復興必成也。」

從夫妻之小愛推及到攸關民眾之大愛，亦是《愛記》所要塑造的效果。此處摘錄數則，以見一斑。

對前方將士，1938年10月24日曰：「霜降已到，天氣加寒，每念前方官兵風餐露宿，棉衣未到，其寒苦更甚，余復何忍自更冬服而取暖哉！」

抗戰期間，我後方（特別是陪都重慶）頻遭敵機無情轟炸，1940年7月3日，曰：「被敵機轟炸之時，每一人民，無論男女老幼，上下貧富，不惟生活無定，即生命亦不知其所止？巳刻不知午刻之生命何在？今日更不知明日生活如何？其被防空洞炸塌或受震死者，少則數十，多則數百，我同胞處如此苦痛險惡之環境，並無懼心怨言，真使余不知如何報答，始得無虧於心？」

10月17日，曰：「本午敵機轟炸我曾家岩寓所，此心為之安慰，以其他人民之被炸減少也。」

對全國同胞經歷抗戰之苦難，1938年9月1日，心有戚戚焉曰：「每念人民受戰禍之烈，與婦孺受敵軍蹂躪之酷，不禁腸斷心裂！將來戰事完結時，應對災民與婦孺定一特別永久法令以愛護之；而對於苟亂人民之貪污，更應嚴密防制。」3日，曰：「每見民眾之菜色，與婦孺之苦痛，不堪言狀，所謂動心忍性之實情，非到此不得而知也。」

執政者能隨時注意，體恤民情，處處把人民的日常小事當成國家大事，念茲在茲處理，則距離大愛不遠矣！

——原載《僑協雜誌》，第134期

# 星星、月亮、太陽
## ──胡適的情感世界

書　　名：星星、月亮、太陽──胡適的情感世界
作　　者：江勇振
出 版 者：聯經出版公司
出版時間：2007年1月
頁　　數：474頁
定　　價：320元

## 一、顛覆胡適「完美男人」形象

　　「新文化中舊道德的楷模，舊倫理中新思想的師表」，這是蔣中正總統對新文化運動領袖、中國自由主義先驅胡適的評價。唐德剛教授以「小門生」的身分，為老師尋找歷史定位，大膽指出，「胡適是中國學術史上的槃槃大材；是一位九項全能的專家學者。」

　　然而，胡適一生最為人所樂道的一件事，既不是他的實驗主義，也不是他的哲學史、文學史，或小說考證，而是他的婚姻。說到胡適的婚姻，很多人常為他打抱不平，覺得他是新時代中、舊禮教下的犧牲者。特別是一些老輩的人，極以他和江冬秀兩人能夠終生相守，引為道德高尚的表徵。

　　可是這些恐怕只是表象之見。說胡適的婚姻，看似單純、始終如一，論胡適的感情生活，卻是多彩多姿，而且頗為複雜。這或許應了一句「失之東隅，收之桑榆」吧！

　　胡適一生，以他的風度翩翩、文質彬彬，不知道多少仰慕他的中外女性為之傾倒。1926年初，湯爾和送給胡適的一首詩，最能說明女學生對他風靡的程度：

薔花綠柳競歡迎，一例傾心仰大名。

若與隨園生並世，不知多少女門生。

纏頭拼擲賣書錢，偶向人間作散仙。

不料飛箋成鐵證，兩廊豬肉定無緣。

這首打油詩把胡適與清朝廣收女弟子聞名的袁枚（1716-1799）相提並論。

## 二、女性眼中的太陽──主角胡適

「太陽王」是當年法王路易十四的稱號，在文人世界裡，在曹誠英眼中，胡適也是具有太陽的性質。以胡適這麼一個大名鼎鼎、炙手可熱的人物來說，他是大可以吸引更多的月亮、星星來圍繞著他這個太陽的。但胡適自詡是一個頗能堅持原則的男人，他雖然愛跟女性朋友調情傳意，倒還不至於是個憑藉著自己的聲名與地位，見獵心喜，或來者不拒的「掠食者」。

論胡適的情感世界，大致可以分成三個階段：

### （一）留學時期

胡適留學時期，初嘗與異性交友的喜悅，情竇初開，其第一個對象是韋蓮司，但兩人之間最初僅止於柏拉圖式、紙上談兵的階段。隨後在胡適與韋蓮司深情交往近五十年的歲月裡，他們由柏拉圖式的關係，進展到超友誼關係，然後再成為忘年之交。

### （二）1920年代

回國以後，三十出頭的胡適，在學術、藝文界的聲望如日中天，他與曹誠英的戀情，只不過是在這一個時期裡，發展得最為纏綿、最為淋漓盡致的一段情。在胡適一生中三個最親密的月亮裡，讓他迸出最為纏綿的愛的火花，蠶織出他一生中最為悱惻的情絲的，非曹誠英莫屬。

### （三）1930年代

從胡適出任駐美大使到卸任後逗留美國的十年，在這段時間裡，一方面固然因單身寂寞，但身為大使，往來盡為錦衣與權貴，出入備受禮

遇，既有位尊名高的本錢，又熟諳調情，藝高膽大，所以是他獵取星星興致最高的時候。他獵星的對象多半是白人，而且也大都與他年齡相仿。

# 三、一顆不起眼的故鄉月——江冬秀

在胡適一生的情感世界裡，究竟有幾個月亮，幾顆星星，恐怕只有他自己心裡最清楚。其中江冬秀、韋蓮司和曹誠英是大家比較明確知道的三個月亮。這裡先說江冬秀。

胡適14歲時，其母為他訂下這椿婚事，直到他留學歸國後才完婚。歷來品評胡適婚姻，替他感到惋惜、叫屈的人，大多是男性。從他們的眼光看來，這件婚姻簡直是「鮮花插牛糞」的顛倒版。他們鄙夷江冬秀是個「纏腳女性」、「粗魯」、「愛打麻將」、「不懂英文」、「相貌平庸的小腳女子」。同樣的，他們也常為留美時期的胡適心有戚戚焉打抱不平，認為他之所以會接受與江冬秀的婚姻，完全是因為不忍傷母親的心，其結果是使自己成為「吃人的禮教」下的祭品：說他當時為傳統中國婚姻制度所做的辯論，是「甜檸檬」心理作祟，而且認定他在文章與詩詞裡肯定自己這椿婚姻的言辭，都是「自我安慰」、「自我欺瞞」。

儘管胡適在家書中信誓旦旦地說他不會悔婚，並且幻想日後婚姻裡的畫眉之樂，但這並不表示他心中就沒有掙扎與矛盾。事實上，他把心裡的矛盾與掙扎帶到了美國，一直到他學成回國結婚為止。毫無疑問地，胡適對沒有受過正式教育的江冬秀，一定有不滿意的地方，對完全憑媒妁之言的婚姻，一定也存在著若有所失的悵惘。

然而，胡適的〈新婚雜詩〉仍然流露出兩人蜜月期間的喜悅與浪漫。雖則如此，胡適與江冬秀之間仍存在著無可跨越的鴻溝，這不只是在學術、思想方面，還包括在人生、感情的體認上。像大多數的婚姻一樣，他們難免爭爭吵吵地過了一輩子，因胡適的婚外情一度還亮起了婚姻中的紅燈。1923年，與曹誠英在杭州的煙霞洞墜入情網，度過三個月的「神仙生活」以後，據說胡適曾經要求與江冬秀離婚。但見江冬秀拿起了廚房的菜刀，以「殺掉自己和兩個兒子」相威脅，果斷的回絕。

## 四、他鄉月——韋蓮司身心合一

胡適不是一個浪漫、狂熱、燃燒型的男人。月亮是他的愛的表徵，是他情書裡表達愛、訴說相思的媒介。但是，他從不會讓他愛的語言隨著詩意馳騁；他的月亮永遠只是一種含蓄的意象，意會多於言傳。

胡適與韋蓮司（Miss Edith Clifford Williams, 1885-1971）有一段深情款款，長達五十年的交往。韋蓮司生於1885年，比胡適大6歲。她是么女，有一個姊姊，兩個哥哥。父親在康乃爾大學任教。可能由於她從小多病，所以並沒有接受完整的學校教育。1903年，她在耶魯大學念過一年美術（有繪畫方面的天分）。1906年，她到歐洲遊學了將近一年，先去倫敦，然後轉往巴黎，最後到義大利，一直到1907年初才回到美國。1914年與胡適認識，那年她29歲，胡適還不滿23歲。兩人時常約會，或觀傍晚落日，或櫛月夜涼風，才子才女共享浪漫朦朧之醉意。

在胡適的日記裡，把韋蓮司描繪成一個新女性的理想典型：人品高、學識富、特立獨行、不怕人言、能獨立生活而不依傍男子。胡適留美期間，對一般美國大學生是沒有太多敬意的，因為他們「大多數皆不讀書，不能文，談吐鄙陋，而思想固陋。」男學生如此，女學生更不用說了。而韋蓮司其人則「極能思想，讀書甚多，高潔幾近狂狷。」待人方面，則「開誠相示，傾心相信，未嘗疑人，人亦不敢疑也。」

在胡適留美時期，韋蓮司在相當程度上，是胡適「知識上的伴侶」，兩人縱談人生，或論政治和藝術，但隨著歲月的推移，知識上相互的激盪減少了，而感情上的關懷增多了，韋蓮司成了胡適傾訴和感懷的對象。胡適與韋蓮司的深情知交，持續了五十年，直到胡適逝世為止。五十年之間，兩人通信不斷，通電、情書近二百件之多。胡適是韋蓮司畢生唯一想嫁的男人，卻永遠成不了她的丈夫。韋蓮司一生在等待中度過，也在戀愛中度過，中國有句俗話說：「有情人終成眷屬」，胡、韋兩人卻樹立了「雖不成眷屬，而一往情深」的典型。

## 五、一輪山月——曹誠英心心相印

深情款款，非胡郎莫嫁的韋蓮司萬萬沒有想到，她原來並不是胡適婚姻之外唯一的紅粉知己。胡適1923年與曹誠英的戀情，經過多位學者

的探索，已經是一個廣為人知的故事了。

曹誠英，字佩聲，生於1902年，她跟胡適一樣是績溪人，家住旺川村，距胡適的家鄉上莊只有兩、三里路。曹家與胡適有姻親關係，胡適與江冬秀結婚的時候，曹誠英就是伴娘之一。1920年1月，曹誠英跟著丈夫胡冠英到杭州，先插班進女子師範附屬小學校三年級，念了一學期後再升入預科。

曹誠英是一個熱情、外向、領袖型、交遊廣闊的女性，在杭州讀書的時候，她常邀女同學遊西湖，有時還利用這種機會幫男親戚（胡思永，胡適姪兒）介紹女朋友。1923年4月，胡適出京，先到上海，因患痣瘤，又從上海到杭州西湖邊上的煙霞洞養病。胡適和曹誠英兩人在這裡共同生活了三個多月，過著「煙霞山月的神仙生活」，也與好友們如徐志摩、陳衡哲、任叔永等一起在西湖盪舟、賞月、吟詩、飲酒、品茗，這是胡適一生中最值得紀念的一段極哀婉的戀情。胡適與曹誠英的戀情，可能也是他一生裡感情放得最深的一次。這在胡適所寫的幾首情詩中可以得到最好的證明，例如〈秘魔崖月夜〉有：

> 翠微山上的一陣松濤，
> 驚破了空山的寂靜。
> 山風吹亂了窗紙上的松痕，
> 吹不散我心頭的人影。

1934年秋，曹誠英赴美留學，或許受到胡郎的影響，在康乃爾大學念農，胡適還寫了信請韋蓮司幫他照顧胡適信中所謂的「表妹」，其實是情敵的曹誠英。曹於1937年學成歸國，先後任教於安徽大學、四川大學，由於抗戰的關係，與胡適之間聚少離多，兩人最後一次見面是1949年2月，從此「闊別重洋天樣遠，甘苦不相連；芳蹤何處是？羞探問人前。」

## 六、銀河裡的點點眾星

胡適真是個多情種子，不但情史不斷，情書也寫不完。除了三個月亮圍繞著太陽外，星月亦爭輝，眾星不斷閃爍照耀著無垠的天空。

在留美初期，胡適除了結識韋蓮司外，另外一個跟他通信頻繁的

是瘦琴女士（Nellie B. Sergent）。她生於1883年，比胡適大8歲，兩人在1914年夏天結識。瘦琴女士在紐約的一個中學教英文，當時她到康乃爾大學選修暑班的課，是一位好學不倦，活到老學到老的女性。初期，兩人之間只是單純的友誼關係。1927年1月，胡適由英國搭船前往美國，除了忙著演講之外，也忙著跟瘦琴見面，以慰相思之苦。百忙之中，他抽空去她家看了她三次，一個是有心獵豔摘星，另一個則是在崇拜的心境之下，情不自禁，欲拒還迎，兩人久別重逢，除了熱情擁抱親吻之外，自然不再柏拉圖。

1937年9月，胡適以特使身分，受命擔任駐美大使，一直到他1946年6月回國擔任北京大學校長為止，在美居留長達9年的時間。他在這個階段裡的星星幾乎全是白人，年齡也大都與他相仿。其中，最年輕、最能跟他逢場作戲的是羅慰慈（Roberta Lowitz）。余英時認為，羅慰慈之所以會在這時闖入胡適的生活，是因為胡適客居紐約的寂寞。羅慰慈吸引胡適的地方，可能就在她的欲擒故縱，她的撲朔迷離，還有她的放浪跟熱情；她是胡適一生當中所遇到的最「異色」的女性。她幽默，有文采，無怪乎胡適被她吸引得神魂顛倒。更妙的是，羅慰慈同時周旋在三個男人之間，除了胡適之外，還有胡適昔日的老師杜威（年已78歲，兩人後來還結婚）以及一個名叫葛蘭特（Roy Grant），住在南非的礦冶工程師。

在胡適眾星國度裡，哈德門太太（Virginia Davis Hartman）是跟他最久的一顆。從1938年12月他因心臟病住院而認識，一直到他1962年過世為止，一共24年。哈德門太太比胡適小4歲，是個護士，她的先生是醫生。哈德門對胡適不只是愛，而且是崇拜。儘管哈德門對胡適熱情如火，甚至把胡適比成情聖卡撒諾瓦，但能體諒胡適有他不得不瞻前顧後的苦衷，為了胡適著想，她一無所求，不求名分，心甘情願地犧牲自己。胡適跟哈德門將近8年的同居生活，終於在1946年暫時落幕。1949年，中國內戰惡化，胡適回到紐約以後，跟哈德門又有一段恩愛同居的生活。哈德門不但照顧他的生活起居，而且等於是擔任他的秘書。只是，好景不長，一年以後，也就是1950年6月江冬秀就到紐約跟胡適團圓了。

在胡適所有的星星裡，最奇特的是白莎・何桑（Bertha Hosang），這不僅因為白莎有自己的先生，還有三個孩子，白莎跟胡適見面的時候，多半是在自己家裡，而且基本上都有她先生或孩子陪伴著。從某種

角度來說，白莎對胡適的愛，不只是她個人對胡適的崇拜與愛，也意味者她全家對胡適的崇拜與愛。我們甚至可以說，白莎代表著許許多多把胡適視為偶像的女性，他們對胡適的崇拜與愛具有多重的層次，可以有精神上的景仰與膜拜，也可以有靈與肉交織的憧憬與想像。在白莎的眼中，胡適不僅是應該擔任中國駐美大使，他還應該是中國未來的總統。

除了上述四位老少不拘的白人星星外，胡適還有不少仰慕他的粉絲，在此介紹兩位本土的崇拜女性。其一是陸小曼，1925年春夏之間，胡適與陸小曼確實有一段過從極為親密的時候。有人說，胡適認識陸小曼在徐志摩之前，甚至捕風捉影地說胡適自己想要陸小曼，但因為懼內，於是把她介紹給自己的朋友徐志摩，這樣就可以藉此常常親近她。第二是徐芳，徐芳是江蘇無錫人，1912年出生，北大中文系畢業。她從小就景仰胡適，年輕貌美的徐芳，雖然身邊也簇擁著眾多追求的男士，但與胡適相比，畢竟青澀、稚嫩。作為詩人的徐芳，熱情、浪漫，而且頗有酒量，她與胡適的戀情開始於1936年初。徐芳稱胡適為「我的美先生」，胡適送給徐芳一顆相思豆，兩人曾經譜下一段短暫的又愛、又恨、又嗔、又疑、又喜的既新鮮復刺激的戀情。徐芳是寥若晨星的女詩人中的一員，出版有《中國新詩史》、《徐芳詩文集（1895-1991）》。徐芳後來嫁給徐培根將軍（浙江寧波人，畢業保定軍校，來台後曾任國防大學校長），一起在台北生活甚久，直至前幾年才去世。

# 七、尾聲

透過胡適的日記以及他和月亮、星星們往來的書信，可以清楚瞭解，胡適的感情世界真是多彩多姿，多麼豐富！除了本書以外，周質平的兩本專著——《胡適與韋蓮司——深情五十年》（聯經，1998年）、《胡適的情緣與晚境》（合肥黃山書社，2008年），余英時的《重尋胡適歷程——胡適生平與思想再認識》（聯經，2004年）、蔡登山的《何處尋你——胡適的戀人及友人》（印刻，2008）都可並讀。限於篇幅，本文在此無法多作介紹。

有人說，談戀愛，光說不練是意淫，像吳宓，只在日記、書信裡演練他對女性的愛；又說又練，像徐志摩，是浸淫，是真戀愛；光練不說，像胡適，是真淫。

本文之作，不在重複胡適摘星弄月的獵艷過程，也無意揭露胡適

「大好色」的情場斬獲。筆者對一代大師更無冒犯不敬之意。總而言之，胡適畢竟也是個敢追女性，敢愛，有血有肉的常人。儘管有人說出，胡適跟你我一樣，既談戀愛也做學問，而他的過人之處是，無論談戀愛或做學問，都比我們傑出。令人感慨的是，胡適花了那麼多的時間、精力、心思去追逐異性，留下那麼多悱惻纏綿的情書讓後人解讀揭秘，固然文采風流，可為談助；但若將此大好時間和精力用之於他所喜愛的學術研究，或許他的成就和貢獻

更令年輕學子有「見賢思齊」之心，不知高明的讀者以為然否？

——原載《僑協雜誌》，第131期

# 劍拔弩張的盟友

書　　名：劍拔弩張的盟友──太平洋戰爭期間的中美軍事合作關係
　　　　　（1941-1945）
作　　者：齊錫生
出 版 者：中央研究院、聯經公司
出版時間：2011年5月
頁　　數：694頁
定　　價：新台幣780元（精裝）

## 一、既合作又衝突的合作關係

　　太平洋戰爭的爆發和中美建立軍事同盟關係，澈底改變了中華民族的命運。因為，那不只是近代中國歷史上第一次和西方強國締結實質性的政治軍事合作關係，而且也使中國從一個生死邊沿掙扎的次殖民地國家躍升為世界四強之一。。

　　這個巨變如何產生？其過程有何特色？中美兩國處理同盟關係的基本態度有何不同？針對這些問題，東海大學畢業，芝加哥大學博士，曾在北卡羅來納大學、香港科技大學執教的齊錫生教授，經過多年的研究，以大量的中英文原始資料為依據，全面性檢驗過去歷史論著的正確性，進而提出與傳統史學迥然不同的敘述、分析和詮釋，希望喚起讀者對這一段重要歷史進行嶄新的思考。

　　太平洋戰爭期間，中美兩個盟友的關係，既有密切合作，又有尖銳衝突。作者表示，撰寫本書不在對於目前已有的學術成果作翻案文章，也不是為了歷史上的某人某事去作專題性的更正工作，而是在中文和英文兩部分史料的基礎上，全面性地重新梳理戰時中美軍事合作關係，希望能夠建立一個新的史實論述，特別強調的方法論是兩國之間的互動關係。本書還發掘了許多以往著作所忽略甚至有意規避的史料。作者希望

透過這些新史料去填補以往學術著作的侷限性，從而向讀者提供一些新的角度去分析這段歷史的重要性和複雜性。

## 二、豐富的內容

本書除了「作者的話」、「寫作凡例」和前言外，共分13章，茲簡列如下，以窺其梗概：

第一章　　太平洋戰爭爆發及中國的反應
第二章　　派一位美國將軍到中國戰場
第三章　　第一次緬甸戰爭：1942年1-4月
第四章　　第一次緬甸戰爭：1942年5-6月
第五章　　中美關係危機迭起
第六章　　居里的和解之旅
第七章　　計劃第二次緬甸戰爭
第八章　　虛幻的樂觀和實質的衝突
第九章　　第二次緬甸戰爭及其影響
第十章　　美國爭取對全部中國軍隊的指揮權
第十一章　蔣介石和史迪威最後的攤牌
第十二章　魏德邁的新途徑——並非太少，確實太遲
第十三章　結論

結論又分三部，（一）贏得戰爭；（二）處理同盟關係；（三）中美戰時軍事合作關係的總結，共達70頁，十分精彩。

## 三、精華書摘

任何人想以有限的篇幅，針對一部質量並重，厚達近700頁的學術巨著，進行介紹或評論，那是超難而不可能的任務。本「散記」的目的，不排除以個人的觀點，在讀史之餘，擷取書中精華，以與讀者分享。

### （一）蔣介石如何看待史迪威

珍珠港事變不久，蔣介石決定邀請美國選送一名高階軍官到中國戰

區統帥部裡，以聯軍參謀長身分，協調各同盟國派駐在中國戰區的軍隊。史迪威（Joseph W. Stilwell）將軍最後獲得此項任命。中國領袖們熱烈歡迎史迪威的任職，在宋子文心目中，「此人係美陸軍中公認最優秀的將才」，並預言「史迪威肯定會對中國作出重大貢獻」。

蔣介石起初對史迪威充滿信任。但當蔣介石發覺史迪威把緬甸戰場的失敗轉變成一場不折不扣的大浩劫時，他雖然百般隱忍，但對方卻毫不領情，把蔣介石的隱忍當成是中國人承認錯誤的有力證據。

自珍珠港事變以後到1942年6月底短短半年之間，蔣介石對史迪威和中美同盟關係的看法已經產生了巨大的變化。可歸納幾點如下：

（1）對史迪威的領導才能和個人品德已經完全喪失信心，恨不得早日將之驅逐出境。

（2）對整個美國軍方已經產生負面印象，認為他們對中國的戰事漠不關心，置中國國家尊嚴於不顧。

（3）英美兩國惡意同謀，將中國排除在同盟國軍事會議之外。

（4）美國與英國一樣，以帝國主義和趾高氣昂的姿態對付中國，而不關心中國戰區事務。

（5）緬甸戰敗，予蔣介石重新評估中國參加同盟國以來的利害得失，此即中國從盟邦得到的實際援助數目和原始構想相差太遠，令中國人非常失望。（頁167-169）

在蔣介石日記中，曾指責史迪威「愚拙，其言行之虛妄，可謂無人格已極」；又說：「史之愚拙、頑劣、卑陋，實世所罕有。美國有此軍官，而其長官馬歇爾且視為一等人才，豈不怪哉！」史迪威自稱是美國總統代表，暗示不能完全聽命於蔣，因此行事作風難免存在大國主義的思想。

例如，1942年6月11日，蔣日記曰：「美國來華軍官團員與史迪威，對我軍官與軍事之報告，皆極輕視，且加侮蔑，故其政府對我國軍，亦完全變更，對我接觸，亦甚冷淡，思之憤痛！」

又7月27日，日記感慨記曰：「帝國主義者，無論其為何國，其對於被壓迫之國家，皆無誠意可言，非利用，即高壓，皆抱可欺則欺，可侵則侵之心，吾人若一以克己復禮，謙恭自持之道待之，則適中其計矣！」而最讓蔣氏無法忍受者，乃史迪威處處以「殖民地之總督自居」。

### （二）史迪威眼中蔣介石和宋子文

史迪威喜歡任意評論，對蔣介石、宋美齡、宋子文、何應欽和其他中國官員，在不同時間作出互相矛盾的評論。

從1942年開始，史迪威便已用「花生米」（peanut）的綽號來表示對蔣的鄙視。其後，史迪威還發明了一連串的綽號，用以發洩對蔣的敵意。史還說：「蔣基本上是一個農民，身上帶著他那個階級的劣根性。」史迪威在和宋子文初次見面時，便認定宋子文「陰險狡猾」。（頁80）

為此，作者指出史迪威的嚴重缺點是：語言尖刻，復仇心理強烈，經常出格侮辱中國官員和缺乏政治智慧。他對自己感到無比信心，以為自己具有高超的智力、深邃的洞察力、敏銳的觀察力，和龐大的權力和影響力。此外，他對小道消息情有獨鍾，事實上卻缺乏能力分辨對方所說，究竟屬於不負責任的閒言碎語，還是繪聲繪影的誇大謠傳，是蓄意的謊報和設下的圈套，還是真有所本。（頁670）

最不應該的是，史迪威還計畫暗殺蔣介石，以掌握中國軍權。他認為，中國問題的藥方是除掉蔣介石，據史的助手竇恩（Frank Dorn）回憶，在開羅會議時，他奉口頭密令，準備一份暗殺蔣介石的計畫。事後，他擬具三種辦法：用毒、兵變、墜機，史迪威選擇最後一種，候令實行。幸暗殺計畫始終沒有付諸實施。

## 四、結論三部曲

在一般論著中，結論一章通常篇幅都比較短，只要把書中已經闡述過的資料和分析，扼要地予以總結或重點地加以發揮即可。但作者對本書的結論章反而有較多的展開，因而可以在紮實的資料基礎上，暢所欲言的提出更多的精闢之見，這也是本書的優點之一。

作者以三部曲申論，第一部從中美兩國同盟特性的異同切入，強調儘管同盟過程中產生了許多摩擦，但其結果卻擊敗了日本，把日本的政治、軍事、經濟和文化勢力，從中國澈底清除出去，甚至在未來把日本變成一個不容許武裝的鄰國。同時收復台灣、澎湖和東三省，成為世界四強之一，成為聯合國創始國，這些成就遠超過幾代中國領袖們的想像。

　　第二部是同盟關係的處理。史迪威和蔣介石之間個性的衝突，固然嚴重阻礙中美軍事合作關係，但還有更深層的理由必須去探索。作者提出探討的有中國是否無意繼續抗日？蔣介石的教育背景及其對軍事改革的態度，蔣介石與外國軍事顧問合作的能力等問題。作者特別指出，蔣介石儘管在私底下對中國人的落伍和無能感到痛心無比，並且不斷疾言厲色地加以指斥，但他並不想請一位外國太上皇對中國人發號施令。歷史的悲劇是，史迪威和許多美國軍事領袖，完全缺乏理解這個簡單道理的能力，也即對蔣介石的民族主義情結和國家觀念的強度，一直未加以重視。

　　第三部是中美戰時軍事合作關係的總結。

　　中美同盟關係本來就是雙邊關係，但是由於雙方國力差距過分懸殊，所以中國對於美國政策所能產生的影響力可謂微乎其微，而美國對於中國的影響力卻是巨大無比。就美國戰時對華政策而言，其遭受挫折的根源不是物質匱乏，而是所用非人，當事人缺乏政治智慧。所有在美國指揮系統中扮演過重要角色的人，從總統到軍部領袖，再到史迪威，都對這個結局的產生負有責任，而其中尤以史迪威為關鍵人物。

　　就中國而言，中國政府在戰爭期間同時暴露了嚴重的缺點。首先，在處理政府組織和效能的事務上，在維持軍隊紀律和作戰能力的工作上，在懲治貪官污吏的努力方面，在團結動員社會各階層力量的方法上，都表現出高度無策略和無能力。其次，雖然蔣介石在日記中對自己的缺點非常坦誠，特別是對黨務和政府工作部分，他承認自己既無能力親自駕馭，又不能知人善任，授權給有能力的人分層負責。雖然他不斷抱怨中國缺乏人才，但是他依然必須承擔一個領袖必須承擔的責任，責無旁貸。

　　最後，作者提出總結性批評，強調中國內部的問題，必須由中國人自己解決，不能指望美國代勞，她沒有這個能力，也不欠中國人這份情。蔣介石對於西方盟邦的欺壓凌辱的確是痛心疾首，忍辱負重。但是在整個抗戰時期，他始終沒有摸索出一條在內政上自立自救之路。持平而論，蔣介石在內政上的表現，遠遠稱不上是一位雄才大略的治國領袖，因為他縱有求好的意念，但是嚴重缺乏組織能力和統治手段。相對而言，蔣介石在領導中國抵抗日本侵略，又的確是絞盡腦汁，千辛萬苦，表現出超乎常人的剛毅。而在處理盟邦事務上，他又表現出逆來順受，委曲求全的顧全大局精神。因此，儘管中國政府領袖在太平洋戰爭

期間，處於如此嚴重的弱勢地位並且遭遇到如此多的阻礙和挫折，而他們在爭取民族生存的事業上，還是通過中美同盟合作關係，取得了極為可觀的成果。

——原載《僑協雜誌》，第133期

# 馬英九必修的十堂課

書　　名：馬英九必修的10堂課──圖說台灣經濟發展大未來
作　　者：鄧予立
出 版 者：早安財經文化公司
出版日期：2009年3月
定　　價：新台幣250元
頁　　數：217頁

## 一、認識作者

　　作者鄧予立，香港人，簡介如下：香港亨達集團主席兼及創辦人、北京聯合大學應用文理學院國際金融系客座教授、Cambridge Association of Managers之執業企業策略人員會員、北京中華文化學院教授、亞太台商聯合總會永久榮譽總會長、亞洲台灣商會聯合總會會長、香港台灣工商協會榮譽會長、香港董事學會資深會員、香港證券學會會員、法國華裔互助會榮譽顧問、瑞士華商會創辦人兼會長、愛爾蘭國際大學工商管理榮譽博士、European Business School頒發之3ème Cycle Master、The Oxford Association of Management頒發之Honorary Certified Doctor of Business Administration Award。

## 二、本書主要內容

　　第一部分，講台灣經濟發展脈絡，這是所有執政者必須面對的基本面，就是所謂的「理性框架」。不論你怎麼說、怎麼變，都無法否認這些經濟數據或現況，大家只能在這個基本框架上運作。事實上，從蔣經國到陳水扁，既給馬英九留下了資產，也留下了包袱，如果不搞清楚這些脈絡，就永遠搞不清楚馬政府。

第二部分，談馬英九上台後台灣經濟的變化，從這中間發掘政治與經濟的關聯，以及馬政府的若干特性。當然，作者也對馬政府的政策，做出一些評論。

第三部分，談馬英九在台北市長任內的政績，與他的從政歷程，由此發掘他的思維、他的慣性，與他的人格特質等。而這些特質，決定了他當總統後的一些觀念與做事方法。

第四部分，2008年3月22日馬英九當選總統時，台灣多數人都歡欣鼓舞，認為好日子快來了，於是股票一路飆升，房地產也一路漲，但不到兩個月，大家就夢碎了。油價風波、八八救災、SARS風暴、金融海嘯、健保調漲問題、陳雲林來台事件，在在考驗馬政府應變危機的能力和魄力，結果不但許多政策跳票，承諾無法兌現，馬政府變成九流政府，民調跌到谷底，再無起色。

# 三、馬總統必修的十堂課

第一課：入門，學著當個「平凡人」，不要自比為神，先學做一個「人」、一個「普通人」，才會自知不能，才會用他人之能，截長補短。

馬英九本人清廉、節儉、溫文有禮，但他也非大格局人物，既不是治世之能臣，也不配稱亂世之奸雄。但從他過去的表現來講，他並沒有大破大立的膽識，無論「膽」與「識」兩方面都嫌不足。

馬自己缺乏發現問題，並提出理性架構的建築能力（這點他比不上宋楚瑜），過度依賴組織程序的種種考慮（這點很像連戰），卻又缺乏官僚議價的手腕（這點比連戰、吳伯雄、王金平差一截），所以帶不動官僚系統，反而被他們淹蓋滅頂，像個被官僚系統綁架的小媳婦，而不是帶動政府改變的領導者。

在人格特質上，他既沒有李登輝的戰略眼光，也沒有陳水扁的奸巧機詐；內沒有連戰的寬厚大度，外沒有宋楚瑜的能耐幹勁；他既不能善用吳伯雄的圓融手段，又輕視王金平的豐沛人脈；文不能取蕭萬長之經濟長才，武不能容劉文雄、邱毅這種街頭悍將。所有資源都在，他自己卻沒有辦法用，又怕別人有機會亂用。所以，反而疏遠這些大老人才，將他們供上神桌，定期膜拜。

第二課：文史，讀經讀史，擴大自己的格局與視野。

從馬英九的講話看出,他應該不太愛看書,也缺乏哲理思維的訓練,就跟國民黨歷年教育訓練出來的那些忠貞幹部一樣,思想僅止於三民主義,論述全都在四書五經,馬克思抵死不碰,凱因斯便已夠用。他的團隊號稱都是高學歷學者,但思想高度也差不了太多。像吳敦義這種會將詩詞歌賦信手拈來的人,大概都算是異類。

由於團隊視野與思維的不足,所以馬自己的講話,一沒有雷根的明星魅力,二沒有柯林頓的感性心靈,三沒有歐巴馬的語言深度,四不能像羅斯福的細語談心。講來講去就是那套,只有敘述而沒有論述;只有政策而沒有靈魂;整個政府只講文宣而不講觀念;內外政策多見巧勁而缺乏信念。於是,整個台灣都只看到形象,卻沒有看到方向。

在用人之道方面,他沒有周公的心胸,一飯三吐哺,他旁邊也無鮑叔、魯肅這種人,會為他舉薦管仲、周瑜。結果自然是奴才多,賢才少。

補救之道是:讀經研史,通古今之變、識事理之常,擴大自己的視野與深度,承認自己多方面不足,放開心胸,積極訪才,善用人才。

第三課:哲學,建立執政論述,用觀念引領台灣。

執政論述是統一所有人思想與行動的基本綱領,一如企業經營,那不是一種宣傳、一種口號而已,還包含了整個組織行動的方向,結合了績效考評的制度,生產與銷售的流程編組,一直到面對消費者的態度。

蔣經國時代的經濟政策是有論述基礎的,就是孫中山的民生主義。例如「外來政權」這種論點,馬團隊缺乏的就是清楚明白的論述。補救之道,從哲理的層次,建立足夠高度與縱深的史觀。當這些執政論述確立,整個政府就有了基調,有了觀念的指引,運作起來自然事半功倍。

第四課:管理,去上EMBA,導入現代管理。

現代管理的內容包羅萬象,它所要處理的事,包括整合資源、降低成本、避免浪費、讓組織從「生產者導向」變成「顧客導向」,以提昇整體效能。

這種現代管理工具與工作的導入,同樣需要有明確的論述指引。馬最重要的一件事,就是必須有效整合部門間的橫向協調機制,統合、串聯各部會的資料與資源,以降低內部的運作成本。

第五課:體育,在辦公室練好肩膀。

馬英九本人愛運動,全身都練了,就少練了肩膀那一塊。馬政府最大的問題,就是大多數官員沒有肩膀,不肯承擔,老想把麻煩問題、得罪人的事情,丟給別人處理,好讓自己免於災禍。馬先生缺乏的,就是

有個夠硬的肩膀來管理與帶動官僚組織。他不可放任官僚們否定他的政見，把他的信用打碎。政府失去了公信力，自然難以伸張公權力，如此當然也很難有執行力。

一個領導者之所以讓人願意追隨，並不完全是因為他光鮮亮麗，而是因為他皮粗肉厚，不懼小話，毀譽由人，遇事能拍板決斷，一肩挑起成敗之責。

第六課：音樂，學會傾聽不同的聲音。

馬英九要知道，聰明，耳要先「聽」，思維才會「明」。

台灣這個社會從來不是獨奏清唱的社會，馬總統必須習慣，隨時聽見不同的聲音；但也應該有能力，將個別看起來像噪音的聲浪，組合成優美的旋律。

怎麼做呢？第一件事，他自己要學會傾聽。其次，領導人必須控制好身邊的人，讓他們不能阻斷言路，尤其不能只聽幾個親朋好友的意見，如此才讓自己能夠「兼聽」，兼聽則明。最後，要讓社會上保持著不同的聲音，因為高層能充分聽見不同的聲音，思維才會更加周延，官吏才不敢胡作非為，社會才能夠激盪進步。

第七課：社會，不要泛道德化。

馬英九的問題，就在於他一直是好學生，怕犯錯。他對名譽的珍視和貪婪，恐不下於吳淑珍對珠寶和金錢的熱愛。

馬英九對自己的形象有潔癖，對沾上自己的不名譽指控，也會非常敏感，一定要想盡辦法清除。潔癖嚴重影響到他的施政方向。他對泛道德性的政策多所偏愛，常讓基層哭笑不得。馬英九有自己的偏好，但不能按自己的偏好來打造一個理想社會。

馬英九需要的是少點書卷味，多點流氓氣。他就是少了這種流氓氣，才叫不動那些官僚，壓不住那些綠軍的小混混，更無法以有趣的眼光，欣賞不同的人生。

第八課：經濟，不要拿電湯匙燒洗澡水。

台灣很小，所以無法像大國一樣搞完全的自由經濟，因為台灣沒有規模經濟，沒有足夠的容量可以承受坡動，香港靠的就是自由經濟，資本市場活絡，連大陸企業都來港上市；新加坡靠的是有效率的流通，包括港口與金融；台灣靠的是電子代工，四分之一的出口都靠電子業。

馬英九最好複習一下蔣經國時代的「均富」政策，立刻組織一批人馬，澈底研究清楚小蔣的均富是怎樣做到的？他是怎麼讓人人享有發財

機會的，而不是像陳水扁時代與現在一樣，向企業界傾斜，讓有錢人賺更多，再拿政府的錢去補貼中低收入，這絕非長遠之計。

第九課：兩岸，是朋友而非敵人。

在地緣上，台灣的經濟絕對脫離不了大陸。所以，馬英九大可不必費心的玩兩面手法，專心搞好三通方是正途。但對馬英九而言，三通只是補修學分，如果沒有迅速建立起兩岸間金流、物流、人流、資訊流等其他交流機制，三通所能發揮的效用其實有限。

馬政府應該設定長遠的交流辦法，讓兩岸關係走上正常之路。向大陸要的，是市場、是機會、是保障、是法令、是規矩，而不是純粹的金錢。這樣才能讓兩岸人民，進行更緊密的交流，創造出更多共同擁有的資產，才能讓兩岸透過交流，愈來愈分不開。

台灣領導階層，不要把兩岸問題，純粹放在兩岸的框架裡頭看，而要拉出來放到華人體系裡頭去看，才能找出雙贏、多贏的辦法。錢是潮水，要在兩岸三地，甚至多地間，隨機會而移動，這樣才會有足夠的資源，創造足夠大的市場，發展出足夠穩定的經濟機制。

第十課：誠信，重建社會的「信任工程」。

台灣的根本問題在社會，社會的根本問題在「誠信」。人民從期待到拋棄陳水扁，花了六年，但對馬團隊，從崇拜轉到失望，只花了六個月。馬政府不要怪民眾為什麼不信任你們，是你們一天到晚跳票，又會突擊發布政令，又會大言不慚的否定承諾，甚至經常以搞小動作為榮，才會讓民眾、大老、戰友，甚至對岸對馬團隊失去信任。自己無誠，自然他人不信。

「信任工程」是一種社會重建的工程。首先就從馬本身做起，上無誠，則下無信。官員們公開說謊，就必須下台。從上面推動起，一路往下直達政府最基層，再擴及到整個社會，以及媒體，包括國營事業等單位，才能全面改造台灣社會的價值觀。

## 四、小結

作者在論述本書過程中，隨時拿馬英九與台灣的政治人物，如蔣經國、李登輝、連戰、宋楚瑜、吳伯雄、王金平、蕭萬長、陳水扁等人做比較，觀察入微，見解獨到，頗令人產生共鳴。本書雖出版於2009年，但對馬英九「愛之深、責之切」所提出的許多具體建議，並無明日黃花

之感！

　　最近，蔡英文女士已在初選勝出，將代表民進黨角逐下屆總統，馬英九總統亦獲國民黨中常會「無異議鼓掌」方式通過，將代表國民黨參選連任。2012年的「雙英」對決，根據初步民調，將是一場五五波的世紀大決戰。

　　有人說，2008年大選，馬英九靠著阿扁的貪腐，為國民黨拿回政權。接下來，若蔡英文能為民進黨重掌政權，亦意味馬政府的失敗。歷史如何走向？本書所做的建言對馬政府能否產生起死回生的作用，吾人且拭目以待！

——原載《僑協雜誌》，第129期

# 青史憑誰定是非
## ——《李遠哲傳》讀後感

## 一、從一則報紙社論談起

　　民國106年元旦讀到《聯合報》迎接金雞年的第一篇社論，標題是「高教大海嘯這次真的來了」，其中內容有一段與筆者本文息息相關，茲摘錄如下：

　　「廿幾年前教改廣設高中、大學種下的因，造成當前高教大海嘯的果。當時的教改教父李遠哲迄今拒不認錯，不僅把責任推得一乾二淨，甚至到現在還與李登輝相互怪罪教改失敗之過。」

　　最近，筆者花了台幣八百元，購讀由藍麗娟主筆，圓神出版社印行，上下兩冊的《李遠哲傳》。這是一位當代重量級科學家八十年的學思歷程，作者耗盡多年心力，以既熱情又冷靜的報導文學筆觸，寫下一個時代下少年的奮鬥故事，生動刻劃出傳主一路成長、勇敢挑戰不可能、絕不妥協的堅毅身影。

　　這位被余英時院士引《史記・司馬相如傳》許為「蓋世非常之人」、有「非常之事」，兼具「非常之功」，對台灣這塊土地有極大貢獻的傳主，很多人對他的事功是不是很瞭解？甚至社會輿論和網路對他還有很多誤解！筆者願從客觀的角度，一抒讀後感，以就教於海內外讀者。

## 二、頭角崢嶸，少年輕狂

　　在作者筆下的少年李遠哲，真是出類拔萃，頭角崢嶸，令人刮目相看。其主要的具體內容有：

1. 從小很早就會開口說話，能操台灣話、日語、北京話和客語。
2. 是個喜歡閱讀、愛好文學、博覽群書、文筆優異的「怪少年」。他看《達文西》、《物種起源》、《居里夫人傳》，也讀「杜斯妥也夫斯基」、「高爾基」、「屠格涅夫」等人作品；更接觸大

批禁書和「匪情資料」，喜讀魯迅、巴金、郭沫若、沈從文等人小說。

3.自小喜歡發問，對事務好奇，會追根究柢，擅長觀察大自然，實驗課最認真，具備了科學家的素質。

4.文武全才，十項全能。既會打棒球、網球、籃球、桌球、踢足球，什麼都玩；也喜歡音樂，參加學校樂隊；更會做家事，與母親比賽做家事和炒菜，會用縫紉機縫女人圍兜，無所不能。

5.不追求名利，而「只問耕耘，不問收穫」。更重要的是「立志救國淑世」，要過一個有意義的人生，要成為一個有用的人，才能對國家社會有貢獻。

總之，少年傳主自小德、智、體、群、美五育並重，可謂集天才、奇才、全才於一身。作者極盡所能地在型塑一個偉人的誕生，在鋪陳一個大科學家與生俱來必備的條件。種種論述，雖未必就能超凡入聖，可卻難脫不符合時代的「造神」之譏！

# 三、教改爭議話從頭

李遠哲無疑是台灣人當中獲得諾貝爾化學獎的第一位學者，他的專業成就以及為台灣這塊土地所帶來的光榮，大家無話可說，而且深深引以為傲。問題在於他有意無意之間，或因政府和媒體直接間接縱容下，利用諾貝爾光環從事一些本業和本分以外，吃力不討好的工作，而且爭議不斷，留下千古罵名，教改便是其中一例。

1994年1月，李遠哲返台出任中央研究院院長，達成了他想對台灣的學術發展做出貢獻的願望。他是中研院自1928年成立以來第一位台籍院長（嚴格而言是美籍台裔）。一般認為，這是當年已八十六高齡的吳大猷院長在立法院備詢受辱以及李登輝總統授意要找一位台籍院長所做的安排。

「雙李」在初期有一段蜜月般似的合作關係。深受李總統賞識的李遠哲院長上任不到一年，即於1994年9月，接下「教育改革委員會」召集人的重擔，並聘請了三十一位諮詢委員，而於1996年12月向行政院提出長達104頁的「教育改革總諮議報告書」。惟事隔兩年，「雙李」關係已有了變化，不再肝膽相照。據本書透露，情形是這樣的：

1.1996年李、李當選總統副總統後，李對之已不再信任有加，見面

時表情已不再友善，更不再提選前有意邀請李遠哲組閣事。原因之一是「李總統耳根子輕，相信別人挑撥，說我到美國時偷偷跟中共官員見面」。

2. 當「教育改革總諮議報告書」完成，李遠哲想向總統做個專案報告，不料卻碰了個軟釘子，李登輝冷冷地回答說：「不用了！你們交給連戰。等他（兼院長）來跟我報告時，你再跟他一起來就好了！」

3. 1996年7月，身為中研院院長的李遠哲主辦兩年一度的院士會議，而李總統卻沒有出席，改派副總統連戰出席。

4. 「教育改革總諮議報告書」有五項類似「教育鬆綁」、「提升教育品質」的綜合建議，也列出教育改革優先推動的項目，並訂出各項目的近、中、長期目標。可惜，這個「總諮議報告書」並未經行政院核定。

5. 其後，成大校長吳京繼郭為藩之後出任教育部長，他不斷推出自己的教改構想與施政（包括開放技職及專科學校大量升格為技術學院或科技大學，以暢通高職生念大學的管道），成為媒體寵兒，引起「吳京教改旋風」。

基於上述，李遠哲可以把教改失敗的責任，推給李登輝的冷處理，連戰的不支持，以及吳京的自作主張，甚至鋒芒蓋過他。

問題並非如此簡單。眾所周知，李遠哲早年負笈新大陸，在彼邦教書和從事研究長達32年，並且已入籍美國，在生活和思維方面早以美國馬首是瞻。返台後，他高唱美式的「教授治校」（faculty self-governing）、「校園自主」、「教育鬆綁」等理念，接受「全球化」、「民主化」，全方位的挑戰，而且馬不停蹄地走出學院高牆，深入社會，到處做通俗演講，甚至到幼稚園、獅子會宣揚他的新觀念，儼然會唸經的西來和尚，予本土教育的發展和提升似乎帶來無限的希望！

再說，放眼今日，爭議不斷的還有「學生評鑑老師」，引進SCI、SSCI等評量制度，豈非都是留美派大師之傑作！所以，論教改的始作俑者，實非李遠哲莫屬！一般認為，在那段時期，雖然高層不愛，但李遠哲在學術教育界不無「喊水會結凍」的本事！往往有一錘定音的舉足輕重角色。別的不講，歷任教育部長的任用（吳京也許例外），以及各國立大學校長的遴聘，通常都要徵得李院長的同意，這難道不是事實嘛！

# 四、總統大選挺扁——上升或沉淪

李遠哲回到這塊土地上，更大的爭議還在後頭，那就是在2000年3月的總統大選，公開挺陳水扁。（最近，李遠哲接受電視訪問，指名道姓透露有人恐嚇要殺光他們全家。）

李遠哲為什麼會以象牙塔裡做研究的學者身分介入政治？而且公開力挺民進黨的候選人陳水扁，除了他個人的使命感外，還有他本身的定見和周遭朋友的影響。

首先，他自認是一個有正義感、有良知的人。1999年921大地震後，他以民間的立場，積極協助政府進行災後重建，在多次深入災區時，看到一些鄉鎮長與地方黑金掛勾，從震災重建經費中飽私囊的現象。所以他抱定一種「不讓國民黨下台一次，大概不會改革」的想法。

其次，他基於早年生活經驗，認定國民黨來台接收，有些人直接把日產登記到自己的名下，而不是變成公共財，也就是國庫通黨庫，而他相信一般台灣老百姓比較善良，所以在美國生活工作32年的他，希望以美國為榜樣，「在民主國家，只有政黨輪替，才能促成改革和進步的動能」。

最後，他的周圍有一批台灣企業家和學者教授可以分享他的看法，這些人包括後來成為陳水扁「國政顧問團」的張榮發（長榮集團董事長）、施振榮（宏碁董事長）、高志明、高志尚、許文龍、陳必照、蕭新煌以及賀陳旦、吳英璋、范光群、黃榮村、陳亮全、瞿海源等人。

他們天真的認為：1.陳水扁具有不會對黑勢力低頭的氣質。奇怪的是，他們誰也沒有先知之明，阿扁會污錢；2.陳水扁不可能獨裁，因為國民黨在國會中居多數。於是這些人「慎重考慮」為了台灣老百姓，他們準備做點事。

這年的3月5日，李遠哲在台北國際會議中心發表公開演講，題目是「化育斷層——掌握台灣未來關鍵的五年」，這篇演講暗示，支持陳水扁便可以「往上提升」，反之則「向下沉淪」。陳水扁立即回應，提出「清流共治，終結黑金」。選前八天（3月10日），李遠哲與陳水扁見面，肯定陳水扁願意積極改革，反黑金的立場，並依施振榮先前的提議，建議陳水扁組成「國政顧問團」，李遠哲不僅加入國政顧問團，還提出規畫名單，讓陳水扁主動邀約。

大選前一天晚上（3月17日），民進黨在中山足球場舉行造勢晚會，選民湧入會場，期待李遠哲現身。不過，李遠哲並未如陳水扁陣營期待的公開站台，僅以錄影方式播出幾分鐘的談話。

一般認為，李遠哲的這一連串挺扁動作，影響台灣選民的抉擇，至少給陳水扁增加5%的選票，最後讓陳、呂配險勝宋、張配和連、蕭配，而順利地登上總統、副總統寶座。李遠哲所希望的政黨輪替，在關鍵時間做出關鍵抉擇，終於完成。

## 五、結語

眾所公認，李遠哲是位不世出的一流科學家，但絕不是能「治大國，若烹小鮮」的政治家，更不是「有求必應」的土地公，或「普渡眾生」的大菩薩，甚至萬能的「救世主」。

李遠哲具有強烈的使命感，他回到這塊土地上服務，要為「下一代的前途」與「家鄉父老」共甘苦，讓台灣變成一個「美好的地方」。

他的優點之一是除自身專業外，對天下事、世事、國事，事事關心；優點之二，對公眾事務，上自學術教育、體育（特別是網球），下至地震救災，樣樣熱心；優點之三，更對民主、自由和公義有一定的看法和堅持，義無反顧。

李遠哲今年八十一歲，論其一生行事作風有褒有貶，雖未蓋棺，但恐早有定論。除教改外，爭議不斷的尚有九二一震災和李遠哲條款所謂特聘問題，在此不擬一一詳論。

中央研究院是全國最高的學術殿堂，過多和過分的參與世俗塵務並不有利於象牙塔的清修，反而容易惹塵埃！而寬裕的預算經費和擴充太快太急的研究分支，並無法保證研究成果的卓越，甚至基礎學科的快速發展和提升。

羅銅壁副院長曾在他的《一生回顧訪問紀錄》中，不客氣的指出李遠哲是如何看待和經營中研院：「中研院做任何事情都需要經費，但只靠政府的經費是不夠的。所以一開始就與企業界有所來往，而且只要他（指李）開口，通常都可以募到一些款項」。

「治史不為稻粱謀」，我們固然欽佩當年傅斯年說出「這樣的宋子文非走不可」的勇氣，同樣對吳大猷老院長獨排眾議，敢說「中央研究院不是百貨公司」，那種錚錚自守的風骨，仍然十分懷念！

　　李遠哲因是本土培育出來的稀有傑出科學家，他最大的問題在於和本省財團走得太近，產學關係過於親密，也即為企業界開了一扇方便大門，舉凡東帝士、長榮、宏碁、潤泰、台塑、國泰人壽、英業達、光寶、太子建設等企業老闆，與中研院和李院長個人之間，幾乎因愛才而有惺惺相惜的來往，但見中研院的若干建築，從院長公館、餐廳、綜合體育館到學人宿舍的興建，活動中心廣場的景觀美化工程等，甚少沒有財團募款贊助甚至捐建的影子。

　　此外，李遠哲把中研院的角色，改弦更張，從純基礎科學的研究，導向強調應用和研發，並以生物科技作為重點項目，而大張旗鼓地推動生技研發。事實上，據行家透露，耗費龐大成果卻十分有限。在鈔票和股票的雙重誘惑下，並非人人可以潔身自愛，清廉自持。以生技為專業的前院長翁啟惠之成為第一位遭法院起訴的中研院院長，豈其偶然乎？

——原載《僑協雜誌》，第162期

# 《外交生涯一甲子──陳雄飛訪問紀錄》讀後

## 一、楔子

胡適一生交遊滿天下，早年除留下《四十自述》開風氣之先外，並常勸朋友殷殷以撰述回憶錄為念。惟筆者以為，不是人人都有這個機緣和修為，倘若因時間忙碌或精力不足無法達成，退而求其次亦可接受公家機構（如國史館或中研院近史所）抑民間出版社做口述訪問，為個人一生事蹟留下完整的紀錄，則於國家、社會乃至所屬行業領域，何嘗不是一件功德無量的好事。陳雄飛大使的做法便是一個良好的典範。

## 二、千呼萬喚，精雕且細琢

外交官陳雄飛（1911-2004），於1981年退休後，自2001年7月開始，接受近代史研究所訪談歷時兩年半，至2003年底共訪談七十次。初稿完成後，陳大使先於2004年1月2日撰妥序文備用，並約定在全書出版時再舉行「慶功宴」。不料，翌日陳大使突因腦溢血送醫院急救無效而與世長辭，享年93歲。得高壽而走的時候，又能平順沒有折磨的痛苦，這也是厚植福田修來的善果。

其後，近史所將初稿送請外交部有關單位審查，並約請本所兩位同仁同時審閱。主訪的許文堂博士和整稿的沈懷玉小姐，除儘量保留受訪人原意，並根據多方意見進行修改外，同時參考已開放的外交檔案，大量增補新資料，使全稿最後擴增至七十萬字之鉅。

這部從訪問、整稿、修訂到出版的訪問記錄終於在各界千呼萬喚下於2016年12月底與讀者見面，其過程之慎重和所遭遇困難之多，以及所經歷時間之長，恐已創下近史所出版口述紀錄之最。是書分為上下兩冊，都近一千五百頁，其敘事之詳備，內容之完整，論評人物數量之多，資料和照片之珍貴，諒亦是同類著作中難出其右者。總之，《陳雄

飛訪問紀錄》的出版，無疑是中華民國外交史和出版史上值得大書特書的一件盛事！

## 三、內容豐富，多采多姿

陳大使一生從事外交官工作歷經一甲子，從全書十四個綱目中可以窺知其內容之豐富、精彩。茲臚列如下：

（一）家世背景與早年求學
（二）留學法國與任職駐巴黎總領事館
（三）回國服務外交部
（四）出使法國期間
（五）中法斷交經緯
（六）致力非洲外交
（七）國際會議代表權的保衛戰
（八）聯合國會議代表權的保衛戰
（九）駐比利時大使時期
（十）兼任盧森堡大使
（十一）調任外交部常務次長
（十二）調任駐烏拉圭大使
（十三）退休後外交生活餘絮
（十四）退休生活點滴

本書的優點之一，即於共事和交遊接觸的各方人士，從長官到同事和部屬，乃至外賓政要，有歷史細胞的陳大使都有簡要的介紹和適度的論評。茲分別列舉重要者如下：

1.歷任外交部長：魏道明、黃少谷、沈昌煥、周書楷、蔣彥士、朱撫松、丁懋時、連戰、錢復、胡志強、程建人、田弘茂、簡又新。

2.外交界的將軍大使：柳鶴圖、馬紀壯、王叔銘、唐縱、彭孟緝、胡炘、羅友倫、宋長志、王昇。

3.退休大使芬芳錄：劉鍇、凌楚珣、桂仲純、李南興、殷惟良、胡世勳、濮德玠、許紹昌、汪丰、蔡以典。

4.外交界的年輕知友：邵學錕、王飛、金樹基、陳錫藩、邱榮男、杜筑生、黃瀧元、張書杞、段培龍、呂慶龍、洪明達、謝新平。

5.在巴黎外館的各方人士：段茂瀾、謝東發、龔駿、高士銘、丁于正、廖仲琴、史悠鑫、管傳採、龍章、齊祐、王家煜、王其昌、張紫嶼、李惟峨、錢愛虔、吳斌、史克定、買德麟、舒梅生、貢宗才、梁中恆、龔政定、馮耀曾、楊承廉、曾翼章、尹國祥、孫宕越、郭有守、汪公紀、陶宗玉、李強光、龔選舞、陳源、姚淇清。

6.在比利時服務的同事、留學生：童致誠、趙克明、郭德明、劉克俊、傅維新、盧修一、王鎮國、蔡政文、吳榮義、席慕蓉、鄭淑敏。

7.巴黎過客：葉公超、黃少谷、嚴家淦、李國鼎、鄧傳楷、胡秋原、趙文藝、何應欽、溫哈熊、丘漢平、于斌、周至柔、沈錡、沈昌煥、陸以正、楊西崑、丁懋時。

# 四、法國與中華民國斷交經緯

1964年2月10日，法國與中共建交，中華民國隨即與法國斷絕外交關係，陳大使以見證人兼參與者的身分，對這一段歷史的來龍去脈有極為詳盡而層次分明的敘述，可以滿足讀者的好奇心。

## （一）戴高樂的個人英雄主義色彩

法國與中共建交，並不是一件孤立的事件，也不是中華民國單獨的問題，而是國際間的問題。戴高樂個人具有濃厚的英雄主義色彩和極強烈的民族主義思想，一心以恢復「法蘭西的光榮」為己任，以提高法國的國際地位，建立在歐洲及自由世界的領導權為目標。他對自由世界由美國領導，相當不以為然。因此，他兩度執政以後，執行所謂「現實主義」的獨立自主外交政策，在國際間曾採取一連串偏激措施，如杯葛北大西洋公約組織，在北非試爆核彈，否決英國進入歐洲共同市場，拒簽核子裁減條約，企圖拉攏中共以牽制蘇俄，主張東南亞中立化等等。

## （二）穿針引線有其人

　　1949年，法國本即有意繼英國之後承認中共，但因第二次世界大戰後，法國軍事力量薄弱，生產萎縮，經濟困難，政局動盪，一切都未上軌道，因此在力求政治安定、經濟復甦與繁榮為主下，暫時沒有兌現。

　　1957年5月法國前總理佛爾（Edgar Faure）夫婦應中共外交學會之邀到北京訪問，獲得毛澤東、周恩來的接見。回國後，佛爾寫了一本介紹中國大陸的書，書名借用毛澤東的詞，叫《蛇山與龜山》（Le Serpent et la Torture），書中佛爾根據自己的感受，建議法國應與中共建交。戴高樂看後受到影響，認為這是一個「非常有益的看法」。

　　1958年，戴高樂重新執政，於1963年9月中旬派前法國駐聯合國代表喬治畢可（Georges-Picot）率十五名工商界領袖訪問中國大陸，試探雙方的貿易談判，其結論是「時機已經成熟」。同年10月中旬，戴高樂更以個人名義派遣佛爾再度訪問大陸，中共對佛爾極為禮遇，安排他住在釣魚台賓館，還派給他一部專機。他與毛澤東在上海晤談時，周恩來特地前往參與會談。11月初，佛爾與周恩來簽署備忘錄。佛爾回法國後，戴高樂接見他，並準備承認中共。同年12月至次年1月，法國外交部長派辦公室主任雅克·德波馬榭（Jacques de Beaumarchais）到瑞士與中共駐瑞士大使李清泉會談多次，就建交公報與公布時間達成了協議。

## （三）美國的關切

　　在法國與中共頻繁接觸的過程中，美國曾表示關切。1963年10月，法外長墨維爾（Maurice Couve de Murville）訪問華府時，曾向甘迺迪總統表示，認為孤立中共對西方國家不利，戴高樂總統希望美法兩國一同與中共建交。12月16日，美國駐法大使包倫（Charles Bohlen）與魯斯克（Dean Rusk）國務卿曾拜會戴高樂，對法國與中共建交深入交換意見。戴高樂表示，法國最近期內並無意承認中共。但這個保證並不改變法國認為時機來臨時，應與北京建立正常關係的看法。

## （四）中華民國方面的肆應

　　在外電頻傳法國即將承認中共之際，1963年12月10日，沈昌煥部長於接見法國駐華代辦薩來德（Pierre Salade）時，即面交政府的備忘錄，說明反對「兩個中國」的概念，以及不能容忍任何在法律上或事實上承

認中共。蔣中正總統也在23日致函戴高樂，大意謂：最近外電頻傳法國政府正在考慮承認中共，或互設商務機構，縱使不是事實，但「以閣下聲望之隆盛，與貴國地位之重要，仍為舉世所注目」。因謠傳甚多，蔣總統盼望戴高樂澄清。

## （五）法方派專使團來台

戴高樂收信後，表示將另派專使來台。1964年1月19日，法方派遣前「戰鬥法國」駐重慶代表貝志高將軍（Général Zinovi Pechkoff）暨前駐華武官紀業馬上校（Colonel Jacques Guillermaz）來台。

另一方面，外交部於1月15日收到法國即將承認中共，並將派遣專使團前來台灣的照會後，即電召駐比大使兼程返國。陳大使於17日自比京啟程，搭法航班機返國。至羅馬，因臨時未辦香港簽證，法航為怕違規受罰，竟不讓他登機。幸陳大使與法航總經理係舊識，並出示外交官身分，簽字願自行負責，始得順利成行。

其後，雙方代表在總統官邸舉行兩次會談，法方除貝、紀兩位專使外，尚有駐華代辦薩萊德公使，我方除蔣總統外，尚有外交部長沈昌煥、王季徵大使（兼翻譯）、陳雄飛大使。

綜合言之，蔣總統在會談桌上已意識到，事情已難有轉機，故使出緩兵計，希望法國延後五年或三年，再不然一或二年，甚至六個月才承認中共。[1]但即使最低的六個月也不可得，真是「老戴有權承認中共，蔣公無力拖延半年」。

# 五、開拓非洲外交

到了1960年代，法屬非洲國家紛紛獨立。陳大使在巴黎大學法學院就讀時期所認識的非洲朋友，在他們的國家獨立後，都已位居要津，不是出任部長，就是總理、議長，或是總統。例如塞內加爾總統桑高（Léopold Sédar Senghor），先後擔任達荷美總統的馬加（Herbert Maga）、阿必地（Sourou-Migan Apithy），象牙海岸總統伍弗布尼（Félix Houphouët-Boigny），上伏塔總統亞默可（Maurice Yamégo）等等，後來

---

[1]  Jacques Guillermaz, *Une vie pour la Chine, Mémoires, 1937-1989* （Paris：Robert Laffon, 1989），p. 292.

都成為我國開拓非洲外交的主要人脈。這些獨立國家的元首都以朋友的名義邀請陳大使參加他們的慶典，並與他們洽商建交事宜。

自1960年開始，與我國先後建交的國家有喀麥隆（Cameroun）、馬利聯邦（Fédération du Mali）、塞內加爾（Sénégal）、達荷美（Dahomey）、中非（République Centrafricane）、剛果共和國（République du Congo）、加彭（Cabon）、茅利塔尼亞（République Islamique de Mauritanie）、馬拉加西（République du Malgache）、多哥共和國（République de la Togolaise）等十四個國家。爭取建交未成的有蒲隆地和突尼西亞兩國。在致力開拓非洲外交期間，陳大使風塵僕僕、馬不停蹄地奔走，足跡幾乎遍及半個非洲，曾獲外交部嘉慰，也先後獲得茅利塔尼亞、馬拉加西、象牙海岸、喀麥隆等國頒贈勳章，尤其尼日總統狄奧里（Hamani Diori）還戲稱，陳大使是他們非洲第十三國的元首。

我國與非洲國家洽商建交的過程，是一頁十分曲折而且錯綜複雜的歷史，其中的建交涉及法國的承諾；斷交和復交又與中共的競爭以及各國政變頻繁、政局不穩息息相關。往者已矣，陳大使等前輩的努力已經為建交奠下堅實的基礎，今後的對非外交較前更為艱難，其後繼者踵事增華，豈能無動於衷乎？

# 六、養生有道，克享高壽

人活到九十歲，經常會有人詢問養生健身的方法。陳大使在養生方面有獨到的許多心得，可以和張群、陳立夫、吳延環、陶百川等人瑞名人媲美，值得向讀者介紹。

陳大使平常就很注意鍛鍊身體，自1981年退休後，便開始拜師練外丹功，其後跟隨劉家鵬學習少林內功。除練功之外，也喜歡與外交部年輕同仁一起爬山。

此外，長壽的秘訣，在於生活有規，作息有時，飲食有度。陳大使一向以：「自得其樂，知足常樂，及時行樂，與眾同樂，行善最樂」為原則。2002年，立委吳延環曾作書贈陳大使，勉以「一笑煩惱跑，二笑怨憎消，三笑憾事了，四笑病痛逃，五笑永不老，六笑樂逍遙，笑口時常開，壽比老彭高」。

比起張岳公的「養生箴言」，陶百川的「老年健康自律歌」，陳大使也發明自己的「十小歌」，即「翻翻小說書，寫寫小方塊，吃吃小籠

包，上上小館子，兜兜小圈子，打打小白球，玩玩小寵物，搓搓小麻將，看看小朋友，抱抱小孫子」。

陳大使告訴我們，「人生不滿百，常懷千歲憂」。考慮多，思慮深，顧慮雜，憂慮廣，全部都是損神傷身的幫兇。祛慮去憂，可以使人心情愉快、神清氣爽，於是百病不生，常保健康。但是祛慮去憂的先決條件，是要有達觀知足的修養。能夠知足，心中常樂；心中常樂，則身體健康，這是人人盡知的事。

「往事並不如煙」，凡走過必留下痕跡。拜讀陳大使的《外交生涯一甲子》，佩服他充滿昂揚的鬥志，以他的專業能在國際坫壇上發光發熱。

本文介紹的僅是他「人生不留白」和奉獻國家的一鱗半爪。活到九十歲以上已屬高壽，雖然陳大使有未能親見訪問紀錄出版的遺憾，但在往生前的題詩小序，正可派上用場。茲錄之如下，做為本文的結束。

　　伎求不齒笑癡愚，揖別坫壇兩袖清；
　　久歷艱危憂國步，已嚐冷暖洞人情。
　　外交義勇嫻專對，蝸角迴旋雅不爭；
　　回首紅塵同一夢，才人代出意堪平。

——原載《傳記文學》，2017年4月號

# 世紀的餽贈

## ——章開沅與池田大作的對話

書　　名：世紀的餽贈——章開沅與池田大作的對話
作　　者：章開沅、池田大作
出 版 者：湖北長江出版集團‧湖北人民出版社
出版時間：2011年4月
頁　　數：163頁
定　　價：人民幣28.00元

## 一、對話者簡介

　　章開沅，祖籍浙江湖州，1926年生於安徽蕪湖。中國著名歷史學家、教育家，1984-1990年出任武漢華中師範大學校長，現任華中師大中國近代史研究所教授、名譽所長、華中師大池田大作研究所名譽所長、東西方文化交流研究中心主任。在辛亥革命史、資產階級研究、中外近代化比較、教會大學史、日本侵華史等領域，均有開創性的學術貢獻，享譽海內外。著有《辛亥革命與近代社會》、《張謇傳稿》、《離異與回歸——傳統文化與近代化關係試析》、《南京大屠殺的歷史見證》、《實齋筆談》、《鴻爪集》等。主編有《辛亥革命史》、《中西文化與教會大學》、《比較中的審視：中國早期現代化研究》、《湖北通史》、《中國近代民族資產階級研究》、《清通鑑》、《蘇州商會檔案叢編》、《辛亥革命史資料新編》、《中國著名大學校長書系》等。

　　池田大作，創價學會名譽會長，國際創價學會（SGI）會長。1928年生於東京。創辦了創價大學、美國創價大學、創價學園、民主音樂協會、東京富士美術館、東洋哲學研究所、芦田紀念國際和平研究所等。著有《人間革命》、《新人間革命》等大量著作。並且和世界各國的有識之士進行對話，出版了《展望二十一世紀》（與湯恩比合著）、《二十世紀的精神教訓》（與戈巴契夫合著）、《對話的文明》（與杜維明合著）等對話集。

## 二、主要章節

本《對話》自2008年起，於日本《第三文明》月刊連載，引起日本讀者廣泛注意。池田大作為盡中日文化交流綿薄之力，殷切希望《對話錄》的中文版能早日與中國讀者見面。兩位智者的對話由華中師大池田大作研究所的梁紫蘇女士翻譯，經章開沅、田彤兩位教授審校，並在日本第三文明社、創價大學、湖北長江出版傳媒集團、湖北人民出版社的鼎力支持下，終於順利付梓出版。

本書共分12章，其目錄內容分別是：

第一章：戰爭時代與青春
第二章：如何面對歷史
第三章：逆境之下彰顯師徒情誼
第四章：青年是未來的希望
第五章：大學使命與建校精神
第六章：教育是價值創造的聖業
第七章：通過文化交流締結友誼之心
第八章：實現和諧友好的亞洲
第九章：日中邦交正常化提議以來四十年
第十章：與青年共創未來
第十一章：走向「人間革命」的征途
第十二章：展望二十二世紀

章開沅與池田大作兩位智者，他們都是在戰爭中長大，而且飽經戰禍苦難。他們由相遇而相知，談歷史，話教育，說人類，論中日邦交，並以全球視野為高度暢所欲言，甚且秉持「給世界以和平，給人類以慈悲」的共同使命感，冀望透過歷史來教育人民，喚醒人類反對侵略戰爭並努力消除戰爭的根源。

由於內容精彩，字字珠璣，限於篇幅，無法全面介紹，僅摘錄部分精華，以饗讀者。

## 三、正確的歷史觀

池田大作：對人類來說，學習歷史尤為重要。只有閱讀歷史，學習歷史，人類的未來才有和平，才有勝利，才能走上正軌。在這個意義上，沒有比懂得歷史更有利的武器了。對歷史不知、不學，生活就會與越軌的「野獸」無異。如果沒有學習歷史的精神，繁榮也只能是短暫的。當今正是需要樹立正確歷史觀的時代。我確信，只有這樣才能為和平打下基礎。

章開沅：作為一個歷史學者，我常告誡自己，對於現代人類文明中的嚴重缺陷和社會腐敗等醜惡現象，絕不能保持沉默或者袖手旁觀。

池田大作：與政治、經濟相比，歷史在某些地方也許顯得不那麼起眼。不過，不論學什麼，歷史觀是前提。

章開沅：我認為，優秀的歷史學是文化的寶貴財富，是屬於全人類的遺產，應該作為瑰寶而流傳千秋萬代。真正意義上的歷史學的價值，必定超越人為限定的國界。

## 四、治學不為媚時語

章開沅：治史「不要任意美化，也不要輕易抹煞」。對歷史研究而言，實證是最為重要的基礎支持。如果沒有地道的實證努力，再宏偉的「學術建築」也會化為空中樓閣。就算暫時能贏得大眾的歡心，也決不會持久。史學和其他所有的學問一樣，是踏實的學問，既容不得投機取巧，也來不得半點虛偽。

池田大作：歷史學家的任務，就是讓善的紀錄永遠保存下去。佛法將人認識對象的能力比作眼，便有肉眼、天眼、慧眼、法眼、佛眼這「五眼」。磨練如此多重的眼力，才能更正確地洞悉歷史的真相，更深刻地辨清宇宙萬物的法則。我認為，深入學習歷史與錘鍊眼力是一體的。

## 五、獨尋真知啟後人

章開沅：教師的責任感主要表現在對學生的關愛上，因此要不斷地思考如何幫助學生健康成材，經常把學生的事放在心上。老師只要做到愛護學生，才能從學生那裡獲得由衷的尊敬。我自己從未覺得比學生聰明。我力求和學生平等對話、交流，共同進步。學生的成長是老師的功績，也是老師的無上快樂，學生的勝利驗證了老師的勝利。

池田大作：「經師易遇，人師難求」，如果在青年時代遇到了一位為他指明人生道路的老師，這個人就是最幸福的人。老師不能用一種要求學生像自己一樣了不起的傲慢態度去教導學生，而是要保持與學生共同進步的謙虛態度，才是為師的正確方法。

章開沅：我很欣賞「治學不為媚時語，獨尋真知啟後人」這兩句話，這是已故著名學者楚圖南為戴震（東原，1724-1777）紀念館的題詞，我經常以此與年輕學者共勉。我決心讓青年人走得更遠，走得更快，為他們鑿山鋪路，做他們的「鋪路石」，讓學生踏在我的身上，在學問之路上繼續前行。

池田大作：你曾經寫過「為造就青年學者開路，為發展學術交流搭橋，這就是我的人生追求。」從這句話，我看到了一位教育家之典範的心聲。而我自己也不甘一個人開花結果，我要把為青年、為後世播下世界和平的種子定為人生的使命。

章開沅：就教師而言，為青年學生進行思想、情感交流就是最好的養生。我常常從學生的眼神中感悟自己生存的意義，因此才能保持旺盛的生命力。

## 六、小跋

10月的武漢，天氣不冷不熱，東湖賓館更是景色怡人，這真是十年一度海內外學者共同切磋論史的最佳場所。開會期間，除參觀辛亥革命博物館、起義門、中山艦博物館等新景點外，會後筆者又到華中師大作客一日，在何卓恩教授的導覽下，看到新修完成位在校園邊的黎元洪墓，更高興的是拜訪到了章開沅教授。在他的寬敞而舒適的辦公室裡，我首先注意到的是靠近窗邊的桌上，用玻璃鏡框裱的一副對聯：「治學

不為媚時語，獨尋真知啟後人」，其中的「真」字寫得別具一體，筆者
無法辨認，便當場請教了章先生。章先生為我解答並說明這兩句話的出
處，讓我茅塞頓開。臨別，章先生送了這本他與池田對談的新作。拜讀
之後，深受啟發，兩位智者的識見和雋永之語，頗有值得介紹推廣之
處，故略記所感與讀者分享。

——原載《僑協雜誌》，第132期

# 百年銳於千載
## ——介紹羅福惠等編著《辛亥革命的百年記憶與詮釋》

## 一、解題絮語

2011年是辛亥百年盛會，兩岸四地不約而同舉行各式各樣的紀念會或規模有別的學術研討會，台北還增加了慶祝「建國百年」的活動，揭舉「精彩一百」的主題，用以突顯從辛亥到建國不可切割的過程，因為辛亥革命只是個過程，建立民國才是目的的重頭戲。

不管如何，為了慶祝盛典，兩岸卻同時出現了並強調過去不甚為人注意的一句話，那就是「**百年銳於千載**」。這句話，語出孫中山於1905年11月26日的《民報》發刊詞，內云：

> 余維歐美之進化，凡以三大主義：曰民族，曰民權，曰民生。羅馬之亡，民族主義興，而歐洲各國以獨立。洎自帝其國，威行專制，在下者不堪其苦，則民權主義起。十八世之末，十九世紀之初，專制仆而立憲政體殖焉。世界開化，人智益蒸，物質發抒，**百年銳於千載**，經濟問題繼政治問題之後，則民生主義躍躍然動，二十世紀不得不為民生主義之擅場時代也。[1]

學者對這句話，各有解釋和引申。台灣方面，且以國史館館長呂芳上為代表，他在國史館所主辦的「辛亥100年、建國100年特展」導覽冊上，對於這句話作了以下的說明：

> 「**百年銳於千載**」，是國父對於同盟會成立前那一百年世界的精闢概括，也可以用來形同盟會成立後這一百年的世界歷史。

---

[1] 秦孝儀主編，《國父全集》（近代中國出版社，1988），第2冊，頁256。

接著，呂館長又說：

> 一百年前的1911年10月10日，武昌起義一聲槍響，推翻數千年
> 帝制，亞洲第一個民主共和國——中華民國於焉誕生，開啟了
> 「**百年銳於千載**」的新時代。在先烈先賢的齊心努力下，雖面對
> 艱難局勢，國人上下一心，勤修內政，奮抗外侮，實行民主政
> 治，遂能立足國際社會，譜就了一世紀激昂動人的史詩。日後揚
> 名全球的「台灣奇蹟」、「台灣經驗」，更是你我見證百年歲月
> 的光輝成就。[2]

　　呂教授的詮釋，當然是站在今天中華民國的立場而發聲的，這並不
能完全涵蓋1949年以後已逾半個世紀中華人民共和國的發展情況。

　　我們再舉大陸學者章開沅教授為代表，且看他如何說法？華中師範
大學為了慶祝辛亥百年，特別隆重推出一套紀念文庫，在學術研究系列
方面較受矚目的是羅福惠、朱英教授所主編的《辛亥革命的百年記憶與
詮釋》，章開沅教授在〈總序〉中，也特別提到這句話，他這樣說：

> 「**百年銳於千載**」是孫中山對於同盟會成立以前那一百年世界歷
> 史的精闢概括，其實這句話也可以形容同盟會成立以後這一百年
> 的歷史，因為20世紀的「世界開化、人智益蒸、物質發抒」等，
> 其變化的幅度之大，速度之快，更遠遠超越了19世紀那一百年。
> 我很重視「**百年銳於千載**」這句話，認為只有透過這前後兩個
> 一百年世界歷史的發展變化，才能更為深切地理解辛亥革命。[3]

　　章開沅教授的詮釋比較全面，而且照顧了歷史的廣度和深度。章教
授除了主張對辛亥革命反思外，更提出要對辛亥革命進行上下三百年的
探索，為什麼？因為「由於辛亥革命的背景、起因、進程、後果、影
響，需要進行長時段的縱橫考察，才能談得上是對其本身以及歷史遺產
的真正盤點。這正好是過去辛亥革命研究的薄弱環節，應該借辛亥革命

---

[2]　館長序，《百年銳於千載——辛亥100年、建國100年特展》，國史館，2011年
　　10月。
[3]　章開沅，〈總序〉，收入羅福惠，朱英主編，《辛亥革命的百年記憶與詮釋》
　　（華中師大出版社，2011年），第1卷。

百年反思給以補課。」[4]

# 二、《辛亥革命的百年記憶與詮釋》內容集粹

做為「首義之區」的武漢，對於辛亥革命史的研究，向不落人後、而向為國內外公認辛亥革命史研究重鎮之一的華中師大更加責無旁貸。為了迎接辛亥百年，他們動員全所研究人員，並特邀若干校外學者，自2009年起，確定以「辛亥革命的百年記憶與詮釋」為題，撰寫一部四卷本的學術著作，做為紀念辛亥革命100周年的學術獻禮。這種膽識和魄力，不僅在中國大陸是一項值得喝采的創舉，放眼海內外，也是一樁罕與倫比的學術巨猷，令人敬佩。

這一套值得大書特書，有待海內外共同關注的開天闢地之作，其內容之豐富、包羅之廣，我們先從目錄做個梗概瞭解。

第一卷：政府、黨派的辛亥革命紀念

由劉偉、何廣、董恩強、郭輝、李英全、周游、孫澤學、魏文享、鄭成林等幾位教授分任合寫。

本卷共六章，茲誌各章標題如下：

    第一章　革命還是共和：民國初年的辛亥革命紀念
    第二章　南北對峙時期的辛亥革命紀念
    第三章　國民黨、國民政府與辛亥革命紀念
    第四章　早期共產黨人及其他黨派對辛亥革命的紀念與詮釋
    第五章　1949年以來中共和民主黨派的辛亥革命紀念
    第六章　1949年後台灣的辛亥革命紀念

第二卷：民間社會對辛亥革命的記憶與詮釋

由朱英、許峰、田彤、劉家峰、王靜、徐炳三、王新旺、郭輝、張愛華、彭雷霆、楊鵬、袁琳等幾位教授分任合寫。

本卷共分七章，茲誌各章標題如下：

    第一章　工商界對辛亥革命的認知、記憶及其行動

---

[4]　章開沅，〈辛亥百年遐思〉，《僑協雜誌》，第132期（2012年1月），頁4。

第二章　知識界對辛亥革命的紀念與認知

第三章　基督教界對辛亥革命的記憶與詮釋

第四章　華人華僑對辛亥革命的記憶與詮釋

第五章　大眾傳媒對辛亥革命的報導、宣傳與闡釋

第六章　教科書中的辛亥革命書寫

第七章　文學藝術對辛亥革命的書寫

第三卷：歷史學者對辛亥革命的研究與詮釋

由李寶紅、嚴昌洪、張繼才、彭劍、何卓恩、趙軍、許小青、江滿情、嚴鵬、雷慧新等教授分任合寫。

本卷共分八章，茲誌各章標題如下：

第一章　1911-1926年國內的辛亥記憶、存史與初步研究

第二章　1927-1949年國內的辛亥革命研究

第三章　1949年後中國大陸學者辛亥革命研究的進展

第四章　1949年大陸學界辛亥革命研究若干重要關注點

第五章　1949年後台灣學界對辛亥革命的重建與解釋

第六章　百年來日本的辛亥革命研究

第七章　百年來美國的辛亥革命研究

第八章　百年來其他國家學者的辛亥革命研究

第四卷：紀念空間與辛亥革命的百年記憶

本卷撰稿者均為南京大學中華民國史研究中心學者，最後由陳蘊茜統稿寫成，具體分工如下：

緒言（陳蘊茜）

第一章　國家對辛亥革命紀念空間的定位（陳蘊茜、李興勇）

第二章　革命領袖與中山紀念空間的普及（陳蘊茜、李興勇）

第三章　墓地、原質性的紀念空間（王楠）

第四章　祠堂、紀念碑與神聖空間（王楠、陳蘊茜）

第五章　紀念館、展覽與革命記憶（陳蘊茜）

第六章　故居中的辛亥名人記憶（王楠）

第七章　革命活動舊址中的辛亥記憶（王楠）

從上開33章課目來看，稱得上琳瑯滿目，包羅萬象，而且美不勝收，令人有迫不急待想一睹內容的極大興趣！無奈篇幅巨大（逾2,200頁），個人能力有限，僅能就筆者較有興趣涉獵部分，以及與台灣相關內容，稍做介紹並略抒所見，以就教於海內外諸同行同道。

# 三、與台灣相關內容之論述

本套書有關台灣之論述，主要安排在第一卷第六章，標題是「1949年後台灣的辛亥革命紀念」，共約63頁；第三卷第五章全章，標題是「1949年後台灣學界對辛亥革命的重建與詮釋」，共約186頁；第四卷第十一章，標題是「台港澳孫中山與辛亥革命紀念空間」，約27頁，三者加總共276頁，約占全套書八分之一弱，這是最值得稱道之處。畢竟孫中山是兩岸共同尊崇的政治人物，辛亥革命也是兩岸共同的記憶，無論如何，台灣對這兩個課題有超過一甲子的傳承與發揚，自然不容忽視。

其次，最值得稱道之處，所參考引用的資料都相當豐富齊全，凡是台灣出版的材料幾乎搜羅殆盡，故能言必有據，較少空話。據筆者所知，其中何卓恩教授曾來台搜集資料，並多次當面向張朋園、張玉法兩位先生請益，凡兩張的著作均能詳徵博引，相當程度掌握了論述的方向。

再者，何卓恩先生很有創意的把台灣學界對辛亥革命的評價，分為三大類：

一是高度評價：大致認為，辛亥革命有推翻君主專制，開創民主共和的重大意義，絕非單純的改朝換代，也並非完全不澈底的革命，以蔣永敬、李雲漢、陳三井、葛慶柱為代表。

二是低度評價：大致認為，辛亥革命不是一次成功的革命，對於中

國走向現代化沒有貢獻，甚至革命之後的中國，較之革命之前更加混亂衰弱，以張朋園、朱浤源為代表。

三是中度評價：大致認為，辛亥革命並不是一個失敗的革命，只是一個未完成的革命，以張玉法為代表。

這種分類法，自有其文本根據，但仍失之於大膽，甚至稍嫌簡單化。辛亥革命本來就是極其錯綜複雜的歷史大事件，但看從何種角度切入，諸家評價雖然見仁見智，但若仔細推敲，恐怕仍有異中有同，或同中有異之處，不必強分評價高低之別。

一個辛亥革命，兩岸各自表示。歷史學者對於歷史事件和歷史人物，本就不會有完全相同的看法，正是「橫看成嶺側成峰，遠近高低皆不同」。台灣學者對於辛亥革命的解釋和評價，不一定為大陸學者所認同，反之亦然。章開沅先生曾說，辛亥革命屬於資產階級革命，是從宏觀的社會結構運動角度說的，是對的；說辛亥革命為全民革命，是從革命參與力量，革命直接的目標來說的，也有道理；這兩種說法並不矛盾。最後，筆者很同意，何卓恩教授的一段評述：

> 台灣學者在辛亥革命的原因、性質、意義等問題上的不同解釋，相互影響，相互啟發，在他們的論著中不乏體現。延伸到兩岸，當年對立的觀點，如今也多了不少平實的了解與同情的理解。
>
> 兩岸學術觀點的交流與對話，推動了學術思考，也將有益於推動今後彼此的進一步研究。

## 四、建構史實的幾點淺見

本套書儘管是兩年內匆促應景之大撰述，但提供一個史無前例的大架構，具新的視野，有創發的邏輯思維，並蘊藏豐富的史實內容，令人愛讀而不忍釋手。限於篇幅，筆者無法在此多做介紹。

惟任何出版著作，，不可能盡善盡美，茲就略讀之下的發現，提出幾點供再版時參考：

（一）孫中山逝世時，台灣雖在日本殖民統治之下，但台灣同胞對孫中山生前的尊敬，以及逝世後的悼念之情，並不後人。而日本當局公

開禁止台胞聚會追悼孫中山的史實更是斑斑可考。當時的《台灣民報》完整記錄了這段經過，多位學者的研究成果，包括拙著《中國國民黨與台灣》（中央文物供應社，1985），足可提供參考。另劉碧蓉所撰〈孫中山在《台灣日日新報》的形象初探〉一文（《孫學研究》第8期），同樣提供台灣各地追悼孫中山的許多第一手材料，十分珍貴。這段缺漏不足，允宜在第一卷第六章另增一小節，予以補充。

（二）孫中山百年誕辰（1965），台灣各界成立「紀念國父百年籌備小組」，小組最大的貢獻，便是募款興建了現今位於台北市仁愛路四段的國父紀念館，該館是新建，而不是如一卷461頁所說的修建。興建的地址是當年台北市的第六號公園預定地，而該卷頁462提及館址的範圍，竟出現了「革命路」的字眼，就筆者淺見，「革命路」、「解放路」等是大陸的用法，在台北絕無可能出現。國父紀念館四週，有忠孝東路、仁愛路，有光復南路、逸仙路，並無革命路。經查作者所引用的《國父百年誕辰紀念實錄》，原文是這樣的：「台北市仁愛路第六號公園預定地，位於台北市仁愛路四段，北臨忠孝路，南臨仁愛路，西臨光復路，地勢平坦，地形方正。」[5]

（三）台北市除了國父紀念館外，尚有一處民國二年孫中山來台住宿過的國父史蹟館（即梅屋敷，位於中山北路），並沒有一處叫「孫中山紀念館」。近年來台灣各項選舉的造勢活動場所，多在國父紀念館，而不是孫中山紀念館，而本書第一卷頁460、頁463一再出現「孫中山紀念館」字樣，或基於政治性考慮而為之，但總貽人以名不正言不順的混淆感覺。

（四）最後，有數處打字印刷的錯誤，如第一卷頁467的蔣介石於「戒壽館」前閱兵，應為介壽路（在民進黨政府上台後，改為凱達格蘭大道，沿襲至今）之誤；第三卷頁283，王剛領應為王綱領之誤；頁303、318等，梁敬淳應為梁敬錞之誤。可一併於再版時訂正。

──原載於《國史研究通訊》，第2期

---

[5] 國父百年誕辰紀念實錄編輯小組，《國父百年誕辰紀念實錄》（1966），頁168。

第二輯　史譚

# 「君子好逑」新篇

　　旅美史學家葉文心，現執教加州柏克萊大學，系出名門。父親係名報人葉明勳，母親為名作家華嚴（即嚴停雲係嚴復孫女）。葉文心在台大就讀時，便以才女著稱，同學追逐者眾，終無一人雀屏中選。「窈窕淑女，君子好逑」，無奈追求者必須通過下列重重考驗：

　　高舉《智慧的燈》，奏起《生命的樂章》，走過《七色橋》，撥開《紫色的霧》，才能看到《玻璃窗屋裏的人》，正在那邊寫《蒂蒂日記》（括弧內皆為華嚴女士享譽文壇的作品）。

──原載《僑協雜誌》，第79期

# 黎東方的四段回憶錄

　　名史學家黎東方早年留法，歷任北大、清華等校教授，來台後，在中國文化大學執教，以「細說」體的史著聞名，先後出版有《細說元朝》、《細說明朝》、《細說清朝》、《細說民國》等通俗性史說，並遺有回憶錄《平凡的我》。黎氏嘗自我調侃，將續撰《糊塗的我》、《倒霉的我》、《該死的我》合為四部曲，可惜天不假年，已歸道山。

——原載《僑協雜誌》，第79期

# 高希均的冷漠論

名經濟學家、《遠見》暨《天下》雜誌創辦人高希均教授，早年以一句「天下那有白吃的午餐」名「噪」海內外，最近復推出新書，大談冷漠論。高教授在十年前即指出，台灣的根本危機，在人民的「冷漠」，十年後的今天，他認為解決台灣危機的根本之途，只有靠人民的「反」冷漠。書中，他提出七大「反」冷漠，特別是對李前總統的負面示範不能冷漠，何以故？李前總統在位十二年，認定自己是「萬能」，卸任之後，做了公認民主國家退休元首「萬萬不能」做的事，一再做激情演出。這種「獨斷性格」，把自己陷入不忠，把社會陷入不寧，把兩岸陷入不安。

——原載《僑協雜誌》，第80期

# 「三票主義」取代「三民主義」

　　出身香港調景嶺，曾是中學放牛班一份子的廣達電腦董事長林百里，最近語重心長的指出，現在台灣盛行的不是三民主義而是「三票主義」。即窮人想的是鈔票，有錢人玩的是股票，政客拚的是選票。如果大家沒有長遠的眼光，不但無法增強競爭力，連起碼的飯票都恐將不保。

——原載《僑協雜誌》，第80期

# 王作榮悔不當初

　　前監察院長王作榮自嘲是「悲劇英雄」，經「挺李」的一段蜜月期之後，或因《壯志未酬》或為「李摩西」一變再變，雙方漸行漸遠，終於「懸崖勒馬」，說了不少早該說的《真話》。例如：「民主先生最不懂民主，最沒有民主胸襟」。最近，王前院長復推出新書——《與登輝老友話家常》，悔不當初的感嘆提拔了李登輝、劉泰英，結果兩人聯手搞垮了國民黨，把中華民國弄得名存實亡，只剩軀殼借給「台灣共和國」。最後，王作榮奉勸老友「苦海無邊，回頭是岸」，建議李前總統「完全退出政治舞台，做一個安享尊榮餘年的老人」。寶筏能否渡李某回頭，吾人且拭目以待！

——原載《僑協雜誌》，第81期

# 正港的「台灣之子」

　　打從自認「台灣之父」的阿輝伯，得意的把政權和平轉移給「台灣之子」阿扁後，政黨輪替三年的結果，台灣迅速「向下沉淪」——經濟崩盤、財富縮水、兩岸關係逆轉、教改亂糟糟、失業率節節高、自殺事件層出不窮，讓台灣這條「汪洋中的破船」，隨時有觸礁、翻船之虞，令人提心吊膽！

　　及至前經濟部長、經建會主委、現任立法院副院長江丙坤的傳記——《拚命三郎——江丙坤的台灣經驗》問世，我們才發現真正愛台灣，毋須把口號時常掛在嘴邊。苦讀出身，默默實幹，一直為台灣經濟打拚的江丙坤，才是正宗的「台灣之子」。小自我們的身邊，大到政壇企業界，若能多一點這款的「台灣之子」，不光打口水，不亂開支票，不做陳「獨秀」，那才是台灣人民之福！

——原載《僑協雜誌》，第82期

# 「一邊一國」與「四不一沒有」新解

陳水扁的說法：

「一邊一國」：一邊是中華人民共和國，一邊是台灣共和國。

「四不一沒有」：不會宣佈台灣獨立，不會更改國號，不會推動兩國論入憲，不會推動改變現狀的統獨公投，也沒有廢除國統綱領與國統會的問題。

老百姓的真實感受：

「一邊一國」就是「一邊富人國，一邊窮人國」。

「四不一沒有」就是「不會治國」、「不懂經濟」、「不知信用為何物」、「不懂族群包容」，「沒有政績」，搞得「『民』窮財『盡』」。

——原載《僑協雜誌》，第84期

# 余光中的鄉愁

中共國務院總理溫家寶十二月八日在紐約會見僑胞時，一席「一灣淺淺的海峽」的感性談話，讓各界人士強烈感受到他超級的親和力。

「一灣淺淺的海峽」係出自著名詩人余光中的「鄉愁」。描繪這一代中國人歷經戰火、兩岸隔絕，導致骨肉分離的人間悲劇。

「鄉愁」詩句部分原文如下：

小時候／鄉愁是一枚小小的郵票／我在這頭／母親在那頭；
長大後／鄉愁是一張窄窄的船票／我在這頭／新娘在那頭。

——原載《僑協雜誌》，第84期

# 陳雄飛以「五小」自娛

與楊西崑可以並稱「非洲先生」，曾任駐比利時、烏拉圭大使的資深外交官陳雄飛（1911-2004），於年初病逝。陳大使在八十生辰回憶其五十年外交生涯時，曾撰乙聯自壽：

上聯：外交義勇半世紀，盡其在我，明月清風，無尤無悔；
下聯：文化傳承八十年，順乎天命，布衣蔬食，亦飽亦溫。

陳氏強調「知足常樂」，故享高壽，亦常以「五小」，從心所欲自娛。「五小」就是「品品小籠包，進進小館子，看看小小說，碰碰小麻將，抱抱小朋友」。

——原載《僑協雜誌》，第85期

# 沈大川為戴瑞明開拖車

　　甫卸任的教廷大使戴瑞明回憶說，當年他奉派到駐聯合國代表團工作，不久因我退出聯合國，又改調至華府駐美大使館工作。到紐約不到一年就要搬家，對一個小三秘來說實在是一大負擔，當時外交部只發了一百美元搬運費，怎麼也不夠。於是腦筋動到還在紐約哥大就讀的沈大川身上，計畫租一部小拖車，請大川幫忙從紐約開到華府，自己因沒有駕照，只能隨車陪伴。

　　到了目的地，沈大川一本正經地表示，他從沒開過拖車，也沒開過這麼長途的車，平安無事，算是運氣。

　　事後，戴瑞明自我調侃，因為大川爸爸（沈昌煥先生，時任外交部長）給的搬運費不夠，所以陰使他的兒子服勞，一時傳為佳話。

——原載《僑協雜誌》，第85期

# 劉紹唐的黃色笑話

　　創辦《傳記文學》，「以一人敵一國」，素有「野史館館長」之稱的劉紹唐，交遊廣闊，最愛與文友和眾家徒弟喝酒吃飯，而每席必率先講幾個黃色笑話，以助酒興。

　　這是與《傳記文學》有關的一則笑話，當時雜誌創刊未久，因為人手不足，雜誌經常不能準時出版。某日，紹唐先生在街上遇到劉安祺將軍（魯籍，曾任金防部司令官、戰略顧問），將軍一見面就說：「紹唐，你那個玩意兒（指雜誌）真好，我太太比我還要喜歡你那個玩意兒，可惜每次出得太慢了一點；每次你那個玩意兒一出來，都害得我太太一夜不能睡覺。」

　　　　　　　　　　　　　　──原載《僑協雜誌》，第86期

# 陳立夫談養生之道

　　享年一〇三歲的黨國元老陳立夫，生前極重養生之道，他以「老友、老伴、老本、老健」做為養生四寶。他的長壽秘訣，完全歸功於畢生奉行不渝的「養生之道」，那就是：

> 養身在動，養心在靜，飲食有節，起居有時；
> 物熟始食，水沸始飲，多食果菜，少食肉類；
> 頭部宜冷，足部宜熱，知足常樂，無求常安。

　　　　　　　　　　　　──原載《僑協雜誌》，第86期

# 黃季陸點評當代政治人物

　　川籍，曾悠遊於黨政學三界的前教育部長、國史館館長黃季陸，對當代政治人物有近距離敏銳的觀察，擺起龍門陣來，特別引人入勝。

　　據其透露，凡與胡漢民（展堂）晤談，胡往往一人獨白，對方很難插嘴；而與汪精衛（兆銘）面談，汪則是自己講一半，也聽別人一半；至於晉見蔣介石（中正），蔣喜聽別人講，自己僅微微頷首，少發言。

　　從待客談話的藝術，黃氏得出的結論是：

　　　胡漢民話多，好獨白，故少掌權；汪精衛半講半聽，故掌一半
　　　權；蔣介石多聽少話，故掌全權。是耶？非耶？留待讀者公評。

——原載《僑協雜誌》，第88期

# 大陸學者明哲保身之道

　　大陸知識份子遭逢一波接一波的群眾運動，歷經整風、反右、文革等劫難，人人不得不學得一套明哲保身之道，有此金鼎護身，百毒不侵。學者無論研究問題、發表議論或刊行文章專著，多敏感的話題也不怕，總是有辦法可以對付。他們從經驗中參悟出來的可行道路是：

一、凡史料與流行觀點一致的，不妨少說；不一致的，能說真話又
　　不犯忌諱的就說；不能說真話，又不想說假話，則保持緘默。

二、事情十分重要，非說不可，但又不能直言的，可以說一半。

三、再不然，便尋找一個縫，小心翼翼的鑽出來。

——原載《僑協雜誌》，第88期

# 唐德剛論毛澤東

旅美史學家，以《胡適雜憶》、《胡適口述自傳》、《五十年代底塵埃》、《史學與紅學》、《書緣與人緣》等書享譽文壇與史學圈的唐德剛教授，最近由遠流出版社出版《毛澤東專政始末》新著，書中對毛澤東有精闢的論評，痛快淋漓。茲列十條如後：

一、毛比陳獨秀更為「堅定」。陳氏說理，舌粲蓮花；一挫敗，便成為孤家寡人。

二、毛比瞿秋白這位詩人、名士、蘇州才子要「紮實」得多。秋白拿筆桿都有輕飄之感，慢說拿槍桿也。

三、毛比李立三「穩重」。李太「莽撞」了。

四、毛比張聞天、陳紹禹、秦邦憲等更為「實際」。毛批評這些國際派為「頭重腳輕根底淺」也近乎事實。

五、毛比周恩來「毒辣」。毛或有殺周之心，而周斷無篡毛之念。「無毒不丈夫」，周總理太謙虛了。

六、毛比張國燾「狡猾」。張有奪權之心，而無奪權之術。搞權術，毛為教授，張小學生也。

七、毛比劉少奇「自私」。劉有婦人之仁，遇同志有恩有愛。

八、毛比林彪更「奸詐」。林在黨內有奸詐之名，視毛則瞠乎後矣！林為孫悟空，毛則如來佛也。

九、毛比朱德、彭德懷、賀龍、劉伯承、陳毅等職業軍人更有「政治頭腦」。

十、毛比鄧小平「高大」。毛是漢高祖，鄧則是搞「非劉氏不王」的蕭、曹二相國和周太尉的綜合體。

——原載《僑協雜誌》，第91期

# 第三輯　史述

# 再現世紀風華
## ──香港「辛亥革命百周年展」一瞥

5月初，應邀到香港參加一項由浸會大學與香港歷史博物館聯合召開的研討會，順便參觀了香港歷史博物館舉辦的「辛亥革命百周年展」，印象極為深刻。在兩岸三地紛紛為「辛亥百年」或「建國百年」大事慶祝之際，值得稍做報導，與海內外讀者分享。

該項展覽從3月2日起至5月16日止，每天吸引大批人潮參觀。展覽分成七大部分，分別是：

1.晚清的內憂外患：民族主義的萌芽
2.近代變革的發源地：香港
3.救國圖強的抉擇：維新與革命
4.從清末新政到革命：預備立憲和鐵路國有
5.從武昌起義到民國成立
6.革命消息的傳播：革命版畫和畫報
7.走向共和：民國新紀元

本次展覽陳列140組展品，由於獲得湖北省博物館等多個文博單位的支援，展出豐富的實物、歷史圖片、地圖以及紀錄片等，真是琳瑯滿目，美不勝收。其特色有四：

## 一、別出心裁解構四大寇

一進展廳，便見孫中山等四大寇與關景良合影的一組塑像，除孫中山為實體外，其餘四人頭部皆鏤空，觀眾可以任意將己頭隱身其中，與孫中山合影。既富創意，又有歷史價值，頗受觀眾歡迎。

## 二、珍貴實物難得一見

最具代表性者有二件：
一是「床下都督」黎元洪的軍服與大勳章。歷經百年，軍服已陳舊

褪色。聞文革時期黎元洪墓遭紅衛兵破壞，幸這些陪葬品為湖北省博物館人員及時帶走而獲得保存。

二是湖北軍政府十八星旗。黑色九角與紅底象徵以鐵血精神，實現革命。十八顆圓星象徵關內居住的十八行省，革命的目的便是要把滿洲人逐出關外。

## 三、漫畫觸動人心

由英、法等國及上海等地蒐羅得來的各種漫畫與版畫，琳瑯滿目，勾起觀者對革命前後的回憶，觸動人心。

## 四、紀錄片生動播出

在展覽現場，至少有三部珍貴的紀錄片連續播出：

一是「辛亥革命鱗爪錄」，8分鐘，這是孫中山好友梅屋庄吉派攝影師到武漢、上海等革命現場所拍攝的。

二是1907年新建陸軍操練表演，4分鐘。

三是1904-05年日俄戰爭紀錄片，6分鐘。

每一吋膠卷都十分珍貴而生動，還原歷史現場。從以上這些豐富展品，我們無異看到百年前中國風華的再現。

——原載《僑協雜誌》，第129期

# 首義之城，魅力武漢
## ──簡介武漢辛亥革命博物館

　　1911年的辛亥革命是二十世紀中國的第一次歷史性巨變，是一次民族民主革命，它推翻了清政府，結束了統治中國兩千多年的君主專制，建立了中國歷史上第一個共和政府，使得民主共和的觀念從此深入人心。

　　斗轉星移，今年（2011）是辛亥革命一百周年，大陸各城市，從武漢到北京，從南京到成都，紛紛隆重舉行紀念會和學術研討會以示慶祝，為「紀念史學」創造了頂峰。做為首義之城的武漢，除了召開全國規格大型的國際學術研討會之外，更不惜投下巨資，新建了辛亥革命博物館與中山艦博物館，為古城添新景、增魅力。在此先介紹辛亥革命博物館。

## 一、建築特色

　　辛亥革命博物館位於武漢市首義廣場南側，北與鄂軍都督府（俗稱紅樓）相望，南與起義門相眺，總建築面積達2萬2千多平方米，分為地上三層和地下一層。

　　本館的建築，融合了中國傳統建築和現代手法，石質外牆以肅穆凝重的「楚國紅」為主色調，館體不僅帶有「雙坡屋頂」和飛簷翹角的特色，還有紅色幾何形拼出的「破土而出」意象。俯瞰博物館呈V字型，寓意勝利，也像一個展開的翅膀，預示武漢的騰飛，並頌揚辛亥革命志士敢為人先的首義精神。

## 二、展出精華

　　該館分設辛亥革命文物收藏（藏品庫區）、辛亥革命歷史展覽（陳列區）、武漢近代史研究及學術交流（技術及辦公區）和綜合服務區（觀眾服務區）四大部分，另有序廳、多功能展廳、學術報告廳、基本

陳列展廳等部門。

　　主要展覽，依時間順序分為五大部分，分別為晚清中國、革命緣起、武昌首義、創建共和、辛亥百年，以七百餘件珍貴文物，七百餘幅歷史照片，結合現代技術手法製作出逼真場景展出，真是精彩萬分；並從多角度、多層次地展現了辛亥革命這一歷史變革和中國「共和」之基的開創偉業，稱得上美不勝收。

——原載《僑協雜誌》，第131期

# 一艘軍艦的故事
## ──從永豐艦到中山艦

## 一、楔子

　　10月武漢之行，除了參觀辛亥革命博物館外，並瞻仰了雄偉的中山艦博物館，在DVD的躍動下，印證了軍艦本身一頁可歌可泣的動人故事，那也是從辛亥革命到建國過程中一曲不朽的弦律，值得向讀者鄭重介紹。

　　世界上沒有第二艘軍艦，像中山艦這樣，讓億萬華夏兒女魂牽夢縈，情動心繫；也難以找出第二件實體文物，像中山艦這樣，承載著中國海軍曾經的傷痛和悲壯，乃至一個民族的奮鬥犧牲與光榮夢想。

　　凝視它的建造日期，我們能諦聽辛亥首義推翻帝制的第一聲槍響；親近它的不朽艦名，我們能體會國共合作走向共和的風起雲湧；撫摸它的累累傷痕，我們能感悟抗擊日寇、保家衛國的鐵血軍魂。

## 二、歷史機緣

　　甲午一役，北洋艦隊全軍覆沒。然清政府仍作著垂死的掙扎，繼續從海外購買兵輪戰艦。1910年，海軍大臣載洵和北洋海軍統制薩鎮冰赴日考察，從三菱長崎造船所和川崎造船所分別訂購了一艘同樣款式的鋼木結構軍艦。與製造艦艇的焊花飛濺相呼應，中國革命風起雲湧，1911年10月10日在湖北武昌，爆發了辛亥首義，革命的禮花燦爛地綻放。清王朝在日本訂購的戰艦，幾經周折，如期建成。1913年元月，兩艘軍艦雙雙開抵上海吳淞口，正式編入海軍第一艦隊，並分別被命名為永豐和永翔，寓意為「羽翼永遠豐滿」、「世代展翅翱翔」。這艘原名永豐的艦艇，便是後來的中山艦。

## 三、生不逢時抑恰逢其時

　　由於遭到袁世凱政府的控制，永豐艦最初的出征曾經蒙受屈辱。首先參加的是鎮壓李烈鈞在江西湖口發動的二次革命。面對袁世凱的帝制復辟，張勳辮子軍醜劇以及北洋軍閥的倒行逆施，中華民國國會和「臨時約法」接二連三的遭受踐踏，永豐艦毅然選擇了正確的航向。

　　1916年6月25日，李鼎新以海軍總司令的名義與第一艦隊司令林葆懌、練習艦隊司令曾兆麟及海軍各艦長聯名通電全國，參加護國討袁戰爭。永豐艦積極響應，與永翔等軍艦駐紮上海。1917年秋，孫中山在廣州召開非常國會，成立軍政府，擔任大元帥，高舉護法大旗，發動海軍南下護法。7月21日，海軍總長程璧光、第一艦隊司令林葆懌通電全國，宣布脫離北洋政府，擁護孫中山的護法主張，隨後率領永豐艦所在的第一艦隊九艘戰艦浩浩蕩蕩開赴廣州，從此國民革命擁有了一支威武雄壯的護法艦隊。8月6日，孫中山在廣州歡迎護法海軍，闡明護法大義。11月8日，永豐、同安等艦開抵潮汕一帶，以猛烈的炮火迎擊軍閥莫擎宇和李厚基部隊。12月20日，永豐、海琛駐紮閘坡，截獲龍濟光六艘運兵船及一個營官兵，收繳大量軍械。23日，又在海上俘獲龍濟光的平南艦。1918年1月5日，永豐等艦在程璧光指揮下駛往瓊州，砲擊秀英砲台，有力配合陸軍作戰，擊潰龍濟光部。在護法戰爭中，永豐艦衝鋒在前，英勇善戰，立下了赫赫戰功。

## 四、陳炯明砲擊觀音山

　　1921年5月5日，孫中山在廣州就職中華民國政府非常大總統，隨即組織北伐，親赴韶關督師。當得知粵軍總司令陳炯明圖謀不軌，急返廣州。1922年6月16日凌晨，風雲突變，陳炯明在廣州公然叛變。砲擊設於廣州的總統府以及孫中山和宋慶齡在觀音山的住所——粵秀樓。當此緊要關頭，宋慶齡堅持自己留下，而再三懇求孫中山先行撤離，勿以自己為念。她堅定地表示：「中國可以沒有我，但不能沒有你！」孫中山忍痛和宋慶齡道別，化裝成急診醫生，避過叛軍，輾轉登上永豐艦。身懷六甲的宋慶齡，在稍後脫險的途中小產，這是她一生中唯一的一次懷孕。幾天之後，宋不顧羸弱的身體，乘坐小船，駛向永豐艦，與先期到

達的孫中山劫後重逢，之後赴上海組織聲援孫中山。

從6月17日到8月9日，永豐艦成了名副其實的總統座艦。在這裡，孫中山召集軍事會議，發布平叛的最高指令。在這裡，他登上駕駛台，命令艦隊砲擊叛軍。在這裡，他大聲疾呼：「民國存亡，在此一舉，今日之事，有進無退。」叛軍得知孫中山在艦上指揮作戰，即集中火力轟擊，致使艦體劇烈震動，人員傷亡慘重，官兵一邊奮力撲火，一邊奮勇還擊，終於突出重圍，隨後又躲過水雷暗襲，完成了一次非凡的任務。

1923年1月6日，孫中山組織的討賊軍擊敗陳炯明。2月21日由滬返穗，建立大元帥府，出任大元帥。孫偕夫人宋慶齡再度登上永豐艦，這是化險為夷的感懷與紀念，也是風雨同舟的探望與謝忱，更是乘風破浪的激勵與鞭策。

1924年，南國早春，國民革命進入一個生機盎然的季節，在救國救民的道路上奮鬥了幾十年的孫中山，看到了希望的曙光。1月20日，中國國民黨第一次全國代表大會，在珠江南岸的國立高等師範學校（後改稱中山大學）禮堂開幕，會議通過了大會宣言，改組了國民黨，實現國共第一次合作。

同年10月，馮玉祥等發動北京兵變，迫曹錕下野，擁段祺瑞為大元帥，並電邀孫中山北上共商國是。11月10日，孫中山發表北上宣言，主張速開國民會議及廢除不平等條約。略謂：「今後當劃一國民革命之新時代，使武力與國民相結合。」13日，孫中山偕夫人等登上永豐艦，再次踏上謀求國家民族獨立自由統一的航程。當永豐艦路經黃埔時，孫中山對隨同檢閱軍校學生演習的同志說：「余此次赴京，知其異常危險，將來能否歸來，尚不一定；然余之北上，是為革命，是為救國救民而奮鬥，又何危險之可言耶？」14日，永豐艦抵達香港，全艦官兵列隊敬送孫中山一行轉搭日本郵船春陽丸北上。不幸的是，永豐艦的這次航行成為它與歷史偉人的告別之旅。1925年3月12日上午9時30分，孫中山的心臟停止了跳動，中國近代史上的一顆巨星殞落在北京寒氣襲人的早晨。

## 五、易名中山艦

孫中山逝世，舉國悲痛，國民黨中央與全國各地紛紛舉行悼念活動。3月30日，桂軍總顧問雷在漢上書提議，將與孫中山有同生死、共

患難的永豐艦，改名為中山艦以資紀念。中國國民黨中央執行委員會和陸海軍大元帥府採納了這項提議，在孫中山逝世一周月的4月12日，舉行了隆重的易名典禮。那是一個陽光明媚的早晨，永豐艦全體官兵將軍艦沖洗得乾乾淨淨，艦首塗上了青天白日旗，艦尾銅片鑄就的「中山」二字取代了「永豐」，國民革命政府黨政要員胡漢民、伍朝樞、廖仲愷等在軍樂聲中登上永豐艦，發表談話，勉勵艦上官兵繼承孫中山的遺志，戮力國民革命。時任艦長的歐陽琳及全體官兵將更名一事通電社會各界，電文說：「更名中山，不僅是為了長留紀念，更要與各將士交相淬勵，繼中山未竟之志，事中山未竟之事。」中山艦和一代偉人孫中山的名字相隨相連，賦予這艘軍艦永生的價值。

## 六、蔣介石與中山艦

　　蔣介石步入中國軍事和政治舞台，也與中山艦緊密關連。大家熟知的兩件事：一是1922年的那段非常歲月，孫中山依靠海軍平叛，形勢複雜多變。蔣應召從上海趕到永豐艦上，成為孫中山的得力助手，從此獲得孫空前的信任。二是在東征軍打垮陳炯明，統一廣東的過程中，1926年3月發生「中山艦事變」，蔣介石藉機逮捕共產黨員艦長李之龍，解除海軍局武裝力量，並驅逐俄國顧問，汪精衛主席因而稱病停職出國，自此蔣取代汪掌握了黨政大權。

## 七、中山艦奮勇抗敵

　　七七事變，抗日戰爭全面爆發，中國海軍投入全民族的抗戰，中山艦便是戰鬥序列中勇往直前的一支勁旅。1937年9月，中山艦成為海軍部長陳紹寬的座艦，1938年武漢會戰打響後，中山艦與永績、江元、江貞、楚觀、楚謙、楚同、楚豫、民生等艦艇，為打破日軍的長江躍進戰略，在長江中游執行布雷任務，並擔任長江航道空防巡邏任務。10月24日，日軍已逼近武漢外圍，中山艦奉海軍部令開赴金口。上午9時，中山艦駛入武漢上游嘉魚境內，一架日軍偵察機在中山艦上空盤旋，隨即升入雲端。敵機的偵查是一個信號，象徵一場惡戰即將爆發。艦長薩師俊命令全艦官兵嚴陣以待，準備戰鬥。11時許，九架日機先後轟炸中山艦，中山艦沉著應戰，並擊中一架日機。午後3時，中山艦進入金口水

域，日軍六架轟炸機編隊而來，呈轟炸隊形向中山艦發動攻擊，江面上頓時騰起衝天濃煙和巨大水柱，中山艦一邊發射火砲，一邊蛇行前進，躲過敵機的攻擊。激戰間，艦首高射砲卡殼，左右兩舷機關砲也突然發生故障，敵機趁機輪番急速俯衝，低空投擲炸彈，致使艦體多處遭受巨創，死傷慘重。忽然間，一顆炸彈落在指揮台附近，炸斷了薩艦長的左腿。他強忍劇痛，手扶舷梯，繼續指揮戰鬥。在船身已呈40度傾斜，並逐漸下沉的最後關頭，副艦長呂叔奮命令放下舢舨，強行架起薩師俊離艦。薩艦長猶揮槍高呼，身為艦長，職責所在，應與艦艇共存亡。其義之正，其詞之嚴，官兵無不動容。但窮凶極惡的敵機輪番掃射，將舢舨擊沉。薩艦長和隨行二十餘名戰士均血染大江。中山艦在一片沖天的浪花中緩緩沉沒，為武漢保衛戰劃下了一個悲壯的句點。

# 八、未竟的航程

　　歲月抹不去中山艦的無上榮光，江水流不走炎黃子孫的深切緬懷。1996年11月12日，孫中山誕辰130周年之際，人們懷著特殊的情感，選擇這個特殊的日子開始打撈中山艦。1997年1月28日上午，海內外各界近萬人面對波濤迎風肅立，這是對莊嚴日出的等待，這是對英雄凱旋的景仰。中山艦從大江波浪裡浮出了，累累傷痕，映襯著它的高度，孫中山與全艦官兵一起合影的艦首樓，依然是那樣雄偉，中山艦官兵抗擊日寇的砲塔，依然是那樣威風，艦尾的中山鎦金銅字依然是那樣剛勁有力。中山艦從歷史深處駛來，無情的歲月剝蝕不了它的厚度。沉睡59年，一朝醒來，動人心魄的再生超乎鳳凰涅槃，分別59年，扣人心弦的震撼勝過驚濤拍岸。

　　2006年12月28日，中山艦博物館在金口境內的牛頭山下，金雞湖畔奠基。中山艦的一塊船板，一枚螺釘，一個彈痕，乃至一片鏽跡都是歷史的遺存；中山艦的一個證章，一把短劍，乃至一支鋼筆，一個硯台，無一不是有力的歷史見證。從銘牌標誌到艦載設施，從武器裝備到生活用品，集中反映了中山艦各個時期的風貌和艦艇官兵的精神世界。經過兩年施工，聳立起一座永不沉沒的艦型博物館，同時建成的還有中山艦紀念區。

　　2008年5月15日，中山艦踏上回歸金口之旅。這最後的航程，已經遠離了砲火硝煙，遠去了鼓角爭鳴。大江東去，蒼山不老。在中山艦曾

經浴血戰鬥的疆場，在中山艦殉道殉難的地方，烈士的魂靈，千古不沉，萬代流芳。

——原載《僑協雜誌》，第132期

# 南京新地標
## ——南京大屠殺紀念館

　　南京，2013年10月下旬，氣候涼爽宜人，作客城郊的紫金山莊，因為所要參加的研討會尚未開鑼，晨起漫步映山湖畔，秋風習習，令人心曠神怡，俗慮全消，有如置身世外桃源。

　　廿四日下午沒有活動，臨時動念想去參觀聞名已久的南京大屠殺紀念館（全名是「侵華日軍南京大屠殺遇難同胞紀念館」）。在南京大學研一盧姓同學陪伴下，承陳謙平教授開車，從山莊出來，載上一程，進了市區後，改搭二號線地鐵，於雲錦路站下車。一出地鐵站跨過馬路，首先映入眼簾的便是門口懾人魂魄的雕塑廣場。

## 一、雕塑廣場的震撼

　　雕塑廣場分為「家破人亡」、「逃難組曲」、「冤魂的吶喊」三個系列，由中國雕塑院院長、南京大學教授吳為山於2007年創作完成，用具象與抽象相結合的手法，再現了當年侵華日軍在南京的殘酷暴行。這三個系列的主題雕塑，刻劃出整個紀念館展示主軸的序曲，讓觀眾全程走來產生強烈的心靈震撼。

　　「家破人亡」高達十二·一三米，聳立著一位眼淚乾枯的母親抱著死去的孩子，仰天長嘯。基座上寫著四行大字：「被殺害的兒子永不再生，被活埋的丈夫永不再生，悲苦留給了被惡魔強暴了的妻子，蒼天啊……」生動的話語點出了中華民族曾經遭受的屈辱和災難！

　　「逃難組曲」是一組十尊銅像雕塑，有痛不欲生的平民，有瀕臨死亡的文弱知識分子情侶，有身懷六甲的孕婦等。這是南京大屠殺中千千萬萬受害家庭的縮影。雕塑作品被安放在緩緩流動的池水中，隱含「水深火熱」之意。

　　「冤魂的吶喊」，由兩尊抽象雕塑組成的統一體，兩塊巨大三角形稜塊造型上刻有「吶喊」浮雕，寓意著無數亡靈的含冤與吶喊，以及掙扎和反抗。

## 二、和平之舟

　　紀念館位於南京市水西門大街，主要在江東門內集體屠殺遺址和「萬人坑」遺址之上建成。佔地面積74,000平方米，建築面積25,000平方米。紀念館整體造型為「和平之舟」，這是一座拔地而起的高高的船頭造型，船頭由一級級台階組成，從側面看像一把被折斷的軍刀，從空中鳥瞰又像一個化劍為犁的立面，整個建築在展現南京大屠殺「悲憤」的同時，也成功融入「和平」的因素。

　　進入展館，依次看到的是由災難之牆、標誌碑與和平大鐘組成的集會廣場。集會廣場用黑色脊背石鋪地，黑色大理石鋪面的建築上刻有中、英、日、韓、法、西等多國文字的「遇難者300000」的災難之牆。標誌碑上面鐫刻著大屠殺發生的時間：1937.12.13～1938.1。

　　紀念館陳列內容分為基本陳列、專題陳列、「萬人坑」遺址陳列、臨時陳列四大部分，共展出各類歷史照片三千五百張，文物三千多件，歷史音像片一四〇多部，展覽採用了大量的人證、物證、書證、音像、證人證書、歷史事件和歷史檔案，內容豐富，強調了南京大屠殺的歷史真實性。大致而言，紀念館前半部寓意為「白骨為證，廢墟為碑」，後半部體現了「人類家園，走向和平」的美好嚮往。

## 三、和平女神

　　除了館內展出豐富的文物外，館外的悼念廣場、墓地廣場、祭場、和平公園等，都有可觀，值得悼念深思。特別是在寬廣的和平公園內，聳立一座高大的「和平女神」雕像，意味著參觀系列的完美總結。「和平女神」振臂的右手托著和平鴿，左手抱著女童，全身漢白玉雕塑，底座刻著中英兩種文字：和平（peace），象徵全人類需要和平，讓屠殺的悲劇永遠在世界上絕跡，這應該是紀念館建館的最大願望。

——原載《僑協雜誌》，第144期

# 內蒙草原行

到大陸進行學術交流或旅遊觀光，從來不會想到要去內蒙古，即使去內蒙古，多半一定會選擇名氣比較響亮、古蹟比較多的呼和浩特線（姑且稱之為西線），而不是鮮少聽聞的錫林浩特線（姑且稱之為北線）。溽暑盛夏，筆者因參加一項工作會議之便，卻走了一趟北線，開會兼旅遊，為期將近兩個星期，深入遼闊的大草原數千公里，所見所聞頗為新鮮，或可與讀者分享一得之愚。

## 一、草原明珠——錫林浩特

從北京拉車出發向北行，過了張家口，不久便進入內蒙古自治區境內，沿途但見載滿工業成品或農產品的大卡車，成群結隊，一輛接著一輛，壅塞在高速公路上，以致我們的中型遊覽車停停走走，狀況頻頻，原本只有七個小時的行程，卻耗費十二個小時，始抵達錫林浩特。在煩躁難耐中，遠眺那廣闊無邊無際的草原，四顧那天地相連的草海，頗覺「長路迢遙」，大有「天蒼蒼，野茫茫，風吹草低見牛羊」的真實感！塞北草原風光的確令人賞心悅目。這真正是一種視覺上的舒展，記得席慕蓉曾感性的形容它，「像是放大了的微微動盪的海浪，又像是轉側的女體，這裏那裏總有一些圓潤的隆起；總會引誘你想稍微快走幾步，好登上眼前這座基地廣大的丘陵，眺望前方又有些什麼新的動向和美麗的線條。」

在這裡，大地是寂靜的，空氣是清澄沒有污染的；惟有在這裡，才讓人真正有「萬里晴空」的舒放感覺，海闊天空，任君馳騁，何等逍遙自在，多麼無憂無慮！請看無名詩人的「草原頌」可以作證：

> 這裡是草的故鄉，
> 這裡是花的原野；
> 這裡是牧人的天堂，

這裡是遊客的勝地；
這裡有至藍的天，
這裡有潔麗的的草原。

錫林，蒙古語是河的意思，浩特是城或基層組織的意思。錫林浩特市位於錫林郭勒草原腹地，是錫林郭勒盟盟府所在地，也是全盟政治、經濟、文化、旅遊中心，素有「草原明珠」的美譽。回顧歷史，錫林浩特是蒙古族的發祥地之一，「一代天驕」成吉思汗及其子孫從這裡出發，走向歐洲，躍向世界。該市有錫林九曲、貝子廟、元上都遺址等名勝古蹟，值得一覽。最令人印象深刻的是，市區街道寬廣，建築新穎美麗，特別是路燈採用節能電泡，設計極富創意又美觀，兼之色彩鮮艷，照耀如白晝，為街景增姿不少。入夜後，有天安門一半大的廣場，則是青少年溜冰滑板作運動，市民走出戶外，在此看表演、聊天休閒的好去處。

# 二、那達慕——牧民的奧林匹克

身為蒙古人，自古以來講究的是生活與戰鬥條件合而為一。「男兒三藝」指的是賽馬、射箭和摔跤（角），這些繼承自祖先，從小便鍛鍊的技能，透過一年一度的那達慕（Naadam）來表現。一般選在七、八月間舉行，活動有的持續五至七天，短則兩天，分旗縣、蘇木、嘎查等多個級別舉行。每逢這個傳統的盛會，牧民們騎著馬，趕著勒勒車，從十里八鄉匯集而來，草地上的白氈包彷彿一直紮到天邊，四處飄著奶茶、烤羊肉的香味。那達慕也是族人間相聚、交流最新訊息的難得場合，更是單身男女結識另一半，成為終身伴侶的絕佳機會。

摔跤（蒙語叫博克）無疑是那達慕最精彩、扣人心弦的壓軸好戲。由於嚴格規定必須赤裸上身，所以限定男性才能參加。選手們上半身套著皮製鑲有銅釘的坎肩，有的頸間掛著五顏六色的頸結（象徵過往勝利的榮耀），下半身穿著肥大的白色襠褲，再罩上五光十色、圖案美麗的套褲，兩腳穿著厚牛皮長靴，一副雄糾糾、氣昂昂的樣子。兩雄相爭，有的以力取，有的以智勝，誰先把對方掀倒，讓手觸地，便算勝利。有時一、兩個回合在你稍不留神間，已分出勝負，但也有相互扭抱，僵持超過半小時，仍難分難解。

# 三、草原深處是我家

俗話說：「草原是牧民的命根子（生命之海），羊群是牧民的錢袋子。」為了充分賞覽草原風光，也為了深入瞭解牧民的生活，我們特別安排一整天的活動，開了三個小時的車，千里迢迢去拜訪牧民特古斯一家。這家男主人已過世，老祖母依然健在，他們共育有子女十二人，男八女四，各已婚嫁，自立門戶，稱得上是大家庭，目前么兒與母親同住。當我們大隊人馬抵達時，族人無分男女老幼皆盛裝（只有慶典才穿）出迎，先把我們迎進蒙古包，喝奶茶，吃乾乳酪。蒙古包（ger）漢人稱為穹廬，是「逐水草而居」的牧民們隨身的家園，其結構大致由陶腦（屋頂天窗）、烏尼（連結天窗與牆壁的木柱）、烏德（門）與哈那（牆）四部分組成。通常以皮條拴紮而成的一排排能伸延並折疊的木棍為牆架，上覆傘骨形的屋頂，然後再以羊毛氈把這傘形的屋頂蓋起來，便算大功告成。抗風，採光又好，夜裡還可以透過天窗欣賞繁星，這是蒙古包的一大特色。此外，這個活動房屋易拆易裝，既便利又迅速。我們本來安排在蒙古包住上一宵，親自體驗牧民的生活，但包內沒有衛浴設備，一切都在野外草地解決，對於女眷既不方便又不安全，只得作罷。

迎賓的第一個節目，是敬酒儀式。客人排排坐，接受主人（由大人和小孩各一代表）敬酒和致贈哈達。敬酒時，根據蒙古人的規矩，我們先用雙手捧碗，再用右手無名指觸及碗中的酒，然後微微高舉右手，用無名指和拇指向前方彈指三次，表示敬了天地和祖先之後，才能啜飲碗中的白酒。

主人為表盛意，今天共宰兩隻大肥羊饗客，並當場表演宰羊剝皮的活動，令有些心臟不強的女眷們不敢觀看這一血腥的畫面。飯後便進行主人為我們特別安排的技能活動。第一個節目是套馬，但見馬群從柵欄中瘋狂衝出，大人們拿著長竹竿上繫套馬索，沿途攔截，能夠將套索套上馬首，把馬掀倒，便算成功。第二個節目是賽馬，多半是由年輕小孩參加，進行五公里的比賽，最先到達終點的，果然是位少年騎士。最後壓軸戲才是摔跤，共有十六位選手參加，經過四輪龍爭虎鬥，產生總冠軍，過程緊張刺激，不遜於正式那達慕。

蒙古人熱情好客，把我們的到訪視為難得盛事，待我們如兄弟姊

妹，像自家人一樣。在草原深處，我們享受到貴賓式的殷勤招待，感受到處處為家的溫暖。臨別，握手再握手，擁抱再擁抱，在悠揚悅耳、婉轉而略帶感傷的歡送歌聲中，大夥依依不捨地踏上歸途，向熱情的牧人和無垠的草原揮別，道聲「拜伊那拉」（再見）！

——原載《僑協雜誌》，第118期

# 天下奇寨：抱犢寨
## ──尋訪韓信「背水一戰」古蹟

　　春夏之交，在北京香山論史之後，因友人之盛邀，繼續南走，舊地重遊了河北省會石家莊，並以此為軸心，遍訪四鄰名勝古蹟，其中包括正定的隆興、開元、臨清三寺，涿州劉關張桃園三結義的舊址，「風蕭蕭兮易水寒」的易縣與荊軻塔，泡湯白鹿溫泉，韓信「背水一戰」的抱犢寨，清西陵（雍正的泰陵、道光的慕陵、光緒的崇陵與崇妃陵等），毛澤東與中共中央進京前所住的平山縣西柏坡等。像老童生般上了一週的歷史課，收穫良多，尤以抱犢寨最為稱奇稱絕，故不能無記，亦藉此與讀者分享。

## 一、抱犢寨因何得名？

　　抱犢寨位於石家莊以西16公里處的鹿泉城，舊名抱犢山，又名萆山。為何叫抱犢寨？乍聽起來，像是綠林豪傑打家劫舍、嘯聚而居的山寨，其實大謬不然。先從「犢」字義瞭解下手，犢是小牛的意思。相傳後魏葛榮之亂（公元523年），附近居民有匿此山中抱犢而死者，遂名抱犢山。金元之際，金將武仙鎮戍此方，抱犢山為其初時嘯聚民眾，抗擊蒙軍之所，遂於其上建寨屯兵，恃險而據，因而有抱犢寨之稱。一般的雄關顯隘，雖一夫當關萬夫莫開，但終怕圍久兵困，彈盡糧絕，而抱犢寨海拔僅580公尺，山頂卻平曠坦夷，有良田沃土660畝，土層深達66公尺，故可耕田造林，自給自足，無絕糧之虞！自古以來即有和尚道士住在上面，百姓亦有上去耕地者。問題在於抱犢山四壁如刀削斧劈，僅南北古道綿延可通山頂（現已設纜車），然車不雙軌，馬不並騎，耕牛趕不上去，只好把小牛抱上山，待其長大後再耕地幹活，這是抱犢山命名最淺顯易懂的道理。

## 二、韓信傳說二則

　　史載公元前205年，劉邦派大將韓信率兵東渡黃河，由固關（今山西平定縣與河北井陘縣交界處）遁井陘道攻打趙國。趙王歇派陳餘率兵20萬拒漢軍。而漢兵僅3萬，又係長途遠征，要想取勝必出以奇謀良計才行。當時漢軍進駐微水鎮一帶，派出奇兵2,000人隱伏於萆山，主力則背冶河列陣，誘趙軍大戰。趙軍自負人多勢眾，傾巢與漢兵決戰，而後防空虛，漢方便以伏兵偷襲趙營，拔趙幟，換漢旗，並放火燒營。趙軍回望大營被漢兵所佔，軍心大亂，不再戀戰，致使趙王歇被俘，主帥陳餘被殺，趙國滅亡。這就是歷史上有名的「背水一戰」，而這一戰就發生在今天的抱犢寨景區。

　　在獲（音懷）鹿縣一帶，至今仍流傳著許多與韓信相關的傳說，其中以韓信射鹿得泉的故事流傳最廣。相傳韓信統率大軍至此，安營　寨臨陣待戰之際，始發覺四處無水可飲，致軍心不穩。韓信派得力大將胡申再覓水源，但胡申四出登峰探谷，尋溝覓壑，歷經艱辛終不得一溪、一泉、一池、一井。胡申見職未盡，責未成，帥命難負，乃拔劍自刎身亡。韓信等待消息，一連數日音訊杳然，且全軍水盡，危在旦夕。忽伏案得一夢，見胡申撩帳急步而進，弓身稟稱：「卑職受命已覓得一泉」，韓信隨出帳後，胡已蹤影不見。韓信驚醒，忽聽「得、得」蹄聲，乃一白鹿向韓信引頸長鳴後掉頭而去。韓信緊追不捨，白鹿行至一處凝然而停，韓舉弓一箭射去，但白鹿已不見，走至近前弓身拔箭，只見一股清泉順箭湧出，三軍遂得飲水。如今獲鹿縣白鹿泉鄉胡申村，就是當年傳說的韓信射白鹿而得清泉的地方。

## 三、韓信祠懷古

　　登抱犢寨，首先映入眼簾的是南天門。三個拱門，紅柱飛檐，氣勢磅礴。門東西兩側，配以六角亭，門前為38級仿漢白玉台階，隱喻三升六順八發之意。門上橫額隸書「天下奇寨」四字。沿南天門東去，懸崖峭壁間，一古樸肅穆建築臨高而立，它就是韓信祠。祠前一幅楹聯是：

　　　　人窮志不窮，辱為韓信，榮為韓信；

勇顯謀非顯，成也蕭何，敗也蕭何。

上聯稱韓信「人窮志不窮」，正因為如此，韓信才甘受胯下之辱；正因為如此，韓信才贏得蓋世殊榮。這一榮一辱，飽含了無數的艱辛與磨難。

下聯寫韓信以「勇」顯，不以「謀」顯。勇者，壯士之勇、正直之勇。謀者，陰險之謀、奸詐之謀、政客之謀。韓信之戰功，在於勇。韓信之滅亡，在無謀。有勇無謀，故被蕭何玩於股掌之上。故曰：「成也蕭何，敗也蕭何」。

# 四、牛郎織女家

牛郎織女的故事家喻戶曉，婦孺皆知。但牛郎織女的故事到底發源於何處？牛郎是何方人士？無從查考。在獲鹿民間有一種傳說，說牛郎是抱犢寨下石井村人，其父叫牛倌。抱犢寨這塊福地就是牛倌最先發現的。第一個抱犢上山的人也就是牛倌。後來牛倌死了，牛郎被哥嫂趕出去，就上了抱犢寨。在寨上現有一棵柿樹，相擁相抱，若夫妻合體，故名「夫妻樹」，據說就是牛郎織女的化身。

在抱犢寨天池的近旁，座落著一處農家小院，朱門青瓦，綠蔭出牆，優雅恬靜。院牆左側是一片碧綠的菜地，蔬菜長得甚好，表現出主人的勤勞，這就是牛郎織女家。這一家一樹，流傳著一則優美的神話。就是思凡的仙女下凡，扮演織女與牛小二喜結良緣的故事。一日，牛郎依然在田間幹活，織女提著茶飯給丈夫送到田頭。當時晴空萬里，風和日麗，忽然黃牛朝天吼叫了一聲並說話：「牛郎織女加小心，大禍馬上就降臨」。二人覺得奇怪，忽然間狂風大作，飛砂走石，遮天蔽日，天兵天將一齊在空中現身，大嚷：「奉王母娘娘聖旨，拿罪星織女返回天廷！」織女仰天答道：「我與牛郎已成婚配，請覆命王母，織女寧死不回天廷！」眾神震怒，各施法力強攝織女回天，織女被逼無法，以神梭神網應戰，但終不敵眾多天兵天將，在萬般無奈之際，便與牛郎死命抱在一起，但求「生則同生，死則同死」。時正值燃燈古佛遊天至此，感牛郎織女情真，遂二指輕輕一點，牛郎織女竟都足下生根，變成一棵深數十丈之柿樹，眾天兵無奈只得空手回天覆命。

牛郎織女家，位於寨頂北邊，坐北朝南，門前為天池，後依長城，

為一處仿古四合院建築。一進大門，門上一幅楹聯，頗饒趣味：

> 牛做媒人，較紅娘可靠；
> 鵲為情使，比青鳥還強。

# 五、彌勒佛與五百羅漢

　　抱犢寨自古以來就是一處重要的宗教活動場所。明代道士張三豐游化四方，曾於此題寫了「抱犢福地」四個大字，並留下道教一支派──三豐派。金闕宮是寨上最輝煌的建築群，始創年代不可考，順治年間重建，今又重修、改擴。宮裡有六殿一堂，分別是玉皇殿、三官殿、財神殿、三清殿、月老殿、元辰殿和二聖堂。財神殿有一幅對聯，頗堪玩味：

> 磕個頭，燒柱香，就想脫貧，談何容易；
> 流身汗，費些力，才能致富，說也簡單。

　　就佛教而言，自唐至明清，歷史悠久，香火不絕。

　　羅漢寺位於金闕宮左前方，規模宏大。利用山頂土層厚之特點，建成全中國最大的山頂地下石雕群──五百羅漢堂，並建有全國最大的、龍數最多的白龍壁──千龍壁。

　　羅漢寺分地上、地下兩層建築，地上是彌勒殿，地下是五百羅漢堂。走進彌勒殿，迎面一尊金雕的彌勒座像，慈眉善目，笑口常開，迎接著八方來客。兩旁有一幅常見而耐人尋味的對聯：

> 大肚能容，容天下難容之事；
> 開口便笑，笑世上可笑之人。

　　筆者還欣賞另兩幅寓意深遠，極具警世作用的楹聯。請看：

> 大肚寬腸，容世容人容世界；
> 慈眉善目，濟危濟困濟生靈。

愁愁愁，愁愁愁，愁名愁利，看你愁得肌消骨瘦；
樂樂樂，樂樂樂，樂色樂空，瞧我樂成肚大腸肥。

至於地下的羅漢堂，寬敞恢宏，五百羅漢井然有序地列於堂中，他們或坐或臥，或立或仰，或喜或怒，或慈或厲，體態有別，神情各異。堂內還有韋陀、瘋僧、地藏王、永明禪師的石雕群像。被尊為「濟世活佛」的濟公長老，據說因行善來遲，一時找不到自己的位置，只好委屈似地高高蹲在殿堂的樑柱之上，露著一臉的憨笑，遊戲著他的人生。正是：

羅漢五百，放眼看大千世界；
婆心一片，賜福予億萬蒼生。

——原載《僑協雜誌》，第123期

# 毛澤東的1949——從西柏坡到雙清別墅

　　就國共兩黨長期鬥爭的歷史而言，1949年是一個最具關鍵性的年代。如果說，這一年對蔣介石所領導的國民政府來說，是最黯淡的一年，面臨的是一個真正的「危急存亡之秋」；那麼，對毛澤東而言，則無異是一個否極泰來、漸入佳境、旭日東升的春天。有人曾說，毛澤東的思想啟蒙在五四時期的北京；他的政治成熟時期在延安；他的事業輝煌時期在西柏坡。誠如周恩來所指出，「西柏坡是毛主席與黨中央進入北平，解放全中國的最後一個農村指揮所，指揮三大戰役在此，開黨的七屆二中全會在此。」可見西柏坡在中共建國史上地位的重要。

## 一、「五大書記」與中央「三委」

　　早在1945年初，為了迎接抗日戰爭的最後勝利和新的革命形勢的到來，中共即於4月23日至6月11日在延安召開了第七次全國代表大會。在這次大會上，選舉產生了以毛澤東為核心的新的中央委員會。在6月19日召開的七屆一中全會上，選舉毛澤東為中央委員會主席、中央政治局主席，同時還選出毛澤東、朱德、劉少奇、周恩來、任弼時為中央書記處書記，即一般所說的「五大書記」。在這段歷史中，「五大書記」成為中共的最高領導階層，撐起了革命的歷史航船。

　　1947年3月19日，在中共延安根據地被「西北王」胡宗南部攻佔後，中共中央即於同年3月29日至30日，在棗林溝舉行會議，討論中央機關的行動問題。會上發生了激烈的爭論，任弼時考慮到中央和毛澤東的安全問題，堅持要黨中央離開陝北，東渡黃河到較安全的地方。毛澤東則申明自己的決斷說：「我不能走，黨中央最好也不要走。我走了，黨中央走了，蔣介石會把胡宗南投到其他戰場，其他戰場就要增加壓力。我留在陝北，拖住胡宗南，別的地方能好好地打勝仗。」

　　會議經過鄭重研究和討論，認為黨中央和人民解放軍總部必須繼續留在陝甘寧邊區，因為「此區地形險要，群眾條件好，迴旋地區大，安

全方面完全有保障」，同時又認為中央五大書記不能全部集中在陝北，為工作便利，需作必要的分工。在誰去誰留的問題上，毛澤東毫不謙讓，表示黨內分工他要管軍事，主動要留在陝北。最後，會議決定由毛澤東、周恩來、任弼時組成中央前敵委員會，簡稱「中央前委」，率中央機關和人民解放軍總部繼續留在陝北，主持中共中央和中央軍委的工作；劉少奇、朱德、董必武組成中央工作委員會，簡稱「中央工委」，劉少奇為書記，率部分中央機關幹部前往華北，進行中央委託的工作（尋找新的「都」址，而不致隨處流竄）；由葉劍英、楊尚昆、李維漢、鄧穎超等組成中央後方工作委員會，簡稱「中央後委」，以葉劍英為書記，楊尚昆為後方支隊司令員，率領中央和中央軍委的大部分工作機構到晉西北臨縣地區統籌後方工作。這就是中共中央「三委」的由來和「一分為三」的任務分配。經過近一年左右的分散工作，至1948年4月，中央「三委」先後到達西柏坡並開始合併辦公，中共中央和「五大書記」又重新聚在一起。

## 二、西柏坡素描

　　西柏坡位於河北省建屏縣東南部（今平山縣中部），滹沱河北岸，正好在華北平原和太行山交會處，雖然已進入太行山區，卻不用翻越一座大山，沿河岸大道可直通大平原。

　　西柏坡，據史書上記載，它原稱柏卜村，始建於唐代。因村後坡嶺上翠柏蒼郁故而得名。據傳當時山上建有一座唐塔，而今村北一個高高的圓形山，仍曰「唐塔牆」。五代時，因滹沱河水為患，沖毀原柏卜村，居民遂散落各地。北宋初年，部分居民遷回原址北坡嶺下重新開闢立村，因與東柏卜村隔葦地相對居西，因此取名「西柏卜」。至民國初年，有村塾先生將「卜」改為「坡」，遂得名「西柏坡」村。西柏坡建村時有85戶人家，325口人。1948年發展到106戶，是滹沱河一帶較大的村莊。

## 三、為何選擇西柏坡？

　　中共中央離開已居住十年的延安，為何選擇西柏坡作為它的新根據地？在幾次「都址」選定問題的動議中，中共中央曾計畫過搬遷承德、

淮陰，也曾計畫過到太行根據地，但最後還是選擇了西柏坡。這是「中央工委」劉少奇、朱德沿途一面觀察民情，一面檢查根據地工作所定的。

選定西柏坡作為中共中央的新址，有幾個主要的考慮：

## （一）戰略位置重要

平山縣位於太行山東麓、晉察兩省交界處，東距石家莊僅40公里，全縣自然地形西高東低，櫛比傾斜，居山西台地與華北平原的過渡地帶，東部為平原、丘陵，西部萬山嵯峨，地勢險要，綿延西部縣境，有古長城斷垣和多處關口，易守難攻。

## （二）土地肥沃、物產豐富、交通便利

境內有滹沱、冶河兩大河流，沿河兩岸，村鎮較多，人口稠密，土地肥沃，宜麥宜稻，物產豐富。特別是，西柏坡偎依在滹沱河北岸，三面環山，一面臨水，村前是一片開闊而又肥沃的麥田，河渠縱橫，村後是層層疊疊的群山峻嶺，能進能退，交通便利。

## （三）「平山團」的故鄉，群眾基礎好

抗戰初期，由平山縣2,300名農民組成的武裝部隊「平山團」，曾在晉察冀抗戰史上留下光輝的一頁，並獲得「太行山上鐵的子弟兵」的殊榮。平山縣是革命老區，早就有了共產黨組織，30年代初又發展了一批黨員，組建了平山縣各級共產黨組織。在共黨組織的領導下，平山縣的革命鬥爭開展得轟轟烈烈。平山縣人民勤勞純樸，按共黨的說法，他們「喜歡共產黨，聽黨的話，跟著黨走」。有此雙重關係，共產黨在這裡落腳，群眾基礎穩固。

# 四、七屆二中全會

自1948年5月27日毛澤東來到西柏坡之後，中央「五大書記」全部會齊，西柏坡自此成為中共革命的領導中心。西柏坡的房子，都係火柴盒那樣方方正正，房頂多用泥土或白灰做成，用瓦的極為少見。這種房子造起來簡單，省工省料，住起來則冬不暖，夏不遮陽，遇上陰雨，屋內還不時漏水，很不好住。毛澤東住的院子由幾間泥土平房組成。北房

兩間，一間大約16平方米，是他的臥室，裡面放著一張雙人木板床，一個小沙發，一個茶几，一個小衣櫃，相當簡陋。相通的一個房子大一些，約20平方米，是毛的辦公室，裡面放著一套沙發，還有圓桌、茶几和一張藤躺椅，牆上掛滿了地圖。另外，西屋兩間和南屋兩小間，則是毛的書房和江青以及李訥住的地方。在毛澤東住處的北面，是周恩來和任弼時的住處，南面則是朱德和劉少奇住的地方，距離都很近。

毛澤東與中共中央在西柏坡期間，召開了全國土地會議，指揮了所謂「遼瀋、淮海、平津」三大戰役，而且召開了黨的七屆二中全會。1949年3月5日至13日，七屆二中全會在西柏坡中央機關辦公室裡召開，會堂是個不大的平房，舊址現仍對外開放。會場掛有毛澤東、朱德的畫像，兩邊是以鐮刀斧頭為標誌，寫有「中國共產黨」字樣的紅旗。會場中間擺滿了木製長凳子，據統計當時到會的中央委員有毛澤東等34人，候補委員有鄧穎超等19人，列席者有楊尚昆等11名。毛澤東在會上號召全黨，時刻警惕黨內的驕傲自滿情緒，「務必」繼續保持謙虛、謹慎、不驕、不躁的作風，「務必」繼續保持艱苦奮鬥的作風，這就誕生了以「兩個務必」為主要內涵的西柏坡精神。同時，為了防止進城後資產階級腐蝕和反對突出個人，毛澤東並提議由會議制定了六條規定：

（1）禁止給黨的領導者祝壽；
（2）不送禮；
（3）少敬酒；
（4）少拍掌；
（5）禁止用黨的領導者的名字作地名、街名和企業的名字；
（6）不要把中國同志和馬（克思）、恩（格斯）、列寧、斯（史大林）平列，禁止歌功頌德現象。

# 五、毛澤東進京趕考

1949年1月，共軍進入了北京城，新的歷史正等待中國共產黨人來書寫。為了迎接新中國的誕生，七屆二中全會決定黨中央辦公地點由西柏坡遷往古都北平。3月23日，毛澤東同劉少奇等「五大書記」率中共中央機關及中國人民解放軍總部乘坐一個由11輛小汽車和10輛大卡車組

成的車隊,告別了西柏坡,踏上了通往北平的道路。那真是一個巧合的三月初春,1947年3月18日中共撤離延安,1948年3月22日,中共由陝北米脂縣楊家溝出發,向華北前進,而後到了西柏坡。這一年3月23日踏上新的征程,向北平出發。

出發前毛澤東只睡了四、五個小時。他興奮地對周恩來說:「今天是進京的日子,不睡覺也高興啊。今天是進京『趕考』嘛。進京『趕考』去,精神不好怎麼行呀?」

周恩來笑著接過話題:「我們應當都能考試及格,不要退回來。」

朱德說:「考不及格,就重上井崗山,重返延安。」

劉少奇說:「我們從農村進入城市,要把握好歷史機會。」

毛澤東手一揮說:「出發!退回去就失敗了。我們決不當李自成,我們都希望考個好成績。」

3月24日,車隊經過保定到達涿縣。翌晨,毛等一行換乘火車到達北平清華園站。上午在頤和園休息。下午,毛澤東等在西苑機場與前來歡迎的各界代表及民主人士一千多人見面,參加了閱兵儀式。當晚,毛澤東住進香山雙清別墅。朱德、劉少奇、周恩來、任弼時等人則住進香山來青軒。

# 六、雙清別墅

雙清別墅位於北京海淀區香山公園南麓的半山腰,原是清代皇家園林香山靜宜園「松塢山莊」舊址,環境幽雅,以其蒼翠的竹林、遮天蔽日的銀杏、挺拔的松柏、古樸的建築聞名遐邇。

取名雙清,據說與兩股泉水有關。泉水晶瑩清冽,從石壁中湧出。它的來歷,有兩種版本。一說金章宗在香山賞紅葉狩獵時,夢到射落一隻大雁,在落雁處挖出了清泉;又相傳元世祖忽必烈定都北京後,曾到西山捕獵金鹿,在夢中向金鹿射出兩箭,結果都射在地上,拔箭後冒出兩股泉水,故題名為「夢感泉」。清乾隆帝遊香山時,來到「夢感泉」,喝了幾口泉水,覺得又清又甜,提筆寫下了「雙清」二字。北洋政府時期,國務總理熊希齡曾在香山靜宜園創辦慈幼院,並在雙清建設起別墅,故稱之為雙清別墅。

毛澤東何以住進雙清別墅?這有一段鮮為人知、複雜縝密的過程。1949年1月19日,中共中央直屬機關供給部副部長范離到北平為中共中

央選擇駐地，在多次深入偵察後，確定香山比較適合，後報當時的北平市長葉劍英。2月7日，中央社會部副部長李克農和北平市警備區司令員程子華親自到香山勘察，作了最後的決定。中共中央在北平的駐地首先是安全上的考慮，而香山得天獨厚的地形，是防止形勢突變和敵機轟炸最佳的選擇。其次是有利於逐漸的過渡，共產黨長期處於農村環境，對城市缺乏管理經驗，需要一個逐步熟悉環境的過程。香山地處近郊，交通方便。三是解決住房問題，當時傅作義在北平的軍事機關尚未完全撤離，且社會環境複雜。香山慈幼院有三千多間房子，作為中央和首長居住和辦公的地方是最適當的。

毛澤東在雙清別墅僅僅居住了五個月的時間。他在這裡，指揮了渡江戰役，籌備了新政協，籌建了新中國，並寫下〈人民解放軍佔領南京〉的詩篇：

鍾山風雨起蒼黃，百萬雄師過大江。
虎踞龍蟠今勝昔，天翻地覆慨而慷。
宜將剩勇追窮寇，不可沽名學霸王。
天若有情天亦老，人間正道是滄桑。

雙清別墅掩映於古樹翠竹之間，現已闢為毛澤東在雙清活動展覽室，正門廳處為會客室，右間為書房，左間為臥室；室內仍保存舊觀，陳設簡樸，並展出毛澤東的多幅生活照片和電文手跡、詩文手稿等供遊人參觀。室外池旁的六角小亭，是當年毛澤東茶餘飯後與友閒談，讀書閱報之所。

等到中南海整修完畢，毛澤東便於9月中旬搬到了中南海，住進了菊香書屋，結束了二十多年來，走南闖北，有家歸不得的流浪生涯。

──原載《僑協雜誌》，第124期

# 張學良在貴陽麒麟洞

　　九月梢的貴陽，不冷不熱，氣候涼爽宜人。9月30日中秋節適逢周日例假，又是「十、一」黃金假期前夕，位於市區的黔靈山公園，單是上午便湧進了數逾三萬名的遊客，沿路摩肩擦踵，就像高速公路上的塞車一樣，頗有行不得也之苦。做為觀光客的我們，對於公園內的奇花異草美景並無心欣賞，主要的目標是去參觀麒麟洞，因為那是抗戰期間張學良一度被幽囚的地方。可惜如今已是人去房空，徒留一些殘垣敗瓦，供後人憑弔而已！

## 一、麒麟洞的由來

　　麒麟洞原名唐山洞，又名檀山洞和雲岩洞。

　　相傳明嘉靖9年（1531），鎮守貴州太監楊金曾慕名來遊，並賦《唐山洞》七律詩一首，刻有詩碑立於洞旁。文革時被毀，後由貴陽詩書名家王萼華補書，嵌於洞口外左側崖壁，茲錄之如下：

> 白雲深隱一唐川，枕石煙夢洞口連。
> 策杖適情尋古跡，分雲乘興見壺天。
> 千重嵐氣千峰翠，萬顆垂珠萬象懸。
> 柯爛棋終事已往，吾身來復入桃源。

　　「檀山洞」一說因山上多青檀樹而得名。清康熙十一年（1672）創建黔靈山弘福寺的開山祖師赤松大和尚題有《檀山青洞》七絕詩一首，詩文如下：

> 夕陽西下萬松低，但有飛鴉向客啼。
> 那是檀山幽澗水，和烟和月到前溪。

「檀山洞」左側建有小廟白衣庵，有尼姑在此修行，供奉觀音菩薩，現已不存。

「雲岩洞」是因為洞口石壁陡立，崖高數丈，曾被稱為「雲岩」，故洞亦呼別名為「雲岩洞」。

大約在清朝中後期，有人將洞中自然形成的一大堆鐘乳石略加雕琢，顯現眼、口、鼻和腿上鱗甲，使之酷似一尊石麒麟。從此，「麒麟洞」遂成為該洞的專用名稱。

## 二、虎將入樊籠

一登上麒麟洞，首先映入眼簾的是洞門的一副對聯：

右聯：佛殿聳雲山，朝看猿鳥聽經去；
左聯：石麟獲寶地，暮湧雲霞入洞來。

上書：「麒麟洞」三個大字。

入得洞來，但見一排五間房的建築（又稱五間廳）。這一排五間平房，便是1941年5月至1942年10月，張學良和趙一荻一起渡過一段幽居歲月的地方。小屋為磚木結構，中間進門處為一突出短廊，兩邊各一朱漆木柱。趙四小姐與女傭住右邊廂房，中間兩房是客廳與用餐所在。張學良住左邊小房，牆邊開有一門，以便特務就近監視。目前房間內只剩一張舊床，別無他物。惟屋外環境清幽，毗山臨洞，四週遍值紫荊、桂花、菊花及石榴，金秋時節，奼紫嫣紅，桂樹飄香，石榴掛果，綠葉婆娑。

在貴州幽禁期間，張學良罹患闌尾炎（即盲腸炎），送往貴陽中央醫院，由楊靜波醫師為他開刀，後轉為腹膜炎，又進行第二次開刀。因此張學良曾懷疑戴笠想借醫生的手術刀把他做掉。這次的病情拖了好幾個月，在美國的宋子文乃至蔣委員長都極表關心。出院後，貴州省主席吳鼎昌特別在花溪辦了一個詩會為他慶祝，與會者有王夢淹、謝六逸、鄒國斌三位教授及貴陽《中央日報》社長王亞明、《貴州日報》社長嚴慎予、《大剛報》社長毛健吾等人。

王夢淹當場作了一首五言古詩贈張：

北國彤雲稠，遼陽月橫秋。
壯心悲擊創，肝膽射星斗。
矢志殲強寇，有意定神州。
所謀不愜意，西安風雨吼。
宇內皆震動，舉國素願酬。
烽煙漫秣陵，東海戰雲稠。
將軍終下野，輾轉任漂流。
花溪水如酒，仙客縱情游。

在大家的祝福聲中，少帥深為感激，也吟出一首七律詩答謝。詩云：

犯上已是禍當頭，作亂原非願所求；
心存廣宇壯山河，意挽中流助君舟。
春秋褒貶份內事，明史鞭策固所由；
龍場願學王陽明，權將貴州當荊州。

一酬一答之間，把「西安事變」的動因和張學良本人的心境表露無遺。

張學良在貴州四個地點（修文陽明洞、貴陽麒麟洞、開陽劉家衙、桐梓天門洞），共被關押了六年，直到1946年12月始移居新竹縣竹東鎮的井上溫泉招待所。

大陸政權易手後，張被定調為有功於國家民族的「千古功臣」，因此五間廳正門外廊柱上，添上了今人所書的一副對聯，對少帥語多頌揚，茲錄之如下：

右聯：虎將入樊籠，士淪囚犯，空懷國恨家仇，抗倭難遂先驅志；
左聯：檀山留勝迹，洞鎖麒麟，不失高風亮節，養氣真堪後世師。

——原載《僑協雜誌》，第137期

# 輕拂歷史塵埃話延安

## 一、「革命聖地」延安

延安是陝西省北部的一個地級市,係當年紅軍二萬五千里長征的終站,是中共1935年至1948年的根據地,更是中共中央、毛澤東所在的地方。就中共黨史而言,它的地位比江西的井崗山更為重要,被視為「革命聖地」,是人民心目中一盞「明亮的燈」。

延安舊稱膚施,這是有典故的。相傳仁慈的黃帝為救一個人,把他自己身上的肉割下來餵給一隻貪饞的神鴉吃,所以叫「膚施」,就是施膚的意思。有說楊家將中的楊六郎就戰死在這一地方。主要景點有九層寶塔(建於唐代)和窰洞,附近則有黃帝陵及黃河壺口瀑布等人文自然景觀。

筆者從未到過延安,但我們可以先從近代史上去認識延安,瞭解延安,看一看七、八十年前中共治下的延安生活狀況。英哲培根(Francis Bacon)曾謂:「歷史使人智慧」,願與僑協會員同仁分享。

## 二、中外記者筆下的延安

延安既是「革命聖地」,雖然路途遙遠、交通不便,但當年還是有不少中外記者蜂擁前往延安朝聖,訪問中共領導人。例如史沫特萊(Agnes Smedley)和史諾(Edgar Snow,《紅星照耀中國》或《西行漫記》的作者),都留下常被引述,膾炙人口的記錄。但外國記者筆下的延安,畢竟是隔著一層雲霧看的,還不如本國記者來得真切細膩。

1940年代,有不少記者,如趙超構(南京《新民報》)、陳學昭、舒湮(《每日譯報》)、范長江(《大公報》)等,透過各種不同管道訪問過延安,並留下《延安一月》、《延安訪問記》、《戰鬥中的陝北》等第一手資料,對瞭解當時的延安頗有幫助。茲將他(她)們的觀

察，做一個綜述，分別摘錄如下：

——延安給我們的第一個印象，是粗糙、幼稚，然而是頗為剛健的農業都市。

——延安的春天只有風聲，清早很少鳥聲，夜晚很少蛙聲。

——延安人的生活標準化，思想也是標準化，戀愛與結婚差不多標準化。

——延安的街上，沒有高跟皮鞋，沒有花花綠綠的綢衣服，女子同男子一樣，穿著布軍裝，有的還打起綁腿。

——延安最缺乏的空氣是學院氣，或書卷氣。

——延安有三多，雲多、山多、茅廁多（只要有需要，處處是茅廁）。

——延安盛傳著一句笑話：「延安就三樣東西－太陽、廁所、空氣是平等的」。

——邊區的女性都是前進的、熱情的、豪放的，和愛好自由的，有所謂「一杯水」的故事，美其名為「戀愛的游擊戰」，但不像外邊人所誤解的那樣隨便。

——男女平時因工作或學習關係，各自住在機關或學校的宿舍裏，只有禮拜六晚，允許他們在外面過夜，所以小客棧每逢周末便是男女情侶投宿、春宵一刻值千金，辦「一週大事」的好去處。第二天清早又依依不捨的分手，這是「禮拜六」的故事。

## 三、陳嘉庚對延安的印象

陳嘉庚（1874-1961），福建同安人。如眾所知，他是新加坡華僑領袖，早年斥資創立廈門大學。抗戰爆發後，號召南洋華僑籌款，抵制日貨，並動員南洋僑界參與抗日運動。1940年，率僑團返國，至各地慰勞考察，並訪問延安。透過他的《南僑回憶錄》，讓我們瞭解他對延安的一些觀感和印象，有趣的是他把重慶與延安作比較：

——余到重慶所見，則男長衣馬褂，滿清服制仍有；女則唇紅口丹，旗袍高跟染紅指甲，提倡新生活運動者尚如是。政府辦事機關，……辦事員多者百餘人，少者數十人，月費各以萬計，不知所幹何事。酒樓菜館林立，一席百餘元，交際應酬相徵逐，汽車如流水，需油免計核，路燈日不禁止，管理乏精神。

——迨至延安，則長衣馬褂、唇紅旗袍等，都絕跡不見。常聞陝北延安等處，人民如何苦慘，生活如何窮困，稍有資產者則剝榨淨盡，活埋生命極無人道，男女混雜人倫不講，種種不堪入耳之言。

——但延安男女衣服均極樸素，一律無甚分別。沒有一兩人粉裝華麗，錦衣特色，不但被人視同怪物，自己亦羞愧不能自然，然陝北地貧、交通不便、商業不盛、地方非廣，故治理較易，風化誠樸。

——重慶「虛浮乏實，絕無一項稍感滿意，……與抗戰艱難時際不甚適合」。而到了延安，「感覺別有天地，人民安居樂業，社會風氣也好」。

——延安三面環山，形勢優美偉壯。平等無階級，無苛捐雜稅，無失業遊民，無盜賊乞丐，縣長民選。惟工業尚幼稚。

——延安風多雨少，泥粉時常飛揚蔽空。當狂風一作，滿天如充滿黃霧，數十步外不能見人，屋內黃塵佈蓆。每人日從鼻孔吸入不知多少，故宜多注意衛生。

## 四、參政員間關萬里延安行

1945年5月，隨著盟軍打垮並占領了德國，取得歐洲戰場上的決定性勝利，國際形勢急轉直下，抗日戰爭的勝利在望，以中國民主同盟（簡稱民盟）為首的一些儒生策士，為了促成國共和談，共同團結抗日，於6月初由褚輔成（國民黨老黨員）、黃炎培（民盟）、冷遹（民盟）、王雲五（社會賢達）、傅斯年（無黨派）、左舜生（中國青年黨）、章伯鈞（民盟）七位參政員聯名致函毛澤東、周恩來，提議訪問延安。延安方面回電表示歡迎，蔣介石也批准同意。

7月1日，褚等一行六人（王雲五臨時因發高燒未同行），乘專機從重慶到延安，展開一連串的訪問。事後，黃炎培、左舜生、傅斯年都留下訪問記錄，黃、左與傅同毛澤東數度交鋒，過程精彩，值得重溫。

## 五、傅斯年與毛澤東在窰洞相會

傅斯年與毛澤東早在五四時期便相識，當時，毛在北京大學圖書館

做管理員,傅斯年則是北大學生,常去圖書館看書,因此二人相識。這次傅斯年來延安,毛澤東為表示親近,便單獨邀他談了整整一個晚上,稱讚他在五四時期反封建主義方面所做出的貢獻。傅斯年回答說:「我們不過是陳勝、吳廣,你們才是項羽、劉邦」。毛澤東當時對此未做正面回答。兩人無拘無束,上天下地,無所不談,當長談結束時,傅斯年向毛澤東提出想要一幅毛澤東的親筆題字,以為留念,毛欣然答應,後來毛給傅斯年一封短箋和所寫條幅,便箋曰:

孟真先生:
遵囑寫了數字,不像樣子,聊作紀念。今日聞陳勝、吳廣之說,未免過謙,故書唐人詩以廣之。敬頌
旅安　　　　　　　　　　　　　　　　　毛澤東　上　7.5

毛的條幅這樣寫道:

竹帛煙銷帝業虛,關河空鎖祖龍居。
坑灰未冷山東亂,劉項原來不讀書。

此詩為晚唐詩人章碣的〈焚書坑〉,詩中「劉、項原來不讀書」一句,或為毛澤東自況,含有自謙沒有傅斯年讀的書多之意。

## 六、左舜生的延安見聞

左舜生曾與曾琦、李璜並稱「中青三傑」。左舜生從延安回來後,寫了一篇〈記民主政團同盟與延安之遊〉,後來收入他的《近卅年見聞雜記》。

左舜生和毛澤東於二十年前在上海見過兩次面,也算是老相識了。除了歡迎晚會和三次宴會之外,毛也邀請左舜生和章伯鈞到他的私人住處吃飯長談。總結延安五天之遊,左舜生所得的印象甚深,「承認他們是在那裏苦幹,關於組織訓練,他們十分注意,生活安排,也另有一套辦法;像延安那樣一個貧瘠之區,他們居然能夠胼手胝足創造出許多為生活所必需的東西,也算難得。可是他們處在那樣一種環境,天然的只能『孤陋寡聞』,也只好『因陋就簡』」。

最後，左舜生強調兩點：

第一、他們軍人的素質要比文人來得好，依賴組織的力量，軍人可能接受文人的領導，決不是假的。

第二、他們的黨員和公務員的生活，相當的和老百姓接近，因此他們沒有脫離群眾。

# 七、黃炎培與毛澤東談人亡政息

黃炎培是中國現代著名的教育家和社會活動家，中國職業教育社的奠基人之一，在延安住了一宿後，清晨起身，黃炎培的感受是：

> 「清晨五點鐘起身，朝陽給一道山脈擋住，還沒有露面，而紅霞已佈滿天空，這時候空氣最清新，很像北平秋天之晨。肌膚和它接觸，發生無法形容的爽快。在招待所門外空地，照例舉行早操，散步小園裏，成律詩一首」。

這首名為〈延安〉的小詩，藉宋代范仲淹守西北的故事，抒發了詩人對延安人生活的讚美之情……茲錄之如下：

> 飛下延安城外山，萬家陶穴白雲間。
> 相忘雞犬聞聲裏，小試旌旗變色還。
> 自昔邊功成後樂，即今鈴語訴時艱。
> 鄜州月色巴山雨，奈此蒼生空淚潸。

在同毛澤東的一次談話中，問他有什麼感想？黃炎培回答：「我生六十多年，耳聞的不說，所親眼看到的，真所謂『其興也渤焉，其亡也忽焉』。一人，一家，一團體，一地方，乃至一國，不少不少單位都沒有能跳出這週期律的支配力。大凡初時聚精會神，沒有一事不用心，沒有一人不賣力，也許那時艱難困苦，只有從萬死中覓取一生。繼而環境漸漸好轉了，精神也就漸漸放下了。有的因為歷時長久，自然地惰性發作，由少數演為多數，到風氣養成，雖有大力，無法扭轉，並且無法補救。也有為了區域一步步擴大了，它的擴大，有的出於自然發展，有的為功業欲所驅使，強求發展，到幹部人才漸見竭蹶、艱於應付的時候，

126

環境倒越加複雜起來了，控制力不免趨於薄弱了。一部歷史，『政怠宦成』的也有，『人亡政息』的也有，『求榮取辱』的也有。總之沒有能跳出這個週期律。中共諸君從過去到現在，我略略了解的了。就是希望找出一條新路，來跳出這週期律的支配。」

聽了黃炎培的這番見解後，毛澤東對他說：「我們已經找到新路，我們能跳出這週期律。這條新路就是民主，只有讓人民監督政府，政府才不敢鬆懈，只有人民起來負責，才不會人亡政息。」

在回到重慶後所寫的《延安歸來》一書中，黃炎培明白表示，中共現時所走的路線，不求好聽好看，切實尋覓民眾的痛苦，因此對延安的新氣象更是讚嘆不已。他在書中寫道：

——就我所看到的，沒有一寸土地是荒著的，也沒有一個人好像在閑蕩。

——公務人員不論男女都穿著制服，女子學生裝短髮，都代表十足的朝氣。當地老百姓，衣服也很整潔，衣料是自己織的土布。絕對沒有襤褸污穢的流浪者。

——至於中共重要人物，毛澤東是一位思想豐富而精銳又勇於執行者。朱德一望而知為長者。此外，賀龍、彭德懷、聶榮臻、林彪、劉伯承等都是沉靜中帶著些文雅，一點沒有粗俗傲慢的樣子。


## 八、傅斯年的政治洞見

從中外記者到參政員，大家對延安的印象是新鮮而深刻的，當然有褒有貶，感受並不一致。與左舜生、黃炎培二人不同的是，傅斯年的延安之行，卻有自己獨特的觀感和政治洞見。據羅家倫（前國史館館長）敘述說：「他認為當時延安的作風純粹是專制愚民的作風，也就是反自由、反民主的作風」。在傅斯年眼裏，中共與蘇共是連帶的，不可分割的，搞的不是民主而是專制。所以在一次閒聊時，他對李濟（考古學家，前史語所所長）說：「我要是十七、八歲的青年，我也許對共產黨發生興趣」。接著補充說：「但我自從與共產黨接觸以後，絕對不會當共產黨」！

——原載《僑協雜誌》，第140期

# 贛南有個「蔣青天」

　　1937年初，蔣經國（1910-1988）攜妻帶子從蘇俄回到溪口，這位遠赴異國，久無音訊的遊子，鳳凰似地歸來了。一年後他奉江西省主席熊式輝之邀來到南昌，出任保安處少將副處長兼新兵督練處處長，這一年他28歲。

　　1939年3月日軍南下，南昌不久淪陷，蔣經國從南昌移到贛縣，出任江西省第四行政區督察專員兼保安司令又兼贛縣縣長，直至1945年初，開始一段為期六年的大刀闊斧改革工作，社會面貌為之一新，人稱「贛南新政」，蔣經國也被尊為「蔣青天」。

## 一、贛縣——江西化外之地

　　此時的贛南為粵軍所控制，「民窮財困，土劣橫行，文化落後」，是江西省的化外之地，省府政令不通。其表現在社會上，則是煙、賭、娼盛行，土匪惡霸作亂，族群間械鬥經年不息。

　　蔣經國初到贛南，發現地理位置重要性凸顯，乃「前方的後方，後方的前方」，是連接東南和西南的橋頭堡，因此下定決心要克服一切困難，建設新贛南。

## 二、「三禁一清」，掃蕩污垢

　　蔣經國到任後，推出「三禁一清」政策，禁煙、禁賭、禁娼，肅清土匪，全面出擊。

　　抽鴉片是贛南最大的惡習，贛南十一縣，平均十五人中就有一人抽大煙，可以編成十個師的煙槍隊。當時煙毒氾濫，蔣經國雷厲風行，查封了贛州最大的銷售鴉片商店——寶成土膏商行，關閉了有特殊後台的特種公賣處，同時派兵把守水陸交通要道，檢查可疑車輛和人員，一旦發現攜帶煙土者，即將貨物沒收，人犯送囚犯教養所，煙土數量大者處

極刑。相傳有一家大綢布莊老闆偷吸鴉片煙，被蔣經國捕獲，他的家屬四出活動，託人向省主席熊式輝求情，並答應捐款一架飛機贖命，當熊式輝電囑蔣經國開釋時，蔣已把人犯槍決，並電覆熊稱：「電到已槍決，無以挽回」。

除煙害外，賭也是贛南一大流毒。為了抓賭，據聞蔣經國親自帶隊，化裝成賣餛飩的小販，搗毀了粵軍中將軍長李鎮球開設的賭場。原本有恃無恐的地方豪強，一時間人人自危。他還要求：被抓賭徒必須在贛州公園抗日陣亡烈士紀念碑前罰跪三天。當時有一個警備司令的太太被抓，照樣被罰跪，上午三小時，下午三小時，轟動了整個贛州城。

在取締娼妓方面，蔣經國也做了努力。贛南十一縣共有一百五十家妓院，六八七名註冊有案的公娼，蔣經國特別安排把公娼轉到工廠做工，也把徵收妓院稅的單位予以撤銷。

此外，蔣經國還經常輕裝簡從，到偏僻的農村幫助調解家族之間的械鬥，因而得到當事人的感激。曹聚仁曾謂：蔣經國步行下鄉，鄉民奉之如神明，就像甘地在印度巡遊那樣，「愛敬」的成分超過了「寅畏」。

# 三、建設新贛南三年計劃

經過清鄉滅匪之後，地方治安逐漸穩定，而且修築公路，於是在1940年推出「建設新贛南三年計劃」，主要內容如下：

1.實現「五有」目標

　人人有工做，

　人人有飯吃，

　人人有衣穿，

　人人有屋住，

　人人有書讀。

2.理想政治

　政治：做到沒有壓迫沒有欺騙的行為。

　經濟：做到沒有剝削沒有敲詐的病態。

　社會：做到沒有爭奪沒有搗亂的習慣。

　文化：做到沒有文盲沒有理盲的現象。

3.新人生觀

　愛──親親切切的合作。

美——圓圓滿滿的理想。

笑——快快樂樂的生活。

力——活活潑潑的前進。

4.「新贛南家訓」

原文甚長，茲錄最後一段如下：

> 男女老少受軍訓，全體動員拿刀槍，人人都是中國兵，個個都去
> 打東洋。國難已當頭，戰事正緊張，日本鬼子不消滅，中華子
> 孫無福享。有錢快出錢，有力快出力，壯丁去當兵，老人看家
> 鄉，婦女耕田地，兒童上學堂，大家一條心，服從蔣總裁，收復
> 舊山河，凱歌同來唱。

# 四、六項親民措施

蔣經國治理贛南，除了師事明朝的王陽明之外，晏陽初、梁漱溟的鄉村改革，對他也有很大的影響。

在蔣經國的各項政策措施中，有很多都顯現出親民的特點，為「贛南新政」賺取了不少民心和好評。

這六項親民措施，包括：

1.取消苛捐雜稅：如蔗棚捐、毛豬出口稅、自衛隊經費等三十六種苛捐雜稅。

2.設立控訴室，接待民眾上訪。

3.設立機構，救濟貧民。

4.掃除文盲，大力發展教育。

5.廢除一夫多妻的現象。

6.改善監獄中的罪犯待遇。

# 五、「贛南新政」今說

蔣經國在贛南雷厲風行的新政，是他在政壇上「猛虎出柙」的初露鋒芒，「蔣青天」的出現，當然有其時空背景，往往是人民望治心切的心理反射。

蔣經國在贛南的歲月，留下許多膾炙人口的傳說和傳奇，有的卻是

誇大其實造神運動的結果。蔣經國有一句名言：「我從來沒有把自己看作公子少爺」，標榜平凡、平淡、平實的他並不領情。

但「蔣青天」的出現，需要有一些配套的特權，並非人人可行。首先，他擁有「蔣太子」的品牌，別人忌憚；其次，他手握槍桿子，可以跟「土皇帝」叫板第三，他掌握生殺大權，不需經過法院判決；第四，賦稅不上繳，財源沒問題；第五，人事有專權，任用自如。

大家還記得，其後蔣經國在上海打老虎，並不成功。因為時空背景大不相同，上海遭遇的可是皇親國戚，還有見過世面的企業大亨，而不是「土皇帝」。

蔣經國在台灣所推行的政治革新，多少是「贛南新政」的擴大樣板。所幸，它是有效能的，因此至今很多人懷念他，是遷台以來民調最高的一位總統。

——原載《僑協雜誌》，第146期

# 「鄧小平遺囑」考

## 一、楔子

晚近網路流傳許多歷史人物的遺囑或日記，如秦檜、李鴻章、汪精衛、鄧小平的遺囑和鄧穎超的日記等，其中尤以鄧小平[1]的遺囑最受人矚目和討論。究竟真假如何？可靠性多少？這可能是網路時代的茶餘飯後遊戲之作，或另有所本，言人人殊。筆者做了一番徵詢和考察工夫，希望有助於真相的釐清，至少可供朋友間閒談之助。

## 二、遺囑內容

（1992年6月藍天白雲的上午十點，景山後街鄧家小院）

人老了，清醒的時候越來越少了，我想趁我還清醒的時候給你們交代些事情。你們三人，只有瑞林[2]跟我快四十年了，從二十多歲的小夥子，也熬成了六十多歲的老頭了。而慶紅[3]和錦濤[4]你們兩位，今天算是第一次面談。第一次面談就給你們交心，是不是很冒失？是很冒失。其實，我這輩子就是冒失過來的。

早年不到20歲，不懂法語、俄語，身無分文就冒失去闖法國、俄國。回國後，冒失地到馮玉祥軍隊去工作；後來又冒失地去廣西搞百色起義，到蘇區又冒失地被打成反黨分子；解放戰爭時冒失地挺進大別山。八大以後，毛主席點我當總書記，我卻多年不向毛主席彙報工作。文革和文革以後，那就更冒失了。那些事情你們都知道，我就不囉嗦了。

---

[1] 鄧小平（1904-1997），原名鄧希賢，四川廣安人。1920年9月赴法勤工儉學，1926年7月轉赴莫斯科，1927年回國。

[2] 王瑞林，鄧小平秘書兼中央軍委辦公廳主任。

[3] 曾慶紅（1939-），江西吉安人，1989年隨江澤民進京，任中共中央辦公廳副主任。

[4] 胡錦濤（1942-），出生於江蘇泰縣，1992年任中央政治局常委、中央書記處書記。

　　我把你們找來，要向你們交代一些我認為應該交代的話。你們知道，年初我去了一趟南方，後來讓鄭必堅[5]執筆弄出個「南方談話要點」。很多人講，這是鄧老爺子的臨終遺囑，或者說最後的政治交代。這話不確切。我今後是不會再說什麼太多的話了，但真正的政治遺囑是不會像這樣弄得滿城風雨的，真正核心的政治交待怎麼能大張旗鼓地宣揚。今天我倒想小範圍地真正講一下我的政治遺囑，或者說真正的政治交代。

　　首先，我對我們國家的政體現狀並不滿意，我是這個政體的創建者之一，這十幾年也算這個政體的守護者、責任者，但我也是這個政體的受害者。每當我看到樸方[6]殘廢的身體，我就在想，我們政體的名字叫中華人民共和國，但共和國最本質最核心的東西是什麼呢？應該是民主和法制。我們所缺的恰恰是民主和法制！為改變現狀，這些年我做了一些工作，這個問題並未解決。

　　十幾年後，你們當政時也未必能解決。其實，解決的辦法是存在的，這就是向美國憲政學習。美國成為超一流強國靠的就是這個東西。中國要成為一流國家，也得靠這個東西。向美國學習，應該理直氣壯，比別人差嘛，就應該承認自己的不足。當然，這裏面有很多技巧，不要急。但你們有責任去努力、去學習、去實踐，這是歷史的責任。經過幾代人的努力，把中華人民共和國真正建成一個權力來源於人民、法制公平的憲政國家。這也是孫中山的夢想。只有這樣，才能說長治久安。

　　第二、臺灣問題。香港問題解決之後，中國最大的統一問題就是臺灣問題。臺灣問題之所在一是現在政體上差距太大。解決這個問題我是看不到了，你們那一代人也未必能解決。但我想有三點你們要把握好：一是不到萬不得已絕不動武，中國人不打中國人。二是大陸的經濟要奮起直追，你一直窮下去就永無希望。三是在政體上大概一國兩制還不夠，一種可能的方式是聯邦制憲政之路。中國經濟上強大了，政治上又有民主和法制的共和體，臺灣問題才有可能迎刃而解。

---

5　鄭必堅（1932-），四川富順人，1982年擔任中共中央總書記胡耀邦特別助理兼政治秘書，1992年任中共中央宣傳部常務副部長。

6　鄧小平共有三段婚姻。第一任太太張茜元因難產而去世。第二任太太金維映被李維漢橫刀奪愛。第三任太太浦瓊英（卓琳）相繼生下五名子女，長女鄧林；長男鄧樸方，在文革時期被迫害致成殘廢；次女鄧楠；三女鄧榕，又名毛毛；鄧質方是鄧家老么。

第三、發展問題。上面兩個問題的基礎還是經濟建設和社會發展，而這個問題的核心是發動老百姓去幹，而不能只是政府去幹，要千方百計讓全國人民的腦袋來代替總書記、總理的腦袋。我們再聰明也聰明不過人民。我們的政府管得太多了，要儘可能少管。經濟上，老百姓和市場都比我們的計畫聰明。我想，只要堅持開放改革，堅持以經濟建設為中心，放手讓老百姓去幹，也就是堅持不斷地發展經濟民主，每年增長速度超過7%是有希望的。堅持下去，持之以恆，等你們交班時，中國或許就成了一個小康國家了。

第四、中美關係。中國對外關係中最重要的是中美關係。回顧一百年來，對中國欺負最少的大國就是美國了。退回庚子賠款讓中國人去美國留學不說，八年抗戰，美國的援助比蘇聯援助多得多！抗美援朝與美國打仗，是金日成和史達林加給我們的。美國是第一強國，中國的發展和統一都繞不開美國，世界和平和發展也離不開美國。現在為了穩定和發展，我們只能是韜光養晦，絕不冒頭，沒辦法，我們能力不夠，手段有限嘛。到了你們那一代，辦法可能會多一些。我們要學習美國憲法，美國人會不開心嗎？為了國富民強，我們黨讓人民當家作主和富強的理想不變，但名字是否也可以考慮改成人民黨、社會黨之類呢？我想，名字一改，中美關係馬上會改善。總之，到了你們那一代，手段會多些，辦法也會多些。你們也要開明些，靈活些，要有所作為，不要像我們這一代人這麼僵化和死板。只要為了國家人民利益，實事求是地去做，就經得起歷史的考驗。

第五、「六四」問題。「六四」問題是中國改革開放過程中的必然現象，社會成本很高。這個問題，今後會有人來翻舊帳。說你動用了軍隊，也死了人，責任是躲不掉的，但也還有更大的歷史責任，則在於國家前進了，還是倒退了？國家是混亂破敗了，還是穩定發展了？真正對歷史負責的人，不怕這種責任。尤其要做領袖，更得要有擔當。到了你們那一代，也不知會出什麼樣的事情，或許是，或許是七四。但你們一定要有對歷史和國家的責任感，實事求是，一切從實際出發，只要對中國進步發展有利，該怎麼幹就下決心去幹。回答「六四」這類問題，根本的方法不是去爭論，而是實實在在把國家搞好，讓人民生活一天天好起來。有人告訴我，黨內人才是一代不如一代，我看得依什麼標準衡量。論文才飛揚，我不如毛澤東。論意志堅定，你們可能比不了我。但論科學理性，論勤奮努力，論民主開明，可能會是你們的長處。總之，

不要怕事，不要怕禍。要敢闖、敢幹、敢負責任。當然，也不要一朝權在手就惹事生非。要不惹事、不生事、幹實事，敢負責。有了這種態度，歷史也會對「六四」有一個理性的說法。

第六、制度建設。除了政改要在憲法制度上下大氣力外，還有黨內、政府內的政治制度搞些持之以恆的建設。像今天我們只能在小圈子裏選領導班子，小圈子選你們。這是歷史條件，沒有辦法，但這辦法絕不能長期下去，最終領導人還是靠人民來選，不能靠小圈子和槍桿子，最好是從基層的民主建設抓起，今後我們再也不是槍桿子裏出政權了，也不能僅靠槍桿子來維持政權。古語說是得民心者得天下；我看得靠實事求是的本事，靠真理和民心民意來維持和完善政權，你們要有這種觀念，今後主要是靠老百姓的稅收來養政權。你要老百姓養你，你就必須去代表民意和服務民意。這事從上到下搞風險大，但必須實驗，不搞的風險更大。合理的辦法是從下到上慢慢演進，先把基層工作做通，農村包圍城市，這樣風險較小，就像我們八十年代的農村改革一樣，先從農村基層的大包乾抓起，而後是鄉鎮企業，再而後是城市改革和國有企業改革。制度改革也可以這樣去摸著石頭過河。不要急，但也絕不能不去開拓進取。

最後一個問題，是關於你們和我家的一些個人問題。先說我家吧！我家現在不發愁，朴方服務於殘疾人，三個丫頭都有自己的事幹，我擔心的是質方，他是一介書生，不善與外人交流與投機，不能讓他從政或搞理論研究，他要經商就由他去吧！但你們要幫我監管他，不能讓他搞大，做一個普通人最好。瑞林也算是我家的成員了，你重點就去軍隊發展吧！努力做好澤民同志的部下。另外是關於你們兩位，雖然都50歲上下，但你們能走到今天我看是也有本領，在「蘇東」問題爆發後，我曾給政治局說要：「沉著應對，穩住陣腳，冷靜觀察，韜光養晦，絕不冒頭」，這話也適合於你們，尤其在澤民他們主政時，你們要用這20個字去做好助手。今後當你們主政時，這20個字仍是做大事要注意的，只是在20字後面再送你們四個字：「有所作為」。


# 三、問疑

看了上述的內容之後，你可能疑信參半。本著打破砂鍋問到底的求真精神，筆者先後請教了四位學者專家，且聽他們如何說法。

學者甲：台灣政治學者，對三民主義、孫中山思想、國家發展和兩岸關係有濃厚興趣，並且造詣深厚。目前除在大學任教外，一度出任監察委員。他極為肯定的指出，這遺囑可信，因為與鄧小平的南巡講話脈絡一貫，精神相通。

學者乙：大陸學者，共青團出身，與黨關係良好，在大陸近代史學界屬大老級人物。他透露，鄧的遺囑早在十多年前便已流傳，他也一直密切注意。但他強調三點：1.找不到任何證據，可以證明遺囑的真實性。2.遺囑的內容與中共領導人後來的執政路線並不相符。3.遺囑的出現，與最近兩岸關係的和平發展，並無必然關係。

學者丙：大陸學者，近年來因研究蔣介石，發表多部專著，而在兩岸近代史學界聲名大噪。他首先說，大陸最近情勢是思想嚴格控管，既向左轉，又向後退，經濟路線則儘量寬鬆，亦即「加強政治專制／促進經濟發展」，也就是一般所稱的「政左經右」。近來大陸各地集結不少政壇失意的「軍二代、紅二代」，高調唱起昔日紅歌，大造聲勢，唱紅是虛，謀權是實；民間底層掀起懷念毛的平均主義氣氛，背後是「仇富」，進而想均富，本質是階級鬥爭。在意識形態界，「極左」訴求回歸毛澤東主義，然毛左的極端主張卻讓既得利益者首當其衝，而自由主義學界則是借習近平的「憲政夢」，意圖廢掉中共一黨專制政體。

他斬釘截鐵指出，此遺囑是偽造的，理由如下：1.查閱《鄧小平文選》，並無收錄。2.與中央政策相違背。3.網路消息不可信。其他諸如《鄧穎超日記》亦假。

學者丁：大陸學者，家學淵源，專攻近代史，屬後起之秀。他也認為，遺囑有問題，可能是反對派藉此附會依託，假的成分居多。1.與鄧小平的風格不符，也就是鄧遺囑中所說，「真正的遺囑是不會像這樣弄得滿城風雨的」。2.與中共中央的文化有違，誠如鄧遺囑內所強調的「真正核心的政治交待，怎麼能大張旗鼓地宣揚」。3.網路消息看看即可。

## 四、多餘的釐清

早在2003年，中央社發了一則電聞，批露幾點：

1. 鄧的遺囑是有所本的，它來自作家沙士撰寫的新書《遺囑》，描繪鄧小平在1992年經過半年的考察、思考和反覆徵求他人的看

法，最後用中國方式留下了遺囑。挑選了胡錦濤、曾慶紅以及鄧的秘書兼中央軍委辦公廳主任王瑞林，做為江澤民以後的決策核心圈。

2. 同時規劃了十年以後的憲政之路，並暗示鄧小平雖然辭世，他還在影響中國。

3. 遺囑中，鄧小平對政治局提出二十字的接班方針，此即「沉著應對，穩住陣腳，冷靜觀察，韜光養晦，絕不冒頭」。

筆者要特別指出的是，遺囑內容所提到的六大問題，都十分勁爆而不可思議，尤其是改國號、改黨名的問題，強調向美國學習憲政，「政治民主和法制」，台灣問題才有可能迎刃而解等等說法，過去是很少聽到的。最近習近平拋出的「中國夢」，堅持的是「三個必須」、「三個共享」與「三個自信」，追求的是「強國、富民、強軍」，而避談民主法治。真正的民主，應該向「社會放權」，而不僅止於「人大舉舉手」、「政協拍拍手」、「黨委揮揮手」、「政府動動手」式的民主。

網路消息有時固然真假參半，不可盡信；但未嘗不是民意的一種反映，時代的一縷心聲脈動。

——原載《僑協雜誌》，第145期

# 大陸旅遊拾趣

　　到大陸旅遊，山明水秀古蹟多，真正美不勝收；因此，廣告詞也做得特別響亮，諸如「不到長城非好漢」、「九寨歸來不看水，黃山歸來不看山」、「不到黃石寨，枉到張家界」等等，令人在心領神會之餘，復覺逸趣無窮。

　　除賞心悅目的景點外，筆者也曾注意到一般社會文化層面，茲擷拾兩則，公諸同好並與讀者分享。

## 一、工作座右銘——和氣生財

　　筆者在一家專做觀光客生意的藝品店，看到牆上張貼著以毛筆楷書撰寫的「公司工作準則」，內容簡明易懂，合為十條，戲稱「新十誡」，亦無不可。茲錄之如下：

> 一、嘴吧要甜一點；
> 二、行動要快一點；
> 三、腦筋要活一點；
> 四、效率要高一點；
> 五、做事要多一點；
> 六、理由要少一點；
> 七、肚量要大一點；
> 八、脾氣要小一點；
> 九、說話要輕一點；
> 十、微笑要露一點。

　　有此十點，多一點便「靈」。傳統文化裏和氣生財，以顧客為尊，這是天經地義的事。看來，大陸國營體制的文化已不能適應新成型的資本主義社會。而以和為貴，與人為善，以德服人，以能帶人，有容乃

大，何嘗不是機關內和睦相處，鼓舞士氣的不二法門。

## 二、貔貅的現代功能

據《山海經》記載：「龍生九子，子子相傳，有廿六種化身，七七四十九種形態，兇猛無比，有守園鎮宅，納財保平安的功能」。

相傳貔貅有個食好，不食草木，不飲濁水，唯愛食錢。有四大：嘴大、頭大、眼大、屁股大。只進不出，光吃不拉，無肛門。據說牠是姜子牙的坐騎，曾幫周王打天下，所向披靡，攻無不克。故民間傳言：「貔貅坐鎮，戰無不勝」。

由是之故，沿途所見的藝品店、絲綢店等，大門口無不恭請龐然大貔貅坐鎮，藉以通吃四方，就在導遊、地陪和店員聯合作戰，鼓起三寸不爛金舌遊說下，財源滾滾而進，而呆胞的人民幣、新台幣、美金大鈔，乃至現場刷卡，都全數被一剴而光，澈底做了奉獻。偉哉！貔貅。貔貅萬歲！

——原載《僑協雜誌》，第102期

# 「華僑為革命之母」一詞釋疑

## 一、問題的提出

　　史學家閱讀文獻，研究歷史，常有存疑不能立即解決的問題，這必須靠新史料的發掘，或後繼者窮追不捨的探索，始能奏功。

　　在許多研討會上，或公開演講場合，常聽講者引孫中山的話，稱讚華僑說：「華僑為革命之母」。聽者聽久了習以為常，但有人認真翻閱過《孫中山全集》或《國父全集》，並沒有發現孫中山講過這句話，亦即並無所本。究竟這句話是如何來歷？它是出自孫中山的著作或演講，抑或是後人根據孫的意思加以融會貫通提出來的，論者莫衷一是，聽者亦愈覺糊塗。

　　筆者最近參加武漢「紀念辛亥革命100周年國際學術研討會」和台北「民國肇建與在美華人」研討會，又有兩篇大作討論到這個問題，其一是新加坡國立大學黃堅立教授的〈華僑為革命之母：讚譽之來歷與敘述〉，其二是廣東潮州韓山師範學院華人華僑研究所黃小堅教授的〈關於孫中山先生與辛亥革命幾個重要史實的辨析。原文篇幅甚長，且多以考證方式呈現，筆者想透過兩篇專文，加上過去已有的討論，用最簡明的話，將其要點向讀者作一報告。

## 二、最早的來歷與敘述

　　「華僑為革命之母」已經成為最常被引用來形容孫中山、華僑與辛亥革命三方關係的最簡短有力詞句。他的普及，不僅因為這七個字唸起來朗朗上口，更重要的，是與史實與神化性連結在一起。現有數百本的著作，將讚譽的來歷歸諸於孫中山。然而從孫中山的演講或著作中，他始終沒有一次真正而確切地用過這七個字，頂多只是他評論華僑貢獻時的一種意思表達而已。

　　追蹤來歷，首先要舉張永福的《南洋與創立民國》（1933年上海中華書局版）一書。張永福（1872-1957）是新加坡從商的華僑，並在1903年創辦了一份報紙宣傳革命，引起孫中山的注意，並在1905年加入同盟會，共同領導新加坡分會的革命活動。他在書中緒言說：「現在有許多人，都承認孫中山先生的『華僑有功革命』、『華僑為革命之母』這些話。」他的這些讚譽成了隨後一些作者直接引用的參考，而且錯誤的證明孫中山本人曾經直接用過這句話，讚揚華僑所扮演的重大角色。

　　早在1980年12月，《近代中國》便刊出「華僑與革命」專輯，推出「華僑為革命之母」口述歷史座談會，會中幾位與會的僑界碩彥已經對這個爭議問題有所討論，並做了處理。

　　首先，僑委會前委員長鄭彥棻說：「『華僑為革命之母』或『華僑是革命之母』這兩句話，大家都知道是國父孫中山先生說的。事實上，以我的瞭解，這兩句話在國父遺教裡是找不到的。」僑委會前委員長、華僑協會總會前理事長高信則說：「『華僑為革命之母』這句話，國父有沒有說過，並不重要。講過也好，沒有講過也好，從歷史，就事實來看，都是實際的情形。」高信的話是實事求是，是客觀的，當可解答許多沒有必要的爭議。

# 三、少年中國晨報社的題匾問題

　　在《近代中國》同一期裡，有秦孝儀一篇題為〈華僑為革命之母〉的文章，透露舊金山少年中國晨報社掛著一幅國父題頒的匾（中堂），上書「華僑為革命之母」。秦孝儀沒有確切指明，這塊匾是否孫中山的親筆墨寶。按《少年中國晨報》創刊於1910年，是為美洲同盟會機關報。

　　據金山國父紀念館前館長劉偉森指出，1960年，《少年中國晨報》為紀念創刊50周年發行專刊，其中有一彩色插頁，上面有孫中山全身畫像，背景為長城和中山陵。晨報司理黃華培為了畫面充實，並體現孫中山對華僑的感謝之情，特別從各種書報中收集並剪貼出孫中山的字跡，重新組成「華僑為革命之母」的壁幅，並貼上孫文的印章。專刊發行後，孫中山手書的「華僑為革命之母」便廣為流傳。劉偉森現年97歲，曾任晨報資深編輯，晨報於1991年停刊後，原址創建為國父紀念館。劉偉森熱心黨務與僑務，主持金山國父紀念館，著有《孫中山與美加華

僑》等書，另在95歲時完成百多萬字的《全美黨史》（上、中、下三冊）。他說，晨報採編部內知道此事的人都已先後作古，自己是最後一名見證者，不想在自己百年終老之後，把這個祕密一起帶走。他的見證應屬可信。

——原載《僑協雜誌》，第133期

# 「度盡劫波兄弟在」
## ——國共會談回顧之一

　　中國國民黨主席連戰前往大陸，進行為期八天的「和平之旅」，並於四月廿九日在北京人民大會堂與中共總書記胡錦濤舉行會談，這是國共兩黨最高領導人六十年來的首度接觸，深具劃時代的歷史意義。未來兩岸局勢能否就此從對峙、對立、對抗的長期僵持，走向對話、對談，撥得雲開見月明的新發展，仍有待兩岸政治人物的智慧來決定。今後的兩岸關係，能否真正達到「化刀槍為犁耙」、「化干戈為玉帛」，同樣也將是全球華人矚目的焦點。

　　證諸過去的歷史，國、共兩黨猶如一對歡喜冤家，在中國現代史上分分合合，有過多次的合作，也有過無數次糾纏不清的對抗與戰爭。談合作，固須坐下來冷靜的會談；在對抗過程中，同樣要錙銖必較的算計。所以，一部國共關係史，可以說是一部國共兩黨打打談談、談談打打、邊打邊談、邊談邊打的歷史。綜觀戰爭的一面，成敗得失形諸於外，大家看得比較清楚；而會談的一面，則神祕詭譎，撲朔迷離，或許較不為人知。

　　日本加緊侵華，在中國面臨民族危機的嚴重關頭，蔣介石改變了「攘外必先安內」的剿共政策，共產黨也由「抗日反蔣」走向「逼蔣抗日」的政策，是國共和談的大背景。本文擬就國共歷史性的會談，做一個簡單回顧。第一篇起於抗戰前夕，止於抗戰結束之際。第二篇始於抗戰勝利後的重慶會談，止於大陸易幟前夕的北平談判。

## 一、鄧文儀與王明在莫斯科的密談

　　國共早期的會談，採取的是密使、信差的方式，利用各種管道，國內外同時祕密進行，大抵以國民黨為主動為主導。

　　第一條祕密管道，是南京國民政府駐蘇大使館武官鄧文儀和中共駐共產國際代表團負責人王明（陳紹禹）以及潘漢年之間的密談。

　　王明（1904-1974），安徽立煌人，曾留學莫斯科中山大學，號稱

「廿八個布爾什維克（國際派）」首領。鄧文儀，別號雪冰，湖南醴陵人，黃埔一期畢業生，曾在莫斯科中山大學學習。歷任黃埔軍校政治部代主任、總司令部侍從秘書，他也是「復興社」的核心人物之一，深得蔣的賞識與信任。北伐期間，隨共產國際代表團活動，與蘇聯在華的顧問人員相識。

1935年春，鄧文儀被任命為南京駐蘇大使館首席武官。同年秋返國述職時，他向蔣介石報告，蘇聯政府曾向其表示願支持中國抗擊日本的侵略。這個重要信息促使蔣採取措施改善中蘇關係。同時，鄧文儀還向蔣提交了一份有關王明在共產國際七大的發言摘要，蔣介石看後很快意識到了共產國際正在改變政策，隨即指派鄧文儀馬上返回莫斯科找王明進行接觸，瞭解政治解決國共兩黨關係的可能性。

鄧回到莫斯科後，先後透過胡秋原（1910-2004，湖北黃陂人，時為中華民族革命同盟駐莫斯科代表）、潘漢年（中華蘇維埃共和國中央臨時政府外交人民委員會副委員長）的安排，於1936年1月17日和22日，與王明舉行過兩次會談，雖沒有取得任何實質性的進展，但它是兩黨多年來兵戎相交之後的初次接觸與會談，為以後的繼續談判開啟一扇「心內」的窗。

## 二、曾養甫與周小舟在南京的會談

當鄧文儀奉命在莫斯科與中共駐共產國際代表團建立聯繫的時候，蔣介石在國內也設法和中國共產黨「搭橋」，並指派陳立夫和宋子文主持這項工作。

陳立夫受命後，不便親自出面，於是交給自己的親信──鐵道部次長曾養甫辦理。曾養甫，廣東平遠人，早年就讀於天津北洋大學，以後前往美國匹茲堡大學留學，1925年回國，1935年任南京國民政府鐵道部政務次長，為國民黨CC組織重要骨幹，與宋子文、陳立夫的關係十分密切，深受蔣介石器重。

曾養甫找來諶小岑（北洋大學同學、覺悟社社員，與周恩來、鄧穎超夫婦相識），要他「打通同共產黨的關係」。諶透過呂振羽（北平中國大學教授，著名的馬克思主義歷史學家）與中共北平市委宣傳部長周小舟搭上線，雙方在南京進行了多次的接觸。這第二條管道的祕密會談，為期半年多，一直圍繞著國防政府組織型式、共軍改編、改編後抗

日地區劃分等問題，爭論不休，並未達成具體的協議。

# 三、宋子文的信差——董健吾、張子華

在陳立夫通過諶小岑找到周小舟的同時，宋子文則透過宋慶齡找到董健吾；另陳立夫也透過左恭找到中共地下黨員張子華，董、張兩人被安排前往陝北，向中共傳遞國民黨要求同中共談判的信息。

董健吾，化名周繼吾、周幽谷，上海市青浦縣人，1927年經劉伯堅介紹加入中國共產黨。後來在中共特工科工作，公開身分是上海聖彼得教堂的秘書。董早年與宋子文在上海聖約翰大學同窗，一直與宋家來往密切。

張子華（1914-1942），寧夏中寧人，原名王緒祥，1930年在北平加入中國共產黨。1935年任中共上海臨時中央局組織部秘書，中央局後來遭國民黨破壞，張子華仍留在上海工作，化名黃華襄，並自稱是中共長江局成員。

董健吾受宋子文之託，要送一封南京方面要求國共合作抗日的密信到陝北，面交毛澤東和周恩來，宋慶齡還交給董一包慰問紅軍的雲南白藥。張子華也受託帶有國民黨元老司法院副院長覃振（理鳴）寫給林伯渠（祖涵，1886-1960，早歲留學日本，曾加入同盟會）的一封親筆信。

董、張兩人分別啟程，殊途同歸，到西安不期而遇。張學良在電詢南京證實兩人的使命後，立即用專機將他們送到延安，並派騎兵護送，通過東北軍的封鎖線，於1936年2月27日抵達陝北蘇區中共中央所在地——瓦窯堡。翌日，當時留守瓦窯堡的中共中央領導人博古（秦邦憲）正式接見了董、張兩人。董健吾向博古轉交了宋慶齡的密信和禮物，張子華則彙報了南京方面的情況。張告訴博古，此次使命的主要策劃者是宋子文、孔祥熙、孫科等，但實際負責的是CC系的曾養甫及其背後的陳果夫、陳立夫兄弟，目的在於瞭解中共可能輸誠的條件。

其後，董、張兩人又趕往山西石樓，向在那裡指揮作戰的毛澤東、張聞天等人彙報，然後攜帶中共所提談判條件五點，於4月中旬返回南京，向諶小岑與曾養甫說明陝北之行的經過，以及中共中央關於國共合作的態度與主張，共方表示希望瞭解中國國民黨聯共抗日的具體設想。於是諶小岑便把陳立夫口授、由他筆錄的對案四條抄錄一份，交給張子華。其內容如下：（K代表國民黨，C代表共產黨）

K方歡迎C方的武裝隊伍參加對日打戰。

C方的武裝隊伍參加對日作戰時，與中央軍同等待遇。

C方如有政治上的意見，可通過即將成立的民意機關提出，供中央採擇。

C方可選擇一地區試驗其政治經濟理想。

至5月中旬，張子華二度到陝北，接見他的是周恩來。張報告了國民黨方面的謀和立場，並送上陳立夫口述四點。周認為國民黨的政策已有鬆動，於是他給諶小岑寫信，邀請曾養甫到陝北來談。另又給覃振和南開大學校長張伯苓寫信，希望他們倡言各界，求得抗日民族統一戰線迅速成立。

## 四、陳立夫與潘漢年在南京談判

在張子華第二次去陝北前後，潘漢年受中共駐共產國際代表團派遣，帶著特殊的使命，於1936年5月抵達香港，向陳立夫發出信件，請他派人到香港接他去南京與中國國民黨談判。

一個多月後，潘漢年在7月7日的香港《生活日報》上看到這樣一則尋人啟事：「叔安弟鑒：遍訪未遇，速到九龍酒店一敘。兄黃毅啟」。這是陳立夫收到他的信，派人來聯絡的信號。叔安是他的化名，黃毅是中國國民黨中央執行委員、組織部副部長張冲的化名。兩人很快見了面，張請潘去南京向國民黨當局陳述，中共駐共產國際代表團關於建立抗日統一戰線的觀點和條件。

潘漢年與張冲先乘船抵上海，隨即轉赴南京，被安排住於揚子飯店。在張冲陪同下，潘漢年與曾養甫進行了會談。其間，潘漢年並專程到陝北一行，一方面向中共中央負責人彙報了曾養甫希望得知中共中央對國民黨談判的意見，一方面全面瞭解並聽取了中共中央負責人關於與中國國民黨談判的方針、原則的指示。9月24日，潘離開陝北，經西安於10月14日抵滬，中共中央正式決定委派潘漢年為談判代表，從10月中旬以後至12月初，分別在南京和上海與陳立夫進行了四次談判。但由於雙方立場南轅北轍，談判最後陷入僵局。國共之間歷時經年多管道進行的祕密接觸，至此告一段落。

## 五、西安正式談判

1936年12月12日，西安事變爆發，蔣介石遭劫持，整個國內外情勢為之丕變。17日，周恩來應張學良、楊虎城兩人之邀，到西安協助謀劃，得以與前來救蔣的宋子文、宋美齡兄妹於23日與24日晤談，就內外政情、國共關係以及雙方合作對外等問題，進行廣泛而深入的協商，從而促成了事變解決後國共兩黨的正式公開談判。此即西安談判。

西安談判從1937年2月上旬開始至3月中旬結束，斷斷續續進行了大約一個半月。雙方代表，國民黨方面有顧祝同、賀衷寒、張冲；共黨代表為周恩來、葉劍英。這次談判，國共兩黨爭論的焦點：一是在紅軍改編後的編制、人數、設不設總指揮部、派不派副佐人員，即軍權問題上；二是在蘇區的制度是不是保持完整，即政權問題上。西安談判雖然在一系列原則問題上未能達成協議；但總的來說，仍取得了一些積極成果（如在西安設立紅軍聯絡處、國民政府接濟紅軍軍餉等），有助於國共兩黨關係的改善。

## 六、蔣介石周恩來杭州會談

1937年3月，蔣介石由宋美齡陪伴，在杭州西湖養病。因此，周恩來在潘漢年和杜桐蓀（張冲助手）陪同下，於3月24日由上海乘汽車至杭州莫干山，與蔣介石談判。周恩來除先提交中共的十五條書面意見外，並於3月26日面見蔣時，重申中共方面的談判條件，中共願意擁護蔣委員長及國民黨：

> 領導全民族抗日，保證領土主權完整，達到民族獨立和解放。
> 實現國內和平統一、民主自由，達到民權主義的成功。
> 改善人民生活，發展國民經濟，達到民生幸福。

但中共也提出三點但書：

> 中共非投降，紅軍非改編，而是為民族國家利益願意擁護蔣委員長的統一領導和指揮。這種合作立場完全是誠意的、互信

的、願意堅持到底的。

中共這種大的改變，必須給以解釋的機會與時間，並望諒解其困難；

以後一切都力求成為一片，是向心的，而非離心的，並願以擁護統一及抗日之精神影響各省。

在談判中蔣介石表示：

中共有民族意識、革命精神，是新生力量，幾個月的和平運動影響很好；

承認由於國共分家，致使十年來革命失敗，造成軍閥割據和帝國主義佔領中國的局面。

要中共不必說與國民黨合作，只是與他合作；

要中共商量一永久合作的辦法，趕快商量與他的關係及綱領問題。

# 七、第一次盧山會談

杭州談判後，為了因應國共兩黨第三輪的談判，周恩來根據中共中央的安排，起草了有關的草案，並於6月4日攜帶「關於禦侮救亡復興中國的民族統一綱領草案」以及十三個需要討論的問題，到盧山與蔣介石談判。從8日到15日，蔣介石與周恩來在盧山進行了多次會談，宋美齡、宋子文和張冲也參加了。

根據周恩來的說法，蔣介石在這次會談中的態度，同在杭州時相比，起了很大的變化，給談判設下許多新的障礙。本來，是蔣提出要中國共產黨先商量提出一個合作的綱領來；這次，他卻完全拋開周恩來帶來的綱領草案，另外提出一個成立「國民革命同盟會」的主張來，共方擔心在「國民革命同盟會」的名義下，從組織上把共產黨溶化在國民黨內。

蔣則在日記中提及：「六月九日，周復來謁談，要求甚多」。蔣「以共產黨改變觀念，減低目標，注重實際，恢復社會信用等四點曉諭之」。蔣復在本月自記曰：「對共黨方針之決定，皆有相當之成就也」。

## 八、第二次廬山會談

6月18日，周恩來返回延安向中共中央匯報談判情況，對中國國民黨方面在談判中所表現的某種合作願望，予以肯定。為了使國共談判早日達成協議，中共中央書記處根據廬山談判的情況和日本積極準備大舉進攻的危難局面，研究了蔣介石意見。為了顧全大局，又於六月廿五日提出了與中國國民黨談判的新方案十五條，在不喪失黨的獨立性的前提下，向蔣作出重大讓步。

6月26日，南京方面電邀周恩來再上廬山，繼續談判。7月4日，周恩來、博古、林伯渠從延安抵西安。7日，周等一行飛抵上海，準備轉赴廬山。7月7日蘆溝橋事變爆發。8日，中共中央發佈〈為日軍進攻蘆溝橋通電〉，毛澤東、周恩來等聯名電呈蔣委員長，表示紅軍願在蔣領導之下，為國效命，與敵周旋。7月13日（或14日），中共代表周恩來、秦邦憲、林伯渠與中國國民黨代表蔣介石、邵力子、張冲等進行第一次談判。談判主要內容是公佈國共合作宣言、紅軍改編、蘇區改制等問題。7月17日，雙方舉行第二次談判。

在談判過程中，蔣介石承認陝甘寧邊區為國民政府行政院直轄行政區域，允許邊區發佈命令委派官吏。但他仍堅持在三個師之上不設總司令部或指揮部，三個師的經營教育直屬行營，參謀長由南京派員充任等要求。7月18日，，周恩來將所擬關於談判的十二條意見，透過宋美齡轉交蔣介石。

## 九、第一次南京談判

七七事變爆發後，隨著抗日戰爭如火如荼的全面展開，國共合作談判也緊鑼密鼓地進行。8月1日，蔣介石令張冲急電延安，密邀毛澤東、朱德、周恩來即飛南京共商大計。葉劍英鑒於張學良被扣的嚴酷現實，建議：「毛不必去，朱必須去。」8月12日至19日，國共代表在南京舉行談判，中國國民黨代表是張冲、邵力子、康澤，中國共產黨代表是周恩來、朱德、葉劍英。主要的談判內容是關於發表國共合作宣言和改編紅軍等問題。

8月18日，蔣介石正式發表紅軍改編為國民革命軍第八路軍，設總

指揮部，統轄三個師，任命朱德、彭德懷為正、副總指揮，中國國民黨只向八路軍總部和各師派聯絡參謀，不再派政治部主任和參謀長。蔣介石並表示，希望紅軍改編後，迅速出動前線抗日。至此，國共兩黨僵持已久的紅軍改編的軍事指揮與人事安排問題，終於獲得解決。

# 十、第二次南京談判

　　為了迎接國共合作抗日的新形勢，中共中央於8月22日至25日，在陝北洛川召開政治局擴大會議，會中討論通過了澈底戰勝日寇的〈抗日救國十大綱領〉，並指派博古、葉劍英在南京與中國國民黨進行第二次談判。談判於9月中下旬舉行，中國國民黨方面的代表為康澤，蔣介石有時也參與協商。

　　此次談判，中國國民黨為爭取紅軍三個師全部到位參加抗日，對中共做出了讓步，即蔣介石立即發表中共中央關於國共合作宣言、承認中共合法地位、邊區政府長官由中共人員擔任、確定南京所派的高級參謀為聯絡性質。

# 十一、小結

　　西安事變後，國共兩黨在前一階段祕密接觸和高層對話的基礎上，雙方派出代表就合作抗日進行了六次正式談判：一次在西安、一次在杭州、兩次在廬山、兩次在南京。時間從1937年2月上旬到9月下旬，長達七個多月。談判要解決的主要是：

> 國共兩黨關係問題：
> 紅軍改編問題；
> 陝甘寧邊區改制問題。

　　總括起來，就是國民黨承認中共領導的陝甘寧邊區，承認各黨派的合法地位及組織各抗日黨派的聯盟——抗日民族統一戰線。

　　在談判中，國民黨在「編共而不容共」方針指導下，企圖通過談判，把共產黨置於它的控制之下，變成國民黨一個附庸；又企圖收編紅軍和取消陝甘寧邊區。中共則向國民黨提出「五項要求」和「四項保

證」。

經過曲折而又複雜的談判，雙方終於達成協議。

國民黨承認：

中國共產黨和各抗日黨派的合法地位；

陝甘寧邊區；

將北方紅軍主力改編為八路軍，將南方紅軍游擊隊改編為新四軍，開赴前線抗日。

共產黨承認：

國民黨在全國領導地位；

停止推翻國民政府之武裝暴動方針；

蘇維埃區改為中華民國特區。

至此，國共兩黨正式談判的成功，實現了所謂國共第二次合作，開啟了全民族抗戰的新局面。

——原載《僑協雜誌》，第93期

# 「相逢一笑泯恩仇」
## ──國共會談回顧之二

## 一、重慶談判的背景

日本政府宣佈無條件投降後，國內外形勢發生急遽變化。全國人民熱烈歡慶抗戰勝利，用各種方式表達他們對於和平建國的強烈願望。同時，隨著中華民國政府與蘇聯政府簽訂《中蘇友好同盟條約》，美、蘇間在中國問題上達成某種妥協，它們希望國共兩黨舉行和平談判、停止內爭的態度日益明朗。

就在這種新形勢下，促成了國共兩黨在重慶的談判。首先，美國駐華大使赫爾利（Patrick J. Hurley）建議蔣介石邀請毛澤東到重慶談判。在國民黨內，政學系領袖吳鼎昌（達詮，1896-1949）也提出了同樣的建議。在這種情況下，蔣介石於1945年8月14日、20日、23日接連發出三封電報，邀請毛澤東到重慶進行和平談判，共同商討「國際、國內各種重要問題」。23日、25日，中國戰區盟軍參謀長魏德邁將軍（Gen Albert C. Wedemeyer）也兩次致電毛澤東，邀請他到重慶。

國共雙方，對會談的前途並非沒有疑慮。在國民黨內部，《中央日報》總編輯陳訓念說：「雙方距離這麼遠，共產黨的態度這堅決，怎麼會來談判嘛！」社長胡健中說：「陳立夫不贊成這種搞法，他認為與共產黨談判只會助長共產黨的聲勢，他說對共產黨的問題只有動大手術才行。」總主筆陶希聖說：「現在動大手術也不是時候，國內有厭戰情緒，國際形勢也不允許中國打內戰，一打起來我們更被動，利用談判拖一拖也好。共產黨拒絕談判，我們更有文章好做。」

中共內部最初也不是沒有疑慮。先是決定讓周恩來出去談，先作一番偵察，看看蔣介石開的是什麼盤子。延安中共政治局成員幾乎全部反對毛澤東去重慶，因為「宴無好宴，會無好會，蔣介石手黑得很，說什麼也不能去。」當年李濟琛、胡漢民、張學良的例子就是一面鏡子。8月23日、25日、26日中共一連串舉行多次的政治局會議，討論毛澤東去

重慶的問題。正當此時，史達林的第二封電報發到延安，建議毛澤東到重慶去參加會談，他的安全由蘇、美兩國負責。經過反覆權衡利弊，為了爭取全部主動權，為了解決一些問題，面對蔣介石扔來的帶刺橄欖枝，毛澤東終於決定接過它。

## 二、馬拉松式的談判

毛澤東決定赴重慶談判，大大出乎蔣介石的預料。8月27日，蔣介石派軍事委員會政治部長張治中，偕同美國駐華大使赫爾利，乘專機到延安迎接毛澤東。8月28日上午11時許，毛澤東、周恩來、王若飛飛重慶，下午3時許到達。當晚八時，蔣介石在林園官邸設宴為毛澤東、周恩來、王若飛洗塵，並邀請美國大使赫爾利、美國中國戰區最高指揮官魏德邁。國民黨軍政要員張群、王世杰、邵力子、張治中、周至柔、陳誠、吳國楨、蔣經國等作陪。當毛澤東走下汽車時，蔣介石趕緊迎了上去，滿臉笑容地緊緊握住毛澤東的手。這真是令人難忘的一幕，自1924年1月國民黨一屆一中全會闊別廿年後，中國兩個最大政黨的領袖，也是兩個宿敵的再一次握手。相逢一笑，能否泯恩仇？且待以後分解。

重慶談判，雙方代表團的成員，共產黨方面是周恩來（中共中央軍委副主席）、王若飛（中共中央秘書長）；國民政府方面是張群（四川省政府主席）、王世杰（外交部長）、張治中（軍委會政治部長）、邵力子（國民參政會秘書長）。

重慶談判，從8月29日開始至10月10日最後達成協議，共歷時四十三天。大體上可分為三個階段：

一般交換意見階段——8月29日至9月3日。主要是雙方談判代表普遍交換意見，培養相互感情，圍繞中國究竟有無內戰的問題，雙方曾有爭論。

就實質問題進行商談的階段——9月4日至22日。經過最初幾天的泛談，9月3日，中共方面正式提出一份包括十一項內容的談判方案，蔣介石也親擬《對中共談判要點》以為因應。

最後達成協議階段——9月27日至10月10日。

重慶談判在兩個層次上進行：一個是雙方最高領導人蔣介石和毛澤東直接交換意見；另一個是雙方談判代表張群、王世杰、張治中、邵力子與周恩來、王若飛之間進行磋商。在渝期間，蔣介石與毛澤東共會面

十一次，大多是在公開場合，但有幾次重要談話是祕密進行的，有時甚至沒有任何其他人在場。

蔣介石原來給毛澤東安排的住處是接待美國人的招待所，但毛澤東事先對張治中聲明：「我到重慶後，國民黨的車子我不坐，國民黨的房子我不住。」於是，張治中決定讓出自己的公館——桂園，重新佈置後讓毛澤東住。

在重慶談判期間，周恩來對毛澤東的安全問題傾注了不少心血。他除了親自照料毛澤東的衣、食、住、行、安全警衛外，還在一次次的大小宴會上代表毛喝酒，以防毛被人灌醉甚至中毒。每逢毛澤東外出時，周恩來都同車陪同。有一次，毛澤東和周恩來應邀在原國民政府主席林森的公館裡住了一天。一到那裡，周恩來便囑咐警衛人員要仔細檢查，各個角落都要查到，看有沒有爆炸品和燃燒品等。警衛人員檢查後，他仍不放心，又親自檢查，床上、床下、枕頭都看過，在椅子上也先坐一坐，然後才讓毛澤東進去。毛澤東住下後，他又囑咐警衛人員保證房內不能離人，不要讓別人進來。此外，毛澤東喝的水、吃的菜，他更要先嚐一嚐，並以一雙特製的象牙筷子來測試是否有毒，照顧得無微不至。

# 三、雙十協定的簽訂

經過四十三天馬拉松式的談判，國共兩黨代表於10月10日在張治中公館——桂園簽訂了「政府與中共代表會談紀要」，即《雙十協定》。協定共十二項，茲簡介如下：

關於和平建國的基本方針：一致認為中國抗日戰爭業已勝利結束，和平建國的新階段即將開始，必須共同努力，以和平、民主、團結、統一的基礎，並在蔣主席領導之下，長期合作，堅決避免內戰，建設獨立、自由和富強的新中國，澈底實行三民主義。

關於政治民主化問題：一致認為應迅速結束訓政，實施憲政…政治協商會議即應迅速召開。

關於國民大會問題：中共方面提出重選國民大會代表等三項主張，政府方面另有意見，因此雙方未達成協議。

關於人民自由問題：一致認為政府應保證人民享受一切民主國家人民在平時應享受之身體、信仰、言論、出版、集會、結社之自由。

關於黨派合法問題。

關於特務機關問題。

關於釋放政治犯問題。

關於地方自治問題。

關於軍隊國家化問題。

關於解放區地方政府問題。

關於奸偽問題。

關於日本受降問題。

10月8日，張治中假軍委會大禮堂舉行歡宴晚會，邀請參政會和重慶各界人士五百多人參加，盛況空前。席間，毛澤東應邀講話，指出「和為貴」的重要，強調「這次的商談，不是暫時的合作，而是長期的合作，不是一時的團結，而是永久的團結」，「願在和平、團結、民主、統一的大原則下，在蔣先生的領導下」，共同一致克服困難，建設新中國。

曾參與會談的張治中，在他的《回憶錄》中對這個會談紀要，提出四點還算客觀的評價：

中共在這個會談紀要和以前多次所提的條款裡，始終表示願意接受蔣的領導，實行三民主義，這是使國民黨內大多數人認為非常滿意的。

政治協商會議終將召開，就可協商國是、討論和平建國方案。

軍隊數字始終是棘手的問題，但也有了結果了，中共願意由四十八師減到卅個師，這是很大的讓步。

解放區問題，在歷次商談中始終沒有達成協議，這次雖然沒有解決，但雙方都表示願意繼續商談的誠意。

張治中最後說：「實在說起來，凡是具有定見遠見的人，對於這個協議應該感到滿足，特別是親身參加商談的我們，真是幾經折衷，舌敝唇焦，好不容易才得到這樣的結果，自然更感到愉快。」

# 四、北平談判的背景

北平談判是繼1945年重慶談判後，國共兩黨的又一次重要會談。這次談判，因最後國民黨拒絕在協議上簽字而告破裂，此後中華人民共和國在北平成立，蔣介石所率領的國民黨軍隊退守台灣，兩岸形成逾五十多年的對峙僵局。

第二次世界大戰勝利結束後，由於美、蘇兩大國的影響，在有些國

家和地區產生了一種奇特現象，原來是一個統一的國家，戰後卻一分為二，形成社會制度不同的、分別親蘇和親美的兩個國家，韓國與德國即為明顯的例子。1949年初，在中國也形成了以長江為界、國共各佔一方的局面。在國際上，首先是美國主張國共和談，以保存國民黨對長江以南的統治局面，造成國共兩黨劃江而治；其次，蘇聯也不主張中國共產黨打過長江去。在國內，某些中間派人士也希望中共「就此止步」。而國民黨內以李宗仁、白崇禧為首的桂系要角，也積極謀策「劃江而治」的新格局。

面對國內外「劃江而治」的輿論，1948年12月30日，毛澤東發表了元旦獻辭——〈將革命進行到底〉，表明了中國共產黨將革命進行到底的堅定立場。並於翌年1月14日，宣佈八項和平條件。另一方面，蔣介石於1949年元旦發表〈新年文告〉，表示「只要共黨一有和平的誠意，……政府必開誠相見，願與商談停止戰爭，恢復和平的具體方法」。但隨著戡亂戰爭的節節失利，國民黨內以桂系為首的地方勢力要求蔣下野，以便與中共和談。同時，美國在這緊要關頭也拒絕了蔣介石的美援請求，採取了「以李代蔣」的政策，支持李宗仁上台與中共謀求和平。不久，蔣介石宣佈引退，由李宗仁代總統與中共謀求和平。

## 五、談判的進行與破裂

經過雙方專使祕密的接觸與會商，和平部署大致就緒。3月26日，中共方面指派周恩來、林伯渠、林彪、葉劍英、李維漢為和談代表（後又加入聶榮臻），以周恩來為首席代表，定於4月1日在北平與南京政府進行和談。與此同時，國民黨當局也確定了和談代表，並制定了與中共和談的腹案，代表團名單為：首席代表張治中，代表邵力子、黃紹竑、章士釗、李蒸、劉斐，秘書長為盧郁文，顧問為屈武、李俊龍、金山、劉仲華等。

4月1日，以張治中為首的南京國民政府和談代表團帶著和談腹案，飛往北平，國共兩黨談判正式開始。這次國共和談的具體進程，可分為以下兩個階段：

第一階段：自4月1日至12日，為國共雙方代表個別晤談階段。

第二階段：從4月12日至15日，為國共和談代表正式舉行會談階段。

詳細經過，限於篇幅，無法在此贅述。

　　4月15日晚，國共和談代表團舉行第二次正式會談，通過《國內和平協定》（修正案），協定共八條廿四款。翌日，黃紹竑、屈武帶著《國內和平協定》飛回南京請求政府批准。4月17日，李宗仁派張群乘飛機赴溪口，將《國內和平協定》交給蔣介石過目。蔣看了協定，認為無異是「無條件投降處分之條件」，勃然大怒，拍桌大罵：「文白（張治中字）無能，喪權辱國！」「黃紹竑、邵力子等居然接受轉達，是誠無恥之極者之所為，可痛！」蔣介石當即電示在廣州的國民黨中常會和中央政治會議，用國民黨的黨中央機構發表聲明，拒絕《國內和平協定》。李宗仁在得知蔣介石的態度後，再加上他自己本不同意《國內和平協定》，於是在4月19日電請中共延長簽字期限，並繼續就若干問題進行協商。國共兩黨的北平談判至此宣告破裂，雙方兵戎相見。談判桌上不能解決的問題，只有依靠武力做一了斷。從此軍事形勢大逆轉，人民解放軍佔領了大陸，國軍退踞台灣，以寶島做為反攻大陸的「復興基地」。

　　弔詭的是，所有南京政府派去北平的和談代表，以張治中為首，在和談破裂後，不但沒有回南京覆命，而且在周恩來等人柔情攻勢和勸說下，全體團員一致同意留在北平。24日，南京政府派專機到北平接人，不僅代表團成員無一人回來，而且由於中共上海地下黨員的巧妙安排，反而把張治中夫人等全家九人一齊送到北平。

　　歷史之荒謬，莫此為甚！

──原載《僑協雜誌》，第94期

第四輯　史憶

# 經師易得　人師難求：
## 追憶中研院近史所創所人郭廷以先生

## 一、引言

　　中央研究院近代史研究所（籌備處）創設於1955年2月，轉眼間已將屆一甲子。撫今追昔，感慨萬千，令人低迴。今天的近史所，擁有新研究大樓一棟，輔以藏書豐富的專業圖書館暨深具特色的檔案館，可謂設備齊全，研究條件海內外稱羨，其結果真是繁花似錦，碩果纍纍，前程無可限量。這一切都是歷任所長和全體同仁慘澹經營、心血努力的成果，但何嘗不也是當年郭廷以（量宇）先生創所時高瞻遠矚，實事求是，忍辱負重，辛勤開拓所奠下的基礎。

　　郭廷以先生（1904-1975），河南省舞陽縣人，東南大學（前身為南京高師，後改名中央大學）歷史系畢業，在大陸時期先後執教於清華大學、河南大學、中央政治學校、中央大學，來台後主要任教於師範大學（曾兼任文學院院長），於1955年出任中央研究院近代史研究所籌備處主任，1965年4月近史所獲准正式設所，出任首任所長，直至1970年6月辭職，前後在任約十五年。

## 二、不拘門戶，培育人才

　　創所伊始，除研究計畫之擬訂，檔案資料之徵集和編纂，口述歷史訪問之展開外，亦積極進行研究人員之羅致和訓練。

　　人才之羅致，除高階所謂「一等公」之張貴永、陶振譽、胡秋原、楊紹震四人與中階之王聿均、李毓澍、黃嘉謨所謂「二等公」，在此不論外，其羅致人才之方式大致有兩個管道：

　　一是他在台灣師大所教過的學生，主要名單如下：

　　呂實強、陸寶千、王爾敏、李國祁、鄧汝言、李作華、李恩涵、張朋園、兀冰峯、張玉法、陳三井、林明德、黃福慶、陳存恭、魏秀梅、

林泉、林忠勝等。

二是台大、政大等校畢業生，主要名單如下：

呂士朋、賀凌虛、王樹槐、王璽、李念萱、劉鳳翰、趙中孚、夏沛然、謝文孫、胡耀恆、吳章銓、魏廷朝、陶英惠、馬天綱、郭正昭、史靜波、許大川、李本唐、張俊宏、藍旭男、賈廷詩等人。

雙方旗鼓相當，無分軒輊。

郭先生用人，海納百川，最大的長處是沒有門戶之見，一視同仁。他在《日記殘稿》中自剖：「處世立身之道，決不播弄是非，更不揭人隱私，在學術上亦無門戶之見。」師大畢業生，都是他精挑細選，擇優引進來的。非師大的學生，不是學術界朋友介紹的，便是有通家之好的外省第二代，像許大川是教育廳前廳長許恪士的兒子，李本唐是警備總部前副總司令李立柏的兒子，夏沛然則是青年黨領袖夏濤聲的兒子，謝文孫為前外交部長沈昌煥的外甥。

在那個留洋學生尚未大批鮭魚返鄉的年代，史學界的人才比較缺乏，培養人才的搖籃只有台大、師大兩校。郭先生很愛才，對台大學生、碩士論文寫《唐代農民問題》的吳章銓頗為賞識，日記中說：「台大學生吳章銓有意入近史所工作，氣質頗佳，確為一好學之士，允之。」

郭先生訓練人才，方法很簡單，就是先從熟識材料，整理檔案著手，這是史學入門的基本功夫。參加口述訪問工作也是一種歷練。最枯燥無趣的大概就是在剪報室擔任剪報工作。

等到能做專題研究，寫專刊，又是另一種境界。郭先生對專刊水準的要求極為嚴格，批閱十分認真仔細，管控品質把關的工作絕不馬虎。可以說，近史所前三十序號的專刊，大概都經過他的一改再改，千錘百鍊。幾本蜚聲中外，備受同行稱道的專刊，更不能抹煞郭先生嘔心瀝心的辛勞。在《日記殘稿》中透露對李毓澍的《外蒙古撤治問題》，大改其稿，他在前後近一個月中，有十一次提到為李毓澍君改稿，且不無感慨的一再表示，該稿「材資取捨，及文字本身，均有問題」，「導言之部欠妥，文字亦不甚乾淨」，又說：「甚感吃力，文字表達技術實太差」，最後才如釋重負的說：「改稿完畢，仍不能令人滿意」。據郭師母私下回憶，郭先生深夜看稿，看到一肚子氣時，常常把書稿往地板上一摔，待翌晨醒來再揀起，某些專刊便是在摔摔復揀揀中磨練出來的。

某位自我感覺良好，自恃文筆不差的研究人員，為了規避郭先生

審稿，曾趁其出國期間先斬後奏，私將自己書稿付梓，且頗以此為得計。然審視其專刊，在論述中外關係時，滿紙陳腔套語，充斥「處心積慮」、「惡毒策略」、「詭計狡謀」、「翻雲覆雨」等不合史學規範的情緒性字眼，徒自減損其學術價值。

## 三、慈父、益友、人師的形塑

對郭先生一生志業的認識，透過已出版的《郭廷以先生訪問紀錄》、《郭廷以先生書信選》、《走過憂患的歲月──近史所的故事》、《郭廷以先生門生故舊憶往錄》等書，仍覺意猶未盡，直到《郭量宇先生日記殘稿》的問世，才多少彌補了一些缺憾。

透過《日記殘稿》，我們發現郭先生除教書、開會、吃飯應酬並偶爾打個家庭式消遣性的橋牌之外，每天或經常必做的三件事是：

（一）寫信：與前輩學者一樣，他勤於寫信。在台北時，給在美留學的兒子寫信；出國在外則給太太寫信，給留在大陸任教北京師大的長女郭蒨蒨去信，詢問近況，家書不輟。在外旅遊，接得家書，極為慰愉。家書之外，也給朋友、同僚、學生寫信，很多同仁都收到過他用郵簡寫的親筆信。張朋園學長收穫最大，達五十封之多。從這個角度看，朋園兄推崇他是個好丈夫、好父親、好老師，的確當之無愧！個人以為，郭先生也是一位能處處為人設想的好長官，我在另一篇文章中曾感觸良深的說：「當你在異鄉孤軍奮鬥，精神極端苦悶，經濟也不是完全沒有壓力，正在徬徨無助的時候，有一個人適時地（來信）做出了承諾和保證，伸出了有力的援手，那種振奮和感激是筆墨難以形容的。」

（二）看書：無論在家或於旅遊，郭先生都經常看書，有手不釋卷的習慣。他到美國參觀大學圖書館或拜訪友人時，都會順手借閱幾本新書或過去難得一見的著作。職是之故，他與友人談話，才會特別記下「張國燾頗能幹，惟不讀書」，「李大釗不讀書」等談話。同樣的，他也留下蔡尚思的《蔡元培之學術思想傳記》，「失之蕪雜」；《吳鐵城回憶錄》，「無何特殊資料，敘事且多錯誤」；沈雲龍的《現代政治人物述評》，「尚可讀，惟夾敘夾議，終不免有若干成見。至於取材，無甚新穎處」；重讀何應欽的《八年抗戰之經過》，「益感其取材不廣，且多舛誤之處」；吳廷燮的《合肥段公年譜初稿》，「極簡陋，取捨毫無準則」；閱《張國燾回憶錄》，「甚有趣」，「得一新認識」，

惟「第二章失之煩瑣，且多誤」；閱陶菊隱的《北洋軍閥統治時期史話》，「無何新材料」；閱唐德剛《1844-1860中美外交關係》（哥大博士論文），「常有小誤，惟其分析馬沙利、麥蓮使華一段史事，頗有所見」等簡短評語。

（三）寫日記：郭先生亦有每天寫日記的習慣，他自書言行，乃是為了備忘而非供他人閱讀。可惜日記不全，中間斷缺，而成殘稿。閱郭先生日記，仍覺稍嫌簡短，有時一日僅一行，殊不過癮，而且有時寫到精彩處，戛然而止。例如，他聽趙元任夫人談徐志摩韻事，兼及羅志希（家倫）、俞大維、傅孟真、金岳霖等留歐軼事遺聞，又如聽胡適道及陳獨秀頗好色，又說馬寅初之好色，尤過於陳等，往往無下文，大概就是秉持「不撥弄是非，不揭人隱私」的處世立身之道吧！

郭先生日記中記載得最詳細的是與蔣廷黻在紐約帝國大廈的一次談話，長篇大論有飯前十一項，飯後亦十一項的記略，十分精彩，亦涉及本所早期的發展，因篇幅所限，在此不能全引。他對蔣大使甚為推崇，說「今日談話，發現蔣先生論事著實，條目井然，不作偏激之言。」當時胡適、楊西崑亦在座，郭先生對於胡適批評「張曉峯（其昀，時任教育部長）為一神經病、瘋子，處處想以南高、東大、中大為主，打擊北大及胡適之，專與台灣大學為難，以錢思亮不肯受其支配，張故意抬高政大、交大，壓制台大。清華梅月涵（貽琦）亦飽受其欺凌」等語，認為胡先生不免有過分之處。

## 四、透視美國的近代中國史學

郭先生沒有出洋留過學，但可以閱讀英文著作，亦略識法文。但他絕不崇洋，幾次到美國參訪，與美國學者交往，不卑不亢，不失中國傳統知識分子的本色。

以他的專長和所學看美國新興起的漢學或近代中國史學研究，頗有一得之卓見，茲引數則如下：

1957.11.17

訪蕭公權先生，商談工作計畫及美人對於中國史研究之得失，始感美人喜駕立論，不肯按部就班做去。尤喜立異，而史實則並不如此。

1957.11.26

與施友忠先生閒話，論中西學人研究漢學態度，中國學人如培根所

謂螞蟻式，西方學人則近乎蜘蛛式，如均能如蜜蜂式，則善矣。西人頗能提出問題，肯思考，但結論則不無可商議。

1957.12.06

參加華盛頓大學遠東所討論會，商Wittfogel所擬秦漢史大綱，章節失之支離，標題大多欠妥。衛德明（Wilthelm）先生請余發言，不便多所批評，僅就余對秦漢史之整個看法略作表示。

1957.12.13

上午參加遠東所討論會，梅谷（Franz Michael）講中共鳴放問題，甚淺顯！

1957.12.16

與羅榮邦先生（燕大畢業，華大遠東所講師）談美國漢學界情況。據云空虛異常，大都一知半解，中國書根本不能閱讀，而於近代中國尤乏了解，即為文著書，執教大學，放言高論。

1958.01.15

出席秦漢史大綱討論會，該大綱固欠妥，而發言者又多於此一時代歷史少所了解。

1958.01.21

出席近代史討論會，討論「張謇」論文，余曾發言，有所補述，其除蕭公權先生外，其他發言多不切題。

1958.04.09

中午應黎文生（Joseph Levenson）教授宴，Levenson為費正清學生，曾授梁啟超之思想，毀譽不一，惟其人尚不失讀書人氣氛。

1958.04.11

晤李卓民先生，談加大關於近代中國史研究計畫，似頗空洞。又與Frankel談中古中國史研究計畫，規模甚小。


# 五、期待年譜早問世

郭先生個性嚴肅、內斂、木訥寡言，不是一位口若懸河、辯才無礙的名嘴型大師，他的長處在勤懇治學，他流傳下來的著作，比起若干一代史學大師，並不遜色，絕無汗顏之處。

郭先生治學範圍甚廣，除中國近代、現代史外，舉凡西洋史、中國通史、中西交通史、西域史、中國古代史、元史、明史、清史等均曾講

授，著述中亦一再觸及。畢生著述不下數百萬言，除廣為學界所參考之《太平天國史事日誌》、《近代中國史事日誌（清季）》、《中華民國史事日誌》等工具書外，主要還有以下數種：

1. 《近代中國史》（上下二冊，長沙商務印書館，1940-1941）
2. 《台灣史事概說》（台北：正中書局，1954）
3. 《俄帝侵略中國簡史》（台北：正中書局，1954）
4. 《郭嵩燾先生年譜》（台北：中央研究院近代史研究所，1970）
5. 《近代中國史綱》（香港：中文大學，1975）。另有曉園出版社 1994年版。
6. 《近代中國的變局》（台北：聯經公司，1987）

而有關紀錄郭先生生平志業的資料，除上述之口述訪問紀錄、書信選、門生故舊回憶及日記殘稿等外，值得一提的尚有：

1. 張朋園，《郭廷以、費正清、韋慕庭──台灣與美國學術交流個案初探》（中央研究院近代史研究所專刊80，1997）
2. 王爾敏，《廿世紀非主流史學與史家》（廣西師大出版社，2007）
3. 李金強，〈南港學派的創始者──郭廷以的生平志業及其弟子〉，收入李金強主編，《世變中的史學》（廣西師大出版社，2010）

因時間所限，尚不及細查，當仍有頗多可資參考之資料，恕不備舉。

走筆至此，本人想強調的是，由於《郭量宇先生日記殘稿》（中央研究院近代史研究所，2012年8月）的出版，加上前述各項資料的彙整，深信近代史研究所覓人主編一冊《郭廷以先生年譜》的時機已經成熟，藉此一方面可以紀念艱辛創所、為所奉獻達十五年之久的郭廷以先生，若三年內可以完稿付印成書，則另一方面復可慶祝近史所成立一甲子，兩美並舉，何樂而不為？

──原載《僑協雜誌》，第139期

# 永懷曾祥和老師

作者按：曾祥和教授（1920-2013），祖籍湖北，設籍河南，1920年生於北京，1943年中央大學歷史研究所碩士，1946年與沈剛伯教授締結連理。來台後，先後任教於台灣師範學院（即今台灣師範大學）、台灣大學、輔仁大學、東吳大學等校。講授西洋上古史、西洋中古史、英國史、西洋文化史、西洋通史、西洋史名著選讀、西洋民主發展史等課，作育英才無數，2013年4月24日於睡夢中仙去，其訪問紀錄不久將可付梓，供史家參考。

## 一、女人四十一枝花

民國45（1956）年，我考上師大史地系，大概是第二年，選修曾老師的「西洋史學名著選讀」課。當年史地系的老師，除了系裡助教之外，很難看到一位女老師，可以說陽盛陰衰，不像現在女老師所佔的比例那麼高。當時，曾老師年齡不到四十，正是「四十一枝花」，最嬌美的時候，無論她的美貌、風度或氣質，真是系上的一朵奇葩，令人驚艷。聽老師的講課，是一種美的享受。

講到這裡，讓我想起，我唸高中的時候來了一位年輕的女教官，她不但貌美，而且清新脫俗，絕不遜於任何有氣質的大明星，所以風靡了一群思春期的高中男生，大家都為她著迷。除了上課目不轉睛，專心聽講之外，有調皮的學生還問她：「教官，妳有沒有妹妹？有幾個妹妹？」等話。這位讓一群大男生心儀的教官是誰呢？她就是鼎鼎大名，出身女青年大隊，後來成為專欄作家，筆名叫薇薇夫人的樂茝軍女士。十幾年前，為了口述女青年大隊，我還訪問過她，現在估計該有八十歲了，不過還保養得很好，遺憾的是，我們當年並沒有人有勇氣追問：「曾老師，妳還有沒有妹妹？」

老師的課，因為要閱讀英文原著，所以選修的學生並不多，大概每年只有十幾位，因此曾老師對每一位學生的印象深，記憶也深！老師上

課認真，講話不疾不徐，有條有理，上課不用抄筆記，期中考、期末考較少考試，而以讀書報告代替。

前幾年，曾老師來南港定期接受近史所的口述訪問。有一回，她告訴我，至今還保留我的讀書報告。說來慚愧，我已經不記得當年寫什麼題目和內容了。

## 二、一生教學心得化成書

老師除上課教書之外，還有她入世的一面。

她關心台灣社會，對台灣各項選舉頗有一些特殊的看法。大概前兩年吧（2011年5月16日），她把一群在中研院近史所服務，修過她課的學生找去，其中有呂實強、陸寶千學長、張朋園先生、張玉法先生兩對賢伉儷，還有我和內人，共湊成一桌，先陪她在和平東路的「稻香村」用餐，飯後回到青田街9弄4號的宿舍，她拿出累積一生教學心得的大作原稿《西洋民主政治的治亂興衰》，要我們每人表示意見。是書共分為五個子題：1.古代雅典的民主政治；2.古代羅馬的共和政治；3.英國議會政治及政黨的興起；4.法國大革命與西洋民主政治的遠播；5.西洋民主政治目前面臨的問題。

曾老師總結西方民主政治的經驗，語重心長的指出：「民主政治雖逐漸成為人類文明的主流價值，但是近數十年來民主政治的實行，卻遭遇諸多問題。在政黨運作與普選制度下，政治領袖多為譁眾取寵之舉，鮮行高瞻遠矚之政，今日美國所面臨的困境，即為一例。蓋民主只是個原則，並無放諸四海而皆準的實施方式。吾人今日絕對不宜再蹈西方政治之覆轍，允宜省思規劃出一套適合本國國情的良好制度，這才是國家之幸，人民之福。」

當場，我們不便說什麼，於是公推張朋園學長看過全稿之後再回應。後來書由秀威公司出版，我們每人都獲贈一冊。我不知道其他人有沒有提供意見，我自己並沒有。但老師在書前一一唱名致謝，真是慚愧！她還謙虛地說，因為文稿不長，為了湊足篇幅，所以把每一頁上下天地都留得很寬。

## 三、聚會合照彌珍貴

那次聚會，內人夏玉帶了照相機前去，所以九十多歲的老師和七老八十、白髮蒼蒼的學生，留下難得聚首的一些珍貴鏡頭。事後，曾老師收到照片，顯得很開心，除來信道謝外，信中留下：「諸友合照，風雨故人，白首重聚，至慰至感！夏玉仁妹，不但內外兼顧，相夫教子卓然有成，而且涵養有素，豐姿不減，映入照中，耀然增色。」這樣動聽的好話。

## 四、九十嵩壽修善果

曾老師是一位能欣賞學生優點的好老師。

她既是好老師，無疑也是賢妻良母兼備，傳統美德兼修的新時代女性。

她更是一位福德雙修，福壽雙全，最有福氣的人。

她的一生，瀟灑自在，知足常樂，經常保有一種清淨、慈悲、善良、歡喜的心。

人過九十，能夠無病、無痛、無苦、平靜，在睡夢中祥和地仙去，這就如同佛家所說「廣植福田，累積福報」，前世或長期修來的善果。

曾老師一直存好心，說好話，好人有好報，在這裡，我要說，老師，妳好走！

曾老師，我們羨慕妳！要向妳學習！

曾老師，我們會永遠懷念妳！

──原載《僑協雜誌》，第142期

# 懷念「南港學派」傳人李國祁教授

## （一）

今年六月初，我和內人從北歐旅遊歸來，有一天到研究室打開電腦，第一個看到永迪傳給我的e-mail，才知國祁兄已經不幸仙去了，立刻致電李大嫂執明教授表達我的誠摯慰問和內心的不捨，也知道一些後續的情形，因為我並沒趕上在師大召開的治喪會。

國祁兄的逝世，不僅是他的夫人痛失一位好丈夫，他的下一代失去一位好爸爸、好爺爺，也是我們大家痛失一位好朋友、好同事、好教授，更是台灣史學界痛失一位一流的史學家。我為什麼這樣說呢？在大家的心目中，國祁兄當然是史學界一號人物，是一流的史學家；就他自己的認定和自我期許來說，他也絕對不會自居於二流史學家的地位。因為我知道，某次，香港有個私立大學，徵求他願否到該校講學一年？他若無其事的說：「在台灣我多少還是個一流的史學家，若去了該校，豈不變成三流的史學家！」說的也是。要邀請的至少也是香港大學或中文大學吧！

## （二）

剛回國時，國祁兄可真是意氣風發，像所有早期歸國的留學生一樣，國祁兄有滿腔的熱誠和遠大的抱負，他想為台灣這塊土地的學術和教育奉獻點力量。他開眼看過世界，他對曾經服務過的近史所有很高的期望，「愛之深，責之切」，大有一種「恨鐵不成鋼」的心理，至少希望看到近史所成為台灣近代史研究的一個中心、一個重鎮；他對自己出身的台師大也很關心，也有很高的期望和想法，希望師大能夠培養出眼界開闊，有大氣魄的人物，而不僅僅是中學老師而已（這話並沒有職業輕視的意思）。事實上，師大倒過來寫便是大師，希望師大能培養更多

的大師出來。

# （三）

大家承認：國祁兄才華橫溢，口才好、文筆好，是難得的人才。我們都喜歡聽他在討論會上鏗鏘有力的發言，也樂意拜讀他所寫的、深富啟發性的專書和論文。有才氣，引起別人羨慕，頂多嫉妒，對自己無傷；有才氣之人，往往自恃甚高，傲氣也跟著來，脾氣也伴隨而生。有才氣，若說沒有些許傲氣或脾氣，實在太難太難！在不知不覺中，發了脾氣之後，受之者當然不舒服，這是傷人亦自傷！國祁兄留學德國，據我觀察，他具有日耳曼人勇敢的開拓精神，亦繼承德國人實事求是的作風，在表現於外時，可能容易予人一種霸氣的流露而不自知。三公（資深研究員）在本所欺上壓下，氣焰之盛，大家敢怒不敢言。國祁兄挺身而出，他對本所三公並不假辭色，多次公然在所務會議上指責他們幾年不寫一篇文章，沒有成績，如何做同仁的表率，那種義正詞嚴、咄咄逼人的氣勢，看在三公眼裡，聽在三公耳裡，已到了咬牙切齒的地步，真是孰可忍，孰不可忍？三公之一的大師兄，曾私下向我抱怨，說國祁兄若是一條龍，也不能到處亂咬人！

# （四）

國祁兄是個具有開拓性、創新性的幹才人物，但回國之初先到近史所服務，依我看卻有擺錯位置、水土不服、龍困淺灘，不能發揮所長的問題，何以見得？

第一，那是一個所謂「威權的時代」，但那時的郭廷以老師表面上沒說，但大家都知道，要交棒給國祁兄（徒增阻力，見光必死），事實上，他的權威、光環不再，能量、工具不足，對內擺不平三公的杯葛。於是三公先是打壓國祁兄的升等，其次，抵制國祁兄借調師大，並處處予以杯葛。凡國祁兄領銜做事都受到抵制，也即團結聯合對付郭師的一切佈局。最後逼得國祁兄只得放棄南港，辭掉專任，改為兼任，轉換跑道，到師大開枝散葉，開疆闢土。

按理塞翁失馬，焉知非福。在南港是龍困淺灘，到師大應該可以龍騰四海，但師大除了有朱雲影老師（另一個伯樂）賞識他之外，也並非

一帆風順。在三公的散播造謠下，國祁兄被視為「危險人物」，仍有不少同事以異樣的眼光看待他，與他保持距離。所以，對國祁兄來說，這是一段歷經憂患滄桑，飽受委屈的歲月。

第二，郭師還有個重大而甩不掉的包袱：福特基金。

各位知道，五、六十年代，公務人員的薪水很低，大家的生活都不是很寬裕。近史所有幸而有福特基金的挹注，可以有點活水，才使得近史所走過憂患的歲月，守得雲開見月明，站穩了腳步，逐漸創出了「南港學派」的招牌。近史所成立於1955年，最初幾乎真是慘澹經營。從1962年到1971年，兩個五年計畫，共獲補助42萬1千美元，換算不過1千7百萬新台幣，其用途為：

（1）研究補助——按等級發放，比薪資還多。

（2）圖書購置。

（3）口述歷史。

（4）檔案編纂。

（5）專刊出版（60年共出版101種）。

（6）人員出國進修。

其中以1、6兩項問題最多，稍微說明如下：

機關有個小水庫，方便是方便，但像富貴人家留錢給子孫一樣，容易招禍，引起紛爭。俗話說：「財多，人孤獨。」「水能載舟，亦能覆舟」是也。

若干客卿研究員、或資深研究員、一些懶散的研究同仁，拿了研究津貼不交報告，害得郭老師無法向福特基金會交差，一催就傷感情、撕破臉，行政人員也跟著喝湯分一杯羹，大家計較不停，永遠擺不平。出國人員也爭先恐後，紛爭不斷，成為大包袱，搞得郭師焦頭爛額，長年不開心。所以郭師說：「成也福特，敗也福特」。頗有悔不當初的感慨。就像馬雲自己也說：「他一生最大的錯誤，便是創立阿里巴巴」。

第三，三公的杯葛。三公為何要杯葛國祁兄？理由很簡單：

（1）他們處在一個老一代長期霸占不放，又面臨年輕人已成長，構成威脅的「夾心餅」時代，不得不起而捍衛自己的利益；

（2）同時，他們也要為自己爭一口氣，他們不甘被羞辱；

（3）他們不在乎眼界或寬或高的問題，也不關心近史所的發展，能不能成為近代史研究中心的問題。在兩代壓縮下，在夾縫中，他們在乎自己的既得利益，只關心要反擊。他們抗擊老

一代的權威比較難，自然以為壓制年輕人比較容易，甚至由此連帶排斥擁有海外高學位的歸客；他們喜歡用低階、對他們沒有威脅的人。

第四，年輕者不成氣候。國祁兄始終扮演衝鋒陷陣，進行不公不義改革的領頭羊，扮演大將角色，包括反對三公之一接任近史所所長，有十八位同仁簽名連署，錢院長為此大傷腦筋。可惜他上面沒有奧援（院方並不鼓勵），左右也沒有聯軍，下面也只是一些尚不成氣候的年輕追隨者，所以這一連串被比喻為「紅衛兵造反事件」或「二十八星宿大鬧天庭事件」的故事，其下場可想而知，只不過國祁兄首當其衝，做了烈士，當了犧牲品。

# （五）

國祁兄對三位資深而追隨不上時代要求的研究員不假辭色，卻對年輕的學弟愛護有加。過去本所每一本專刊，幾乎都是郭老師耗時費神、一字一句、嘔心瀝血、一改再改，改出來的結果（郭老師這時已沒精力這樣做）。回國之初，國祁兄發現一位年輕學弟費力所完成的專刊，卻是結構鬆散無組織，層次不分明；他以為現在補救還來得急，否則將來如何走出「南港學派」的師門？於是他以身作則，邀了幾位文筆較好的同仁，拆開專刊，每人負責一章，進行大改造，眾力成城，此一專刊後來終於達到出版的標準。

國祁兄對我也愛護有加，我刊登在集刊上的一篇文章，〈略論馬建忠的外交思想〉，也是經過他的過目、修改、潤飾，才得以通過刊登。

國祁兄也鼓勵我到師大兼課，說最好系裡一門、研究所一門，以文化史或社會史為宜。我自知沒有這麼大的本事，所以從頭到尾只開了一門「法國史」。

國祁兄樂於助人，具有打抱不平的俠義之風。他比我先回國，在自己宿舍安頓好之後，知道我還在流浪為宿舍問題而奮鬥之際，他比別人表示得更加關心。等到我爭取到一棟宿舍卻沒有家具，而另一位台大與中研院合聘，因新婚而搬進宿舍與我做鄰居的驕客，院方卻大方的補助了一筆為數不少的家具費，國祁兄聞訊為我大抱不平，嗆聲說，如果所方不便出面，他願意發起同仁簽名抗議，為我爭取。此外，他還陪我去見總幹事（今改為祕書長），攪得滿院風雲，最後院方為了息事寧人，

答應補助部分了事，並表示補助鄰居的數額，將由住者自行吸收。國祁兄的見義勇為，為我出頭打抱不平，得罪了一票學術界主流派和當權派，對他以後參選院士是否有不利的影響，我無法確定，但是我始終為此感到內疚難安。

好，不愉快的事到此打住，最後說一點輕鬆的。

國祁兄夫婦都喜歡打橋牌，娛樂消遣一番。早期，他們住研究院路2段4弄時，我是他家常客，朋園兄家就在他家對面，四缺一時，我也常常接受徵召。近史所也成立一個橋牌隊，成員除國祁兄、朋園兄外，包括呂實強、張存武、王樹槐、李念萱等幾位大將，我是跑腿兼聯絡人。不過當時只參加本院所際比賽，或偶爾與台大、外交部等單位做友誼賽而已。

回憶起過去那一段風風雨雨的日子，我要說的是，我與國祁兄同過事，一度並肩打過仗，不管美好或不美好，相信公道自在人心，是非曲直都已放下、放開。

最後，我得說，國祁兄，我們會永遠懷念您，請您安息吧！

——原載《國史研究通訊》，第12期（2016.6）

# 白崇禧在民國史上的定位

白崇禧上將，字健生，廣西臨桂人，出身保定軍官學校第三期步科，素有「小諸葛」之美譽，與李宗仁、黃紹竑並稱「廣西三傑」，時人樂以「李、白」相稱。

就兩岸三地對歷史人物的研究而言，白崇禧將軍顯然是受到較大程度忽視、冷落的一位，甚至接近遺忘。何以故？程思遠（《白崇禧傳》作者）意在言外的說，他是兩岸引起爭論的人物。這應該不是主要的理由。因為，引起爭議的歷史人物何其多！

個人比較認同北京大學歐陽哲生教授研究胡適後所提出的看法。他認為對一個歷史人物的研究，要能臻於成熟，必備三個條件：

一是有一套全集；

二是有一部資料詳瞻的年譜；

三是有數部公認具權威性的傳記。

就資料方面的準備來說，全集與年譜二者是不可或缺的，有關白將軍的研究之所以不多、不盛，實與資料條件不足有密切關係。

白先勇先生新著《父親與民國》的適時推出，不僅在於後人可為先人辯冤去誣，更重要的是提供更直接的資料和圖片，雖一時不能完全取代全集或年譜，但對於今後白崇禧研究的開展，無疑是一大利多。近日，很高興聽到先勇兄下一步工作，就是要完成一部《白崇禧傳》。

談白崇禧在民國史上的地位，有時很難與李宗仁完全切割，兩人大致是一種「焦不離孟，孟不離焦」，或秤砣相連的密切關係。先說目前有關白崇禧的研究，實遠不如李宗仁研究風光，因為《李宗仁回憶錄》有一個史學大家唐德剛教授打前鋒，奠下紮實的基礎；而《白崇禧先生訪問紀錄》，前後雖有四人輪番上陣，但論其內容，在程思遠看來，並非實事求是之作，闕漏甚多。

就「桂系」兩大主角而言，論其將才，唐德剛透過近身觀察以及愛屋及烏的立場，顯然是揚李抑白的。他論斷李宗仁有「將兵之才」，白崇禧不過是羽扇綸巾的「戎幕之才」。唐德剛的意見是這樣的：

國民黨政權中數十員翎頂輝煌的「上將」，以傳統所謂的「將才」標準來排排隊，則桂系的兩位首領，實應分居第一、二位。李宗仁將兵之才，自應超過他搞行政的本領。他更是一位運籌帷幄、指揮若定的主帥。論謀略，論險詐——走偏鋒，則李不如白，然御百萬之眾，進退有度，師克在和，將士歸心，則白不如李。「小諸葛」在海內外享有盛名已數十年，不過縱是真諸葛當年亦不過是羽扇綸巾的戎幕之才，若論威鎮三軍之「主帥」的風範，而李宗仁還應居首位，非白參謀長所能企望也。

唐德剛甚至認為，論將兵、將將之才，李氏的本領還遠遠超過蔣中正。唐德剛說：

蔣公熟讀《孫子》，細玩《國策》，馭人每重權謀，將兵時輕喜怒。在疆場之上率數萬之眾，親冒矢石，衝鋒陷陣，於攻惠州、打棉湖等小戰役中，亦不失為一員猛將，然統大軍百十萬，轉戰千里，進攻退守，如在棋局之上，則蔣氏便不逮李、白遠矣！

論白崇禧一生，在民國史上應有一定的地位，可分事功和立言兩部分稍作簡略說明。事功方面，論者已多，大致看法一致，屬於對黨、對廣西、對國家的正面貢獻。茲略舉如下：

一、北伐軍興，參加國民革命軍行列，幾乎無役不與，立下赫赫戰功，尤其龍潭之役，攸關北伐成敗。

二、北伐期間，兼任淞滬衛戍司令，民國十六年四月十二日奉命執行清黨，將中共在滬之總機關及十數萬被脅迫之工人組織，全部摧毀，逮捕中共首要分子汪壽華等三百餘人，淞滬一夕而定，各省相繼響應，是役為中國國民黨成敗所繫。

三、抗戰一起，共赴國難，指揮「台兒莊大戰」、「武漢保衛戰」、「長沙三次會戰」等戰役，屢建奇功，日本人譽為「戰神」。

四、參與統一廣西、建設廣西工作，實施「三自」（自衛、自治、自給）、「三寓」（寓兵於團、寓將於學、寓徵於募）政策，

將廣西從一個邊陲落後地區建設成為全國的「三民主義模範省」，備受胡適讚美。

五、二二八事件期間，奉蔣之命來台宣慰，處理善後，凡事皆持之以寬，眾志乃定，不匝月而變亂平，在精神上發揮安撫人心，穩定民情，止痛療傷的作用；在善後措施方面，對在台軍警單位產生制衡作用；在台政的長治久安方面，如建議台灣行政長官公署之改組為台灣省政府，台灣軍民分治，專賣局撤銷，另設菸酒公賣局，優先選用省籍賢能等，均發揮了一言九鼎的功效。

白崇禧身為職業軍人，但絕不是老粗一個，與蔣一樣，除運籌帷幄，指揮作戰外，常讀兵法之書，亦精嫻韜略，主持軍訓部八年，曾編著《教育綱要》、《游擊戰綱要》等書，於軍事立言方面頗有建樹。

例如，國軍在抗戰八年的漫長歲月中，因裝備較敵為差，且制空權操於敵手，故敗多勝少。民國二十七年武漢軍事會議上，白將軍曾建議採游擊戰配合正規戰，「積小勝為大勝」、「以空間換時間」，不重一城一鎮之得失，而求長期抗戰之勝利。幸蒙最高統帥採納，通令各戰區以三分之一兵力用於加強敵後游擊，變敵後方為前方。

惟白崇禧作為最高軍事幕僚長，在攸關大局勝負的幾個戰役中，如抗戰期間的淞滬戰役，及之後的「第一次四平街大戰」、「徐蚌會戰」等以及「守江必先守淮」的戰略部署，並不為蔣中正所採納。他所提出的「先剿匪而後整軍」、「先剿匪後行憲」的建議，亦因派系鬥爭，挫敗收場，無不引為畢生最大憾事！陳孝威推崇白氏為具有戰國時代廉頗、王翦、白起、李牧四名將綜合體之典型人物，其輓聯有云：

曾學萬人敵，敢為天下先，有勇知方，一代奇才步諸葛；
同作千秋想，恥從降將遊，收京未見，九原怒浪撼神州。

所憾者，蔣李不和，蔣與桂系不能真誠合作，蔣白關係從北伐、抗戰、戡亂到來台，歷經「貌合神合」、「貌合神離」、「貌離神離」三種戲劇性變化。

偶翻《事略稿本》，頗見兩人在戰略方面之過招頻頻，茲錄兩則如下：

民國三十三年九月十一日：「禮成後（紀念週）會客，白崇禧來談

保衛桂林計劃，公（蔣）謂彼意將川黔中央軍悉數空運桂林參加保衛戰，而置四川根據地於不顧，此烏乎可？」

民國三十三年十一月一日：「正午與白崇禧談話，白氏對桂柳戰局，請求增加兵力，公（蔣）告以應先就本戰區調整部署，加強防柳兵力，如在後方增援，恐緩不濟急，而且與原定戰略本旨相違也。」

蔣對白並不能推心置腹，曾批評「健生（白崇禧）量淺心狹，何能擔當大事，思之悶悶。」（三十四年五月一日）

蔣具權威性人格，用人較偏重黃埔出身的「天子門生」，喜歡忠心而又聽話的部下，偏偏白將軍個性耿直，常會犯顏直諫，而不是唯唯諾諾之士，這也是有能力有本事者的通病。再說，白的忠心，是忠於大我，忠於大局，忠於國家，而非一人一系。

總之，蔣、白之間，「敬而不親」，兩人難以和衷共濟，是國民黨之損失，抑民國之不幸，造化弄人，值得識者擲筆三嘆！

——原載《傳記文學》，第101卷第1期

# 陳建中化敵為友的一段往事

國人講究正名，名不正則言不順，遑論其他。

2月南京的王（郁琦）張（志軍）會，雙方互稱官銜，咸認是釋出善意的一種務實作法，被視為兩岸和平發展的一大突破。不可諱言，過去兩岸對立，除了軍事對抗外，在稱呼上也互不相讓。對岸以「蔣幫」、「蔣匪」、「蔣記」等稱呼，矮化中華民國政府，至今仍不願正視中華民國存在的事實，不承認中央研究院、國立某某大學，而以括弧加在其上，這些都是名不正言不順的表現。我方則以「共匪」、「毛匪」、「匪酋」、「土匪」、「匪幫」等稱呼中共政權和領導人，日思夜夢，想「殺豬（朱）拔毛」，遇外國進口的雜誌上刊有中共領導人的照片，則蓋上「匪」戳。這也是拙劣無比的宣傳手法，俱往矣，期待兩岸不計前嫌，「相逢一笑泯恩仇」，這應是兩岸多數華人和海外數千萬僑胞共同的願望。

## 一、從《如瑜得水》一書談起

最近閱讀了方鵬程所撰《如瑜得水：影響宋楚瑜一生的人》一書，內有一段與改「共匪」稱呼有關，茲引內容如下：

> 每次經國先生會見外賓後，宋楚瑜都須將重要會議紀錄做成書面，呈給經國先生批閱。經國先生一個字一個字看得很仔細，有時連用字不妥的地方都會挑出來改正。例如，自1977年起，經國先生與美國官員重要外交談話紀錄已不再使用「匪」字，不再稱「共匪」，而改為「中共」，各種文宣、出版品，也親自交代宋楚瑜，不要使用「矮鄧」之類稱呼，逞一時口舌之快。[1]

---

[1] 方鵬程，《如瑜得水：影響宋楚瑜一生的人》（商周出版社，2013），頁385。

　　其實，這種醞釀和改變早在老總統時代便已開始，而努力促成此一改變的，應首推負責「匪情」研究的第六組主任陳建中，而素有「外交教父」之稱的沈昌煥部長則劍及履及的加以落實。

# 二、陳建中建議改「共匪」稱呼

　　筆者曾訪問過陳建中先生，為中央研究院近代史研究所留下一份口述紀錄，至今尚未公開。陳建中（1911-2008），號懷璞，陝西省富平縣人。上海大學社會系畢業，早歲即加入中國國民黨，致力革命，參加抗日。在大陸時期，負責省級黨政責任，並擔任西北文化日報社長，當選第一屆國民大會代表。來台之後，歷任中國國民黨中央第六組副主任、主任、第一組主任、中央委員、中央評議委員、國民大會主席團主席、國民大會秘書長等要職。與此同時，並任國防研究院講座、中國大陸問題研究所所長、政治大學研究所指導教授、中日關係研究會會長，創辦《日本研究》雜誌，標榜「放眼天下、認識日本」。又創辦《今日中國》雜誌，闡揚「接觸問題、尋根探源、取得共識」。[2]

　　陳氏最為人稱道的，尚有主持對中共心理作戰機構，創辦中央廣播電台，並策劃韓戰一萬四千名反共義士來台。

　　據懷璞先生回憶，第六組原本是一個政治作戰單位，內設「聯戰小組」，由唐縱主持，配合黨政軍聯合作戰，協助情報的搜集工作。

　　民國52年，在陳建中出任第六組主任前，他曾向老總統報告說：「我不能為您效勞，如果能改變第六組的工作性質，或許我可以去。」

　　蔣問他，應該如何改變？陳建中回答說：「同共產黨作戰，是場政治鬥爭，假使把他們叫作『匪軍』，他就跟你拼命作戰到底。就算共產黨想接近你，甚至想投降你，但你叫他『共匪』，那就無法把他們爭取過來囉。」

　　老總統點點頭，陳進一步說：「現在的問題是要把敵人變成朋友，至少要把次要的敵人變成朋友。過去所有的敵人，只要現在不是共產黨，都可以請他們回來。」陳建中對黨友和友黨有一套想法，因此他建議爭取桂系以及海外方興未艾的第三勢力。老總統乍聽之下，頗為遲

2　《中華民國當代名人傳》（台灣中華書局印行，1978），第1冊，頁133；王禹廷，〈春風廣被兆九如〉，收入《彩繪人生八十年──陳建中先生八秩華誕文集》（民國80年），頁70；陳建中（懷璞），《懷璞隨筆》。

疑，後來也覺得不無道理。陳建中繼續說：「除了共產黨是絕對的敵人之外，其他許多各黨派人士都可以拉攏。反共不是單靠軍隊打仗，論軍隊，我們現在的軍隊數目太少，無法和共產黨相抗。國民黨過去的腐敗失政，大陸同胞都看到了，我們要改變、進步，才能獲得老百姓擁護。您的敵人，並不一定是黨的敵人，很多人都可以請來談一談。」

陳建中在六組主任任內，常在黨的各種重要會議上做中共問題之專題報告，並編撰有《中共問題彙編》十二冊，甚獲老總統之賞識。無論書面或口頭報告，陳建中不斷建議，不要再將共產黨叫做「共匪」。他也透露在與美方合作時，對方經常表達這樣的信息，顯示美國人也有同樣的想法。某日，老總統突然透過秘書秦孝儀把陳建中找去，當面告知，以後凡是總統發出去的文告或公文，一定要先送六組過目，看看有什麼不妥的地方需要修改，同意不再稱共產黨為「共匪」。

## 三、陳建中的建議，遭誣「通匪」之嫌

陳建中對共產黨不再稱「共匪」的建議，雖獲得老總統的默許，但在黨內卻有不同的聲音，有人不滿意，開始閒言閒語。有的說，陳某人原來就是共產黨，幫共產黨做事，所以連「匪」都不叫了。有的認為，「匪」都成了親人，難道還要稱他們為「親愛的中共兄弟們」嗎？出身情治系統的谷正文，甚至公開撰文著書，直稱：陳建中曾是共產黨陝西黨部委員，被捕之後辦理自新，始加入當時的中央統計局幹特務。[3]

大陸問題專家陳森文的回憶，可以和上文相互佐證。民國56年，國際關係研究所編印《中共人名錄》一厚冊，公開發行，供國內外學術機構研究參考。為求研究客觀，陳建中曾建議改變一般關於中共為「匪」的稱謂，將「共匪」、「匪軍」、「匪黨」、「匪幹」一律直稱為「中共」、「共軍」等。有心人曾為此向蔣公控告陳某人「通匪」，蔣公詢問真相，陳先生詳陳內容，蔣公不但接受，而且答應首先由他自己的文告開始。[4]

兩岸開放探親後，民國79年秋，陳建中獲得李登輝總統的默許，到大陸探親，在北京見到了一位同鄉、同年、同庚、而且少時一起長大的

---

[3] 谷正文口述，許俊榮等整理，《白色恐怖祕密檔案》（獨家出版社，1995），頁262。

[4] 陳森文，〈大陸研究工作的開創〉，參見《彩繪人生八十年》，頁112。

老友習仲勛（習近平父親），兩人已有半世紀未曾見面，並且一直政治立場不同。陳也見到了中共國家主席楊尚昆，楊在寒暄過後，曾問說：「聽說是您老兄給蔣老總統提出來把這個『匪』字給改了！」可見對岸情報之靈通。陳建中當場不好否認，也不便承認，只輕描淡寫的回答說：「這是老總統個人的決定。」陳建中認為，老總統雖然年紀大了些，但深諳化敵為友的道理，接受別人意見的能力還是有的。

## 四、沈昌煥、吉田茂會談紀錄避用「共匪」稱呼

此時中（華民國）日關係，自池田內閣上台後，因標榜「政經分離」政策，發生出售維尼龍工廠予中共以及周鴻慶事件等一連串問題而日趨惡化，乃有陳建中赴日、張厲生奉召返台、吉田茂訪台等一系列的外交修補活動。這一段歷史可以寫一部大書，張群的《我與日本七十年》[5]已有論及，請讀者參閱。筆者小文，不擬贅述。

民國54年8月16日，沈昌煥部長暨夫人偕隨員四人，到日本大磯訪問前首相吉田茂。會談時，在座的有魏道明大使、日本前國會議員北澤直吉、日本駐華公使中田豐千代。

外交部存有一份《沈部長訪日接見各界談話紀錄》，內包含〈沈部長昌煥與吉田茂先生會談紀錄〉。這份紀錄由專員周隆岐負責，用十行紙以鋼筆直寫，共八頁。原稿書寫「共匪」之處達十六處之多。沈部長閱之再三，看得十分仔細，一一提筆改為「中共」，而觸及「日匪貿易」則改為「中共與日本貿易」。[6]

沈昌煥與陳建中同庚，皆為民國2年生。兩人相知相惜半世紀，親若手足，尤以民國52年周鴻慶事件後，建中先生出任第六組主任，承老總統之命親赴日本，策進對日本自民黨政要之互動關係，外交部內外同仁在沈部長領導下全力支持配合。[7]私交兼公誼，自不在話下。沈部長對於陳主任改「共匪」稱呼的倡議，必早有耳聞，而且可能大有「深獲我心」之戚戚感，故在民國54年的這一項中日會談紀錄上，能劍及履及的落實了陳建中的想法，將「共匪」改稱「中共」。化敵為友，先從正

---

5　張群，《我與日本七十年》（中日關係研究會，民國70年五版）。

6　外交部檔案，檔號012.21。

7　陳建中，〈敬悼外交元勳沈資政昌煥先生〉，《日本研究》，403期（1998年7月），頁7-8。

名開始。

五十年前，無論建中先生的識見或昌煥先生的作法，都走在時代的前端，值得在國共關係史上留下紀錄，為歷史做一補白。

──原載《傳記文學》，第103卷第4期

# 論秦孝儀先生對近代史學界的貢獻

在學術研究生涯中，能夠遇到一位具大識見、大魄力，而又行事穩健周圓，待人溫文有禮的領導長者，應是畢生最令人難忘的幸事！秦孝儀（字心波，大家慣稱他孝公）先生便是這樣一位讓人永遠懷念的人物。

我認識孝公，至少也有二、三十年的歷史了，但我們之間談不上私交，來往過從也不算密切，主要是公務與工作上的聯繫和互動。他歷任中國國民黨副秘書長、黨史委員會主任委員、故宮博物院院長、中國歷史學會副理事長、理事長、中正文教基金會董事長等重要職務長達三、四十年之久，在他為近代史學界所做的一些可以　之久遠的事情中，有的是個人有幸參與的，有的則是親眼目睹可以見證的，林林總總，一步一腳印，實在難以盡情縷述，茲擇其犖犖大端者，約略做個回顧。

## 一、從圈外到圈內，功在近代史學

心波先生雖出身侍從室，然自幼潛心文史，造詣良深。雖非史學圈內人，但由於他的工作與史學研究密不可分，故與史學界逐漸結緣，由淺而深，不全是偶然。同時，他又是一個想做事、肯做事、能做事的人，他在幾個不同崗位上，把他的理念和潛能做了最大的發揮，功在史學，比圈內人對推動史學研究的貢獻還要大。茲擇要分述如下。

## 二、創辦史學刊物

### （一）《近代中國》季刊

近代中國是一個變動最劇烈的時代；一部近代中國史對中國人來說，它是一部用血與淚交織而寫下來的奮鬥紀錄，每一篇章都記載著志士仁人和廣大愛國軍民為民族求生存，為國家爭自由的可歌可泣事蹟。

基於此一認識，秦孝儀先生於民國69年3月29日創刊了《近代中國》季刊，為海內外中國近代史學者開闢了一塊新的園地。筆者有幸，追隨這個刊物由成長到茁壯，也目睹了它的萎縮和衰落。猶憶民國83年4月18日在該刊發行百期慶祝酒會上，筆者有幸應邀代表來賓第一位上台致詞，除強調「百」字的特殊意義外，並勖勉說：「只要『百年老店』依然開張，該刊必可繼續發行。」不料，曾幾何時，《近代中國》卻隨著中國國民黨中央委員會的精簡和黨史館的裁併，在人手不足、資源欲振乏力下，而於民國94年12月31日出版第一六三期後形同停刊，令海內外同道同行，同聲嘆息！何時能再展雄風，大概只有期盼藍天再現了。

### （二）《歷史教學》雙月刊

在秦孝儀理事長大力支持下，中國歷史學會於民國77年7月創辦《歷史教學》雙月刊，其目的有二：（1）有助於各級學校的歷史教學；（2）希望建立國人正確的歷史觀念。該刊由學會總幹事王壽南教授擔任發行人，李國祁教授出任社務委員會召集人，並敦聘王仲孚、王曾才、李雲漢、張玉法、張元、黃秀政、何耀彰、陳炯彰、單兆榮等多位大學教授暨中學老師為編輯委員。遺憾的是，該刊因財力難以為繼，在出版七期之後便宣告停刊。

# 三、出版工具書、叢書

### （一）增訂《國父年譜》

《國父年譜初稿》肪於民國47年，由黨史史料編纂委員會主任委員羅家倫董其成，民國54年國父百年誕辰時，第一次增訂；嗣黃季陸繼掌黨史會，以史料不斷發現，年譜資以補充，遂於民國58年作第二次增訂。時隔十六年後，秦孝儀爰於民國74年作第三次增訂，分上下二冊，都一千三百餘頁。

### （二）《國父全集》的增訂

中央黨史委員會於民國39年至41年之間，陸續出版《總理全書》十二冊，是為在台最早編印之遺教；46年5月，復就前書改版，正名為《國父全集》，包羅較為詳細，其後一再增補改編，成十六開本，由三

冊、六冊到八冊。至秦孝儀出任主任委員，於民國78年11月中國國民黨建黨九十五週年時，增訂分裝為十二冊，全書逾八百餘萬言，由近代中國出版社出版，允為目前最稱完備之版本，可與大陸出版之《孫中山全集》相互參閱。

## （三）《中華民國史畫》

近代中國出版社為了能生動而詳實地表達出近代中國由老弱、腐敗、顢頇、頹廢轉變到健壯、奮發、建設、進取的歷程，特以圖文互證的方式，邀請專家學者負責史實的撰述，配以圖片和文獻，於民國67年2月出版一套三巨冊的《中華民國史畫》。筆者原負責撰述第十一章國民革命與臺灣，後又奉孝公之囑，在呂芳上、卓遵宏二位先生協助下，增加「復興基地之建設」的資料，而於民國69年10月另刊印單行本，全書達二五三頁。

## （四）中華民國四大發展史

為慶祝中華民國建國七十年，在秦孝儀先生主編下，特邀學者專家和名流碩彥，合撰《中華民國政治發展史》、《中華民國經濟發展史》、《中華民國社會發展史》、《中華民國文化發展史》，合稱四大發展史，每一項各四冊，均由近代中國出版社依完稿先後陸續出版。

## （五）《中華民國名人傳》

黨史會在秦孝儀先生主持下，除出版過《中國現代史辭典》（人物部分）、《中國現代史辭典》（史事部分）外，並規劃出版一系列的《中華民國名人傳》，慎選傳主，慎訂體例，邀請文史學者分別撰寫，迄今已出版二、三十冊。

## （六）《中華民國重要史料初編——對日抗戰時期》

此一重要史料之籌編，以「求精不求全」為原則，所收史料，絕大多數為未經發表之檔案，共分七編，第一編緒論，全三冊；第二編作戰經過，全四冊；第三編戰時外交，全三冊；第四編戰時建設，全四冊；第五編中共活動真相，全四冊；第六編傀儡組織，全四冊；第七編戰後中國，全四冊。據筆者所知，其中第三編戰時外交的資料，都錄自總統府機要檔案（即大溪檔案），極為珍貴，甚受海內外學者之重視。

以上所舉並不齊全，掛一漏萬之處仍不在少。

# 四、召開大型學術討論會

除出版史料、工具書和叢書之外，秦孝儀先生展現大魄力的還有大型國際學術討論會的召開。

在秦孝儀先生登高一呼大力倡導下，並得到中央研究院近代史研究所、國史館、政治大學國際關係研究中心、中國歷史學會等單位的支持，從民國70年至83年之間，台灣學術界至少召開了八次相當具規模、質量均臻一流的國際學術討論會。茲依時間先後，稍作說明如下：

## （一）中華民國建國史討論會

民國70年8月24日至27日假台北市圓山大飯店隆重舉行，共邀中外學術界人士二百二十四位參加，提出七十三篇論文，會後出版討論集六冊。

## （二）中華民國歷史與文化學術討論會

民國73年5月25日至27日假陽明山中山樓舉行，區分國民革命史組、政治外交史組、文化思想史組、社會經濟史組四組討論，會後出版討論集四冊。

## （三）孫中山先生與近代中國學術討論會

民國74年11月2日至5日假高雄中山大學舉行，邀請中外學者、研究生近二百人參加，宣讀論文五十九篇，會後出版討論集四冊。

## （四）辛亥革命與南洋華人研討會

民國75年2月17日至19日假台北市圓山大飯店舉行，有十八篇論文，分就辛亥革命與海外華人、海外民族主義之發展、國民黨在南洋的活動、南洋對辛亥革命之反應、南洋華人對辛亥革命之聲援、南洋華人之法律地位問題、辛亥革命與南洋華人等主題，分次進行討論。會後出版論文集一冊。

## （五）蔣中正先生與現代中國學術討論會

為慶祝蔣中正先生百年誕辰，民國75年10月26日至30日假國立中央圖書館舉行，共提出論文一百篇，分就蔣中正之思想學說與行誼、蔣中正與國民革命、蔣中正與中國現代化、蔣中正與世界、蔣中正與復興基地建設等主題進行討論，會後出版論文集五冊。

## （六）北伐統一六十周年學術研討會

為紀念北伐統一六十周年，民國77年8月13日至14日假台北市國立中央圖書館舉行，共提論文十六篇，會後出版論文集一冊。

## （七）中華民國建國八十年學術討論會

為慶祝中華民國建國八十年，於民國80年8月12日至15日假圓山大飯店舉行，參加之中外學者專家凡二百有三十人，共宣讀論文八十篇，蔚為台灣學術界一大盛事。會後出版論文集四冊。

## （八）國父建黨革命一百周年學術討論會

民國83年11月19日至23日假國立中央圖書館舉行，提出論文九十九篇，分革命開國史，北伐統一史，抗戰建國史，台灣光復與建設四組進行討論，會後出版論文集四冊。

總結上述可知，這一段時間可以說是中華民國近代史學界最為活躍的黃金時代，孝公的大力倡導推動，功不可沒。在這八次國際或國內大型研討會中，筆者或提論文，或擔任評論，或在綜合座談中任分組報告人，或參與會議的籌備工作，均與孝公時有接觸，互動良好。

# 五、忠貞貫日月，史觀躍千秋

在尚未解嚴的時代，在兩岸仍然對峙互不來往的時期，歷史研究少不了一些禁忌，需要保護。孝公由於出身的關係，忠黨愛國，史觀明確，這是無庸置疑的。他所愛的是孫中山先生經過十次革命建立的中華民國，他所忠的是締造中華民國的中國國民黨，他所要捍衛的是中華民國的正統，他念茲在茲的是過去這一段輝煌歷史的發言權和詮釋權。民國78年他在建黨九十週年的學術討論會上曾明白指出：

　　中國國民黨在近代中國政黨中，歷史最久，組織最大，影響力最廣，對國家民族的生存與發展貢獻也最多。更明確的說，中國國民黨是個開國的黨，也是個建國的黨；是志士仁人的黨，也是全體國民的黨。[1]

　　針對當時台灣選舉秩序的混亂，他在接受記者訪問時痛心的表示：「沒有秩序的選舉就不能叫選舉」，同時他還強調：「基於大中華民族的立場，絕對反對台灣獨立的主張。」[2]

　　在兩岸尚未開放正式接觸的年代，史學也是另類的戰場。既然免不了早晚必須面對面接觸的大趨勢，正所謂「度盡劫波兄弟在，相逢一笑泯恩仇」，孝公也作了一些因應和準備。他像一部發動機，除了策劃橫濱「三民主義與中國──辛亥革命七十週年研討會」和奧克拉哈馬的一次研討會（後未舉行）外，最轟動學術界的一次盛會是，他在民國78年4月親自出馬，率同張玉法、李雲漢、林明德、張忠棟等四位教授，出席在芝加哥舉行的美國亞洲研究學會第三十四屆年會，與大陸的胡繩、李澤厚、李宗一、章開沅等學者面對面討論「辛亥革命與中華民國的建立」。在總結時，秦孝儀先生指出三點：

　　（1）辛亥革命是孫中山先生所領導，只有從其思想與行動的研究著手，才能看出辛亥革命的真象。

　　（2）歷史研究須力求客觀，根據材料做分析，不能先做好「結論」，再找符合此「結論」的材料套上去。

　　（3）中國國民黨黨史會將有系統地開放史料，準備與國外學者合作研究。[3]

　　一般人可能以為，以孝公的身分和地位，心態必定保守，行事會較專斷。事實並不盡然，茲舉兩例作一說明：

　　例一：在民國74年11月舉辦「孫中山先生與近代中國研討會」時，曾有學者提出是否應界定「座標」，做為大家遵守的一個共同準則。

　　　　孝公當場說：「言論座標不應該由『界定』而來，言論座標是建立在個人的『學術良知』上。開會不在灌輸某種思想，過程必須完全公開，讓大家自由發揮，暢所欲言」。

[1] 參閱《中國現代史專題研究報告》（14輯），中華民國史料研究中心編印，頁3。
[2] 《中時晚報》，民國78年11月23日。
[3] 《民生報》，民國78年4月4日。

　　例二：秦先生也是台灣史蹟中心的指導委員，在某次由台北市長許
　　　　　水德主持的指導委員會議中，孝公提議把史蹟中心的刊物
　　　　　——《史聯雜誌》，改名為《史蹟研究》，他一看與會的學
　　　　　者和代表，無人附和，就不再堅持。

　　深受中國傳統文化薰陶和影響的秦孝儀先生，有為有守，有禮有
節，以「文膽」秘書為起點，其出仕服官歷經兩蔣和李登輝時代而屹立
不搖，自有成功過人之處。

　　在威權統治時期，有人批評他的行事作風，諸如對其「篡改歷
史」，為兩蔣行造神運動、動員國內史學界領導人到海外大登廣告駁斥
席格瑞夫的《宋氏王朝》等，深不以為然。對於批評者或誣衊者，他頂
多以「痞子」一辭輕描淡寫應之；對於政黨輪替後，台灣社會的亂象和
脫序，則常有「壞人在台上唱戲，好人在屋裡哭泣」的感嘆與無奈！從
前曾國藩有幾句嘆息時弊的話，說得非常痛切。他說：「獨舉目斯世，
求一攘利不先，赴義恐後，忠憤耿耿者，不可亟得。或僅得之，而又屈
居卑下，往往抑鬱不伸，以挫以去以死，而貪饕退縮者，果驤首而上
騰，而富貴，而名譽，而老健不死，此其可為浩嘆者也。」不免令人今
昔同感！

　　他燃燒自己，照亮別人，為中華民國近代史學界所做的一系列建
樹，庶幾近乎古人三不朽的理想。如今雖已是空谷絕響，但仍將為後繼
之有識之士所永遠追憶和懷念！

——原載《秦孝儀先生紀念文集》，2008年3月

# 追思劉紹唐、唐德剛兩位先生

　　民國89年2月10日，紹老（劉紹唐先生）為《傳記文學》而鞠躬盡瘁。當時，唐德剛先生有一幅輓聯，是：

　　　結千秋業在千禧年，
　　　寶島群英尊師傅；
　　　以一人而獨敵一國，
　　　中華青史未成灰。

　　民國98年10月26日，唐德剛先生在美國去世。今天大家一起來追思這對「最佳拍檔」暨對近代史研究有重大貢獻的重要推手，不禁令人百感交集，不勝哀傷！

　　紹老功在史學，如大家所知，他對近代中國史研究的貢獻，主要在於他獨力創刊《傳記文學》，前後經營近四十年，不僅在於他「一人敵一國」，保存當代史料，而且出版了大量的叢書、工具書和檔案，為民國史的研究創造了許多寶貴的材料。這些材料迄今為止，仍然為研究工作者所重視，並且不斷地參考引用。

　　除了這些具體的貢獻外，紹老還有一樣本事，是別人不容易做到的貢獻。大家熟知，紹老好客，交友廣闊，三教九流，無所不包。他的朋友橫跨政界、新聞界、學界、藝文界，不分老少，無論男女，都能一視同仁。他能喝善飲，喜歡講加料的笑話。他是永遠的主人，也是最好的主人。他常以永康街為管區，以同慶樓等餐廳為「御膳房」，廣邀過客與群儒，煮酒論英雄，縱談天下事，所以有人以「台北孟嘗君」視之，並將這種聚會比美王羲之的「蘭亭之會」。透過紹老這個網絡的連結、推廣，透過「劉傳記」這個「窗口」的吞吐吸納，它有時成為拉稿、邀稿的媒介和各項藝文訊息的總匯，無形中成為大家心靈交流、友情慰藉、噓寒問暖的最佳場所，為台北夜空留下一頁頁充實而興味淋漓的詩篇！

遺憾的是，紹老這種精神、體力和金錢的長期付出，並不是一般常人所能負荷的。所以，他的仙逝，有人說，這是一個傳統文人時代的結束；當然，也是台北文化學術界的最大損失。從此，永康街不再眾星閃耀、群英雲集，同慶樓難得再聞眾聲喧嘩！

至於T. K.（唐德剛先生），是位純粹的學者，個性開朗，學識淵博，學院科班（中大、哥大）出身，治史是他的終身職業，讀史是他生平最大的興趣。雖是出身學院派，他卻努力想跳脫傳統史學的束縛，不喜歡寫言必有據、句句加註、艱澀枯燥、難以卒讀的學報文章。他的專長本來在外交史，卻未以此享盛名。他最大的貢獻，反而是無心插柳的口述歷史。堂堂以哥大博士在彼邦討生活，屈居「僱傭作家」、「訪員」期間，創作出《李宗仁回憶錄》與《胡適口述自傳》兩本膾炙人口的傳世之作。後來他與《傳記文學》結緣，繼吳相湘、沈雲龍兩位先生之後，成為《傳記文學》鼎足而三的作家之一。文學是他的娛樂，他下筆萬言，幽默風趣，文體自成一格，最為讀者所喜愛，特別是他的唐氏五書，甚受讀者的歡迎。

遠流出版社為他出版的《晚清七十年》，可以說是他治史、讀史，成一家之言的總體表現。他對四千年國史的詮釋，有所謂「三大階段」、「兩次轉型」之說。「三大階段」即封建、帝制、民治。「兩次轉型」之一是指從商鞅到秦始皇、漢武帝，另一次是始於《南京條約》香港的割讓。他認為，當代中國史學有三大主流：即中國傳統史學派、馬克思史學派和現代西方中國史學派，三派各有短長。

T. K.對歷史人物的論評，尤其清新脫俗，與眾不同，例如他說：孫中山成立同盟會，「是個革命大拼盤」。孫中山「三權已足，五權不夠」。孫中山革命，「韃虜易驅，民國難建」。

自稱胡適的「小門生」的他，認為：胡適是「近代中國唯一沒有槍桿子作後盾，而思想言論能風靡一時，在意識型態上能顛倒眾生的思想家」。「胡適之先生的可愛，就是他沒有那副衛道的死樣子」。

他念茲在茲，最感遺憾的是沒有能好好完成張學良口述訪問記錄。據筆者所知，紹老曾從中牽線並透過吳大猷院長請張學良夫婦吃飯，企圖促成T. K.與近史所合作，進行張學良的口述訪問工作。可惜陰錯陽差，最後沒能成功。不管如何，T. K.對張學良有一句描述，甚為傳神，那是「集花花公子、政治家、軍事家三位一體於一身，史上少有」。

最後，我再說一句話，T. K.在彼邦討生活，屈居人下的過程中，淬

鍊成一種「超凡入聖」的精神，恬淡自適，視名利富貴如浮雲。而他在海內外文名大噪之後，並不以此自滿，仍然不驕不傲，始終保持學者本色，讓人易於親近。這與紹老的平易近人、徒弟眾多、交遊滿天下，同樣是為何獲得大家尊敬、喜愛的人格特質表現。

──原載《傳記文學》，第96卷第1期

# 梅培德與華僑協會總會

## 一、彗星般的過客

對華僑協會總會來說，「梅培德先生就像一顆彗星一般，崛起來得快，走得更令人意想不到。」這是民國94年5月他猝逝後，筆者追悼他的時候說過的一句話，至今回想起來仍覺記憶猶新，而且相當吻合他與華僑協會的一段短暫而令人難忘的關係。

比起歷任理事長，梅老生亦逢辰，卻亦不逢時，締造了幾項獨一無二的特色，值得大家共同來討論：

1. 他真正來自華僑，出身僑社，因而瞭解僑情，熟悉僑心，深切知道僑胞的需要。
2. 他在出任理事長之前，雖曾擔任過兩屆12年的僑選監委，但基本上並非一般官僚體系出身，謙沖熱誠，平易近人，較少沾染官僚機構的特殊文化。
3. 他在2000年5月接任理事長前後5年，恰好與陳水扁總統的時代相重疊，由於扁政府改弦更張僑務政策，讓他在推動會務上備受考驗，也在逆境中開創出一條康莊大道來。海外13個分會的次第成立，便是他衝決網羅極為成功的例子。
4. 相較於歷任理事長，他可以說是出任時年齡最長（76歲）而任期最短（5年）的理事長。[1]

## 二、奮鬥不懈的人生

梅培德，號宗扶，民國13年（1924）10月7日，出生於廣東省台山

---

[1] 吳鐵城，11年（1942-1953）；馬超俊，20年（1953-1973）；高信，20年（1973-1993）；張希哲，7年（1993-2000）；梅培德，5年（2000-2005）；伍世文，7年（2005-2012）。

縣瑞芬鄉。台山縣雖然僻處珠江三角洲的西陲，但所屬的上川島，因居於廣東沿海航路的要衝地位，與西洋接觸最早，兼以耕地不足供養與年俱增的人口，故邑人紛紛出洋謀生，絡繹不絕前往新大陸披荊斬棘，開天闢地。職是之故，台山遂以僑鄉聞名於世。梅父迺全公婚後不久，即隻身遠渡重洋，落腳梅氏宗親較多的芝加哥城，從事洗衣、旅館等行業，經近20年的孜孜經營，即成為擁有良田數百畝之殷實人家。

先生6歲啟蒙，11歲失怙。抗戰期間，輾轉完成中學學業後，1941年考上遷校貴州的浙江大學工學院。1944年秋，時局吃緊，國民政府主席蔣中正號召十萬知識青年從軍，先生本「國家興亡，匹夫有責」之志，毅然投筆從戎，分發41兵工廠服役。及抗戰勝利復員還鄉，先生在故鄉陪伴寡母，並調養身體。

1949年，大陸政權易手，先生為免遭受清算鬥爭，遂辭別老母，避秦海外。先至香港，再遠適古巴，在粵籍華僑所開設的洗衣店或餐館打工，另於白人管理的製糖、製煙或啤酒廠充當苦力，工餘則學習西班牙文，以應當地社會之需要。不久，結婚成家，夫妻攜手共同創立小型家庭企業，方期大展鴻圖，不料卡斯楚政府上台，古巴赤化，先生不得不攜家帶眷及全部積蓄，移居美國邁阿密地區，另謀生路。

初抵邁阿密，先是從事與食品業有關之生意，嗣開設時新公司，並成立相關企業之德記、三利等公司及西湖麵廠，供應市場食品，從春捲皮、雲吞皮、白米、油糖、海味醬菜、南北什貨，到新鮮肉類、四季蔬菜等，無所不包。

及事業有成，先生秉持急公好義性格，開始為美國僑社與全美華人服務。茲述其大要如下：

1.美國安良工商會。

該會於1893年由紐約市商界人士所創立，以「安良除暴，親愛團結」為宗旨。先生於1961年加入安良工商會，並兩度當選邁阿密支會會長，進而出任總會總理、元老及元老團主席，出錢出力，絕不後人。

2.全美華人福利總會。

福利總會是華人在美國唯一的全國性組織，成立於1957年，以爭取華裔移民的公平待遇為主要宗旨，其後由於時代和環境的演變，除了注意華人在美的一般性社會福利之外，同時注意到必須更長遠地培植優秀華裔在經濟、政治和科技等層面的能力，俾使華夏子孫在美國能發揮更厚實的力量。該會從1957年成立至1984年，分別在美國各地舉行過11

屆代表大會。先生當選為第9、10兩屆常務理事，於會務的推動貢獻良多。

1980年12月，先生因熱心服務僑界，人脈豐沛，被拔擢出任僑選監委，1986年再度蟬連。在前後兩屆12年僑選監委期間，先生參加外交、經濟、僑政三個委員會，除恪盡職守出席各項會議外，並參加調查工作，糾彈官邪，伸張綱紀，克盡柏台職責。先生最大的貢獻，在於憑藉中南美洲的廣泛人脈，協助政府從事國民外交工作，促成邁阿密市與高雄市締結姐妹市，即其一例。又促請愛德華‧甘迺迪等國會議員，通過有利於華人福利的法案，亦功不可沒。此外，先生僑居邁阿密有年，平日樂善好施，為盡其溝通政府與僑胞間的責任，凡有國內訪問團路經該市，必主動出面聯繫、安排、接待，並克盡地主之誼。

監委卸任後，先生仍一本服務華僑熱忱，熱心公益從不後人之態度，回台擔任世界廣東同鄉會理事長，對於團結及聯繫粵籍海內外鄉親感情，著有貢獻。任滿後，於2000年春，以高票當選接任華僑協會總會理事長。[2]2003年4月，先生因功在國家和華僑社會，獲頒東羅馬王國拜占庭王室爵士。

## 三、與時俱進的華僑觀

華僑出身，長期在僑居地奮鬥，與僑胞聲息相通的梅培德，對華僑的地位自有深切的瞭解，對華僑與國家的關係亦有深刻的認識。綜合而言，他的華僑觀，有縱深的歷史視野，其重要者有下列兩點：

1.就華僑對國家的貢獻而言：

梅培德認為國父是海外華僑最為敬重與最為支持的政治家和革命家，所以在國父所倡導的十次革命，其總經費前後超過約二億美元，這些錢大多係由各國華僑捐獻募籌或購買國父發行的債券得來的。熱心擁戴的華僑，除了金錢的支援外，也熱烈響應直接參與革命行動。

例如，美國的協勝公會（1855年成立於加拿大，後遷美國）、安良工商會及洪門致公堂三大僑團過去曾協助孫中山革命，建立了中華民國。八年抗戰期間，三大僑團更聯合在美愛國僑胞，出錢出力，甚至犧

---

[2] 有關梅培德先生的生平，請參閱《鑑往知來——培德先生回憶錄》及《僑協雜誌》第93期（2005年7月）「紀念專輯」，不一一引述。

牲性命，報效祖國，贏得抗日戰爭的勝利。1971年，我政府被迫退出聯合國，1979年中美斷交，給美國僑社帶來很大的衝擊，三大僑團聯絡正義人士，舉辦遊行，堅決支持中華民國，在穩定僑心、爭取美國朝野支持上，發揮了最大的功能。

2.就華僑與國家的密切關係而言：

梅培德以自己的體驗為例，相信炎黃子孫在海外奮鬥，對環境富有適應性及創造能力，華僑是務實外交的先鋒。例如，巴拿馬僑領陳奉天對尼加拉瓜總統講了幾句話，就鞏固了兩國的邦交，便是最好的證明。華僑不分黨派，只要政府不改變中華民國的國號，華僑一定支持。政府應促進新、老僑間的團結與融合，使大家對僑居地和國家都有貢獻。

梅培德當選華僑協會總會理事長後不久，適逢台灣政黨輪替，新上任的扁政府僑務委員會委員長張富美發表所謂「僑胞三等論」，歧視老僑。先生在許多場合，面對「去中國化」，企圖割斷台灣與中國大陸關係的僑務新政策，一再提出義正辭嚴的針砭，左怨「傳統僑社未受到應有的重視」，右批「抗戰公債未有交代」，並質問「中華民國政府到底還要不要海外華僑支持？」因此，為適應環境的變化，而發展出一套與時俱進的僑務觀，茲歸納如下：

1. 政府對海外僑胞，要說真心話，不要說一套做一套。政府施政，要順應僑心，如果違背僑心，將自食惡果。惟有誠意為僑胞服務，凝聚僑心，才能獲得僑民的支持。

2. 希望僑委會領導人重視美洲各地中華公所等傳統僑社，不要分裂僑社，製造僑胞間相互對立。

3. 鑒於政府忙於政治鬥爭，無暇照顧各地僑社，我海外僑胞必須及時醒悟，要自力更生，為求生存而自強奮鬥。其方式可先由一個地區的協和團結，進而推展至各地區的共同協和團結，使海外華僑的力量不致分崩離析，潰不成軍。

4. 做僑務與辦外交不一樣，希望政府不要將懂僑務的資深人員調回去，而派一些不懂僑務、不會說當地語文的生手來。孫中山革命時，國父誇讚「華僑為革命之母」；抗戰期間，蔣委員長稱道「華僑為復國之母」；政府退守台灣以後，我們應當高喊「華僑為建國之母」。

5. 從僑胞的立場，無不希望中華民族能走向和平統一、富強、安康、自由、民主。中國的和平統一是建立在中華悠久的文化上，

相互包容，各自發展，中國的和平統一，不僅有助於台灣與中國
大陸的經濟發展，對美、日兩國也是一種空前的機運，而不是威
脅，更可使世界的經濟發展起了極大的作用，成為世界經濟發展
的火車頭。

# 四、對華僑協會的貢獻

梅理事長在就職演說時，便表示將遵循本會宗旨，提出兩點工作方
向：其一，加強海外僑社之合作聯繫，增加國內外僑胞之友誼，爭取向
心力；其二，擴大吸收僑社為本會團體會員，促進各友邦民族間友誼合
作，以加速完成本會宗旨。在會務革新方面，梅理事長特別提到，要關
心秘書處工作同仁的權益，因為會員為本會最大支柱，秘書處工作同仁
為推動會務的執行者，會員及工作同仁對會務的關心及努力，攸關本會
工作的成敗，我們要在合法、合理、合情內多溝通、多協調、多鼓勵，
共同努力推動會務。內外兼修，各有所本，新職上任，頗能掌握要領。

一年之後，梅理事長回顧一年來的心路歷程，特別欣喜在會務革新
方面稍有所成。先生就任後，明顯發現，秘書處內人員編組不當，勞役
不均，而且因循散漫，人事經費之支出亦漫無標準，致工作績效不彰，
於是精簡員額，調整各工作人員之工作量，不設副祕書長，建立適才適
所之用人制度，並從整理財務，撙節各項開支入手。萬事起頭難，梅理
事長實事求是的剛毅作風，已經勇敢的踏出第一步。

梅理事長對華僑協會最大的貢獻在於全球性分會的次第成立。當內
部完成階段性的整頓後，以「協和、協調、協同、協商、協進」的方式
讓華僑「心有所歸，行有所本」的華僑協會，為了凝聚僑心，促進團
結，首先於2001年11月在美國成立四個分會，當時適逢民進黨政府即將
裁併僑委會的傳聞甚囂塵上之際，其意義尤顯重大。

第一批美國四個分會，依成立日期先後，分別是：

1.邁阿密：2001年11月9日

2.費城：2001年11月11日

3.芝加哥：2001年11月13日

4.休士頓：2001年11月15日

四個分會的成立，深獲各地僑胞的熱烈支持，譽為僑界罕有的喜事。
翌年（2002）6月27日，復在南半球，澳洲墨爾本成立澳洲分會。

同年，華僑協會總會為了延伸服務僑胞的觸角，再接再厲，復於美加成立四個分會。依成立日期先後，開列如下：

1.華盛頓分會：2002年8月26日

2.波士頓分會：2002年8月28日

3.羅省分會（洛杉磯）：2002年9月1日

4.加西分會（溫哥華）：2002年9月4日

接著，在SARS風暴肆虐全球之際，2003年5月15日在檀香山成立分會，這也是總會第一次未曾派祝賀團參加成立大會。

2003年10月25日，成立紐約分會。

以上十一個分會的成立，是梅理事長在第一任任期開天闢地的新猷。這種過人的魄力與大膽的作風，是過去歷任理事長難以望其項背的。正因為這種劃時代的創舉，不但澆息了少數的異聲與雜音，也讓他順利蟬連了第二任理事長。

2004年4月連任理事長後，先生為了擴大團結僑胞的據點，不專以美洲為限，復於歐洲最重要的兩個國家相繼成立了兩個分會，此即：

1.法國分會（巴黎）：2004年6月20日

2.英國分會（倫敦）：2005年5月29日

遺憾的是，正當梅理事長風塵僕僕，馬不停蹄為開拓本會會務而努力之際，卻因旅途過分勞累，不幸病故於倫敦，不克親自主持英國分會的成立，未能親眼目睹分會的花朵開得更加芬芳，俗云：「老牛自分黃昏短，不需揚鞭自奮蹄」，亦見證了「鞠躬盡瘁，死而後已」、「常使英雄淚滿襟」的佳話！

談完梅老任內的兩項主要貢獻後，筆者想順便一提他的領導風格。

胡適曾教導蔣中正先生如何做一個「最高領袖」。他這樣認為：「最高領袖處高位，他的任務是自居於無知，而以眾人之所知為知；自處於無能，而以眾人之所能為能；自安於無為，而以眾人之所為為為，凡察察以為明，瑣瑣以為能，都不是做最高領袖之道。」[3]

先生貴為我僑協「最高領袖」，他採取的應是美式領導風格，開明而不專制，氣度恢弘，待人謙遜有禮；講究的是分層負責，充分授權，能居於胡適所說的「無知」、貌似「無為」、看似「無能」，卻大智若愚，能從大處著眼，能以大局為重，特別努力做到以眾人之所知為知，

---

[3] 胡適，〈政制改革的大路〉，《獨立評論》，第163號（1935.08.11）。

以眾人之所能為能，以眾人之所為為為，不察察以為明，瑣瑣以為能。梅老平生服膺「不計較，不比較」的儒者信念，他勇於任事，卻自奉儉約；他善待員工，具俠義風尚，卻不以權謀私。[4]這是他的高明之處，也是讓大家長留去思的地方。

──原載《僑協雜誌》，第133期

---

[4]　徐亨，〈盡瘁僑務一勇將〉，《僑協雜誌》，第93期，頁8。

# 如果那一天終於來到
## ——追念僑史達人周南京教授

## （一）

今年是我最傷感的一年，因為前後相繼失去了兩位最為尊敬、最為投緣的好朋友。先是，大陸的僑史專家、北京大學教授周南京於5月17日因癌症與世長辭，享年83歲。緊接著第二天（5月18日），近代史專家、前中央研究院近代史研究所研究員、國立台灣師大歷史所教授、文學院長、國立中山大學教務長李國祁因病仙逝，享壽91歲。

## （二）

我與南京教授相識於1990年1月，在新加坡舉行的「邁向廿一世紀的海外華人」研討會，開啟了與大陸僑史學者交流的大門。記得當時周南京所提的論文題目是〈關於同化論的若干問題〉。1996年8月。華僑協會總會與近史所合辦「華僑與孫中山先生領導的國民革命」研討會，廣邀21位研究孫中山與海外華僑華人的大陸學者來台，當時兩岸學者初次在台北交流，南京教授身為團長，果斷地幫忙解決不少困擾問題。他還提交一篇論文，題目是〈辛亥革命與荷屬東印度華僑民族主義運動的興起〉。其後，華僑協會總會結合近史所的一批學者，於1997年8月組團訪問大陸，也曾到北京大學訪問，與周南京等幾位教授會面。

有了這些交往的基礎，當南京教授主編《華僑華人百科全書》時，即堅邀我掛名《總論卷》的副主編，並義不容辭的要我代表台灣學界撰寫〈五十年來台灣的華僑華人研究〉一文，忝附驥尾。今年4月，我卸任華僑協會總會理事長，4月28日我寄了一冊《春江水暖我先知——僑協兩岸交流實錄》會史（翻開該書第一篇便是2001年4月30日南京兄以中國華僑歷史學會副會長身分帶團到台北與華僑協會總會交流的照片），想給好友一個美好的回憶。我在書的扉頁題上幾行字，說明「這

是弟擔任僑協理事長四年畢業成績之一，圖像中有您有我，我們趁此再照歷史，鮮活記憶！祝福您活在當下，健康長壽！」不料到了6月1日，意外收到周夫人呂其穎女士一封短郵，告知：「老周已經離開我們半個月了。您主編的書我放在他的遺像前，相信他在天之靈能看到的。看到您在扉頁上給他的短信，我頓時淚如泉湧。」

遺憾的是，南京兄生前並沒有來得及看到書和我的題詞。

# （三）

賢慧的周大嫂在另一封來信中，詳細的說明了南京教授與病魔奮鬥的經過，真是造化弄人，令人心酸不已！其實，周教授是一位樂觀、勇敢、豁達的人，早在差不多兩年前便留下了類似遺囑的一首打油詩，值得相識或不相識的朋友共同咀嚼：

**如果那一天終於來到**

如果那一天終於來到
不要悲泣　更不要嚎啕
我最不喜歡的就是這一套
悄然地
任何儀式都不要
請為我在家裏播放
格桑的原曲《梭羅河》
旋律優美的《藍色的多瑙河》
還有我喜歡的《黃河謠》
最後靜靜地
請把我的骨灰撒入海裏
讓它自由自在地沉浮流漂
到那遙遠的虛無縹緲

啊　這個世界真奇妙

啊　這個人間多美好

2014年10月4日

八一老翁寫於藍旗營自樂書屋

## （四）

7月16日，周大嫂又發短信給親朋好友，告知大家：「我們全家已赴廈門，在廈門海域完成了老周的遺願，將他的骨灰撒入大海。他離開了這奇妙的世界和美好的人間，隨大海『自由自在地沉浮流漂，到那遙遠的虛無縹緲』。最後謝謝大家對老周的懷念。」

梁英明先生說得好：「南京終於實現了他的遺願，回到廣袤大海。他來自大海，他的心屬於大海，屬於全世界的。願他安息。我們會永遠懷念他。」

就是那麼地灑脫，那麼地從容！

周教授，南京兄，我們會永遠懷念您！

——原載《僑協雜誌》，第159期

# 君子之交淡如水
——我與周南京教授的學術情緣

## 一、新加坡初識

　　兩岸學者之間的交流，由於雙方軍事和政治對峙的關係，大抵先經過一段從境外遭遇再到相互登陸（島）交鋒的漫長過程，其情境的巨大變化恰如從冰凍北極到水暖春江一樣。

　　1990年11月6日至8日，新加坡南洋學會為慶祝該會成立五十周年，特舉辦「邁向廿一世紀的海外華人社會」研討會，除本地學者參加外，並邀請兩岸僑史專家出席。

　　台灣去的學者專家有六人，他們是：

1. 林碧炤：政大國關中心主任
2. 陳鴻瑜：政大國關中心研究員
3. 吳劍雄：中研院社科所研究員
4. 陳三井：中研院近史所研究員
5. 高崇雲：台師大教授
6. 陳懷東：華僑經濟年鑑主編

　　大陸學者據筆者資料有八人：

1. 周南京：北京大學教授
2. 丘立本：中國社科院世界史所
3. 溫廣益：廣州中山大學
4. 林金枝：廈門大學
5. 陳喬之：廣州暨南大學
6. 鄭民：北京
7. 巫樂華：中國僑聯華僑歷史所

　　當時對大陸學者並不熟悉，見面時除彼此寒暄互贈出版品外，並未深談；又因為分組會安排不當和報告過於冗長而影響討論，故雙方幾乎零互動。對周南京教授的第一印象是，像彌勒佛似的一臉福相，笑口常

開，熱情而平易近人。

## 二、周南京教授的台灣情緣

　　1996年8月，在筆者卸任近史所所長的前一年，中央研究院近史所與張希哲理事長所領導的華僑協會總會，共同在台北舉辦了「華僑與孫中山先生領導的國民革命」研討會，廣邀大陸21位研究孫中山與海外華僑華人歷史的學者專家來台開會。這次大陸學者陣容十分堅強，有周南京、桑兵、林家有、溫廣益、許肇琳、李玉貞、俞辛焞、楊立強、李國梁、林金枝、莊國土、黃昆章、吳智棠、韋杰廷、秦欽峙、趙和曼、蕭效欽、謝美華、馮宏光、朱惠玲、譚天星等，極一時之盛。南京教授身兼團長，這是他破冰之旅，首次來到台灣。

　　當時兩岸交流，隨時仍有一些不可預測的變數。中國海外交流協會聯絡部長馮宏光以隨團秘書長的身分，突然在開會前提出旗、歌、像問題，不贊成在會場懸掛中華民國國旗與孫中山遺像和唱中華民國國歌，為我們製造不少困擾。幸賴周南京等幾位比較開明變通的教授居間協調，從中化解，總算及時拆除了一顆未爆彈。

　　周教授除了自己提報論文外，並在最後一場「兩岸學術交流座談」上發言，針對兩岸學術交流的原則和前景，提出鏗鏘有力、令人折服的高見。請聽聽他的說法：

> 　　記得兩岸開始交流之初，在一些國際會議的場合上，台灣學者和大陸學者間的接觸較為緊張、拘謹，甚至有對立或劍拔弩張的情形產生，但是這次會議完全改觀，氣氛非常和諧，接觸方式已走向成熟。雖然兩岸的政治關係仍有困難尚未解決，但經貿往來卻日趨頻繁，希望兩岸的學術交流亦能像經貿關係一樣蓬勃發展。這不僅可能，以大陸學者和台灣學者所迫切希望的，希望兩岸有關當局能重視兩岸學者的共同要求，進一步推動學術交流活動。
>
> 　　有關兩岸學術交流的開展，個人認為應循序漸進，避開敏感問題，選擇兩岸學者都能接受的適當主題，展開研究工作。除了加強資料交流外，兩岸學者的交流互訪亦可更加頻繁。具體而言，大陸方面的中國華僑歷史學會，為全國僑聯領導的一個民間

學術機構，性質相當於台灣的華僑協會總會和海外華人研究學會，兩岸即可透過這兩個研究團體，加強有關研究的交流，以對等原則，互派學者、專家做訪問、研究。

除了研究機構的來往，兩岸大學或私人間亦可透過具體協商，訂出共同推動的研究工作。因為眾所周知的原因，選定的主題最好不要太敏感，兩岸學者都不至於發生困難，譬如資料彙編，蒐集海外華人的報刊資料加以彙整出版，或共同翻譯、出版外國學者有關華僑問題研究的著作等，可以做的事很多，有待大家集思廣益，使兩岸學術交流能進一步發展。

第二次是2011年4月30日，周南京教授以中國華僑歷史學會副會長身分，率華僑華人歷史所所長趙紅英、研究員程希、副秘書長黃曉堅暨北大教授李安山、廣州暨南大學教授黃昆章一行來台至華僑協會總會拜會。當時梅培德理事長因公出國，由筆者以常務理事兼代理事長名義，偕本會同仁張希哲、朱紹宗、酈少真、蒙天祥、張存武、朱浤源等人接待並舉行座談。

主客之間除互贈紀念品外，周教授在座談會上仍殷殷以兩岸和兩會交流為念。他致詞的幾個重點如下：

1. 感謝各位的努力使得台海兩岸僑會建立深厚關係，縱使以後換屆新的領導上來，並不會影響雙方已建立的聯繫渠道，希望以後能繼續保有現在的良好關係。
2. 最近台灣經濟情況不佳，雙方舉辦研討會的頻率可以放緩，然交流管道及聯繫萬不可中斷。
3. 上提兩會交流活動可以減緩。例如：學術研討會可兩年延為三年舉辦，希望明年中國華僑歷史學會能來台灣訪問，惟能否成行，將再徵詢我們領導的意見。

# 三、兩次大陸行的接觸

在張希哲擔任僑協理事長期間（1993-2000），他強化華人研究，並以之為平台與大陸展開學術交流。除了前述與中研院近史所合辦研討會，邀請大陸學者來台開會外，也曾籌辦兩次深具意義的交流活動。

第一次是1997年7月21日至8月9日，應中國海外交流協會與中國華

僑歷史學會之邀，先後訪問了北京、南京、上海、廈門、泉州、漳州、汕頭七個城市，並拜會了相關的僑務與僑史單位。在北京期間，曾拜會中國華僑歷史學會，由張會長楚琨、周副會長南京、方秘書長雄普等人接待，座談會中達成華僑學術研討會應繼續舉辦，下次輪由大陸方面主辦，題目暫訂為「華僑與抗日戰爭」。

訪問北大時，由常務副校長遲惠生偕同周南京等多位教授接待，在北大的座談會上，南京教授對兩岸僑史研究交流也發表了數點擲地有聲的意見：

1. 僑史研究應發揮各自的優勢，分工進行，不搞重複勞動。
2. 兩岸學術交流應以兩岸為限，先易後難，不求一步登天。
3. 兩岸應先各自成立推動小組，推舉一位帶頭大哥負責聯絡，全力推動進行。

第二次是1999年8月在廣州舉行的「華僑與抗日戰爭」研討會。大家的共識是要開發新史料。周南京教授也南下參加，在閉幕典禮的學術總結會上，周教授和筆者兩人，奉命代表海峽兩岸學者各作十分鐘的講話。我的四點意見是受南京教授的啟發而來的：

1. 誠如周南京教授所說，這次研討所提論文題目的分布雖不夠均衡，但在研究的廣度和深度方面，比過去已有長足的進步。例如，在課題方面，注意到汪偽與日本政府的對華僑政策；在材料方面，有人首度利用了國史館所藏的外交檔案。
2. 「老成凋謝」、「青黃不接」、「後繼乏人」，這是學術界難以彌補的最大缺憾。所幸「江山代有才人出」，「後生可畏」，透過本次研討會，大家已發掘出不少具有潛力，已可獨當一面的後起之秀。
3. 不偏離主題，不唱高調，大家心平氣和，實事求是，認真而熱烈的討論了一些共同感興趣的主題。例如抗戰捐款的總額、捐款方式及其用途，陳嘉庚與南僑總會的歷史評價等問題。
4. 更重要的是，加強了兩岸僑史學界的學術交流、資料交流和觀念溝通，為以後進一步的合作發展奠下堅實而穩固的基礎。

# 四、掛名《百科全書——總論卷》副主編

2002年9月，周南京教授完成了一項空前創舉，他所主編的全套

《華僑華人百科全書》12冊終於出齊。因為有上述的交往基礎，他堅邀我掛名《總論卷》的副主編，並指定我代表台灣學界撰寫〈五十年來台灣的華僑華人研究〉一文，忝附驥尾。他在《總論卷》前言上說：「能聘請台灣知名華僑華人問題研究家陳三井教授為本卷副主編而甚感榮幸」，又說：「他有關50年來台灣的華僑華人研究的介紹，使本卷增色不少」。

　　全書出版後不久，周教授即於11月2日來函致謝，茲引據部分內容以存紀念：「在編纂全書過程中，多承幫助，不勝感激。但願以後我們還有機會合作，共謀僑史研究之發展。……我兄有稿費人民幣2164元在我處，不知如何寄給您，望告知。此地稿費較低，聊表心意而已。」誠懇而周到，令人感動。

## 五、魚雁往返酬答多

　　自此之後，我與南京兄之間的魚雁往返增多，除每年的賀年卡之外，彼此凡有出書便互相寄贈，而且在寄書之後，不是已讀不回，而往往有簡要而溫馨的酬答。

　　茲依時序先後，摘選若干較具代表性的酬答，跟關心南京教授的至親好友分享：

　　1.2007年9月2日　　酬答寄贈《青史留痕》
　　三井兄：
　　大作《青史留痕——一個台灣學者的大陸之旅》收訖，十分感
　　謝。我兄才華橫溢，思維精細，厚實誠懇，客觀公正，令人佩
　　服。預祝果實纍纍，青史萬痕，眾人共享。

　　　　　　　　　　　　　　　　　　　　　　弟　南京　敬上
　　2.2008年3月21日　　酬答寄贈《法蘭西驚豔》
　　三井兄：
　　大作《法蘭西驚豔》收訖，非常感謝！我兄對法國情有獨鍾，
　　別具一格地描述法國人文風情和旅法華人風采，可慶可賀。
　　祝健康長壽，寫出更多的優秀作品。

　　　　　　　　　　　　　　　　　　　　　　　　　　周南京

3.2011年5月16日　酬答寄贈《四分溪畔讀史》

三井兄：

大作收訖。我兄知識淵博，書評文筆引人入勝，風格獨特，有的放矢，堪稱佳作。

愚弟　周南京　謹上

4.2013年7月15日　酬答寄贈《旅歐教育運動》

大作《旅歐教育運動》收訖，十分感謝！

大作內容豐實，立論客觀，治學嚴謹，令人敬佩。

遙祝春華秋實，累年豐收！

周南京暨內子謹啟

5.2011年1月19日　賀年卡附有嵌名打油詩一首

三井兄：

感謝惠寄賀卡，謹此亦恭賀辛卯年新春。茲獻小詩一首，恭請笑納。

　陳氏史壇名遠揚，
　三餘廣學馳疆場。
　井噴泉湧著等身，
　辛勤豐收真風光。
　卯時即起迎朝陽，
　年復一年經綸長。
　祝君長壽多幸福，
　好景常在瑞氣祥。

內子呂其穎一併在此向兄嫂致意。

弟南京敬賀

2011年1月19日於藍旗營自樂書屋

（附註：此打油詩後來收入2013出版的《自樂書屋詩文》）

比較之下，我的酬答相對不多，而且遜色，茲摘錄一、二則，回報知友。

1.2008年1月21日　酬答收寄《腳印》

南京教授：

承寄大編《腳印》三冊，十分感謝！另二冊已遵囑轉寄張希老

與朱浤源先生，幸勿遠念！
閣下主編《華僑華人百科全書》，創不朽之偉業，《腳印》留下完整紀錄，為後世樹立典範，讀後益增感佩！
順祝
福鼠迎春　一帆風順

三井　敬上

2.2013年5月28日　收到《自樂書屋詩文》酬答
南京教授：
頃獲贈近作《自樂書屋詩文》，讀來備感親切！
尤其重讀給小弟詩，更加令人懷念！
吾兄能文善詩，多才多藝，既能在史料上下功夫撰寫長篇大論，又能從生活中找尋靈感，留下雋永篇章，是亦人生難得之樂事也。佩服！佩服！
我們相約活到120歲，來日方長，盼善加保重，繼續努力加油！

弟　三井　敬上

3.2011年1月24日　賀年小詩酬答
小詩一首令人驚艷、驚喜，既有內容又押韻。
前4句，愧不敢當，倒是周兄自己寫照。
後4句，我們彼此祝福勉勵，相約活到百歲。
總之，謝謝閣下的創意祝福！

三井同內人　敬拜

　　我與南京教授在魚雁往返相互酬答中，南京兄自己說爭取活到百歲，我則加碼相約活到120歲。記得2009年7月我與內人和同為北大教授的王曉秋夫婦曾有內蒙草原行。回到北京後，除參觀北大未名湖等勝景外，曉秋兄夫婦在清華大學的「全聚德烤鴨分店」設宴招待我們，並邀南京教授與夫人呂其穎作陪，始知周兄因肺炎住院卻發現心臟血管大量阻塞而動大手術，前後住院五十天甫出院。當時便已發現周兄的氣色已大不如前紅潤，總算多爭取到了七年，還是免不了「終於來到那一天」，令人鼻酸不已！

# 六、治學不為媚時語

章開沅先生說過：「治學，尤其對歷史研究者而言，實證是最重要的基礎支持。如果沒有地道的實證努力，再宏偉的『學術建築』也會化為空中樓閣。就算暫時能贏得大眾的歡心，也決不會持久。」

南京教授能文擅詩，晚年相繼出版了《自樂書屋詩文》、《周南京詩集》與《柳暗花明詩詞集》三種，均值得細細品味。筆者且引第三本的其中兩則，與好友共同品嚐玩味。

1.水調歌頭——史學有多久？
史學有多久？鼻祖司馬遷，
一部二十四史，輝煌照滿天。
我輩博覽群書，惟恐才疏智淺，高峰難攀援。
勤奮自鞭策，苦盡來甘甜。
初亞非，轉僑史，涉獵泛。
興趣使命，華僑全書敢編撰。
工程浩繁艱鉅，資料分散殘缺，錯謬誠難免。
墾荒第一人，汗青諒明鑑。

——2014.9.28

這是他個人興趣和一生志業的寫照，深獲我心。

2.瑞龍吟——文革始末記
文革路，猜疑克宮東效，中國赫禿。
無端炮轟劉家，專行獨斷，紅袍情緒。
無民主。偌大事件戲小，聽命獨夫。
指鹿為馬雌黃，位高權重，貓鼠無語。
興風作浪十載，紅濤萬里，紅旗飄舞。
惟有韶山榮光，聖旨天書。
選拔副帥，猶記頂萬句。
四蟹伴，名園豪飲，開庭信步。
突然北漠去。孤家寡人，失落敗局。

含恨縫玉縷。三劍挽，撒向人間春雨。

歡呼神州，一輪新旭。

————2015.9.27

　　猶憶2013年10月20日的廈門「陳嘉庚研究國際學術研討會」上，南京教授因講評《陳嘉庚新傳》一書，而與廈門社會科學院的黃猷先生交鋒，對陳嘉庚後來思想的轉變，由挺共到批共的許多做法，雙方各執一詞，充分表現出「治學不為媚時語」的知識分子風骨。作為一個具有良知的學者，必先自敬自尊，而後人敬之尊之。

　　南京先生，

　　我敬重您，因為您處處表現學者的風範，治史不為媚時語。

————原載《僑協雜誌》，第162期

# 從華人子弟到法蘭西學院藝術院士
## ——朱德群的繪畫人生

　　著名旅法華裔畫家朱德群的八十八米壽回顧展，已於2008年9月19日起在國立歷史博物館登場，將展覽至11月23日。這是台灣首次完整展現朱德群半世紀以來獨特畫風的大展，包括朱德群自1953年至今的油畫、水墨、書法寫意等作品一百幅，這也是繼米勒畫展之後台灣難得一見的藝術饗宴。愛好藝術的讀者可得把握最後機會前往參觀。

## 一、一生多傳奇

　　朱德群，原鄉是江蘇省蕭縣（現劃歸安徽省）白土鎮一個偏僻的山村，1920年生。朱家是中醫世家，父親朱禹成承襲了祖輩的醫術醫道，成為當地頗有名望的中醫，家境殷實富裕，不僅有致富的醫術，還積累有三十多畝地產和三進大宅加兩個院房。朱禹成同時是個業餘的文人畫家，擅長畫梅蘭松竹，也好收藏歷代名畫，所以朱德群後來走上繪畫的道路，多少也算家學淵源。雖則如此，但父親生性開明，並不堅持「安土重遷」、「父母在不遠遊」的古訓，不再把孩子綁在土地上，不再讓兒子當池中之魚，而極力要讓下一代躍出池塘似的山溝，因而決定了朱德群以後不同的命運！

　　朱德群在家排行老三，原名朱德萃。德群原是他同房堂哥的名字，當報考國立杭州藝專時，他所就讀的中學畢業證書還沒發下來，為了趕上報名，只好借堂哥的文憑去報考，誰知一考便金榜題名。而在朱德萃拿到自己名字的畢業文憑要求還原本名時，學校說已經報呈教育部備案無法更改，於是「朱德群」這個冒用他人的名字再也還不掉了。就這樣，他無可奈何地和他的堂兄同姓同名一輩子！

　　朱德群繼承了父親高大的遺傳基因，初中時身高已衝出一百八十公分，這樣的個頭，最佳的用武之地是籃球場。在徐州中學就讀時，他在籃球上的天分，頗獲體育老師的欣賞和隊友們的讚美，他職司校隊的中鋒，同時擁有幾乎百發百中的神射美技，前程似錦，因此體育老師一度

鼓勵他報考上海體專，往籃球運動去發展。可父親朱禹成不贊成，理由很簡單：念體育，年輕時還可能有發展，年齡稍大就不行，何況籃球生命實在太短。父親對兒子說：「你的繪畫也很有潛力，不如去念藝專學繪畫，學成了可以畫一輩子」。就這樣，父親的遠見再度決定了他一生命運的轉折，當不成籃球國手，卻成為藝術大師。一九三五年他考進位於杭州西湖邊的國立杭州藝專，接受校長林風眠以及吳大羽、吳昌碩、潘天壽等教授中西繪畫的陶冶和洗禮。

## 二、抗戰中的漂泊歲月

　　隨著抗戰的爆發，許多大專院校奉命陸續內遷，輾轉跋涉往大後方遷徙，以共赴國難、共體時艱，無數的教職員和學生在烽火中轉徙於西南天地之間，流浪、漂泊，忍飢、受凍，無異構成一部悲涼的新「流亡三部曲」。杭州藝專也隨著日軍侵略的腳步，一遷浙江諸暨，繼遷江西貴溪，三遷湖南沅陵、長沙，復遷貴州貴陽和雲南昆明，再移住重慶璧山，輾轉又到青木關，最後落腳在沙坪埧盤溪，其過程之艱辛，實在令人難以想像！面對這一場時代大變局，也譜下了許許多多可歌可泣的動人故事。國難，使人成長成熟，無形中也提升了每個流亡學生的社會閱歷和藝術感受力。1941年，朱德群在青木關以優異的成績畢業，並留校擔任助教直至1945年。其後受聘擔任南京中央大學建築系講師，1946年勝利復員，隨學校回到南京直至1949年。

## 三、渡海來台的抉擇

　　又是戰爭，國共兩黨的全面內戰這時猛烈地開始了。在此一關鍵性的年代，許多人面臨史無前例的痛苦抉擇，也不得不做出個人一生自我認定的最佳選擇。這次朱德群的選擇，不是根留中國，迎接解放，而是南下渡海來台。說來或許是一種偶然。在亂哄哄的1948年，他和同班同學柳漢復結婚。1949年春，對時局感到非常煩悶的朱德群，因妻子哥哥（在台灣任某報主編）的邀請，來台灣散心一個多月。初履寶島，他第一次置身於亞熱帶的地理環境中，又值南台灣火紅的鳳凰花盛開的季節，開拓了他全新的視野，還感受到了海風拂動椰影的詩情，品嚐到了他最喜歡的鳳梨的甘醇含香。因此，他暫時稀釋了煩憂。在台北，恰巧

台陽美展正在舉辦，他看到了李石樵等人的印象派風格的作品很有人文精神，印象不錯。這些新奇的接觸經驗，都給了他空蕩的心靈一些充實的填補。回南京後，他和妻子商量，便決定遷徙來台，先在台北工專任教，1951年轉到台北師範學院（今台灣師大前身）藝術系。

在教學之餘，朱德群曾於1954年，假台北市中山堂舉辦生平第一次大型個展，展出了五十多幅風景、靜物、肖像作品。當時台灣重要報紙都熱烈報導，著名人士紛紛發表專文評述，成為台灣畫壇難得一見的盛事。

## 四、巴黎開拓新的藝術人生

他應該躊躇滿志，從此在台灣安居樂業呢？還是懷抱鴻鵠之志，百尺竿頭，再次升騰。在羅家倫、張道藩、黃少谷等幾位知友的鼓勵和支持下，朱德群終於毅然決定，放棄在台灣的一切，於1955年啟程前往法國，從此展翅飛翔，去追逐那個從學生時代起便響往的神聖藝術夢想。

朱德群在法國，孜孜不倦，埋首創作，參加各項展覽並結交許多藝術界的至交知音，很快地為法國的畫家和評論家所重視。他的抽象畫帶有強烈的書法性、音樂性和律動性，採用西洋繪畫中著重光線的特性與大塊面色彩的手法，融合中國水墨講究線條書寫、墨色濃淡的特色。他的風格氣勢磅礴，又有份神祕浪漫的效果。

隨著對於外在環境的風景抽象畫作技巧的熟練，朱德群開始旅行全球的大山大水。他將旅行中被情緒誘發的記憶，用一種寫意抽象的方式表現出來，成為一種新的視覺呈現方式。這種寫意抽象融入了深厚濃稠的情感，每每讓觀畫者心領神受感動不已！此種將傳統東方文人畫對於景物的意念，灌注入西方抽象畫表達的方式與風格，朱先生可謂是第一人。

一日，朱在前往日內瓦的途中，看見阿爾卑斯山覆滿著白雪。雲霧的淡然和雪山的濃白，層次分明而充滿變化。隨著雲霧在白色大地上移動的景象，以及湧現的起伏心靈似乎跟著那深淺濃淡的變動而若浮若沈，他的心中一下子浮現了許多唐詩的景象，於是便忍不住想將心中的情景畫下來。細碎的白點與色塊，是冬天裏的紛飛、迴旋。覆蓋在大地粗墨的森林間，密密潤潤地滿佈著，時而狂亂，時而絹柔，那是似白非白的佔據，將空氣凝結著了，包圍著盎然密林。這是一種中國文人畫的

心境。

朱德群特別喜歡草書，每當興緻來時，除了畫畫之外，另一個抒發的管道，就是提筆寫字，率意揮毫，筆韻蒼俊，氣勢流暢。與其畫作相映，別有趣味。他的畫作中有著中國易經裏所提到的兩個生生不息相輔相成的元素，那就是陽與陰。陽，是光明、熱烈；陰，是滋潤、柔和，一直在追求將西方的傳統色彩與現代抽象藝術中的自由型態，結合成陰陽和合之體，成為無窮無盡的宇宙現象。他在大自然中聆聽宇宙與人，東方與西方，從而得到靈感的源泉，並賦予其詩情與詩意。

近年畫作，朱德群已能夠充分地將自己心中所要表達的情感，隨心所欲的全盤托出。他的畫作充滿對於生命的記憶、充滿了能量、幻想的自然，純然意念的自由奔放。那是一種精神與宇宙的大自然之靈，是源遠流長的文化的催發，是生命無垠的激情暢快！

## 五、華人之光──但開風氣亦為師

1997年朱德群當選法蘭西學院（Institut de France，相當於中央研究院）藝術學院（Academie des Beaux-Arts）院士，為法國二百年間第一位華裔院士（比趙無極早五年）。在頒獎典禮上，主席著名雕塑家卡爾多（Jean Cardot）的兩段頌詞，特別值得我們玩味：

在我們的眼中，您是一位創造力雄渾博大的藝術家，這個非凡的創造力支配著您非常廣潤的生命經驗。您卓越的智慧和人格，為我們學院帶來一片新的法蘭西光輝。這片光輝的照耀，已超越了國界。

您在精神上一直和您的國家的人文、藝術一脈相通。您的畫風向前發展，畫面上的線條更自由而具生命活力，筆觸更加靈活，弧線巧妙地化入構圖來加強對比，在畫中又重見中國。

2014年3月26日，朱德群在巴黎家中逝世，享年94歲。

主要參考資料：
1.祖慰著，《朱德群傳》
2.朱德群八十八回顧展，國立歷史博物館

──原載《僑協雜誌》，第113期

# 第五輯　史論

# 濺淚民國
## ——論清遺民的辛亥革命觀

# 一、引言

　　十年前的武漢辛亥革命盛會，筆者所提供的論文是〈故宮清檔所見的辛亥革命〉，目的在「從另一隻眼看辛亥革命，透過已刊或未刊的清檔，從不同的角度觀察孫中山所領導的革命，在超越時空的阻隔之下，是否還能達成『橫看成嶺側成峰，遠近高低皆不同』的歷史透視？為革命史篇增加豐姿，平添新意，把前人蓽路藍縷的實踐經驗加以傳達，使我們在體會朝代興衰起落之餘，也能獲得省思的智慧和前進的膽識。」[1]

　　十年後又逢辛亥革命百年的盛會，筆者所提供的這篇文稿，目的相近，與前文則有異曲同工之處。因為，「歷史動向是相對的，有正反兩面，二者互為消長，關係密切；研究民國史，不能僅注意其正面主流動向，而忽略其反面逆流，有時從逆流著手，反而更能了解歷史發展演變的關鍵所在。」[2]如果說，孫中山領導的辛亥革命，是「浩浩蕩蕩，順之則昌，逆之則亡的世界潮流」，是無法逆轉的主流動向，則清遺民潛滋暗長所表現出來諸般反革命情結，便是一股逆流，這一股逆流同樣瀰漫於民初社會，有其不可忽視的影響力量，值得做慣主流動向的史學工作者加以重視。

　　近年來研究清遺民、遺老、遺臣的著作不斷湧現，限於篇幅，在此不擬一一介紹。不過，本文所稱的遺民，它的定義，必須稍做界定。林志宏認為，遺民最根本的前提，是這群人至少在民國建立後，對遜清宗室仍就懷抱忠誠的態度，從心理層面而論，遺民僅認定對一家一姓的效

---

[1]　陳三井，〈故宮清檔所見的辛亥革命〉，收入中國史學會編，《辛亥革命與二十世紀的中國》，中央文獻出版社，2002，下卷，第2304頁。
[2]　胡平生，《民國初期的復辟派》，台灣學生書局，1985，緒言，第VIII頁。

忠，而拒絕對「多數眾民」（或代表「多數眾民」的總統）的效忠。[3]
這批在民國史上備受貶抑，乏人問津的特殊群體，自1911年辛亥革命至
民國創建後，在共同的心理和行動基礎上，儘管身處民國，可是因為懷
抱對皇帝制度的眷戀，仍要歌頌君主；由於厭惡民國共和政治，仍時
時奔走聯絡，主張恢復帝制。[4]惟林氏書中附錄所開列的遺民基本資料
多達近370人，其中尚包括多位滿清王公貴族在內，或失之過寬。本文
以漢族知識分子為對象，凡清朝王公貴族後裔，懷有種族情感的滿蒙
人士，以在宮中任職為生的人，以及忠於清朝圖利的人，都不在考慮
之內。[5]這一點筆者的想法與周明之相同。不過，周明之研究的主要對
象，是梁濟、王國維、羅振玉、鄭孝胥等少數遺老，似不夠全面。本文
希望透過較多的取樣，建構一幅民國鼎革後，清遺民的一段難以抹滅的
歷史記憶和諸般反映，惟復辟問題不在本文討論範圍之內。

## 二、「國變」衝擊下的清遺民情結

　　武昌首義，辛亥革命的成功，隨之而來的民國成立，清室退位，這
是民國有史以來最大的變局，這一場被清遺民稱之為「國變」的大變
局，對於那些飽受傳統儒家思想薰陶，卻仍然效忠清室的遺老或遺民而
言，在精神上自是一大衝擊，因為「辛亥變起，民國建立，不單是一項
政權上的轉移，更是傳統儒教思想淪亡的象徵，他們在痛心疾首之餘，
眷懷清朝的意念，自然更加深刻。」[6]惟在形勢比人強，「孤臣無力可
回天」之下，心理上必須做出調適，生活上也不得不做出種種因應，紛
紛以南宋或明末遺民的言行事蹟為準則。總之，這毋寧是一項極端辛
酸、落寞、頹唐而又痛苦的抉擇。

　　在「國變」的衝擊下，清遺民的心態和言行作風，與承平時或平常
人相比，或多或少顯現異常。茲略做歸納，綜述如下：

---

[3]　林志宏，《民國乃敵國也——政治文化轉型下的清遺民》，聯經公司，2009，第
　　27頁，第431-492頁。

[4]　林志宏，〈王道樂土——清遺民的情感抵制和參與「滿洲國」〉，《新史學》，
　　第18卷第3期（2007.09），第47-48頁。

[5]　周明之，《近代中國文化危機：清遺老的精神世界》，山東大學出版社，2009，
　　緒言，第1頁。

[6]　胡平生，《民國初期的復辟派》，第54頁。

## （一）修志撰史，存故國之思

修志撰史，以寄託對故國淪亡的哀思，無疑是一項既可名垂青史，復可寓情於工作的高尚志業。楊念群研究晚明遺民有續史明志的心境，指出「殘山剩水」的意象產生於山河破碎後那故國家園風雨如晦般的心境，以致憤激之情常溢於言表，故遺民多以書寫明史以示留戀「殘山剩水」之心志。此外，對先朝文獻的搜求，也是寄託對晚明山河失色、困厄於夷狄入侵之痛楚的一個渠道，戴名世就曾言：「生平尤留意先朝文獻，搜求遺編，討論掌故，胸中覺有百卷書，怪怪奇奇，滔滔汩汩，欲觸喉而出。」[7]

清部分遺老基於「國可滅，史不可滅」的心理，先後從事纂史修志的工作。最令人矚目的是民國3年（1914年）3月9日，袁世凱下令設置清史館，準備「延聘通儒，分任編纂」，修成專書，「用以昭示來茲，導揚盛美」，並任趙爾巽（1844-1927）為清史館總裁，一時遺老如于式枚（1853-1915，廣西賀縣）、吳士鑑（1968-1933，浙江錢塘）、繆荃孫（1844-1919，江蘇江陰）、陶葆廉（1862-1938，浙江秀水）、李岳端等數十人，先後應聘入館工作。他們「多以元遺山自況，用修史以報故君。」[8]

袁世凱藉由纂修《清史稿》隱含籠絡遺民和養士兩個目的，但嚴格說來，此事進行並未深獲基層支持，同時只有局部的遺民願意參與。拒絕受聘的遺民仍大有人在，如劉廷琛（1868-1932，江西德化）、章梫（1861-1949，浙江寧海）、葉德輝（1864-1927，湖南長沙）人，其拒聘的理由，竟有「國史的纂修，出於異代，乃遺民恥辱」及「清史館不該由民國總統出資」等說詞，[9]無非是一種不與新朝合作的自脫之道。

私人撰史方面，如黎湛枝（1870-1970，廣東南海）、溫肅（1879-1939，廣東順德）等，以私人財力撰成《德宗景皇帝聖訓》，進呈稿本，而得遜帝溥儀的獎賞。吳慶坻（1848-1922/24，浙江錢塘）則著有《辛亥殉難記》，羅正鈞（1855-1919，湖南湘潭）有《辛亥殉節錄》，馮恕（1867-1948，浙江紹興）有《庚子辛亥忠烈像贊》以表彰

---

[7] 楊念群，《何處是「江南」？——清朝正統觀的確立與士林精神世界的變異》，三聯書店，2010年，第287頁。

[8] 胡平生，《民國初期的復辟派》，第59頁。

[9] 林志宏，《民國乃敵國也》，第135-139頁。

武昌起義後為清朝殉難的文武官員。

　　此外，遺老也紛紛參與各省修志的工作。如民國4年（1915年）浙江當局議修《浙江通志》，由著名遺老沈曾植（1850-1922，浙江嘉興）擔任總纂，主持其事，先後聘朱祖謀（1857-1931，浙江歸安）、吳慶坻、陶葆廉、章梫、葉爾愷（1864-1937，浙江仁和）、朱福清、金蓉鏡（1856-1930，浙江秀水）、劉承幹（1882-1963，浙江烏程）、王國維（1877-1927，浙江海寧）、張爾田（1874-1945，浙江錢塘）等人為分纂，喻長霖（1857-1940，浙江黃巖）為提調。同年，廣東開局修志，廣東遺老何藻翔（1865-1930，廣東順德）、溫肅等人都應聘入局工作。[10]

## （二）不斷髮、衣冠不改舊遺民

　　歷代政權更迭，新朝伊始，往往「改正朔，易服色」。明清之際，士人為了保全頭髮而慘遭屠戮者頗眾。此外，因鼎革之變造成悲劇，還有衣冠的式樣。在遺民生活中，譜出許多感人的「衣冠的故事」，其最著者如畫網巾、穿戴古衣冠、終其身服先朝之服，以明式衣冠殮葬等，足見「故國衣冠」內所蘊含的政治認同與文化符號意義至為明顯。[11]

　　在清代，滿洲以少數異族入主中原，開國之初就以辮、服立國，將蓄辮、著滿服做為漢人臣服滿洲統治的標誌，並以此做為維繫滿洲力量、鞏固清室統治的重要手段。太宗皇太極曾以金代因背棄祖制、效法漢俗招致亡國的教訓，反覆告誡滿洲貴族「本國衣冠不可輕變」。[12]

　　入民國後，清遺民從服裝展現政治認同，態度有時更加強烈。保留辮髮，不但表示他們的忠，而且更象徵個人的節操。羅振玉的孫子羅繼祖回憶說，他的祖父「終身蓄辮髮」。梁鼎芬（1859-1919）一直留辮，1914年初髮辮為學生剪去，以後便「安一假辮」。梁的兩位友人，沈曾植和曾任兩湖書院山長的曹元弼（1867-1953，江蘇吳縣）也留髮辮，因為梁被剪辮，所以他們避不出戶，故幸免。王國維直到1927年6

[10] 胡平生，《民國初期的復辟派》，第60頁。
[11] 林麗月，〈故國衣冠：鼎革易服與明清之際的遺民心態〉，《台灣師大歷史學報》，第30期（2002.06），第54頁。
[12] 樊學慶，〈「剪髮易服」與晚清立憲困局（1909-1910）〉，《中央研究院近代史研究所集刊》，第69期（2010.09），第71-72頁。

月自沉時，仍留有髮辮。鄭孝胥是少數幾個剪了辮子的遺老之一。[13]

　　光緒拔貢、定遠縣教諭倪釗形容自己遜國後雖生猶死的處境，有自輓的聯語云：「鶴化恨今遲，八六年戴髮歸泉，碑碣猶題清處士；鵑啼悲路迥，三千里忠魂繞闕，衣冠不改舊遺民。」[14]企望將來墓碣上還能題名「清處士」，又說自己「衣冠不改舊遺民」，這樣的語氣多麼的堅定。

　　不同於倪氏，一心想望清室還能復辟的葉昌熾，則是選擇在傳統節慶時身穿朝服。如值逢歲末，葉氏燃燭迎神，依然自言：「衣冠雖敝，猶是大清章服，祝王室之再興，祈人心之嚮善。」像他這種「不忘王室」的情懷，也見諸於金兆豐（1870-1933，浙江金華）、惲毓鼎、沈曾植、程頌萬（1865-1932，湖南寧鄉）、李顯光（1873-1935，安徽合肥生員）等人身上。又有趙啟霖（1859-1935，湖南湘潭，四川提學使），平日避居生活清苦，但仍不忍典當朝衣，時時保存舊日衣物，目的就為了藉此未忘故國。[15]

　　根據資料所見，清遺民亦有仿效「逃禪」之風，改穿僧道服裝的例證不少。最著名的人物如李瑞清，辛亥革命後嘗仿清初石濤，以束髮道裝打扮，假道號聊以自娛，因名「瑞清」，而自稱「清道人」，並懸掛「玉梅花庵道士」牌於宅內。「國變」之後，清遺民爭相穿著僧道衣裝，或許尚有與民初社會崇洋以穿西服為時尚相對抗之時代意義。[16]

## （三）沿用甲子紀年，拜謁崇陵，常保時與地記憶

　　民國肇建，孫中山在就職臨時大總統後，於民國元1月2日通電各省都督改曆改元。這項以陽曆取代民間早已普遍慣用的陰曆充滿政治意涵的改革，使新舊曆法混淆，也造成公領域與私生活諸多不便。

　　對於清遺民而言，他們大都緬懷陰曆，不喜陽曆，仍沿用甲子干支的方式紀年。茲引兩則記載，以見清遺民的心理反映。其一是劉大鵬（山西太原，舉人，塾師，1857-1942）的《退想齋日記》有一段話：

[13] 周明之，《近代中國的文化危機：清遺老的精神世界》，第56頁。
[14] 劉聲木，《萇楚齋隨筆、續筆、三筆》，文海出版社，「近代中國史料叢刊」第22輯，第一冊，頁44。
[15] 林志宏，《民國乃敵國也》，第91-92頁。
[16] 同上註，第89-90頁。

陰曆陽曆，月日紛歧，民間只記得舊曆，而對於新曆並不過問，以其時序之不符也。民不遵行新曆，當道亦不迫脅；今改民國之年，而予稱年號，仍係「宣統」，以予係大清之人，非民國之人耳。各行其志不能強，維新之人所謂「自由」是也。[17]

其二是于式枚（廣西賀縣，廣東學政，1853-1915）的一首對聯：

男女平權，公說公有理，婆說婆有理。
陰陽合曆，你過你的年，我過我的年。[18]

清遺民大多對於民國紀元和陽曆採取排斥的態度，如方觀瀾（江蘇儀徵，自號方山遺民，1832-1919）即在自訂年譜中，有意不書「民國」年份，依舊言「宣統遜位之某年」，並附以干支年分。[19]喜署宣統年號者，尚有李厚鎔（江蘇常熟，1870-1937）。羅振玉與王國維結為親家，羅要求對方遴選訂親日期時，特別聲明只需告知陰曆，因為自己「不知陽曆為何物」；又說諏吉書內僅需填「明年」，理由係「不欲見民國六年字樣也」。羅氏內心敵視民國的態度，可見一斑。[20]

鄭孝胥寫詩，書字，絕不用民國紀元。以陽曆或甲子紀年，對公元紀年有所接納。在日記中，曆年元旦那天，鄭孝胥特別註明：「今日為陽曆（或西曆）一月一日。鬻書求件，凡有『民國』字樣者，一律置不應。中南股票中有『中華民國』字，置不書」。[21]不為民國仕宦者書，如某為「海軍員弁」求書，鄭以「海軍員弁皆民國銜，吾安能書」辭。孟森持某送馮國璋壽聯求書，鄭孝胥卻之。[22]鄭氏寫日記，不用民國紀元而大書宣統皇帝退位後第一年。[23]

清遺老或遺民對民國紀元與陽曆，除充滿憤懣和怨懟之外，亦有採

17　劉大鵬，《退想齋年譜》，第199頁，轉引自林志宏，前引書，第97頁。
18　陳灞一，《新語林》，上海書店，1997，轉引自林志宏，前引書，第97頁。
19　林志宏，前引書，第96頁。
20　林志宏，前引書，第96頁。
21　勞祖德整理，中國國家博物館編，《鄭孝胥日記》，中華書局，1993，第4冊，第1879頁。
22　李君，《存在之由與變遷之故——1931年以前之鄭孝胥探研》，河北師大博士論文，2011，第82頁。
23　《鄭孝胥日記》，第3冊，第1400頁。

取並不堅持態度者，如惲毓鼎等人是也。限於篇幅，茲從略。

　　崇陵是清德宗的陵墓，在今河北省易縣境內。光緒34年12月14日
（1909年1月5日），清廷擇定西陵的金龍峪為崇陵所在地，派載洵等
負責承修，並命慶親王奕劻會同辦理一切事宜，於宣統元年2月27日動
工營建，德宗靈櫬則暫厝於西陵的梁格莊。不久，辛亥革命爆發，崇
陵工程因而中輟。後經梁鼎芬多方奔走呼號，遂於民國2年春天開工。
有「帝師」之稱的梁鼎芬（1859-1919），廣東番禺人，字星海，號節
庵，清末曾主講武昌兩湖書院，歷任漢陽知府、湖北按察使等職。武昌
起義黎元洪被推為湖北都督之後，梁曾電勸黎回歸清朝，並保證清廷不
究既往，為取信於黎，梁且甘願交出其唯一的兒子為人質，事雖未成，
梁的耿耿忠悃，也可概見。清帝退位後，梁又馳往梁格莊行宮，號哭於
德宗靈櫬之前。民國2年2月22日，清隆裕太后病卒，各地遺老先後赴京
致哀獻祭。至同年冬天，崇陵工程告竣，德宗及隆裕太后安葬於崇陵，
梁鼎芬受命守陵種樹。遺老葉昌熾對梁所為大加讚嘆，譽梁為「今之烈
士，亦奇士也。」德宗及隆裕太后安葬於崇陵後，各地遺老紛紛前往拜
祭，其中前清舉人林紓（字琴南，1852-1924）不辭千里，先後凡「十
謁崇陵，肅衣冠望祭於關門之外。」林紓也自述在拜謁崇陵時，「雖大
雪瀰天，而衰老之年，仍跪起丹墀之下，不敢忘敬，豈此報恩，亦自盡
犬馬戀主之心而已」。遺老藉拜謁崇陵，眷懷舊朝故君的心理，表露無
遺。[24]

## （四）避居租界，置身於民國法律之外

　　宋、明兩朝的遺民，在鼎革世變之後，沒有地理上像租界那種「國
中之國」可以逍遙法外，沒有精神上像所謂「殘山剩水」那樣可以寄託
一股難以抑制的強烈歷史悲情。楊念群提出「江南」的地理概念，作為
士人與夷狄統治者對立面的象徵。「江南」的文化最奢侈、最學究氣，
也最講究藝術品味，「江南」的文人才子們常常在詩酒風流之間，不斷
通過懷舊的方式寄託對前朝的哀思與懷念。而清朝帝王對「江南」往往
抱有既恐懼又不信任，既讚嘆不已又滿懷嫉妒的心態。最嚴重的是對
「江南」作為歷朝文化中心擁有一種既愛且恨的複雜感知。[25]

[24] 胡平生，《民國初期的復辟派》，第57-58頁。
[25] 楊念群，《何處是「江南」？》，第13頁。

　　清中葉租界之初設，本為專供外人居住貿易之用，後來卻成為革命宣傳、活動之基地，甚至成為革命黨員之庇護所。[26]辛亥之後，頗多遺老在上海、青島和天津等地租界定居，除一方面以租界為避難所外，復有拒不承認民國的正統，而同時又有置身於民國法律之外的滿足感。若遺老利用租界做為策動復辟的基地，民國政府亦難以取締或逮捕他們。

　　避居上海的遺民，絕大部分並非清季京官，反而多數來自外官。曾任廣東提學使的秦樹聲（1861-1926）即在革命軍起，憂嘆時勢不可為，無意返回河南家鄉，改而轉徙滬上。另一位在廣東擔任布政使的胡湘林（1857-1925），本係江西人，辛亥事變亦僑居上海。選擇從內地流寓上海，不僅為了躲避戰亂，還有維持生計的考量。余肇康（1854-1936）本來避居湖南鄉間，但後來兵禍連結不斷，使他不得不來到上海，謀求安定。至於孫德謙（1869-1935），清季佐幕地方官吏，經常往來於贛、浙之間，當獲悉清室遜國的消息時，即隻身走避上海，投靠藏書家劉承幹（1882-1963）。李翊煌（1850-1917）世居江西臨川，「國變」不久返回南昌，後以貧無立錐為由，於是檢攜私藏碑帖書畫，至上海質售，其後靠著行醫和算命維持生活。[27]

　　此外，鄭孝胥在武昌起義後，決定不回湖南出任布政使，而到上海的租界中隱居。沈曾植在1910年秋辭官遷至上海，先住開封路，後移居麥根路，都在租界內。王國維於1916年2月從京都回上海定居，住愛文義路和大通路，這是租界內橫直交叉之處，與沈的住處只有一箭之遙。[28]

　　有「十老」之稱的勞乃宣，在其《韌盦老人自訂年譜》中曾謂：「山東青島為德國租借地，國變後中國遺老多往居之。德人尉（衛）禮賢（Richard Wilhelm, 1873-1930）篤志中國孔孟之道，講求經學，設（禮賢）書院於島境有年。」衛禮賢並協同寓居青島的遺老創設「尊孔文社」，特請勞乃宣前往主持社事。勞乃宣一度居禮賢書院，並與衛君理講經舊業。[29]除勞乃宣外，先後避居青島者尚有周馥（安徽建德，1837-1921）、吳郁生（江蘇吳縣，1855-1940）、于式枚、張人駿（河北豐

[26] 陳三井，〈租界與中國革命〉，《中國近代現代史論集》，台灣商務印書館，1986，第17編下冊，第891-897頁。
[27] 林志宏，前引書，第49頁。
[28] 周明之，《近代中國的文化危機：清遺老的精神世界》，第55頁。
[29] 勞乃宣，《韌盦老人自訂年譜》，文海出版社，第49頁、第52頁。

潤，1846-1927）等人。

羅振玉本人在1919年自京都回國後，先住天津友人在英租界的房子，次年在天津的法租界自建房子。[30]除羅振玉外，在天津租界住過的遺老尚有不少，在此不一一列舉。1925年2月23日，溥儀在日本的掩護下，逃到天津的日本租界，鄭孝胥、羅振玉等均隨侍在側。

眾多遺民之所以選擇住在租界，成為「化外之民」，頗有「亂邦不居」之氣概，希望「學孔子而居九夷」，至少身處租界，還能安身立命。惟租界究屬洋人居地，寄人籬下的心境仍然相當複雜而又百般不願，所以在沈曾植、鄭孝胥及陳三立的詩中，經常看到他們把寄居的上海譬喻為「牢籠」，用來形容自己的束縛和不自由。即使辛亥後側身香港，不得已藉著行醫以懸壺濟世的吳道鎔，其實真正畏懼的是自己終將名實不副，而深感痛苦。[31]

## （五）以死殉清，保忠義美名

和宋、明兩代遺民相比，為清殉節的人明顯地減少。遜清移民探索箇中原因，推斷清代獎勵漢學而詆斥宋學，於是造成士人不講氣節，結果造成流弊以迄於今。于式枚參與修纂清史時，也指出辛亥革命情勢，「略同於漢唐，迥異於宋明，時局既殊，學說又變」，所以遺臣們「既無必死之路，本無求死之方」，認為極難以死節做為忠義的標準。何藻翔（1865-1930）編修《廣東方志》時，因有所感觸而嘆言：「今日續編難著筆，廣州忠義宋明多」，言下之意亦認為辛亥時死義寥寥，紀述遠不及宋明兩代。[32]

不過，有兩個例子，值得在此討論。

其一是梁濟。梁濟（1859-1918），號巨川，廣西臨桂人，1859年在北京出生，直到27歲才考中舉人。後來兩次會試未第，終其一生沒有考上進士。有許多年，梁濟在塾館擔任塾師，有時也在滿清王公家中當家庭教師。1895-1898年，擔任孫毓汶的記室。1898年梁濟40歲，才開始入仕，擔任內閣中書，擔任起草例行的批奏與詔書的工作。1906年，調往民政部，擔任教養總局、分局兩局總辦委員，策劃罪犯教育事宜。一年

---

[30] 周明之，前引書，第55頁。

[31] 林志宏，前引書，第69頁。

[32] 林志宏，前引書，第278頁。

以後，他辭去此職，直至清朝覆亡，他擔任的是無俸的候補員外郎。[33]

　　清亡以後，他一再表示必死的決心。1912年2月12日溥儀下詔退位，梁立即定此「自殺」主義。他在1912年、1913年和1914年時，「祭神則告於神，祭祖則告於祖，身逢清朝鼎革之際，思效歷史節義之所為。」這是梁無法忘懷的問題。但梁濟直到1918年年底才實踐死義的誓言。[34]

　　梁濟並不是食古不化的保守派，而是當時現代化運動的先驅。他贊成1895年的維新運動，認為變法是維新之本。他的自殺，是一個異乎尋常的舉動，對受過新思想和新文化薰陶的人，對他的行為尤其難於理解。林毓生對此有這樣的解釋：

> 在遺書中他說，許多事情延遲了他的行動。最初，他要等待史無前例的臨時國會的召開，以便把他的公開信交給人民的代表。後來，因為這些議員極為腐敗，使他深感幻滅而決定放棄。……他甚願安享天倫之樂，他為訣別家人而深深感傷。

　　林毓生認為，梁濟自盡的決定，是由於民國成立後社會中道德淪喪變本加厲的結果，促使他希望藉自盡行動來警告世人的意念也變得更加必要和迫切。這一來，把梁濟的「殉清而死」的行動加以昇華，強調梁濟的自盡，意味著一種為理想獻身的榜樣，以喚起其他人獻身他們所服膺的理想。[35]

　　第二個例子是王國維。

　　王國維，字靜安，號觀堂，1877年生於浙江海寧。幼年喪母，身體多病，不喜八股，喜讀《漢書》、吟詩，為「海寧四才子」之一。1893年、1897年兩次赴杭州應鄉試不中，放棄科舉。戊戌變法後，到上海任《時務報》書記，入羅振玉等創辦的東文學社學習，受業於藤田豐八等，漸為羅振玉所知。1900年底，由羅氏資助，東渡日本學習。1902年夏回國，先後任教於蘇州師範學堂、通州師範學堂。1907年到北京，任學部圖書編譯局編譯。1911年，辛亥革命爆發，隨羅振玉全家亡命日本

---

[33] 林毓生，〈論梁巨川先生的自殺──一個道德保守主義者含混性的實例〉，收入氏著，《思想與人物》（聯經公司，1983），第207-208頁。

[34] 周明之，《近代中國的文化危機》，第7-8頁。

[35] 林毓生，前引書，第218-219頁。

達五年之久。1916年返國，應哈同之聘，主持《學術叢編》，並任倉聖明智大學教授，期間三次拒絕北大文科教授的聘任。1922年4月，受命任溥儀南書房行走，1925年受聘為清華國學院導師。[36]

1927年6月2日，王國維在北京頤和園昆明湖自沈。這件轟動一時的社會新聞，引起廣泛的揣測和議論。80多年來，有關的討論文章汗牛充棟，但對他死因的解讀仍無定論。首先，讓人不解的是，王國維選擇自沈的時間，既不在辛亥革命之後，也非在1924年溥儀被迫出宮的「甲子之變」時，而是在國民革命軍北伐之際。從「君辱臣死」的角度思量，自非適當，無怪乎「殉清」之說引起種種揣測及質疑。[37]

從政治角度看，王國維雖不是政治家，更非政客，但從其行事作風觀之，辛亥後之全家避居日本，留辮子，遺書所謂「五十之年，只欠一死，經此世變，義無再辱」，其與清室的關係雖微不足道（最高只做到五品級的南書房行走），但與宣統帝既有君臣之名，復有師生之誼，凡此種種，他對清室懷念，自在情理之中。若加上別的誘因，他一死以殉清，成忠義之名，亦無可爭議之處。

至於別的政治因素，讓王國維心裡受到強烈衝擊，表示不願「再辱」，涉及北伐問題。有謂北伐戰爭的總爆發，引起京津文化界一片恐慌。例如報載，湖南政府把葉德輝槍斃，浙江政府把章炳麟家產籍沒。這些新聞深深地刺中了王國維的心，以為黨軍既敢用這樣的辣手對付學者，他們到了北京也會把他如法炮製，辦他一個「復辟派」的罪名，與其到那時受辱，不如趁黨軍尚未來時，索性做了清室的忠臣，到清室的花園裡死了，倒落一個千載留芳的美名。顧頡剛指王國維過慮了，他這樣辯解道：「葉德輝在湖南做地方上的惡霸、籌安會的首領，是很昭著的。章炳麟近來做軍閥的爪牙，在報紙上屢屢發表反革命的言論，也是很顯明的。至於靜安先生，不曾做過清室的官，現在還拖著辮子罷了，他並不曾發表一篇鼓吹復辟的宣言，也不曾從事於陰謀復辟的活動，更不曾受了別人的賄賂而主張任何關於政治的議論。他究竟還是一個超然的學者，黨軍到北京時那會使他難堪；至多只有在街上遇見，硬剪掉他

---

[36] 關於王國維的生平，請參閱王德毅，《王國維年譜》（中國學術著作獎助會，1967）；孫敦恆，《王國維年譜新編》（中國文史出版社，1991）；陳平原等編，《追憶王國維》（三聯書店，2009，增訂本）；同道，《國學大師之死：百年中國的文化斷裂》（當代中國出版社，2006）等書。

[37] 林志宏，前引書，第273頁，第278-279頁。

的辮子而已。剪掉他的辮子，實在也算不得侮辱。」[38]

除「殉清說」之外，也有些人對王國維的自沈，提出不同的看法。有「逼債說」，有「羅（振玉）王（國維）失和說」。大體不脫陳寅恪所謂「一人之恩怨」、「一姓之興亡」兩種。「一姓之興亡」上面已略為述及，茲不贅。「一人之恩怨」就是影響巨大的羅振玉「逼債說」。羅、王二人晚年因家事絕交，與王親近之人如陳寅恪等自然深知緣由。故馬衡在追悼文中，大體認為王之自殺也有「摯友之絕」的因素。[39]

陳寅恪不願將王國維之死庸俗化，反對流俗「恩怨榮辱猥瑣齷齪」之說，而提出「文化託命」說。王自沈之後，陳寅恪有七律詩並輓詞和輓聯。輓聯中「贏得大清乾淨水」和七律詩「他年清史求忠蹟，一弔前朝萬壽山」，字裡行間均明顯透露王國維忠清之意。輓詞則針對許多人論王氏死因，提出自己的見解。陳寅恪把王國維視為「文化精神凝聚之人」，因為近代中國的社會變遷，造成綱紀無所憑依，「此觀堂先生所以不得不死，遂為天下後世所極而深惜者也」。在陳寅恪看來，王國維的死因和世俗的「逼債榮辱」等說法其實無關，不如說是自我對文化託付的使命感，而一旦文化受到衝擊便帶來如此的結果。[40]

# 三、清遺民對辛亥革命的負面論述

從清末遺民留下的自述、年譜、日記、文集、回憶錄、書信等各種詩文中，對這場旋乾轉坤、讓清帝遜位的辛亥革命，普遍稱之為「國變」，對革命黨多冠以「亂黨」（與廷臣疆吏的奏摺如出一轍），或「亂臣賊子」的稱號，也有稱孫中山為「孫汶」者，字裡行間充滿對「革命」、「民國」、「共和」等字眼的負面論述，在在顯示遺民心中的不平和忿恨。從遺民心裡的這些自然反應，我們可以發現，他們辛亥革命是如何的痛惡？他們甚至貶抑革命、唱衰民國、厭惡共和，給予種種負面的書寫。茲歸納綜合，稍作論述。

## （一）貶抑革命

孫中山論革命，引《易經》，有「湯武革命，順乎天而應乎人」之

[38] 顧頡剛，〈悼王靜安先生〉，參閱陳平原等編，《追憶王國維》，第112頁。
[39] 王風，〈後記〉，上引書，第486頁。
[40] 林志宏，前引書，第300頁。

語，又謂「中國古代的革命為『帝王革命』、『英雄革命』。今日的革命為『人民革命』、『國民革命』」。又說進行中國革命是：「因中國今日已為滿洲人所據，而滿清之政治腐敗已極，遂至中國之國勢亦危險已極，瓜分之禍已岌岌不可終日，非革命無以救垂亡，非革命無以圖光復。」[41]

「國變」後，鄭孝胥避居上海海藏樓，百般思考，決心「為清國遺老以沒世」。他對革命持反對態度，何以故？以革命「干名犯義」破壞綱常禮教，乃「倡亂」也。1912年2月17日，舊年除夕，鄭孝胥在日記中痛陳：「北為亂臣，南為賊子，天下安得不亡。……干名犯義，喪心昧良，此乃豺狼狗彘之種族耳，何足以列於世界之人類乎！孟子曰：上無禮，下無學，賊民興。今日之謂也。」[42]

鄭孝胥以顛覆清室為不道，視辛亥革命為叛亂。他認為，革命擾亂秩序，「是革黨得志，推倒滿洲，亦未必能強中國，何則？擾亂易而整理難，且政黨未成，民心無主故也。」[43]「即不為一朝計，民主立憲之局定，則擾亂之期反恐延長，而全國發達反致阻滯也。」[44]在他看來，革命非但破壞綱常，擾亂社會，更「流毒全國以利他族」，「然則漁人之利其在日本乎？特恐國力不足以舉此九鼎耳。必將爪剖豆分以隸於各國，彼將以華人攻華人，而舉國糜爛。」[45]

梁濟質疑辛亥革命不但沒有帶來幸福，而且禍害日酷。他這樣說：「辛亥革命如果真換得人民安泰，開千古未有之奇，則拋棄其固有之綱常而應世界之潮流，亦可謂變通之舉。乃不惟無幸福可言而且禍害日酷，且不只禍害一時而已。觀今日之形勢更達於壬子年百倍，直將舉歷史上公正醇良仁義誠敬一切美德悉付摧鋤，使全國人心盡易為陰險狠戾永久爭欺殘害無有寧日，而民彝天理將復存焉。是烏可默而無言耶。」[46]

關於革命之利與弊的爭論，由來已久。壬寅癸卯間（1902-1903）章炳麟與康有為的書辯，就曾對這一問題做過辯駁。至《民報》發刊以

---

[41] 張磊主編，《孫中山辭典》，廣東人民出版社，1994，第555-556頁。

[42] 《鄭孝胥日記》，第3冊，第1396、1399頁。

[43] 同上書，第1353頁。

[44] 同上書，第1376頁。

[45] 同上書，第1353頁。

[46] 梁煥鼎編，《桂林梁先生濟遺書》，文海出版社刊本，第344-345頁。

後與《新民叢報》對抗，愈趨激烈。當時保皇黨認為革命黨軍起，必導致國家內亂，內亂又必導致列強干涉，而召瓜分之禍。[47]鄭孝胥的說法，不過重彈保皇黨的舊調而已，並無新意。

## （二）唱衰民國

遺民深惡痛絕「民國」與「大總統」等字樣，常在文字中訛之為「氓國」與「大忡恫」，或將民國紙幣喻為陰間紙錢，以此表示反抗心態，並用來尋求彼此之間的認同與慰藉。[48]

清遺民目擊時變，反覆強調對政局觀感，頗有將民國比做中國歷史上五代時期的混亂。1912年初，清室尚未宣佈退位，政局依舊混沌不明之際，惲毓鼎親見京津地區接連發生動亂，私下抱怨驕兵結果帶來的災害，日記裡每每對此表達遁世的情緒，甚至發出「五代驕兵之禍，將見於共和世界」之感嘆。1917年張其淦（廣東東莞，1889-1947）也選擇五代來吟詠，序言中說：「茲篇之詠，所以為五代之人悲也；雖然，吾豈僅為五代之人悲也。」以古鑑今的意味十足，相當程度是一種對現實環境的不滿及投射。至1920年代，郭曾炘（福建侯官，1855-1929）仍持相同的說法，斬釘截鐵地指出：「今日之擾攘，並六朝、五季而不如乎！」[49]

清遺民藉五代諷民國，認簡直就是中國所面臨的最大一場災難。勞乃宣更言，六朝的名教為亂有百餘年，五代輕視綱常，社會數十年不安，今日的情況，則「必過六朝、五代無疑」。章梫（浙江寧海，1861-1949）的家族長輩向他形容情勢是「三綱掃地，人類將盡，不止為六朝五代亂，未可猝定」，似乎章的內心也深表同意。許珏（江蘇無錫，1843-1916）在他的《復庵遺集》中舉了馮道（882-954）的例子，談現今不懂潔身自愛的人比比皆是，上焉者相偕浮海避居，下焉者寄託利祿，隨世俗移轉，指的正是鼎革後人心的見異思遷。如此情形，難怪勞乃宣即向羅振玉慨嘆「今日西方如戰國，中夏如五代，今方在朱梁時代」，而羅則謂「已至石晉，但中間尚無差強人意之朱邪朝」，暗喻廉

---

[47] 亓冰峰，《清末革命與君憲的論爭》，中央研究院近代史研究所叢刊，1966，第168頁。

[48] 林志宏，《民國乃敵國也》，第109頁。

[49] 同上書，第182頁。

恥不再，世間只有後晉時馮道一類的人物。[50]

清遺民唱衰民國，好以六朝、五代相比擬。即憂國憤時的知識分子，亦有相同觀察，可資參證。楊蔭杭（1878-1945）1920年代曾任《申報》主筆，從其《老圃遺文集》中得知，他對當時局勢最常用的歷史比擬，就是五代。五代的特徵首先是分裂，不僅南北「各據一方，南北既分，以為未足，北與北更互相水火，南與南又互相吞噬。」其次的特徵是武人當道，文人或為武人所用，或退居邊緣。五代的另一特徵，則是「內訌不已，乃暗中乞助於外人，一如當時之乞助於契丹。」實際上，「今之外患，甚於契丹；踵起諸強，多於金元」，已到「舉國上下，同心同德，尚恐應接之不暇」的程度。[51]

## （三）厭惡共和

辛亥革命成功，政體改建民主共和，「共和」一詞，如同「自由」、「平等」般，一時成為具有政治意涵的符碼。惟清遺民多半厭惡共和。

革命爆發後不久，幕友孟森（江蘇武進，1868-1938）見鄭孝胥，為民國發言。鄭表明自己的立場說：

> 世界者，有情之質；人類者，有義之物。吾於君國，不能公然為無情無義之舉也。共和者，佳名美事，公等好為之；吾為人臣，惟有以遺老終耳。[52]

言下之意，共和雖為「佳名美事」，但不適合中國現實。

一週後，鄭孝胥則於日記上大批「共和」為「失心瘋」，有云：

> 南方士大夫毫無操守，提倡革命，附和共和。彼於共和實無所解，鄙語有所謂「失心瘋」者，殆近之矣。以利己損人久成習慣之社會，而欲高談共和，共和者，公理之至也，矜而不爭，發而不黨之效也，此豈時人所能希望乎！君子一言以為智，一言以為

---

[50] 同上書，第183頁。

[51] 羅志田，《亂世流說：民族主義與民國政治》，上海古籍出版社，2001，第144頁。

[52] 《鄭孝胥日記》，第3冊，第1356頁。

不智，擾亂天下，能發而不能收，其禍可勝言乎！[53]

鄭孝胥曾撰〈論共和之惡狀〉一文，痛斥民主立憲之失，並寄給友朋以明志。在日記上加強語氣謂：「所謂主張共和者，今皆化為官僚、土匪矣。」[54]當時黃河北決，天津水患未退，蓋辛亥以後，各省河工廢弛不治，致有今日。鄭孝胥語帶諷刺，在日記中謂：此水當名「共和水」。[55]

林紓因為對共和政體深惡痛絕，所以在1916年至1917年間，陸續寫成〈諷諭新樂府〉，暗諷民國政府北京議員諸多醜態，其中有首名為「共和實在好」，其內容如下：

> 共和共和實在好，人倫道德一起掃。
> 入手去了孔先生，五教撲地四維倒。
> 四維五教不必言，但說造反尤專門。

又王樹枏（河北新城，1851-1936）談周召共和的歷史，深感民勞板蕩，那些昔日生靈塗炭的事蹟，與今日耳聞目見相差無幾，莫不痛心。[56]

蘇輿（湖南平江，1874-1914，1904年進士）著有《辛亥濺淚集》四卷，收有七言絕句三十三首，是記辛亥武昌民兵起事後之局勢而作。有詩一首論共和：

> 幾年流血染山河，法美前車鑑已多。
> 嬴禁腹非屬監謗，新邦烏托是共和。

蘇氏自註故事說：「革黨以『共和』為名，志在去君位耳。」然後長篇大論共和之義，「於古也六，於今也六，凡有十二種，體各不同，利病各有，不能統以共和空名混之也。」「以共和言，有議長之共和，有總統之共和，自應有虛君之共和」，最後指責「國人事事師法歐美，

[53] 同上書，第1358頁。
[54] 同上書，第1669頁。
[55] 同上書，第1686頁。
[56] 林志宏，《民國乃敵國也》，第210頁。

惜乎多半無常識，往往得一知半解而不得其全體，則足以大敗也。」[57]

此外，勞乃宣撰有〈共和正解〉、〈續共和正解〉兩文，康有為有「虛君共和」說。限於篇幅，在此不贅述。

### （四）愛憎袁世凱

袁世凱在清末民初政權轉移過程中所扮演的角色，既尷尬又富爭議性。遺民對他的評價亦呈現分歧性。

遺民的內心儘管厭惡袁氏，但卻又相當無奈，私心仍寄望袁能維持現狀，保有清室之地位。林紓給鄭孝胥的信便傳達了如此的想法。因為相較於孫、黃等革命黨人，從保護清室的立場而言，遺民寧可信賴昔日為清朝服官的人。更何況為了廣結善緣，袁世凱早已積極地運用各種人際關係，分送厚禮給遺民舊臣，希望藉此爭取支持。[58]

勞乃宣先後撰〈共和正解〉與〈續共和正解〉，在以周朝「共和」比附共和之民國，希冀袁世凱猶如召穆公等之代周厲王暫掌政權，將清室復辟寄望於袁世凱。劉聲木（安徽盧江，1878-1950）係四川總督劉秉璋第三子，曾官至湖南學務。當宣統皇帝被逐出宮，先避入日本使館，旋在天津租界居住，鄭孝胥「猶日進講通鑑數頁」，劉評為「迂謬不解事」，成為「千古笑柄」。劉聲木雖肯定袁對清之忠心，但認為空言無益，因為袁雖堪稱奸雄，卻素不好學，「不能如王莽之事仿周禮，曹操之橫槊賦詩」，想要以文字感動袁世凱，「譬之與土偶人說話」，毫無用處。[59]

《辛亥濺淚集》中，對袁世凱如何利用權勢，欺玩清室，圖謀己利的情況記載甚多。其一：

> 東山一笑矢書頒，急劫棋中詎等閒。
> 益智早聞能續命，卻驚馮異凱歌還。

註文曰：方馮國璋攻破漢陽之際，若乘勝長驅武昌，則黎元洪恐早

---

[57] 蘇輿著，林慶彰、蔣秋華編輯，《蘇輿詩文集》，中央研究院中國文哲研究所，2005，第178-204頁。

[58] 林志宏，《民國乃敵國也》，第114頁。

[59] 吳志鏗，〈清遺民的晚清記憶——劉聲木個案研究〉，收入李國祁主編，《郭廷以先生百歲冥誕紀念史學論文集》，台灣商務印書館，2005，第350頁。

成為俘虜了，然袁世凱因於起復之初，即抱持坐收漁翁之利的策略，故示意前方將領，不再進攻。並請駐北京英公使朱爾典介紹兩方和議。

其二：

> 參懷只辦曲如鈎，不羨王公詎羨侯。
> 飛版昨來從北府，相公驚喜內家愁。

註文寫：袁世凱陰謀日急，恭親王溥偉堅持不可遜位。世凱以辭職為脅，太后難之。溥偉曰：「辭職可許也，另行組織內閣耳」。世凱懼，乃不辭職，令各報詆斥親貴，又假外人以自重。12月初8日，太后封世凱一等侯爵，世凱固辭不受。時孫文方有電，約清帝遜位，即以世凱為臨時總統。[60]

有的清遺民甚至不惜助革命黨的力量，以對抗袁世凱。民國剛建立，何藻翔的幾首詩透露訊息，希望遏阻袁擴張政治勢力，像是紀念于式枚的詩中便提到了與于氏、陳寶琛等人，意欲聯合岑春煊，並暗結革命黨人，避免袁氏坐大。1912年，何返廣東不久，即致函廣東都督胡漢民，揭發袁世凱的陰謀，促胡先發制人。一同參與其事的遺民尚有章梫、陳毅（湖南湘鄉，1873-1929）等人，他們也曾言及要利用二次革命的機會，「假革軍以興，俟勢成乃復辟」的想法。當洪憲帝制初萌之時，昔日的清室舊臣遺民，紛紛做出不同的抉擇。有人認為，袁世凱稱帝，將使自己陷於「棄舊君而事叛臣」的不忠不義之境；有人考慮虛與委蛇，並有意效法荊軻刺秦王之舉；當然，也許有人內心裡可能並不喜歡袁世凱的為人處世，但卻主觀地傾向支持帝制，甚至受邀而出山。[61]

## （五）悔與恨話清室

清遺民對清室的書寫，充滿遺、棄、悔、恨等各種複雜情懷。

辛亥革命最簡單的歷史意義就是：推翻專制，建立民主共和。但有謂：辛亥革命是一場「不完全的革命」，最明顯的例子就是原來清朝擔任內閣總理的袁世凱，成為民國大總統，正式繼承有清三百年的基業，所以後來又有二次革命。這場流血衝突不大，終以政權和平轉移落幕的

---

[60]　《辛亥瀝淚集》，收入《蘇輿詩文集》，第40頁，第42頁，第138頁，第205頁。
[61]　林志宏，《民國乃敵國也》，第115-117頁。

革命，有人拋出「禪讓說」，至少在清遺民的心目中，頗有「亡國未有如此之易」的訝異。[62]

對於變亂之起，清遺民並非沒有自省能力。如鄭孝胥指出：「政府之失，在於紀綱不振，苟安偷活。」[63]他在日記中，常藉時政批評清廷，1898年，戊戌變法失敗，鄭孝胥痛言：「從此又是偷生世界，亡可立待也。」[64]劉聲木對此有所發揮引申，認為清末的改官制，廢科舉，不學無術之徒得以倖進冒濫，廉恥道喪，綱紀因而敗壞。除內政不修外，劉聲木又指出，清亡的另一重要原因實是漢人意識抬頭，反抗清廷滿洲本位的不公平統治。[65]

在民軍政府擬定優待清皇室條件時，鄭孝胥聞之而有「今以亂臣賊子之思想，而取代他人忠臣義士之儀節，所謂悖禮悖德，真可笑矣。」[66]之感嘆！及《時報》載〈袁世凱辭賜侯爵並陳為難情形〉、〈段祺瑞等聯名奏請遜位〉二奏，鄭孝胥為此大發議論說：

> 聞滿洲皇族所爭者，優待條款而已，是已甘心亡國，孰能助之，哀哉！苟皇室有死社稷、殉宗廟，寧死不辱之志，則忠臣義士激發憤屬，縱至亡國，猶可為史冊之光耳。……王室如此，而欲責忠義於臣民，難矣！[67]

## 四、結語

個人嘗謂，二十世紀以來近代中國史上有四大變局，一是辛亥革命，從君主專制到共和政體；二是北伐，從南北分裂到全國統一；三是對日抗戰，從安內到攘外；四是1949年大陸政權易手，從個人獨裁到人民民主專政。余生也晚，又成長於台灣，對這四大變局並無緣親身體會，故個人直接感受並不深刻。

---

[62] 同上書，第34頁。
[63] 《鄭孝胥日記》，第3冊，第1352頁。
[64] 《鄭孝胥日記》，第2冊，第683頁。
[65] 吳志鏗，前引文，329-331頁。
[66] 《鄭孝胥日記》，第3冊，第1382頁。
[67] 同上書，第1390頁。

　　顧炎武嘗論：「有亡國，有亡天下。亡國與亡天下奚辨？曰：易姓改號謂之亡國；仁義充塞，而至於率獸食人，人將相食，謂之亡天下。」[68]從亡國到亡天下，無論朝代興衰起落，或政權輪替，一般百姓除了跟著受苦受難外，可能較無感覺。而於懷抱「國家興亡，匹夫有責」的士大夫，還有那對於「故國淪亡」特別敏感，對於「君臣之義」格外堅持的知識分子，則無異是畢生最大的椎心之痛。鼎革之後，對於清遺民在民國後那種「與世孤絕的心態，兼具孤憤忠義卻又隱逸的氣質」，[69]是可以同情和理解的。

　　就本文上述，第一部分，「國變」衝擊下的清遺民情結，從修志撰史，存故國之思；不斷髮，衣冠不改舊遺民；沿用甲子紀年，拜謁崇陵，常保時與地記憶；避居租界，置身於民國法律之外，到以死殉清，保忠義美名，這是政治變革後，清遺民在心態上、生活上和文化上一種無可奈何的消極適應。我們不能忽略，在失去政治舞台後，清遺民在經濟方面同樣頓失奧援，生活上多半陷入捉襟見肘的窘境。第二部分，清遺民對辛亥革命的負面論述，所舉並不全面，從貶抑革命、唱衰民國、厭惡民國、愛憎袁世凱到悔恨話清室，則是知識分子不改本色，在孤憤的心態下，對於新朝或時局不滿的一種積極宣洩，而更積極的作為則是唱衰民國，進而推倒民國，千方百計要為復辟開創一線生機。

　　回顧民國成立以來，政局確實動盪不安，南北分裂擾攘，武人專擅跋扈，共和一直處於風雨飄搖之中。清遺民的許多預見，或不幸而言中。職是之故，我們不能因人廢言，對清遺民若干帶有「動機不純」的預見，加以忽視。一部民國史，或許能從這些尚具「微言大義」的反面論述中，增加豐姿，平添心意，達成「橫看成嶺側成峰，遠近高低皆不同」的更高境界。

——原載中國社會科學院近代史研究所編<br>
《辛亥革命與近代中國》，第2冊，<br>
2016年2月

---

[68] 《日知錄集釋》，中華書局刊本，卷13，〈正始篇〉，第5頁。

[69] 林志宏，〈清遺民的心態及處境：以劉聲木《萇楚齋隨筆》為例〉，《東吳大學歷史學報》，第9期（2003），第207頁。

# 從嚴復到孫中山：論國人對自由觀念的詮釋

## 一、引言

國學大師錢穆曾推崇孫中山，謂：「在近代中國，能巨眼先矚，瞭解中國傳統政治，而求能把它逐步銜接上世界新潮流的，算只有孫中山先生一人。他的三民主義，實能採納世界政治新潮流之各趨勢，而使其會歸一致。」[1]

而孫中山更說：「適乎世界之潮流，合乎人群之需要。」「世界潮流，浩浩蕩蕩，順之則昌，逆之則亡。」所謂世界潮流，就是歷史發展的趨勢，所謂人群需要，就是迫待解決的社會中心課題。[2]

時至今日，法國大革命所標榜的自由、平等、博愛的理想，已幾乎成為全世界共同追求的價值。就近代中國而言，法國大革命的成功促進了辛亥革命的爆發，而其標榜的「自由、平等、博愛」三大口號，對近代中國，尤其對中國的知識界產生過巨大的影響。但中國知識分子，從嚴復、梁啟超到胡適，幾乎很少人把它做為一個完整的口號來加以引用，孫中山無疑是第一人。

三個口號之中的「自由」，被認為是西方很早的一個概念，但並非從法國大革命才開始；事實上，如果自由是指稱「人之內心生活的某種狀態」，中國自古早已有之。國人論述自由的比較多，故本文先從這個觀念切入，探討從嚴復、梁啟超到孫中山引介論述此一觀念的演變。

## 二、「自由」定義淺釋

自由是古老的，而自由主義則是近世的產物。幾乎所有探究自由主

---

[1] 錢穆，《國史新論》（台北：東大公司，1989，增訂初版），頁102。
[2] 章開沅，《章開沅學術論著選》（華中師範大學出版社，2000），頁461。

義的學者，不僅認同這一史實，也樂於做這種區分工作，因為這是確定各自研究範圍的必需。[3]

在英文裡自由分別有liberty和freedom兩個字彙，兩者幾乎可以通用，然而有些人覺得freedom是比較抽象的思想觀念，偏向哲學與政治面向；liberty則是比較具體的權利保障，偏向法律面向。[4]

海耶克（F. A. Hayek, 1899-1992）也指出，freedom和liberty這些字眼常被濫用，以致我們在使用它們表明它們當時所代表的理想時，也頗費躊躇。但對政治學意義上的自由主義理論系統而言，英國著名思想家以賽亞‧伯林（Isaiah Berlin，或譯柏林，1909-1997）開創性的以「兩種自由概念」──消極自由（negative liberty）與積極自由（positive liberty）的劃分已成為討論自由理念的經典性分析架構。[5]

根據伯林的說法，自由向來有兩種不同的界定。第一種界定關心的是「在什麼樣的限度內，一個主體可以做他想做的事，而不受到別人的干涉？」第二種意義的自由則主要考慮「什麼人有權決定某人應該去做這件事或成為這種人，而不應該做另一件事或成為另一種人？」前者導出了「自由乃外在干預之解除」，即消極自由。後者導出了「自由乃自己成為自己的主人」，即積極自由。[6]伯林說，積極自由乃從個人要作他自己的主人而來。我希望我的生活及決定係由自己作主，而不是由任何外力作主。我願意成為自己意志的工具，而不是別人意志的工具。我願意成為一個主體，而不成為一個客體。我願意受我自覺的意識所推動，而不願意無意地受外界因素的推動。這裡所說的積極的自由，已就是弗洛門（Erich Fromm）所說「有所作為的自由」。這是自由的放射（radiation）。人類生命的光、熱、力藉此得到表現。[7]消極的自由並不是「有所有為的自由」，而是增強我們對於外來的威脅、誘惑、欺騙、利用等的抗力。這種自由，至少在中國專制時代是很豐富的。在這樣的

[3] 閻潤魚，《自由主義與近代中國》（北京：新星出版社。2007），頁22。
[4] 黃克武，〈西方自由主義在現代中國〉，收入黃俊傑編，《中華文化與域外文化的互動與融合》（一）（喜瑪拉雅研究發展基金會，2006），頁349。
[5] 馮英，《嚴復自由主義思想解讀》（吉林大學出版社，2007），頁20；陳曉林譯，《自由四論》（*Four Essays on Liberty*）（台北：聯經公司，1986），頁229-246。
[6] 江宜樺，《自由主義的理路》（聯經公司，2001），頁15。
[7] 殷海光，〈自由的倫理基礎〉，收入張忠棟等編，《什麼是自由主義──現代中國自由主義資料選編》（唐山出版社，1999），頁270。

時代，只要你不想做官發財，更不想奪取政權，而隱逸山林，作「竹林七賢」，與世無爭，你便可以充分享受這種自由與呼吸一點舒展的野逸空氣。所謂「不說話的自由」，就屬於這類的自由。這類的自由，實在彌足珍貴。[8]

綜上所述，黃克武概括認為，自由有兩個面向，一是個人精神的自由，另一則為身體法律保障的自由。此一區別與伯林所謂的「積極自由」與「消極自由」相類似。前者是指個人可以積極地追求欲行之事，使自我成為一個更佳之個體；後者則是消極地排除他人對個人的干涉，要求對個人自由擁有基本的保障。[9]

# 三、中國史上的自由觀

張佛泉認為，自由有兩種指稱（designations）：一種指政治方面的保障，一種指人之內心生活的某種狀態。前者指稱下的的自由，具有十分確定的意義；後者指稱下的自由之意義沒有公認的標準。[10]

第二種指稱的自由觀念，中國早已有之。關於這方面的論述，有林載爵與周昌龍兩人，他們從古籍中入手，找到自由的涵意。

孔子說：「為仁由己，而由人乎哉！」由己指的就是一種自覺自主的精神自由狀態，強調的是個體的自主性。

其他類似的觀念還有「自得」，這在《莊子》、《孟子》、《中庸》等書中都出現過，也是意指一種與道相應的內在體驗的精神境界。

其餘如「自任」、「自適」也具有相同的意思。

「自由」二字首度出現則在東漢，趙歧注《孟子·公孫丑》下，「則吾進退豈不綽綽然有餘裕哉」一句為：「今我居師賓之位，進退自由，豈不綽綽然舒緩有餘裕乎？」東漢末年的古詩〈孔雀東南飛〉中，也把「自由」連用：「阿母謂府吏，何乃太區區！此婦無禮節，舉動自專由。吾意久懷忿，汝豈得自由！」范蔚宗在《後漢書》的〈閻皇后紀〉和〈五行志〉中也用了「自由」。

唐時，「自由」二字常入詩文之中。孔穎達注《禮記·曲禮》中有這樣的話：「不見尊者，行自由，不為容也。」在杜甫、白居易、柳宗

---

8　同上註，頁269。
9　同註4，黃克武文，頁349-350。
10　張佛泉，《自由與人權》（台灣商務印書館，2005，三刷），頁12-13。

元、杜牧、李商隱的詩中，也都出現過「自由」一詞。杜甫詩中，「自由」一詞共出現四次：

〈和裴迪登蜀州東亭送客逢早梅相憶見寄〉有：「送客逢春可自由」。

〈晦日尋崔戢李封〉有：「徒步覺自由」。

〈石柜閣〉有：「吾衰未自由」。

〈西閣二首〉之二有：「消中得自由」

白居易〈苦熱詩〉有：「始漸當此日，得作自由身」。

杜牧〈登池州九峰樓寄張枯詩〉有：「百感中來不自由」。

李商隱〈和韓錄事送官人入道〉有：「星使追還不自由」。

柳宗元〈酬曹侍御過象縣見寄〉有：「欲採萍花不自由」。

以上這些「自由」，都是用來描述或形容無拘無束、自在自足身心感受和生活舉止等狀態。

中國傳統的自由思想還包括自作主宰，不畏流俗的意思。孟子「自反而縮，雖千萬人，吾往矣」的氣概，正揭示了此後二千餘年追求真理的最高精神自由。這種信念落在社會生活上，就是對綱常名教的反抗，此類言論自由的表現，在中國傳統中甚為豐富。儘管在中國傳統思想中，上述個體自主、自作主宰、自得自在等意義下的內在自由，十分富足，但是，有制度保證，有法律保障以免於獨裁專制的政治自由或外在自由，也就是第一指稱的自由，在中國傳統中卻付之闕如。[11]

在中國傳統的思想概念中，「自由」作為一個名詞而言，周昌龍認為似乎並未占據太重要的地位。古樂府《孔雀東南飛》：「吾意懷不忿，汝豈得自由？」這「自由」與《後漢書》中的〈閻皇后紀〉：「兄弟權要，威福自由」之用法一樣，含有負面之詞。《景德傳　錄》卷23〈衡州華光范禪師〉一文載：「牛頭未見四祖時如何？師曰：自由自在」。曰：「見後如何？師曰：自由自在」。這裡二處「自由自在」的意義大異其趣。前者同於白居易〈苦熱詩〉：「始慚當此日，得作自由身」，自由又常與自在相屬成文，如《說岳全傳》第46回：「我們在此安安逸逸，自由自在不好，管他娘什麼閒事」。這「自由自在」與「安閑自在」、「清閑自在」、「逍遙自在」意義相通，都是指生活上無拘

---

[11] 林載爵，〈嚴復對自由觀的理解〉，收入劉桂生等編，《嚴復思想新論》（北京：清華大學出版社，1999），頁172-174。

無束，清靜安逸而言。後者的「自由自在」，方是哲學用語，指本體自主，不拘於外物的「自由自在」。但從先秦到宋明的儒者，都很少用「自由」這個名詞來陳述這種哲學境界。《史記‧樂書》：「樂，樂其所自生」，《集解》引鄭玄曰：「自由也」。這自由當是自來自生之義，與今日所了解之自由意義不同。同書〈貨殖列傳〉：「貧富之道，莫之予奪」，《索隱》云：「言貧富自由，無予奪」，自由也是自來之義。不過，不用名詞並不表示沒有這種精神境界或實質內涵。今日學者多已能承認，儒家自有本身的自由傳統。從前述孔子的話到《大學》要人「毋自欺」、「慎獨」，到宋儒力倡「自得」之學，都呈現出一種個人本體自主的自由人格精神。這種自由人格精神，通過「絜矩之道」，從個體逐推到群體，於是也涵攝了社會自由的意義。[12]

又金觀濤、劉青峰合著的《觀念史研究》，以統計分析為基本素材，對於中國現代重要政治術語在中國的引進、演變以及形成，作了系統的介紹。其中提到從1830年至1895年，自由觀念的主要用法，是指自己作主，與上述的傳統用法契合。作者引述三份史料加以說明：

一是《籌辦夷務始末（同治朝）》卷43：「李鴻章敢於誤國，自矜有為有猷，戀官戀賞，口碑譽頌，驕氣日盈，貴親王事事優容，其跋扈之勢，欲與南方自雄。自由自主，教外國人常不得意」（上摺附件法國照會，1866年8月27日）

二是1879年，黃遵憲在《日本雜事詩》中提到了「自由黨」，還提到了美國的「民權自由之說」，應該是「自由」擁有現代含義的開始。1877年，黃遵憲在《日本國志》也用到「自由」一詞，並對之作了簡單解釋。「由是，西學有蒸蒸日上之勢，西學既盛，服習其教者漸多，漸染其說者益眾。……論義理，則謂人受天地之命以生，各有自由自主之道。」

三是1880年代，在《西學富強叢書》中，「自由」開始廣泛使用。如「自耶穌後七百年，有法國著名者數人，書寫文字，於歐洲各國大能激動人心，辯論當時教會之道規、國家之法制，並百姓之風土人情，一一指明其弊，企望人之改正也。更欲革除苦累百姓條律，俾百姓多有自由之心；欲更變歷代尊爵之承襲，俾有才德者得獲官爵，並欲禁止為道逼迫之事，使人各憑己心拜主。」（謝衛樓[Devello Zelotos Sheffield]：

---

[12] 周昌龍，〈嚴復自由觀的三層意義〉，同上註引書，頁83-84。

《萬國通鑒》）。[13]

## 四、西方史上的自由觀

「自由」在西方雖是一個很古老的名詞，但現代人所持的自由觀念，主要乃近代之產物。在希臘只可謂有很簡單的自由觀念。譬如雅典政治家培里克里斯（Pericles）在公元前431年所發表的〈葬禮演說〉（Funeral Oration）中，他不但誇稱雅典乃一民主國，並說它的生活也是自由的。劍橋歷史教授畢瑞（Bury）在《思想自由史》一書中稱希臘羅馬時代的「理智在自由中」，稱希臘人為「思想自由及討論自由之創始者」。羅馬公共生活特點則為國先於個人。個人無所謂自由。西塞羅（Cicero）及泰伯瑞斯（Tiberius）固均曾呼籲言論自由，但彼輩所指乃官長及參議員之言論自由，非謂常人應有向眾人隨意發言之自由。羅馬家庭制度中亦無個人私自之自由。中世紀時人們所謂自由恰等於權利，也恰等於特權。此時所謂的「自由」是具體的，乃一種財產，「自由」只屬於特權階級，它是國王所賜，但並不構成一種保證。[14]

「人類生而自由，但卻無時不在枷鎖之中。」盧梭的這句名言，曾經在近代西方思想史上引發了長期的迴響，先後無數闡揚自由理念的著作與爭取自由人權的奮鬥，彷彿都在為這句名言，留下某些具體生動的註腳或印證。[15]

### （一）洛克的自由觀

洛克（John Locke, 1632-1704）集近代自由觀念之大成。近代的自由觀念是由新的人性論重新出發的。洛克對自由這個概念的基本觀點是：「人類自然地處於一種完全自由的狀態，這種狀態支配著他的行為，而不依賴於任何其他人的意志。」[16]洛克說：「我們生而是自由的，適而我們生而是有理性的，……」（Thus we are born free as we are born rational,

---

[13] 金觀濤、劉青峰，《觀念史研究──中國現代重要政治術語的形成》（香港中文大學，2008），頁568。

[14] 張佛泉，前引書，頁35-39。

[15] 陳曉林譯，《自由四論》，譯序。

[16] John Locke, *An Essay Concerning Human Understanding*, 轉引自楊令飛，《近代法國自由觀》（吉林大學出版社，2006），頁45。

…）。繼洛克之後，法之盧梭（Jean-Jacques Rousseau, 1712-1778）更像在黎明時分登在高處以一聲悲壯的胡笳向夢中的人類宣布道：「人乃生而自由，卻到處皆在鎖鏈中」（L'homme est né libre ; et partout il est dans les fers）。美國革命「聖人」傑佛遜（Thomas Jefferson, 1743-1826）更說：「給我們生命的上帝，同時給了我們自由；武力之手可以毀壞二者，但不能將二者分離」（The God who gave us life, gave us liberty at the same time, the hand of force may destroy, but cannot disjoin them）。

這是近代自由觀念之正式形成。它已由「具體的」進而成為「抽象的」，由「個別的」進而成為「普遍的」。[17]

## （二）康士坦論自由

康士坦（Benjamin Constant, 1767-1830）與托克維爾（Alexis de Tocqueville, 1805-1859）、彌爾（John Stuart Mill, 1806-1873, 或譯密爾，前譯穆勒）常被列為十九世紀最具代表性的自由主義人物。在他們三個人的貢獻下，十九世紀自由主義呈現了一種與啟蒙時代自由思想既一貫而又有別的風貌。

在康士坦看來，古代人所理解的自由主要是一種公民資格。他們雖有參與公共事務的權利，但一切私人行為都要受社會權威機構的干預和監視，私人生活的空間對他們來說並不存在。[18]

康士坦對自由觀念演變的主意貢獻是提出了「古代自由」與「現代自由」的對比。所謂古代人的自由，是指人們可以「集體、直接地行使完全主權的諸多部分；可以在公共場所審議和戰問題；可以決定是否與外國政府締結盟約；可以投票決定法案、宣佈判決；可以監督、追究官員的行為與責任；可以要求他們面對群眾大會，譴責之或罷免之。」換言之，古代人的自由以雅典城邦公民所享有的政治權利為典範，其本質是「積極且經常地參與集體權力」。由於這種自由與政治參與息息相關，康士坦也稱之為「政治的自由」（political liberty）。

相對地，現代人的自由是指一個民主國家公民所能享有的種種權利。「他們每個人都有權利只服從法律的規定，而不被恣意逮捕、拘禁、處死或凌虐。每個人都有權利發表自己的意見、選擇職業、處分財

---

[17] 同註14，頁42。
[18] 楊令飛，《近代法國自由主義研究》，頁46。

產或甚至濫用財產。人人可以來去自如，不必向任何人交待其動機或徵求其同意。人人可以與他人自由結社，不管是出於利害一致或信仰類似，或僅僅因為一時興起、臭味相投而耗在一起過個幾天或小時。最後，人人也有權利對政府的治理發揮一些影響力——或者是透過選舉官吏，或者是透過代議制、請願等政府不得不重視之方式。」這些自由（權利）都是我們耳熟能詳的權利。由於這些權利與近代市民社會的形成息息相關，康士坦也稱之為「市民的自由」（civil liberty）。

康士坦認為兩種自由各有其優點：古代人的自由使公民充分感受到統治國家的樂趣。每一個人經由這種政治自由的行使，體驗到效能感與愛國的情操。現代人的自由則使公民享有追求個人幸福的快樂。在不傷及他人權益的前提下，可以實現最大程度的自我滿足。後者比較欠缺權力效能感的享受，但卻是一種「反思的愉悅」（pleasure of reflection）。前者比較刺激、踏實，屬於一種「行動的愉悅」（pleasure of action）。[19]

## （三）托克維爾論自由

托克維爾是十九世紀法國最重要的政治社會思想家。他生於法國大革命的劇變之後、拿破崙崛起稱帝之時，終其一生，王制與共和更迭不斷，宛如傳統與現代兩種社會型態鬥爭之縮影。他的成名之作是《論美國的民主》（*De la Démocratie en Amerique*）與《舊制度與革命》（*L'Ancien Régime et la Révolution*）。

在〈革命前的法蘭西〉一文中，托克維爾曾試圖替「真正的自由觀念」下定義。他說：「每一個人，假定被自然賦予必要的智力以經營自己的生命，從一出生就應該擁有平等的不可廢除的權利，在事涉己身利害的事務上不受他人所控制，隨其所願地過生活」。這個定義明顯傾向伯林所說的「消極自由」，也就是英美自由主義傳統所強調的「免於干涉的自由」。雖然，托克維爾提出了這麼一個傾向「消極自由」的基本定義，但人們卻發現，他對自由的用法，既指涉「地方分權」、「政治參與」、「自我做主」，也可指涉「人際相互依賴」、「克服自利取向」、「追求民族的榮耀」等等，甚至大量使用了「政治自由」一詞，偏離自己所下的定義。

再者托克維爾並不是盲目地、毫無理由地讚頌自由。他認為自由的

---

[19]　江宜樺，前引書，頁65-67。

魅力就在自由本身：「多少世代中，有些人的心一直緊緊依戀著自由，使他們依戀的是自由的誘惑力、自由本身的魅力，與自由的物質利益無關。」換言之，托克維爾對自由的定位是至高而終極的，自由是一種「崇高的志趣，只有對自我人格期許最強的人才能體會得到。它是上帝的恩賜，只會進入那些準備好接受這種愛好的偉大心靈之中。」因此，自由可以使人「彼此聯合」、「與人為善」，也可以使人「熱愛祖國」、「提昇志趣」、「判別善惡」，這種自由絕對不同於十六世紀以來自由主義傳統所說的「免於政府不當干涉」的自由，它是可以包含後者，但範圍上比消極自由廣泛許多。[20]

托克維爾從多方面對自由給予熱情的讚頌，他認為自由是法蘭西斯思想的天性，「這種自由使法國人比其他各民族也許更不適於在專制制度的遺址上，建立起和平與自由的法治國家。」托克維爾研究法國大革命對自由表現出強烈的追求，認為大革命建立起人人平等的新社會，也建立起自由的政治制度。[21]

## （四）約翰·彌爾論自由

彌爾是十九世紀英國傑出的思想家，他是功利主義自由主義的代表，因其倡導個人與社會的相互協調而為理論界普遍認為是連接古典主義和新自由主義的中介。同時，因其思想鮮明地體現了以個人為本體的自由主義思想特徵，又被視為英美自由主義傳統的典型代表。[22]

在《自由論》中，彌爾系統地闡述了自由的必要性和重要性，尤其強調思想與言論自由的重要性。理由有二：第一，我們永遠不能確信被壓制的意見一定是謬誤；第二，即使確信它是謬誤，壓制它也仍然是個罪惡。此外，彌爾強調個性自由，認為只要不涉及他人個性就有維持自身和自由發展的權利。但是，彌爾的個性自由並非毫無限制。每人都變得對自己更有價值，對他人才能夠更有價值，於是群體乃至社會就有了價值與活力。[23]

彌爾提倡的「自由原則」（the principle of liberty）乃是其《自由論》的核心論旨。所謂「自由原則」，是指一個人應該享有最大程度的

---

[20] 江宜樺，前引書，頁123-125。
[21] 楊令飛，前引書，頁270、46。
[22] 馮英，前引書，頁63。
[23] 董小燕，《嚴復思想研究》，頁113。

思想、言論與行動的自由，只要個人不侵犯其他人的權利、不傷害其他人的利益，外界就不能隨便或剝奪他（她）的自由。彌爾所要保障的「自由行為」包含三大領域。首先是內在意識方面的自由，涵蓋了信仰自由、思想自由以及表達意見的自由。其次，個人也應該擁有追求品味及志趣的自由，人人都可以為自己規劃適合自己的生活藍圖，去做自己想做的事。只要這些事情並未損及他人，不管行為本身在他人看來如何愚蠢或乖張，也不必向社會負責。第三，人與人之間可以有相互結合的自由。只要結合的目的並不是為了傷害他人，則成年人均可在不受矇騙或強迫的情況下相互結合。這種「只要不傷害他人，就可以從心所欲」的態度，正是「自由原則」的精髓。[24]

## 五、國人對西方自由觀的詮釋

### （一）嚴復（1854-1921）

　　嚴復，字又陵，福建侯官人。對於嚴復的生平與思想，學界已有非常多的研究，這些著作已清楚地刻畫了嚴復一生的種種事蹟。黃克武在其專著《自由的所以然——嚴復對約翰彌爾自由思想的認識與批判》一書中，把嚴復的生平與思想劃分為三個階段，即第一個階段1854年出生至1894年甲午戰爭；第二個階段1894年甲午戰爭至1912年民國肇建，為嚴復致力於著述與翻譯的主要時刻；第三個階段為嚴復的晚年，自1912年民國成立至1921年去世。[25]在此不贅述。

　　思想界對嚴復的評價，相當正面。例如梁啟超稱：「嚴氏於中西學，皆為我國第一流人物。」以「五四之子」的身分聞名，自稱「五四的兒子」與「五四後期人物」的殷海光對嚴復備極推崇，認為「近代中國的知識分子中」，嚴復「真正是學貫中西的第一人」。「真正立身嚴正不流並用理知思考問題的以嚴復第一人」，「真正能將西方近代典型的學術思想介紹到中國的也以嚴復為第一人」。[26]

---

[24] 江宜樺，前引書，頁143-147。
[25] 黃克武，《自由的所以然——嚴復對約翰彌爾自由思想的認識與批判》（台北：允晨文化公司，1998），頁39-40。
[26] 殷海光，〈自由主義的趨向〉，收入周陽山等編，《近代中國思想人物論——自由主義》（時報公司，1980），頁22。

　　學界對嚴復的貢獻，幾乎也都是有口皆碑，同聲稱讚。張岱年稱「嚴復是中國近代具有深遠影響的啟蒙思想家」，[27]林啟彥譽嚴復為「昌明國粹、擷取西知、陶鑄國魂的傑出思想家」，也是「近代中國思想文化史上里程式的巨人」。[28]汪榮祖認為，「嚴復以他雅飭的文筆，譯介了西方主要思潮，給予清末民初的思想極大衝擊，對當時中國思想界的除舊佈新，貢獻至鉅。」[29]董小燕引康有為的話，譽嚴復為中國「西學第一者」，作為近代中國向西方尋救國救民真理的先行人物，在中國近代思想史上有著十分重要的地位。[30]蔡樂蘇說：「嚴復在中國近代思想史上的崇高地位是普遍公認的。他不僅是一位卓越的翻譯家，而且也是中國近代著名的啟蒙思想家。是他，才大大縮短了中國思想與世界近代思想之間的距離。」[31]

　　對於嚴復在中國近代上的地位，李澤厚認為，嚴復不是什麼「法家」，也不在於代表改良派，而在於他是近代中國主要的啟蒙思想家。他代表了近代中國向西方尋找真理所走到的嶄新階段，他帶給中國人以一種新的世界觀，起了空前的廣泛影響和長遠作用，這種啟蒙影響和作用不只是在戊戌時期對改良派，更主要突出的是對後幾代的年輕愛國者和革命家。[32]

　　嚴復是把西語「自由」的觀念引入到中國的第一人。他從中國傳統文化資源中找到「自由」一詞來詮釋西語的liberty。他在《群己權界論‧譯凡例》中闡釋說，西文liberty，原古文為libertas，其次與常用的freedom同義。而freedom是指「無掛礙也」，又與英文slavery、subjection、bondage、necessity等字為對義。[33]

　　嚴復對自由的看法，雖然不完全忽略消極自由，卻明顯地傾向積極自由。據黃克武的分析，嚴復對自由有幾種看法。茲擇其與本文密切相關者，扼要敘述如下：

---

[27] 劉桂生等編，《嚴復思想新論》，張岱年序。

[28] 同上書，林啟彥序。

[29] 汪榮祖，〈嚴復新論〉，同上書，頁17。

[30] 董小燕，《嚴復思想研究》（浙江大學出版社，2006），頁2。

[31] 蔡樂蘇，〈嚴復與盧梭、斯賓塞〉，同註26引書，頁287。

[32] 李澤厚，《中國近代思想史論》（台北：風雲時代，1990），頁304。

[33] 嚴復，《群己權界論‧譯凡例》，收入王栻主編，《嚴復集》（一）（中華書局，1986），頁133。

### 甲、強調個人自由與尊嚴

嚴復了解並肯定彌爾有關個人自由與尊嚴的許多想法。彌爾在*On Liberty*中，討論自由之條目時，強調三種自由，即思想言論自由、行為自由（嚴復譯為「行己自繇」），以及個人相結合的自由，即結社自由，嚴復譯為「氣類自由」，並說這三種自由「設不為社會政府所同認者，則其國非自繇之國。」

### 乙、西方自由觀念有其獨特性

嚴復偏向積極自由的想法非常類似於儒家傳統的樂觀主義的認識論與強調個人自主的觀點，亦即認為人心能夠「知道」，並且應該「從道」，因而表現與傳統的連續性。話雖如此，嚴復還是認識到西方自由觀念有其獨特性，亦即清楚地理解到西方自由學說是中國以前的思想界所沒有的新概念。

### 丙、自由即莊子的在宥與楊朱的為我

嚴復除了解到西方自由觀念有其特殊之處外，他也強調中西觀念有會通的可能。例如嚴復在莊子之中所發現的自由之旨，一方面固然包含了道家那種不受束縛、超脫物我對立的精神自由，另一方面他也把道家無為的主張和自由放任的政治經濟政策結合在一起。他認為道家所主張的「自由」也包括上位者採取自由放任的統制方法，而下位者亦可利用此一自由的空間自我發展，自立自強，成為盡責任與重義務的「國民」。這樣一來，嚴復好像是用莊子的精神來描寫一種將伯林所謂的積極自由與消極自由整合在一起的理想。

嚴復對楊朱思想亦重作評估，認為他們所強調地「為我」，並不等於「私」，肯定自我的發展與價值，其說等於西方的「個人主義」。

### 丁、西方自由觀念與儒家、墨家理想的會通

嚴復認為西方自由觀念與儒家、墨家的道德理想是相通的。他認為自由即是儒家的恕與絜矩之道與墨家的推己及人與兼愛理想。[34]

嚴復的自由思想是豐富而複雜的，董小燕認為，探析嚴復「自由」

---

[34] 黃克武，《自由的所以然》，頁201-217。

概念的內涵，主要有三方面的特色：

## 甲、個人自由與個性尊嚴

個人自由與尊嚴是嚴復自由觀中的重要組成部分，也是所有自由主義者的題中之義。正如黃克武所說，受傳統儒家的影響，嚴復在關注個人自由的同時，不忘國群自由，注重小己與國群的平衡。

## 乙、冶積極自由與消極自由於一爐

在中國傳統儒家文化薰染下的嚴復，如同近代中國大多數自由主義者一樣，在很大程度上把「自由」當作是一種道德的、值得追求的精神。這種精神與英國政治家格林（T. H. Green）所說的「積極自由」有異曲同工之妙。積極自由從本質上說是一種精神自由，一種道德的善。嚴復也是從一意義上來欣賞老莊的自由，並試圖把老莊自由匯入西式自由的概念中。

不過，嚴復自由觀中更多的是彌爾等「消極自由」的傾向。一方面，自由是人的基本權利，自由必須以法律為限度，縱使國君，也不能侵人自由。另一方面，由於社會的進步、國家的富強，一一基於小己的品質，小己之品質又有待於「民德、民力、民智」的提升，而提升「三民」素質的重要途徑是興民權、開議院、實行地方自治，這又要與民眾放棄一己的散漫自由，積極參與公共政治生活，以成全國群之全體公民的自由。故曰，「消極自由」與「積極自由」冶於一爐，使嚴復的自由觀呈現複雜的內涵。

## 丙、強調群己之平衡

嚴復深知，個人主義式自由主義的核心價值，個人權利與個人價值的尊嚴是社會發展的前提和西方自由與富強的源泉。但嚴復在引介西方自由觀念時，並沒有照單全收，而是根據自己的理解與問題意識作了修正，強調個人自由與國群自由之間的平衡和互動。自由只能建立在個人自由和政府權威（管理）相輔相成的基礎之上。所以，自由主題下的諸種對應關係的平衡，可以視為是嚴復對西式自由主義「個人本位」的補充與超越，從而使嚴復的自由主義更具有現代性。[35]

---

[35] 董小燕，《嚴復思想研究》，頁126-132。

嚴復鼓吹自由的第一個目的，是希望通過自由重建合理的國家權力分配制度，使個人為自由自律之個人，國群亦為自由自律之國群。周昌龍認為，嚴復的自由觀有個不同之層次。區分群己權界，以法權保障自由，為第一層次。融入「絜矩之道」，以自由人格之推展提升自由之境界，為第二層次。提倡地方自治，落實公民自由，為由虛返實之第三層次。為貫徹地方自治，構成國群之需要放棄一己之散漫之自由，以成國群全體之公民自由。[36]

## （二）梁啟超（1873-1929）

梁啟超，字卓如，號任公，又號飲冰室主人，廣東新會人。與嚴復一樣，學界對於梁啟超的生平與思想，同樣有非常多的研究和不同評價。殷海光論曰：「梁啟超的思想有相當自由和進取的趨向，雖然他的思想多變而且還有保守的成分。無疑，他是近代中國自由與民主運動之一個重要的開路先鋒。從清末到民初，他是『言論界的驕子』。在那個階段，他的風頭之健和對知識分子的影響力之大，只有五四時代的胡適可比。」[37]

李澤厚認為，梁啟超在歷史上的地位，是在思想方面。在思想方面的地位，又在宣傳方面，即並不在有多大的獨創性（與康有為不同），他不是思想家，而只是宣傳家。從1898年至1903年，是梁氏作為啟蒙宣傳家的黃金時期，是他一生中最有群眾影響，起了最好客觀作用的時期。[38]

耿雲志說：「梁啟超是中國過渡時代的典型人物。……在文化上亦中亦西，力求融貫中西。在學術上，亦新亦舊，力求新舊匯通。推動中國走上現代發展的道路，建設起現代的立憲政治、高度發展的經濟和文化，是他一生奮鬥的目標。」[39]

黃克武認為，梁啟超是一位複雜多變的思想家，在中國近代史上也是一個頗具爭議性的人物。在二十世紀初年，中國知識界正處於抉擇之關頭，面臨了轉化與調適兩種選擇，黃克武所關懷的是梁氏在調適方面的主張。據作者研究，梁氏調適思想的一大特色就是對個人自由的高度

---

[36] 周昌龍，〈嚴復自由觀的三層意義〉，同註26引書，頁84-85。

[37] 殷海光，〈自由主義的趨向〉，同註26引書，頁32。

[38] 李澤厚，《中國近代思想史論》，頁501-502。

[39] 耿雲志、崔志海著，《梁啟超》（廣東人民出版社，1994），頁506。

肯定。他肯定儒家以個人之「尊德性」與「道問學」為「為人之本」的看法，在此傳統之下他接受王陽明「良知」的觀念，以為個人不但是道德行為的主宰，而且在知識方面，自我透過格物、窮理與其他的來源可以了解公理，此一公理的權威要超過聖賢豪傑與四書五經上的主張；而人們在政治活動中要決定尊敬現存的體制或推翻惡法，也是要靠個人依據公理所做的判斷。他並強調上述的判斷必須是以思想自由為前提。作者以為這一種以良知為中心的人性觀與知識論以及他對思想自由的強調，是梁氏重視自我的重要基礎。[40]

梁啟超思想的另一個特點是他與傳統的密切關係。首先，黃克武認為儒家傳統，尤其是陽明學派的思想傳統，對個人的尊重是梁氏個人自由觀之基礎。梁啟超對個人的重視不但有傳統的根源，也與他較強的幽暗意識有密切關係。梁氏對人性黑暗面的理解使他體認到人類群體生活中，由於每個人所有的私心，必定會產生衝突與競爭，所以一定要以法律來設定「界」，以保障個人的自由與權利，否則個人權利不但會受他人剝奪，也會受到團體剝奪。後者也就是他所反覆討論的「惡法」的問題，而梁氏以為個人對於惡法所採的態度，亦即在某些情況之下應尊重惡法，而在某些情況應推翻惡法，也完全依靠個人的抉擇，由此可見，他對個人自由與權利的重視與他的人性論是結合在一起的。[41]

梁啟超在日本學者福澤諭吉（1834-1901）等人的影響下，對自由作了三層考察；從人文主義角度看自由，它是一種與生俱來的自主精神；從政治學來考察，它是一種生存和發展權利；從歷史發展的角度來考察，個人自由與社會的自由密不可分。梁啟超對自由的三層考察實際上包含著兩層意義：其一，作為目的論的自由，這是一種「爭為強者而獨立」的狀態。其二，作為思想方法論的自由，這是一種破舊立新的理性精神。[42]

郭湛波認為，「梁氏學博而不精，思想隨時代而轉移，與康氏不同，故思想不易捉摸。」論其自由觀，梁氏說，「不自由，毋寧死。其語也，實十八九兩世紀中，歐美諸國民所以立國之本原也。……自由

---

[40] 黃克武，《一個被放棄的選擇：梁啟超調適思想之研究》（中央研究院近代史研究所專刊70，1994），頁181-182。

[41] 同上註，頁185-187。

[42] 蔣慶學，《梁啟超和中國古代學術的終結》（江蘇教育出版社，1998），頁36-38。

者，奴隸之對待也。綜觀歐美自由發達史，其所爭者，不出四端：一曰政治上之自由，二曰宗教上之自由，三曰民族上之自由，四曰生計上之自由。⋯⋯自由云者，團體之自由，非個人之自由，野蠻時代，個人之自由勝，而團體之自由亡；文明時代，團體之自由勝，而個人之自由滅。」在中國數千年宗法封建社會之下，當然無自由可談；在國只有君主之暴行，而人民為奴隸；在家只有家長之淫威，而無個人之自由，所以梁氏倡新民說，首須倡自由之思想。[43]

## （三）胡適

梁啟超以後的言論大家要數胡適。胡適比梁啟超的思想進步。胡適沒有嚴復那種古典氣息，也少有梁啟超的浪漫氣息。陳獨秀的思想構造粗糙，文筆則頗潑辣。胡適的思想比他們細密，文筆則特別清和。作為思想家來看，梁啟超以多變出名；胡適卻不像梁啟超那樣多變。[44]

嚴復、梁啟超兩人作為中國自由主義的第一代佈道人，胡適在上海讀書期間，就領略過他們思想文字的魅力，他自然不能漠視他們。胡適曾閱讀過嚴復譯本《天演論》、《群己權界論》、《群學肆言》等，在《五十年來中國之文學》中他稱嚴復是「介紹西方近世思想的第一人」，由於嚴復的精美古雅的譯著，「中國學者方才漸漸知道西洋除了槍炮兵船之外，還有精到的哲學思想可以供我們採用。」

較之嚴復，梁啟超對胡適的影響更是不容忽視。胡適為了寫〈原日本之所由強〉，搜讀了由梁啟超主編的《新民叢報》。胡適認為，「新民說的最大貢獻，在於指出中國民族缺乏西洋民族的許多美德」，且篤信一旦中國人採捕吸收這些美德，便可鑄就中國的一代新民。梁氏的〈新民說〉在當時的思想文化界風靡一時。因此胡適在不惑之年還饒是激動地回憶當時的情景：「（梁氏）抱著滿腔的熱誠，懷著無限的信心，用他的那枝『筆鋒常帶情感』的健筆，指揮著那無數的歷史例證，組織成那些能使人鼓舞，使人掉淚，使人感激奮發的文章。」總之，「〈新民說〉諸篇給我開闢了一個新世界，使我們澈底相信中國之外還有很高的民族，很高等的文化。」

從思想淵源來看，胡適雖然不認為自己宗奉嚴、梁二人，但是就他

---

[43] 郭湛波，《近五十年中國思想史》（山東人民出版社，1997），頁42-43。

[44] 殷海光，〈自由主義的趨向〉，同註26引書，頁65。

宣揚的民主憲政的實際情況而言，無疑是沿襲了英美自由主義傳統，與嚴復同出一脈。梁啟超由於思想博雜，他的西方知識主要是借重於中文譯本或日文譯本，從他宣傳的內容來看，主要偏向於法蘭西一系，尤喜盧梭的民約精義。

就個人自由而言，嚴、梁二人都毫不例外地重視，尤其是思想言論自由和個體獨立之精神。在嚴復眼中，「言論自絲，只是平實地說實話求真理，一不為古人所欺，二不為權勢所屈而已。」梁啟超認為思想自由，就在於個人不為「古人」、「世俗」、「境遇」與「情欲」的奴隸。換言之，個人應突破傳統與現實權威的束縛，以公理做為行事的準繩。胡適較之兩位前輩有過之而無不及：「我們深信，爭自由的方法在於負責任的人說負責任的話」，「我們不說時髦話，不唱時髦的調子，只要人撇開成見，看看事實能給我們真理，只有真理能使我們獨立。」不過，就個人自由與國家富強而論，嚴復顯然爭取個人自由作為促進民智民德以及達到國家目的的必要手段。梁啟超自然不會無視這一現實逼迫，但他力圖以他著名的國民形象為標志的新的人格和社會理想來挽救沒落的中華帝國。這種對個人自由的工具性把握的傾向，胡適未能幸免。

胡適對「自由」的基本概念，可由他1949年剛到台灣，在中山堂的一篇題為「中國文化裡的自由傳統」演講中得知。首先，他強調，「自由」這個意義，這個理想，「自由」這個名詞，並不是外面來的，不是洋貨，是中國古代就有的。其次，他還說，「自由」可把它倒轉回來為「由自」，就是「由於自己」，就是「由自己作主」，不受外來壓迫的意思。他還引王安石的一首白話詩：

> 風吹屋頂瓦，
> 正打破我頭。
> 我終不恨瓦，
> 此瓦不自由。

這可表示古代人對自由的意義，就是「自己作主」的意思。[45]

---

[45] 胡頌平編著，《胡適之先生年譜長編初稿》（聯經公司，1984），（六），頁2078-2079。

關於個人自由與國家自由的關係，胡適曾說：「現在有人對你們說：『犧牲你們個人的自由，去求國家的自由！』，我對你們說，『爭你們個人的自由，便是為國家爭自由！爭你們自己的人格，便是為國家爭人格！』」[46]1952年胡適訪台，到各地演說，不斷地重申他這個信念：不要為了「國家自由」而犧牲「個人自由」；相反地，為「個人自由」而奮鬥，也就是相當於為「國家自由」奮鬥。[47]

除個人自由外，胡適在五四期間更關心公民參與政治的自由，以及思想、言論、出版的自由。他對自由的吶喊是與民主政治的設計相結合的。他在30年代中期之反對獨裁，擁護民主的價值，40年代末全面闡述自由主義的思想內涵，直至50年代創辦《自由中國》雜誌，可以說，胡適一生是自由主義的鬥士。[48]

## （四）陳獨秀、李大釗

陳獨秀（1879-1942），字仲甫，安徽懷寧人；李大釗（1888-1927），字守常，又名丹忱，河北樂亭人，兩人皆留學日本，回國後應聘為北大教授，參與《新青年》的編務，並參加五四運動。

就對個人自由的關注而論，他們均相當重視思想言論自由。陳獨秀明確指出：「討論學理之自由，乃神聖自由也」，「言論思想自由，是文明進化的第一重要條件」。李大釗認為言論自由的真諦在於：「但察其是，勿拒其非，縱袞其同，莫禁其異」；「反覆辯論，獲其中庸之理」；「最後豪定之辭，勿得輕用，終極評判之語，勿得漫加」。只有如此，「健全之輿論成，而美滿之憲政就矣」。因此，李大釗強調，制定憲法，「其他皆有商榷之餘地，獨於思想自由之保障，則為絕對的主張。」他還著〈危險思想與言論自由〉一文，宣揚思想解放言論自由。

陳、李兩人憎恨專制社會對個人自由的壓制，希望改造它以釋放個人、造福社會、拯救祖國之能力。因此，他們將目光轉移到如何實現與保障個人的自由權利上。陳獨秀說：「真國家者，犧牲個人一部分之權

---

[46] 顏德如、朱仁政，〈胡適自由主義思想新探〉，收入顏德如主編，《自由主義與近代中國》（吉林文史出版社，2003），頁128-131。

[47] 薛化元，《《自由中國》與民主憲政——1950年代台灣思想史的一個考察》（稻香，1996），頁207。

[48] 董德福，《梁啟超與胡適——兩代知識分子學思歷程的比較研究》（吉林人民出版社，2004），頁323-324。

利，以保全體國民之權利也。」易言之，只有「以人民為主人，以執政為公僕」的民主共和國才是「真國家」，也才符合「立憲制之潮流」、「世界系之軌道」。在李大釗看來，「自由為人類生存必需之要求，無自由則無生存之價值」，國民要求「生存之價值」，「當先求憲法之能保障充分之自由」，因為「憲法者，現代國民自由之證券也」。胡適雖然當時沒有像陳、李二人那樣大張旗鼓的宣傳自由與憲政，但從他回國後大力宣揚的個人主義哲學和他起草的〈我們的政治主張〉來看，他明顯贊賞建立一個以充分發展個性自由為鵠的的民主共和國。[49]

## 六、孫中山論自由

　　基於上述，我們對於自由的定義，大致有一個共識性的瞭解；對於中國古書上出現的自由一辭，亦有一個初步的認識；更重要的是，對於近代以來西方學者如何詮釋自由觀念以及中國學者從嚴復、梁啟超、胡適到陳獨秀、李大釗等人對於自由觀如何引介，並論述其個人觀點，亦得到一些基本的看法。這些問題的先行釐清，將使我們對於孫中山之論述自由觀，有一個相互對照、比較的基礎，不致於徒託空言，或漫無界限。

　　孫中山自敘：「余之謀中國革命，其所持主義，有因襲我國固有之思想者，有規撫歐美學說事蹟者，有吾所獨見而創獲者。」又1921年他在〈三民主義之具體辦法〉演講中曾說：「兄弟底三民主義，是集合中外底學說，順應世界潮流所得知。……由此可知兄弟底三民主義，不但是有來歷，而且迎合現代底潮流。」

　　中外學者論博大精深的三民主義者多，只談自由觀小問題者少，在此略引幾位學者的說法如下：

　　河北師範大學歷史文化學院苑書義教授立論的要點有五：

　　（1）孫中山的自由觀有一個發展演變的過程。

　　（2）孫中山的自由觀有其自身邏輯和理論依據。

　　（3）孫中山的自由觀之所以從重視「國民自由」轉向爭取「國家自由」，是「內審中國之情勢，外牽世界之潮流」，在「集合中外的精華，防止一切流弊」的基礎上，「益以創新」的

---

[49] 同註45，頁132-133。

結果。

（4）孫中山贊揚彌爾限制自由範圍的主張，卻迴避了彌爾自由觀的核心，即尊重個人自由，反對社會習俗的專制。

（5）孫中山「為國家爭自由」的自由觀，絕非祖源於西方某個特定學派（但帶有各個學派的某些影子），還深受中國傳統文化的影響和制約。[50]

復旦大學歷史系姜義華教授，在〈論孫中山的自由平等觀〉一文中，提出了幾點看法：

（1）孫中山認為，歐洲啟蒙思想之所以將爭取自由放在首要地位，是歐洲特殊的社會歷史條件所造成。

（2）孫中山肯定盧梭的自由平等論，卻批評他的天賦人權說。

（3）孫中山欣賞彌爾的自由論，給予熱情的讚揚。

（4）就思想淵源來說，孫中山1924年所闡述的自由平等論，基本上是祖源於彌爾、斯賓塞（Herbert Spencer, 1820-1903）一派的學說，而補充以國家主義派的一些重要論點。[51]

廈門大學歷史系教授羅耀九論同樣性質的題目，卻有著不盡相同的論述：

（1）在孫中山的著作中找不到專門闡述西方自由理論的文章。

（2）孫中山的自由平等觀是崇高的愛國主義的表現。

（3）孫中山的自由平等觀是從政治鬥爭的需要來考慮，以推翻滿清、打倒軍閥、反對帝國主義為大前提，凡與此目的不一致的理論，他不採納，所以孫中山的自由平等觀含有缺點，應該可以理解。[52]

湖南師大專門研究孫中山思想，著作甚豐的韋杰廷教授，在其專著《孫中山民權主義探微》一書中，特闢專章探討孫中山的自由觀，茲擇其要點如下：

---

[50] 苑書義，〈孫中山自由觀〉，收入林家有、李明主編，《看清世界與正視中國——孫中山與世界國際學術研討會論文選集》（天津古籍出版社，2005），頁149-161。

[51] 姜義華，〈論孫中山的自由平等觀〉，收入氏著，《大道大行——孫中山思想發微》（廣東人民出版社，1996），頁70-81。

[52] 羅耀九，〈孫中山的自由平等觀〉，收入張磊主編，《孫中山與中國近代化》（北京人民出版社，1999），頁193-203。

（1）孫中山關於「自由」的釋義有三種：其一，是指民族和國家的自由；其二，是指通常所理解的人民在政治上的自由；其三，是指走向極端的個人自由。

（2）孫中山強調個人自由要順從國家自由，並非出自個人的主觀好惡，而係他所處時代的中國社會現實所決定的。

（3）孫中山反對「一片散沙」式的自由，並非否定人們享有正當的個人自由。

（4）孫中山片面地強調了團體內個人對組織的服從，機械地剝奪了社會一部分成員享有正當個人自由的權利，把自由與紀律完全對立起來。孫中山在強調紀律的同時，完全排除了自由的必要，這樣就陷入了思維的絕對化和片面化，走到了一個極端，從而也在他關於自由的理論上留下了一個缺陷。[53]

陳儀深在政治大學的博士論文，《中山先生的民主理論》，其第三章「民主思想的一般論題」也闢有一節，專論自由。茲歸納其看法如下：

（1）孫中山所談的自由有三種指謂（designations），即野蠻的自由、文明的自由、國家的自由，第一種是他所反對的，第三種是他一再主張的，第二種是既不反對也不主張的。

（2）孫中山對政治自由「輕描淡寫」，他在這方面所強調、所主張的自由卻只有選舉、罷免、創制、複決四種參政的自由。[54]

綜合上述兩岸學者對自由觀念的研究，再參酌西方學者從洛克、康士坦、托克維爾、彌爾到中國學者從嚴復、梁啟超到胡適等人的闡釋，我們或可嘗試對孫中山的自由觀，作一個兼具中西思想背景的兩點歸納：

（1）個人自由與國家自由

孫中山認為，在中國歷史上並不缺少個人自由（即使在專制時代只要不對王朝構成威脅），甚至「自由太多了」，那是一種「一片散沙」、「放蕩不羈」的自由，無法形成堅固的團體，自然影響國家的自

---

[53] 韋杰廷、陳先初著，《孫中山民權主義探微》（廣西師範大學出版社，1995），頁127-145。

[54] 陳儀深，《中山先生的民主理論》（台灣商務印書館，岫廬文庫070，1985，2版），頁113、119。

由。作為一個以反抗帝國主義為終極關懷，以追求國家富強為目標的革命倡導人，他所念茲在茲的是國家的自由。不言而喻，他並不否定人民享有正當的個人自由，但他更主張的是有紀律的個人自由，能夠服從國家自由，必要時犧牲個人自由的自由。這與托克維爾所強調的，「自由是一種崇高的志趣」，它可以使人「彼此聯合」、「熱愛祖國」，有異曲同工之處。嚴復亦主張，要民眾放棄一己的散漫自由，積極參與公共政治生活，以成全國群之全體公民的自由。

（2）政治自由的內涵

伯林所謂「積極自由」的概念，涉及到個人與社會體制之間的交互關係，即「什麼東西或什麼人，有權控制、干涉、從而決定某人應該去做這件事、成為這種人，而不應該去做另一件事、成為另一種人？」[55] 政治自由應屬於「積極自由」的一種。

陳儀深認為，孫中山對政治自由「輕描淡寫」，他在這方面所強調、所主張的自由卻只有選舉、罷免、創制、複決四種參政的自由。[56] 事實並非如此。作為民權主義的重要觀念，孫中山所強調的是人民在共和制度下應能自由地享有「主人」的各種政治權利，包括集會、結社、言論、出版、居住、信仰之完全自由權以及選舉、罷免、創制、複決四大直接民權。[57]此外，地方自治是孫中山很早就有的政治主張。在孫中山的政體設計中，地方自治是一個極為重要的組成部分，也是實行民治的主要手段。在〈中華民國建設之基礎〉一文中，孫中山曾明確指出，「中華民國之建設，以人民為基礎」，要使主權在民為名稱其實，必須實行民治，實行民治有四項方略，而第一方略便是地方自治。[58]

本文一開頭，以錢穆推崇孫中山的話作為開場白，現再以錢穆的話作為結束語。他這樣說：「推敲孫先生政治意見的最大用心處，實與中國傳統政治精義無大差遠」。與嚴復、梁啟超一樣，在孫中山的身上同樣可以找到傳統思想的根源。錢穆又說：「大體上，在他（孫中山）總是有意參酌中外古今而自創一新格。惜乎他的意見與理想，不易為國人所接受。人人只把一套自己所懂得於外國的來衡量，來批評，則孫

---

[55] 陳曉林譯，《自由四論》，頁xi。

[56] 同註52。

[57] 韋杰廷等，《孫中山民權主義探微》，頁127。

[58] 孫中山，〈中華民國建設之基礎〉，秦孝儀主編，《國父全集》（近代中國出版社，1989），第二冊，頁351-354。

先生的主張，既不合英美，又不合蘇聯，亦不合德意，將見為一無是處。」[59]

　　孫中山是位實際革命的領導者，他的政治思想難免不為配合實際革命的需要而創發立論，事實上並無害於其思想與理論之純潔與超越性。先哲先賢的思想與理論，有待國人繼續研發增補與不斷試驗，隨時代進步而賦予新內容、新生命。事實上，孫中山思想並非一無是處，他的巨眼先矚，他的許多劃時代的設計，不少已經在海峽兩岸次第實現。

——原載中山學術文化基金會出版《中山先生建國宏規與實踐》，

2011年10月

---

[59] 錢穆，《國史新論》，頁103。

# 留歐知識社群與孫中山革命

## 一、前言

孫中山的革命運動，自1905年聚全國菁英而成立之同盟會後，進入一個國內外連結的新紀元，從此革命風氣大開，知識分子響應革命者漸多，海內外互通聲氣，分會次第成立，在會員結構上亦產生質變的作用。

社群（community）是社會科學界慣用的辭語，甚至被認為是十九世紀以來社會學一個相當重要的概念。它意味者人與人之間高度的親密性、社會凝聚性、道德上的許諾，以及時間上的連續性。[1]

胡漢民曾謂：「同盟會之構成，以知識階級（留學生與內地學生）為主體。」[2]本文所要論述的知識社群，殆即近於胡氏所稱的知識階級，亦與桑兵教授所指的知識界的社團[3]相去不遠，大體是一個界定比較模糊而寬廣的概念，它們因某種身分或理念而結合，組織鬆散，並不像政黨般具備強而有力的紀律，但仍有一定的結社活動，而在關鍵時刻產生關鍵性的影響。

孫中山在《孫文學說》「有志竟成」篇中回憶說：「及己巳（光緒31年，1905）之秋，集合全國之英俊而成立革命同盟會於東京之日，吾始信革命大業可及身而成矣。於是乃敢定立中華民國之名稱，而公布於黨員，使之各回本省鼓吹革命主義，而傳布中華民國之思想焉。」又說：「自革命同盟會成立之後，予之希望則為之開一新紀元，蓋前此雖身當百難之衝，為舉世所非笑唾罵，一敗再敗，而猶冒險猛進者，仍未

---

[1] 陳文德、黃應貴主編，《社群研究的省思》（中央研究院民族學研究所，2002），導論，頁2。

[2] 胡漢民，《胡漢民自傳》（傳記文學出版社，1982），頁71。

[3] 桑兵，《清末新知識界的社團與活動》（北京三聯書店，1995）。

敢望革命排滿事業能及吾身而成者也。」[4]

留歐知識社群,大體有三股力量對孫中山的革命運動產生直接而具體的影響。茲分述如下。

## 二、散漫但具衝擊力的歐洲留學界

清末在廷臣疆吏的相繼提倡下,各省紛紛遣派學生赴日、美、歐(比利時、法國、德國)留學者漸多,歐洲尤以比國為重心。據馮自由稱,留歐學生以鄂籍佔大多數,除湖北因為興學較早,文風頗盛外,學生多富於感情衝動性,湖北學生界隱然成一革命團體。其中堅分子,如李書城祕密聯絡軍隊;孔庚密為代派《新民叢報》;曹亞伯藉教會為護符,以日知會為宣傳機關;賀之才間道赴上海,密攜《革命軍》數百冊回鄂,散布鼓吹。當道以學界趨向革命,為釜底抽薪計,乃擇其中好事者數十人,遣派東西洋留學。於是朱和中等被派赴德,賀之才、史青、魏宸祖、胡秉柯等被派赴比。計湖北學生先後被派赴比、德、法各國者百數十人。留歐學生十九屬鄂籍者,其故在此。[5]鄂督端方的這種做法,無異將革命的火種由國內傳播到國外,最後將這些散布於各地、原互不統屬的火種匯聚成流的,便是孫中山。

### (一)孫中山與比國留學界的世紀大辯論

在清末革命潮流浩浩蕩蕩之際,有留學生之處,便有革命活動,歐洲亦不例外。革命黨人在歐洲的革命活動遠在同盟會成立之前。但當時黨的名稱尚未正式定出,組織亦未完備,故在歐洲社會上,尚未正式成立黨部。[6]

孫中山為加強革命宣傳,號召更多知識青年參與,1905年初,在中國同盟會未成立之前,曾有一趟歐洲之行。促成孫中山歐洲之行的是劉成禹(舊金山《大同日報》主筆),而其川資則是由旅比、德、法三國學生所共同捐助。

1904年冬,孫中山由美乘輪到倫敦,再於翌年春間渡海先到比京,

---

[4] 秦孝儀主編,《國父全集》(近代中國出版社,1989),第1冊,頁415。
[5] 馮自由,《中華民國開國前革命史》(世界書局,1984,3版),第1冊,頁186-187。
[6] 陳三井,《中山先生與法國》(台灣書店,2002),頁54。

寓史青家中。這時比國留學生不過三十餘人，孫中山在此與他們的核心分子暢談數日夜，並曾進行兩次較大辯論。

## （1）革命方略

主要是孫中山與朱和中的大辯論。

孫先生問若輩主張革命，其進行方法如何？朱以更換新軍腦筋，開通士子知識為言。先生不以為然，謂秀才不能造反，軍隊不能革命。朱乃將武漢三鎮經過之事實，詳細陳述。先生仍覺藉會黨暴動較為可靠。朱又將唐才常等失敗之經過反覆申述，並言會黨在長江自新軍成立後無有勢力，且會黨之志在搶掠，若果成功，反為所制。經過三天三夜的針鋒相對，結果始定為雙方並進。朱復正言道：「革命者最高之理論，會黨無知分子，豈能作為骨幹？歷次革命所以不成功者，正以知識分子未贊成耳。」先生又歷述史堅如、陸皓東諸人之學問以證之。朱則曰：「人數太少，無濟於事，必大多知識分子均贊成我輩，則事半功倍矣！」先生乃深以為然，並為言今後將發展革命勢力於留學界，留學生之獻身革命者，分途作領導之人。[7]張玉法認為，孫中山加強聯絡知識分子並注意聯絡新軍，係受留歐學生的影響；又同盟會時代不完全利用會黨，其方略即決於此時。[8]孫中山的革命方略，從會黨轉而側重知識分子，進而聯絡新軍，確係這次與留歐學生辯論後所做的修正，他承認並支持這群青年菁英的獨特觀點。[9]

## （2）宣誓問題

參加革命，係屬祕密行為，攸關團體安危與個人身家性命問題，故必須特別慎重。孫中山在與留比國學生見面後，雖有不同調之處，但彼此極為融洽，先生因提議組織革命團體，眾皆贊同，惟當先生提出宣誓一事，諸人又復紛紛持異議，謂我輩既真心革命，何用宣誓？朱和中對於誓約採天運紀年，魏宸祖對當（對）天發誓一層，略有詰辯。經先生

7　朱和中，〈留歐同盟會紀實〉，《革命文獻》（中國國民黨黨史委員會，1953），第2輯，頁116。
8　張玉法，《清季的革命團體》（中央研究院近代史研究所，1975），頁306。
9　白吉爾（Marie-Claire Bergère）原著，溫洽溢譯《孫逸仙》（台北：時報出版社，2010），頁144。

多方解釋，認為宣誓手續非常重要，眾始無異議。[10]

革命領袖為何特別看重宣誓一事？茲引蔣介石的想法稍作補充。蔣認為：「黨員入黨宣誓，為黨員的終身大事；宣誓以後，自己的生命能力和自由幸福，一切都貢獻於黨中，再也不能游離於組織之外，決無徘徊觀望的可能了。」[11]

比京是孫中山旅歐的第一站，當時約有三十餘人參加宣誓。據朱和中記憶，名單如下：

朱和中、賀之才、史青、魏宸組、李蕃昌、陳寬沅、王治輝、劉蔭莆（文貞）、李崇武、程培鑫、李魚門、李標（彪）、楊蔭渠、喻毓西、黃大偉、孔慶叡、姚業經、劉庠雲、羅葆經、王鴻猷、高魯、馮啟鈞。除姚業經以下，係隨後加盟者外，另有列日（Liège）七人，係孔慶叡回後加盟者，不記其名。[12]

馮自由所列名單，尚有程光鑫、李仁炳、胡錚三人。[13]張玉法所列比京通訊處名單，尚有石瑛、楊循祖、李炳仁、程光鑫、石鴻羲五人。[14]

以上多半為鄂督端方於1903年所奏派前往比國學習實業者，是為留歐學界組織革命團體之嚆矢。

## （二）孫中山在柏林面對挑戰

比京革命團體既成立，孫中山旋偕朱和中至德。在柏林，孫中山同樣遭遇留德學生的問難。其一是馬德潤對於五權憲法不甚贊成，認為係抄譯自德國憲法、普魯士憲法以為範本。馬在國內曾肄業自強學堂學德文，已入柏林大學聽講，程度較一般留德學生為高。先生反覆請其加盟，甚至言願推馬為首領，願服從其領導，惟馬始終不贊成，亦不肯加盟（一說馬已加盟）。[15]

其二，早在比京時，孫中山便提議以「驅逐韃虜，恢復中華，創設

---

[10] 朱和中，前引文；馮自由，《革命逸史》（台灣商務印書館，1971，2版），第2集，頁129。
[11] 秦孝儀等編，《總統蔣公大事長編初稿》（中正文教基金會，1952），卷11，頁110。
[12] 朱和中，前引文，頁117。
[13] 馮自由，《革命逸史》，第2集，頁130。
[14] 張玉法，前引書，頁330。
[15] 朱和中，前引文，頁119。

民國，平均地權」四事為黨中綱領。值得我們注意的是，先生之所以堅決主張「平均地權」，不僅是受到當時世界流行的社會主義的影響，力主社會主義，更因為平均地權與節制資本為解決社會問題，亦即民生問題的方法。有薛仙舟者，曾任江南留學生監督饒智果之翻譯，後饒遭撤差回國，薛則利用船費留學。眾人對革命建設之事，多無異議，唯獨薛君對平均地權，反駁甚力。[16]

在德國，透過朱和中介紹入黨者，有劉家倕、陳匡時、馮承鈞、周澤春、王發科、王相楚、賓步程、錢匯東（春）等二十餘人。[17]

## （三）法國二王之叛盟

朱和中分析當時歐洲留學界的情形，有謂：「比京為同盟會之起點，亦為革命之重心。……柏林則良莠不齊，巴黎情形更複雜，倫敦竟不能成立同盟會。」[18]可見孫中山此行之艱苦。

孫中山在巴黎時，尚發生王發科、王相楚二人竊取盟書，並向駐法公使孫寶琦舉發的叛盟事件。

關於王發科、王相楚兩人叛盟事，無論馮自由或朱和中都有詳細記載，取其簡明易懂者引述如下：

> （中山抵巴黎），因與法國殖民大臣有所接洽，尚未得要領，乃暫寓利倭尼街之瓦克握旅館，坐待好音。一日外出歸寓，忽發覺被盜，其貯藏物事之小革囊被刀割一大洞，所有黨員入會誓書及安南有關之重要文件均被竊去。中山大驚，急電比京告賀等以狀。賀等乃公推胡秉柯赴法，謀善後策。始查悉為留德學生王發科、王相楚等所為。……（王等）相偕赴法，……其本意擬向中山哀求發還誓書，值中山外出不遇，而見其惟一小革囊在焉。遂以小刀割之，盡攫所有，急攜赴清使孫寶琦處，叩頭哭訴，備言悔狀。寶琦不欲遽興大獄，命吳宗濂及二王將各盟書發還本人，……且斥曰：爾等加入革命黨，是叛清朝也，又來首告，是又叛革命黨也。且陷害同學，人格何在？良心何存？[19]

---

16 同前註。

17 馮自由，《中華民國開國前革命史》，第1冊，頁188-189。

18 朱和中，前引文，頁120。

19 馮自由，《中華民國開國前革命史》，第1冊，頁190。

巴黎之革命風氣，原來即較為淡薄，叛盟事件多少亦產生影響。留歐學界經此次風潮後，駐比、德、法各革命團體遂決定重新改組，各會員一律再寫誓約，凡品行有虧及信仰不堅者，概行淘汰。

1905年秋，東京中國同盟會本部成立，留歐學界之革命團體得本部通告，始確定同盟會之名稱，並先後在比、德、法、英、瑞士各國設立通訊處。自此，散漫無組織之留歐學界遂在同盟會號召之下，聲氣相通，為辛亥革命做出貢獻。

## 三、世界社的成立及其作用

世界社於1907年成立於法國巴黎達盧街25號（25, rue Dareau），主要發起人是李石曾（煜瀛）、張靜江（人傑）和吳稚暉（敬恆）三人。

先是，李石曾與張靜江於1902年以隨員名義隨孫寶琦出使法國。兩人同行出國，一見如故，氣味相投，尚未動身，即有「世界之遊的志願與計畫」，一切設想均以世界為目標。經北京到上海，再由上海至法國馬賽，在船上一連三、四十天，兩人仍時時研究將來如何達成中西文化教育交流的前途，由廣義的「至大無外」至狹義的「至小無內」，無論空間、時間、人間、物間，無不包括在內，其後好友吳稚暉亦以上海《蘇報案》被通緝，流亡英國倫敦，並應張靜江之邀，來到巴黎，共商發起世界社之志趣，並討論進行之具體計畫。最後由蔡元培、吳稚暉、張靜江、李石曾、汪兆銘、褚民誼等聯名正式發起，世界社於焉成立。其宗旨在「傳布正當之人道，紹介真理之科學」。

李石曾是個十足的理想家，他自稱「廿二歲出遊四海，半世紀曾歷五洲」，具有超越時間、空間、人間、物間的世界觀，放眼世界，以全人類文明的進步為志趣，故世界社的事業從教育入手，以著述或出版雜誌廣佈宣傳為媒介，至高至大，無所不包，茲簡述如下：

### （一）著述與出版事業

如在法國刊行之各項書報，始於巴黎刊行之《世界》畫報，《新世紀週刊》，「新世紀叢書」；後更有《旅歐教育運動》、《旅歐週刊》等。

## （二）學術與研究事業

推廣「遠東生物學研究會」（研究生物學之理解與致用），附設化學試驗所、大豆研究所等。

推廣「美術研究會」；預備改良計劃，推行新樂等事。

續辦「人地學社」，附邵氏藏書樓。

## （三）教育與文化事業

國外之留學運動如「留法儉學會」，附設法文預備學校、「勤工儉學會」、「海外大學」等；

國內之「中法大學」、「稚暉大學」等。

國內之各項教育文化機關，如上海之「世界學校」、「圖書學校」，北平與郊外之「孔德學校」、「法文專修館」、「戲曲學校」、「西山學校」、「溫泉學校」及七十農村小學等。

其他如學會、研究會、社、所、院、圖書館、重文館（為重疊之文，即文藝與文獻）等不可勝書。

## （四）社會與經濟事業

如互助社（互相集資，維持無公費之自費生）、合作社、醫院、農村組織、工廠、公司、路礦、銀行等，亦在在皆是。

又如「進德會」與「社會改良會」。

海外之「通義公司」、「通義銀行」、「豆腐公司」等尤與革命運動、教育運動、建設運動均有密切之關係。[20]

世界社提倡人類互助進化，鼓吹世界大同。據李石曾自剖，世界社是一種小型的會社組織，但其設備已遍各大洲之多國多地；它也是一種具體而微的世界社會之全民組織，與一般國家之政黨組織不同，兩者之異，前者為超國性，後者為國性；前者為民性，後者為官性；前者為愛性，後者為感性，是故兩者為平行之進展，可相助而不相代。[21]

世界社成立於巴黎，並推廣於上海、北平等地，它以「世界」之名出現於刊物，《世界》為文化社會建設之刊物，同時出版的《新世紀》

---

[20] 李石曾，〈石僧筆記〉，《李石曾先生文集》（中國國民黨黨史委員會，1980），下冊，頁37-42。

[21] 李石曾，〈世界社哲學試言〉，《李石曾先生文集》，上冊，頁356。

則為當時革命之祕密機關,與《民報》相呼應。有一段時間《民報》不能立足於日本,亦由巴黎《新世紀》出版社發行。當時《世界》、《新世紀》、《民報》形成兄弟姐妹刊,實「世界出版協社」之權輿也。[22]

世界社與同盟會領袖孫中山為革命工作而聯合;最初為友黨之關係,其後愈為密切結合。孫中山以輔導人名義助世界社之發展,原有無政府主義色彩的李石曾、吳稚暉、張繼等人均加入同盟會為會員,然與一般黨員有稍異之點。[23]

巴黎達盧街25號固為世界社之發軔地,亦即為革命黨人在歐洲活動之中心處所。孫中山每過巴黎,必至世界社與革命同志見面。惟世界社同仁與孫中山之革命方略亦有不盡相同之見解,雙方至少有過兩次辯論:

關於革命以後之國制問題,興中會、同盟會初主採用合眾政府或一元制之共和國,似有兩可之趨勢,後則趨於一元制之成分較多;世界社則主多元制之共和國,略如美國。最後雙方有充分之諒解,即孫中山定均權制度於建國大綱之中,說明不偏中央集權或地方分權之精神,而國制之商榷遂告段落。此節與中華民國憲法之精神與演進,有莫大之關係而不可疏忽者。

此外,孫中山不主張聯邦制度,乃根據事實以美國為反例。蓋美國已分於前,故須有聯於後;中國未分,故無所謂聯。當時世界社社友如吳稚暉、蔡元培、張靜江、張繼、李石曾等多人均傾向聯邦,或且主張甚力,並曾直接或間接與孫中山討論過此等問題。[24]

# 四、「新世紀派」對革命的支持

《新世紀》(La Novaj Tempo, 世界語)周報於1907年6月22日創刊於巴黎,1910年5月21日停刊,共出121期,由吳稚暉、李石曾、褚民誼負責編輯,張靜江負責財務。在《新世紀》中,吳稚暉以燃、燃料、夷、四無、留歐學界一分子、留英一客等為筆名;李石曾則以真、真民為筆名;褚民誼也使用民、千夜等的筆名。在發刊辭中宣稱:「本報議論,

---

[22] 李石曾,〈重印巴黎新世紀書後〉,《李石曾先生文集》,上冊,頁374。
[23] 李石曾,〈談憲〉,《李石曾先生文集》,下冊,頁129。
[24] 同上註。

皆憑公理與良心發揮，冀為一種刻刻進化，日日更新之革命報。」[25]

中國無政府主義的傳入始於1901到1902年，而以日本的「天義派」和法國的「新世紀派」為代表。

法國是著名的無政府主義者蒲魯東（Pierre Joseph Proudhon, 1809-1865）的故鄉，也是巴枯寧（M. A. Bakunin, 1814-1876）、克魯泡特金（Peter A. Kropotkin, 1842-1921）以及其他許多國際無政府主義者經常活動的地方。十九世紀後期，在法國流行的暗殺風潮衰退，而80年代前後，克魯泡特金和邵可侶（Elisée Reclus, 1830-1905）等人開始介紹新的「無政府共產主義」。克魯泡特金是十九世紀後期至二十世紀初期一位具有國際影響的無政府主義理論家和活動家，並且是國際性的地理學家。他的主要著作有《麵包掠取》（1892）、《田園、工場、手工場》（1899）、《現代科學與無政府主義》（1901）和《互助論》（1902）等，直接影響了中國無政府派。邵可侶與克氏一樣，也是一位著名的法國地理學家與無政府主義者。他的主要著作有《進化、革命和無政府理想》（1892）、《世界新地理》（1875-1894）、《人與地》（1905-1908）等。他向住在法國的中國人傳播無政府主義，並直接影響了以後《新世紀》的創刊。此外，格拉弗（Jean Grave）[26]也是法國無政府主義理論家，著有《垂死的社會和無政府狀態》、《革命與改良》、《未來社會》等，從1902年到1908年之間，他與中國留學生之間關係密切，並協助他們的社會活動。嚴格說來，在法國的中國留學生中的無政府主義思想的源泉，是邵可侶和格拉弗所翻譯的克魯泡特金的思想。[27]

《新世紀》創刊後，有不少文章是從格拉弗主編的法文《新世紀》雜誌上翻譯而來。邵可侶的侄子保羅‧邵可侶（Paul Reclus）和世界社同人的關係也很密切。李石曾自己曾說：「邵先生是一位天下馳名的大地理學家，同時也是一位大革命家、大思想家、大著作家。他叔侄兩位是相類的人物。……小邵是我最好的朋友」，並與吳稚暉比較說：「邵

---

[25] 〈新世紀發展之趣意〉，《新世紀》（文海出版社，1987年翻印）第1號，1907年6月22日。

[26] 有關邵可侶與格拉弗的無政府主義思想，請參見Marie Fleming, *The Anarchist Way to Socialism*（London: Croom Helm, 1979）.

[27] 曹世鉉，《清末民初無政府派的文化思想》（社會科學文獻出版社，2003），頁56-58。

可侶是法國的吳稚暉，吳稚暉是中國的邵可侶。」[28]

《新世紀》的幾位主要負責人，幾乎都與「世界社」的組織成員重疊。李石曾在巴黎家庭式膳宿公寓（pension）常遇見保羅・邵可侶，頻將克氏所著《互助論》、陸謨克（Lamark）所著《生物互助並存論》、居友（J. M. Gugau）所著《自然道德論》介紹宣揚，石曾聞而樂之。[29]其後，李氏通過邵可侶受到了十八世紀法國啟蒙思想家的影響，推崇盧梭和伏爾泰反對強權、反對宗教的哲學。又通過保羅・邵可侶的介紹認識了無政府主義。李氏可能是對邵可侶的無政府主義倫理學印象很深，因此他也以無政府主義者的標準實行嚴格的倫理生活，其代表事例就是實踐素食主義而參加肉體勞動。無疑的，他是留法學生中全面接受無政府主義之第一人。[30]

張靜江，浙江吳興人，除了在上海、巴黎間經營古玩、茶葉、絲綢等貿易，並在紐約開設分公司外，他與李石曾一樣，「旅法數年，漸結識西歐無政府主義黨諸學者，獲聆蒲魯東、巴枯寧、克魯泡特金等學說，因之思想銳進，立論怪特，隱然以中國無政府主義之宣講師自任。」不過，除馮自由說他「縱談所篤信之無政府、無宗教、無家庭等學說，議論生風，所談男女關係之界說，尤見天真」[31]一節外，並未發現他為《新世紀》寫過文章或留下相關學說論述，可見他是個行動派，而不是理論家。李石曾亦曾指出，「公（指張）重實行，生平發表自親撰述之文章極少。」[32]

新世紀派的主要撰稿者褚民誼，本來是張靜江的同鄉後輩，先到日本留學研讀政治經濟，後來又隨張靜江到法國，參加李石曾創辦的豆腐工廠，開始接受無政府主義學說。他可能受到克氏《告少年》的影響最大，曾在《新世紀》撰文曰：「閱克陸（魯）泡特金之《告少年》，然後知世之不公平者，斷非藉律師之力，所能展轉也，根本之問題，不能解決，則社會種種，終不得正當。所謂根本問題者，則社會組織之問題也。」[33]

[28] 李石曾，〈石僧筆記〉，《李石曾先生文集》，下冊，頁58。

[29] 楊愷齡，《民國李石曾先生煜瀛年譜》（商務印書館，1980），頁18。

[30] 曹世鉉，前引書，頁58-59。

[31] 馮自由，〈新世紀主人張靜江〉，《革命逸史》，第2集，頁223-224。

[32] 李石曾，〈靜江先生傳記之一〉，《李石曾先生文集》，上冊，頁382。

[33] 民，〈續無政府說〉，《新世紀》，第46號，1908年5月9日。

　　吳稚暉抵法後，受到李石曾的影響而成為一個無政府主義者。吳、李等人在宣傳無政府主義的文章中，經常使用「大同」、「公理」、「良心」等傳統詞語，其中「大同」指理想社會，即無政府共產社會，「公理」代表自然和社會普遍法則，即科學、真理的同意詞，還有，「良心」在這裡指一種自然道德。吳稚暉在〈談無政府主義之閑天〉一文中論述道：

> 無政府三個字，乃世間最吉祥的名詞。……果其互相消除國界，即最粗淺之一端。……無政府者有「道德」而無「法律」；惟「各盡所能」，而不可謂之「義務」；惟「各取所需」，而無「治人與被治者」；此之謂無政府。[34]

　　從上面引文中，可知新世紀派對科學、道德及教育的深信，以及無義務、無權利的無政府倫理觀。

　　總之，巴黎新世紀派所宣稱的無政府主義思想，堅決反對宗教、傳統、家族、放縱、知識分子、統治、軍閥、國家等，同時積極贊同自由、科學、人道、革命、共產、國際等，其主要實現手段包括「書說」、「抵抗」、「結會」、「暗殺」、「眾人起事」等方法。在革命宣傳中，他們始終堅持互助論的信念，即追求人性的進化、社會的進化，最終達到理想社會。[35]

　　從「世界社」到「新世紀派」，多數成員皆為志同道合的同盟會會員。蔡元培、吳稚暉、張靜江、李石曾號稱「民國四老」。四老之中，最早加入同盟會的應屬蔡元培（1905年8月），吳稚暉於1905年冬與孫中山在倫敦見面，由曹亞伯介紹正式加入同盟會。1905年，張靜江在法國郵輪上結識了孫中山，表示願意在財政方面資助孫中山的革命活動，這是大家熟知的一段佳話。1906年張在新加坡正式加入同盟會。入盟最晚的是李石曾，他在1906年8月經張靜江介紹加入同盟會。《新世紀》另一編輯褚民誼，亦於1906年4月隨張靜江過新加坡時，在晚晴園宣示入盟。

　　新世紀派同人之加入同盟會，在手續上與一般會員稍有不同。同盟

---

[34] X與X，〈談無政府之閑天〉，《新世紀》，第49號，1908年5月30日。

[35] 曹世鉉，前引書，頁64-65。

會在當時是一個祕密的革命團體，為了防止祕密的洩漏，不得不嚴格規定，但因防備過嚴，對於自信自尊與自由意志是一種損傷，而與新世紀派所標榜的無政府主義，追求自由理想，無拘無束等，自然有所扦格。例如規定要對天發誓一節，都不太願意，認為物質的天，沒有上帝，用不著發誓。而且先前他們已經在做著革命的工作，用不著再發誓了。基於這些考慮，經孫先生特許，李、張等在入會時並沒有完成全部手續。為此，李石曾曾自況：「吳稚暉、張靜江兩先生和我在同盟會和國民黨裡，一方面是正式黨員，同時也可以說是黨友。黨員是要嚴格遵守紀律的，黨友則尺度稍有不同了。」[36]

既是革命黨員，又兼具黨友身分的李、吳、張等人，一面批評同盟會的革命理論，一面肯定同盟會革命論的現實意義，這一點是與東京講習會派（劉師培、張繼等）不同的地方。李石曾和褚民誼兩人對同盟會的三民主義批判相對比較激烈，排滿革命活動經驗比較豐富的吳稚暉對同盟會路線的態度則較溫和。吳稚暉認為民族主義的革命會成為復仇革命，共和革命僅是過渡，最終是大同革命，便是無政府主義的境界。從《新世紀》所刊載的文章中得知，當時巴黎無政府派所要推翻的國家和政府的具體對象就是清朝，這一點與同盟會的宗旨不謀而合，他們認為推翻清朝就意味者無政府主義革命的開端。新世紀派主張的不是滿族和漢族之間的對立，而是對皇帝體制的消滅。他們不僅要打倒清皇室和依附皇室而生存的官僚，並且仇視主張君主立憲的康、梁等人。褚民誼不僅攻擊了君主立憲派，而且也批評了共和革命派。[37]

# 五、結語

本文所論述的留歐知識社群，在空間上涵蓋比利時、德國、法國、英國、瑞士等歐洲主要國家，而以留學生、世界社、《新世紀》周刊三大群體為主軸；在時間上始自孫中山1905年初春的訪歐，而止於1910年5月《新世紀》的停刊。

從以上的簡單勾勒，大致可以獲得幾點觀察，作為本文的結束。

（一）留歐學生在人數上不如日本眾多，而且分散各國而不集中，

---

[36] 李石曾，〈中山先生胸襟浩瀚〉，《李石曾先生文集》，上冊，頁410-412。
[37] 曹世鉉，前引書，頁65-68。

彼此甚少聯繫，更談不上組織，其所以能夠漸次凝聚力量，形成革命團體，乃拜孫中山革命號召之賜。

（二）留歐學生在加盟過程中，於孫中山的革命方略，如會黨與知識分子的孰輕孰重、五權憲法、平均地權等問題，乃至於宣誓手續等技術小節，都有過質疑辯論，此與東京中國同盟會籌備會上，有人主張取消平均地權，如出一轍。足見主義與建國宏規在塑造過程中，需要透過民主辯論，始更能服眾。這方面留歐學生有較為顯著的貢獻。

（三）在法國巴黎，尚有超越留學生層級，而以商人、游學者和雜誌編輯為結合的兩個知識社群，一個是李石曾、張靜江、吳稚暉等人所發起的世界社，他們出版《世界》畫報，提倡人類互助進化，鼓吹世界大同，希望從教育入手，促進全人類文明的進步；一個也是李石曾、張靜江、吳稚暉、褚民誼等具有無政府主義思想者所出版的《新世紀》周刊，他們標榜世界革命，同時加入同盟會，主張推翻滿清政府，兩者相激相盪，在革命的宣傳與進行過程中，與孫中山大抵形成一種競合關係，彼此相知相惜，相輔相成，而發揮最大的革命助力作用。而孫中山亦從尊重（與蔡元培、吳稚暉兩人年齡相近，以及他們在蘇報案的革命活動經驗等）的角度出發，雙方看法雖不盡相同，立場雖不盡一致（同盟會以中國為中心，世界社團以世界為中心），但大肚能容，胸襟浩瀚，秉持「匯百川而成巨流」的精神，共同為革命大業而奮鬥！

簡而言之，知識社群之參加組織，響應革命，並不完全在於疆場上之拋頭顱、灑熱血以決勝負，而在於主義之信仰和宣傳與建國宏規之參贊擘劃，或出之於起義經費之贊助支援，此乃留歐知識社群對辛亥革命之主要貢獻也。

——原載王曉秋主編，《辛亥革命與世界》，北京大學，2013年8月

# 孫中山與北京湖廣會館綜述

## 一、會館的起源與功能

　　傳統中國社會的主要特徵之一，便是具有高度的血緣性和地緣性。血緣組織如家族制度，地緣組織如會館制度，均係應社會實際需要而產生，具有積極的社會與經濟功能。較早研究會館的旅美學者何炳棣認為，「會館是同鄉人士在京師和其他異鄉城市所建立，專為同鄉停留聚會或推進事務的場所。狹義的會館，指同鄉人士所公立的硬體建築，廣義的會館指整體的同鄉組織與其他功能。京師郡邑會館最初是同鄉仕宦公餘聚會之所，逐漸演變成試館，但始終不免同鄉商人參加的痕跡。京師以外的會館多屬同鄉工商組合的性質，但亦往往有仕宦參加的痕跡。」所以說，早期的會館，具有中國人傳統的慎終追遠以及熱愛鄉土鄉親的美德。

　　論其起源，在京師者設置較早，現存史料中可溯至明永樂年間，較前此一般學者認為的草創時期要早一百四十年。會館的出現，首先是安徽蕪湖人俞謨在北京設置的蕪湖會館，其目的或許是做為親朋寓居之所，或者可看作官吏涉足商業活動的開始。

　　後來，會館的性質逐漸演變，成為旅居異地的同鄉為聯絡鄉誼而在都城或各大城市設立的辦事機構。其所建館舍，主要供同鄉寄寓或歲時聚會。會館又只是一種地方性的同行業緣組織，故亦稱公所，或公會。歷史上的會館，按其性質及職能，大致可分為「試館」（同鄉會館）和「行館」（工商會館）兩種。永樂19年（1421）正月，明成祖正式遷都北京。其後，北京成為全國政治、文化中心，同時也是北方的商業中心。由於科舉制度的發展，北京成為名人薈萃之地，每逢大比之年，春秋兩闈，各地士子雲集京城，以求「黃榜題名」。各地在京官紳為光耀桑梓，解決應試同鄉的住宿問題，於是紛紛公議捐資，創建會館。

　　明清兩代，北京會館的總數究有多少？眾說紛紜，大概在三九一所

至四四五所之間，至光緒年間尚存三八七所，其後隨著科舉考試的廢除，名存而實廢的會館有五八所。據北京檔案館統計，至1949年前，北京共有三九一所，絕大部分是清代修建的。據統計，廣東省在京會館共四三所，有趣的是部分會館與廣東籍名人息息相關。如清初學者朱彝尊曾在順德會館的古藤書屋編寫出《日下舊聞》。東莞新館曾是清初名將年羹堯的故居。番禺會館曾是龔自珍的故居。康有為兩次進京應試就住於南海會館，其後會館成為康有為策劃戊戌變法的重要政治舞台。梁啟超十八歲進京應試，住在新會會館，後來在此館舉行婚禮。孫中山亦於民國元年入住過香山會館。而會館中與孫中山關係最密切的卻是北京湖廣會館。

## 二、北京湖廣會館的建築特色

湖廣會館是北京著名的會館之一，它是湖南、湖北兩省旅京人士為聯絡鄉誼而建的，主要用於接待來京趕考的舉人和在京等待任命的官員，兼及同鄉寄宿或歲時聚會。自嘉慶12年（1807）集資興建，迄今已逾二百年。相傳原址為清代達官名流的故居。最早住在這裡的是乾隆元年（1736）進士、浙江鹽運使張惟寅。第二位是乾隆25年（1760）進士，歷任左都御史、吏部尚書、協辦大學士、兵部尚書、體仁閣大學士、太子少保的劉權之。第三位是乾隆26年（1761）狀元，官至東閣大學士、兼管禮部事務，加太子太傅的王杰。最後是乾隆55年（1790）進士，官至刑科給事中的葉繼雯，其子孫三代世居於此。嘉慶12年，湖南長沙人、體仁閣大學士劉權之與湖北黃岡人、順天府尹李鈞簡為光耀桑梓，聯絡南北鄉誼，創建湖廣會館於北京虎坊橋葉氏舊宅。

由於初創的湖廣會館地址狹隘，以後館舍年久失修，破敗不堪，不足以壯觀瞻而隆祀典，曾經多次修繕：

第一次，道光10年（1830），由蔣祥墀、何凌漢等人倡議，集資重修，主要工程是「升其壁宇」，並新建戲樓，增建文昌閣，湖廣會館的規模和格局因而確定。

第二次，道光29年（1849），由湖南湘鄉人、禮部侍郎曾國藩等倡議重修，該館之風雨懷人館及假山等，均係此次重修時所增建。同治9年（1870）10月11日，曾國藩六十誕辰，當時旅京的兩湖同鄉官紳在館內舉行盛宴為其祝壽。

第三次，光緒18年（1892），由湖南茶陵人譚鍾麟制軍與湖北江夏人張仲炘通參主持重修，歷時四年，該館的規模及其總體格局由此確定。

第四次在1990年開始，陸續動員遷出佔用會館的工廠、機關、居民，並由北京市天橋投資開發公司投資三千萬人民幣，全面動工修竣，1997年正式對外開放。

北京湖廣會館的建築特點是主體宏大，樓閣高敞，偏院曲折，戲樓為主，廟堂隱蔽，其佈局在北京各省級會館中，可說是獨一無二的，茲略為介紹如下：

## （一）戲樓

在館內正院之前，為二捲重檐式二層樓閣建築，至今已有一八〇年的歷史。舞台正中，掛有黑地金字「雲裳同詠」匾額，其圓柱上掛有一幅長約一丈七尺的對聯，右聯曰：「魏闕共朝宗，氣象萬千，宛在洞庭雲夢」，左聯是：「康衢偕舞蹈，官商一片，依然白雲陽春。」戲樓是兩湖旅京同鄉集會公宴、演劇聯歡之地。其他各省喜慶彩觴，也常在此舉行。著名京劇大師譚鑫培、余叔岩、梅蘭芳等都曾在此登台演出。大戲樓富麗堂皇，古色古香，現每晚仍由京劇名家演出，雅座包廂，特色茶點，品茶賞戲，為北京人及海內外遊客提供一個領略欣賞戲曲藝術的絕佳去處。

## （二）風雨懷人館

相傳為曾國藩重修時所建，原無名稱，以葉潤臣寓此時，有《風雨懷人館圖冊》廣徵題詠，因而得名。修復後的「風雨懷人館」位於寶善堂前二樓上，現已闢為「孫中山研究室」。

## （三）鄉賢祠

在館內中院二層樓房的第一層，祠內原供奉「全楚先賢神位」一座，現已遺失。祠西廊原立有《重修湖廣會館碑記》古碑二塊，尚存。每年陰曆正月，兩湖旅京同鄉都要在此公祭鄉賢，並舉行團拜活動。

## （四）文昌閣

在鄉賢祠樓上，會館規定，每年祭鄉賢時，同時公祭文昌帝君神

位。閣內原掛有「璿璣斡運」匾額，閣前原掛有「雲漢為章」匾額，現此二匾均已遺失。文昌閣和鄉賢祠現闢為北京戲曲博物館的展廳。梨園珍品，京劇古蹟，戲曲文物文獻，瀏覽之中，可陶冶性情。

## （五）寶善堂

原在館內西院，後遷建於中路北面，為後院中堂。民國以後成為重要開會場所。1949年後，在擴建騾馬東大街時，將該堂拆除，現已復原重修。

## （六）楚畹堂

在館內西院，堂中裝修雅潔，四壁嵌有名人手跡石刻。過去，兩湖旅京名流學士多在這裡宴會唱酬，現已修復，並擴建成一個能容納二百人就餐的具有戲曲文化特色的飯莊，湖廣會館集湘鄂兩地私房菜之精華，在京城獨樹一幟。

## （七）子午井

位在鄉賢祠前，據紀昀（曉嵐）所著《閱微草堂筆記》中記載，此井「子午二時汲則甘，餘時則否，其理莫名。」故名。在修復過程中發現井口，並已重修漢白玉井台，惜井水已乾涸。

總之湖廣會館除建築古蹟可以欣賞外，並有三樓（戲樓、酒樓、茶樓）一館（展覽館）可以消遣休憩，已成為觀光客必遊的景點之一。


# 三、孫中山四次蒞臨湖廣會館

清末民初，由於北京缺少公共集會場所，有些大會館遂成為政治、社會活動的重要場所，許多重大的歷史事件便在此發生。北京湖廣會館北臨騾馬市大街，東靠虎坊路，交通便利，在民國初年的政壇上扮演了重要的地位，那就是孫中山曾四次蒞臨，在革命史上佔有光輝的一頁。茲分述如下：

## （一）出席同盟會本部歡迎會與國民黨成立大會

辛亥革命的結果，袁世凱不僅取代了清廷，也接任孫中山的總統職位，大權在握，控制了中央和地方。不久，臨時政府北遷，參議院亦移

北京開議。同盟會本部為便於運作，乃決定將原在南京的本部移往北京，其後袁世凱邀請孫中山北上共商國是，從此政治活動中心遂集中於北京。

民國元年8月24日下午，孫中山抵北京。北京湖廣會館內由同盟會主辦兩次盛會：上午10時半為歡迎孫中山大會，下午1時同盟會改組為國民黨成立大會。兩次大會均由張繼擔任主席。據上海《民立報》載：「到會者三千人，為從來所未有。男女各界皆歡欣鼓舞，爭以一睹偉人顏色為快。」據與會者回憶：「樓上樓下幾無立足之地。」

首先，由張繼致歡迎詞，大意謂：「先生乃中國革命之先行者，同盟會之創建人，民國締造有功之偉人。為舉國民眾所敬仰。先生來京，正值同盟會即將改組之際，今後新黨建成，在先生之指導下，必將成為更趨完善之政黨。」

歡迎詞畢，孫中山即登台演說。據《民立報》載其大意如下：

> 「中華民國成立以來，兄弟第一次到京，今日得與同會諸君子，共話一堂，樂何如之！此次革命成功，如此神速，實夢想不及。去歲武昌起義，全國響應，未及四月，滿清推倒，共和告成。雖同盟會之主動力，然亦實係我中華民國各界同胞之贊助，始得成功。今破壞已終，建設伊始，破壞固難，建設尤難；破壞尚需眾同胞之助力，建設豈獨不需同胞之助力乎？望勿以滿清時代對代會外諸同胞之手段，對待現時會外諸同胞，須同心以謀建設，不可存昔日之心理。
>
> 滿清時代同盟會，多為人仇視，共和時代，無人仇視。而同會之少數人，尚以滿清時代為人仇視之心理，對待今日會外諸同胞，故外間有今日之同盟會，如昔日貴胄之說。此種謠言，皆由同盟會少數人尚存昔日之心理，有以致之也。今日之政體既變，同盟會諸君子昔日之心理，亦當隨之而變。蓋既無仇視共和之人，同盟會對會外人，尤當極力聯絡，毋違背昔日推倒黑暗政體、一視同仁、互相親愛之宗旨，以鞏固中華民國。此我所希望於同志諸君子者也。」

又據北京《民主報》載，內容稍有不同，其意謂：

「兄弟北來，於我中華民國前途有無窮之希望。蓋自武昌起義，全國響應，南北統一，共和告成，是吾國此次革命，非係一黨之功，乃全國人之功。即我同盟會奔走十餘年，流多少熱血，提倡革命，苟不得全國人心之贊成，其成功必不致如是之速，今專制業已推翻，破壞之局已終，建設之局伊始。然以二者相較，破壞易，建設難。易者既賴全國同胞相助，則難者更當欲全國同胞相助，庶可鞏固此中華民國也。然或挾黨見、鬧意氣，是不以國家為前提，民國前途異常危險。今五黨合併，廢除意見，以謀國利民福，將戮力同心，造成一偉大中華民國，雄視亞東。故曰兄弟北來於民國前途有無窮之希望也。」

再據北京《正宗愛國報》記載如下：

「同盟會當初革命，反對黑暗之專制，冀造光明之共和。去歲起義，辛苦成功，實賴全國同胞援助贊同之力，非僅同盟會之功。今建設之事，更難於破壞，尤仗群策群力，方能共抵於成。大要以調和黨見，容納異才為宗旨。」

　　下午1時在湖廣會館召開國民黨成立大會。出席的大會的人數，比歡迎會多。男會員約數千，女賓二十餘人。仍推張繼為主席，次由張耀曾報告五黨合併情形。座中會員均有滿意之象。「惟有黨員某君反對『國民黨』三字，主張改為『民主黨』。主席張君謂，『國民黨』三字已經多數黨員認可，萬無更改之理，眾均鼓掌。

　　繼有唐群英女士等為國民黨政綱無男女平權一條，辜負昔日女同盟會員之苦心，以此五黨改併，宋教仁主持最力，適見宋君於演講台旁，即向前，舉扇欲擊，幸經張繼排解，始得無事。唐女士又演說，並有剪髮少年傅女士文鬱在旁翻譯。大略謂：國民黨政綱中，刪除實行男女平等一條，蔑視女界，亦即失同盟會舊有精神，甚不以為然云云。斯時，贊成男女平權者，則拍掌以表同情，反對者則嗤之以鼻。女界中亦分兩派，所持各有理由，紛紛莫衷一是。嗣經主席解說，國民黨宗旨，亦是實行平民政策，陰寓男女平權之意，不過未曾列舉，將來普遍女子平等教育，女子參政目的自不難達云云。但尊重女權派仍不認可，主席乃請會員舉手錶決，舉手者少數，女權問題於是解決。

　　時白逾桓君又以預推理事參議，印成名單交會員依樣選舉為不合，主張自由投票，當經公同認可，於名單外仍可選舉。」於是按大會程序進行選舉、投票。投票結束，軍樂齊奏，孫中山先生進入會場，與會會員掌聲如雷，脫帽致敬。先生稍息後即起而演說，云：

　　「兄弟此次北來，於南北同胞有無窮之希望。蓋共和雖說成立，而國本尚是動搖。國本動搖皆由人心不能鞏固，故欲鞏固國本，必先鞏固人心。今五黨合併，兄弟切望諸君同心合志，破除黨界，勿爭意見，勿較前功，服從黨綱，修明黨德，合五黨之力量氣魄，以促民國之進行。是中華民國前途之無量幸福。即有他黨反對，我黨亦宜以和平對付，決不宜為鷸蚌之爭。中國當此危急存亡之秋，只宜萬眾一心，和衷共濟。五黨合併，從此成一偉大政黨，或處於行政地位，或處於監督地位，總以國利民福為前提，則我中華民國將可日進富強。故兄弟於五黨合併，有無窮之希望也。再者，現時人心總以軍人破壞共和為慮。據兄弟看來，此次共和，既由軍人贊成，則軍人決無破壞共和之事。吾人苟心志堅定，以國家為前提，則可不怕軍人武力干預政事。軍人如家主僱用之武士，以防外患也。設家主父子不能相安，甚至殺人放火，則武士亦不忍坐視矣。故家主自能治家，然後武士自知防外患，軍人固用以防外患，決不至用武力干預內政，以破壞共和。

　　政黨均以國利民福為前提，政黨彼此相待應如弟兄。要知文明各國不能僅有一政黨，若僅有一政黨，仍是專制政體，政治不能有進步。吾國皇帝亦有聖明之主，而吾國政治無進步者，獨裁之弊也。故欲免此弊，政黨之必有兩黨或數黨互相監督，互相扶助，而後政治方有進步。故政黨者，雖意見之不同，行為之不同，要皆為利國福民者也。今五黨合併，諸君皆當持此觀念，則民國前途，永無危險之象。

　　我同盟會素所主張者，有三主義：一、民族主義；二、民權主義；三、民生主義。今民族、民權已達目的，惟民生問題尚待解決。北方同胞誤會吾黨民生主義，以為劫富濟貧，擾亂社會秩序。此荒謬絕倫，公理上決無此事，富人幸勿恐怕。要知民生主義，富人極應贊助提倡之。何則？民生主義蓋防止富人以其富專

制毒害人民。譬如英、奧等國，君主國也，而政治之進步與民主國無異，因君主雖有君王之位，而不能干預政治專制害民故也。民生主義即以富人雖富，不使以其富害貧人，猶君主雖有君主之位，無君主之權以害人民也。吾國受君主專制之苦，尚未受資本家之苦。舉一例以明之，美國資本家以買空賣空手段，以十萬元之股票，吸收人民數百萬元之現金，致人民不能聊生，此即資本家以富毒害人民之法也。吾國資本家尚無，然不可不預為富人勸告，預為貧人防備。此即民生主義也。

男女平權，本同盟會之黨綱。此次欲組織堅強之大政黨，既據五大黨之政見，以此條可置為緩圖，則吾人以國家為前提，自不得不暫從多數取決。然苟能將共和完全鞏固，男女自有平權之一日。否則，國基不固，男子且將為人奴隸，況女子乎？」

孫中山先生演說畢，眾大鳴掌，歡聲四起。孫先生退席，奏樂起送。於是繼續開檢選舉理事票。選舉結果：

孫　文：一千一百三十票
黃　興：一千零七十九票
宋教仁：九百一十九票
王寵惠：九百一十五票
（下略）

在大會上當選為參議者：胡瑛、溫宗堯、陳錦濤、張繼、柏文蔚、譚延闓、于右任、馬君武、田桐、景耀月、閻錫山、胡漢民、李烈鈞、唐紹儀等二十九人。

按：9月3日理事黃興等七人函電，均推孫中山先生為理事長，復由孫中山委宋教仁為代理事長。

## （二）出席北京學界歡迎大會

民國元年8月30日下午，北京大學、高等師範學校、高等工業學校、高等商業學校、交通傳習所、醫學校、女子師範學校、女子法政學校等十幾所學校的學生，在湖廣會館開會歡迎孫中山先生，到會者約二千餘人。衛隊列於左，男生分列兩旁，女生坐於前樓，樂隊列於後，四

面復間以軍警，秩序井然。一時許，先生蒞會，軍樂齊奏，全體脫帽鞠躬致敬。先由主辦人宣讀歡迎詞，然後孫先生答禮演說，略云：

「兄弟今日承學界諸君厚意，歡聚一堂。兄弟我於中華民國學界前途，對於諸君有無窮之希望。蓋學問為立國根本，東西各國之文明，皆由學問購來。我國當革命以前，專制嚴酷，人無自由之權。然能提倡革命，一倡百和，以至成功，皆得力於學說之鼓吹。數十年來，奔走運動，都係一般學界同志之熱心苦業，始得有今日之共和。今破壞已完，建設伊始，前日富於破壞之學問者，今當變求建設之學問。

世界進化，隨學問為轉移。自有人類以來，必有專門名家發明各種專門學說，然後有各種政治、實業之天然進化。二十世紀以前，歐洲諸國，發明一種生存競爭之新學說。一時影響所及，各國都以優勝劣敗、弱肉強食為立國之主腦，至謂有強權無公理。此種學說，在歐洲文明進化之初，固適於用，由今視之，殆是一種野蠻之學問。今歐美之文明程度愈高，現從物理上發明一種世界和平學問，講公理，不講強權，尚道德，不尚野蠻。從前生存競爭之學說，在今日學問過渡時代已不能適用，將次打消。何謂過渡時代？蓋由野蠻學問而進於文明學問也。諸君今日於學問一途，尚當改良宗旨，著眼於文明，使中國學問與歐美併駕，則政治、實業自有天然之進化，將來中華民國庶可與世界各國同享和平。且專制時代，一般士子求學之心思，皆以利權為目的，及目的達到，由是用其知識剝害民權，助桀為虐。是學問反為賊民賊國之根由，此兄弟從前所痛恨最切者。今國命既革，諸君求學之心思，亦宜更革。蓋共和之國，首重平權，弱肉強食、優勝劣敗之學說，是社會之蠹，非共和國之所宜用。我國四萬萬同胞，智愚不一，不能人人有參政之智能。才智者既研究各種學問，有政治之能力，有政治之權勢，則當用其學問為平民謀幸福，為國家圖富強。諸君須知此後求學方針，乃期為全國人民負責任，非為一己攘利權。從此研究文明學問，鏟去野蠻學問，使我國之道德日高一日，則我國之價值亦日高一日。價值日高，則有神聖不可侵犯之地位，而瓜分之說，自消滅於無形也。兄弟諸君有厚望焉。」

孫先生演說畢，到會者至為振奮，鼓掌之聲不絕。次由教育總長范源濂演說。四時許，合影留念。奏樂。由主席宣佈散會，孫先生脫帽鞠躬而退席。

## （三）出席共和黨本部歡迎會

民初政黨林立，民國元年5月9日，共和黨成立於上海，這是一個反同盟會派各社團的結合體，係以湖北系統的民社份子與舊立憲派人士為其組織核心，名義上擁黎元洪為理事長，實際操縱者則為林長民、湯化龍、劉成禹等人，有人視之為舊官僚勢力的復活。共和黨成立後旋遷至北京。

9月4日下午3時，共和黨本部在湖廣會館開會歡迎孫中山，首由丁世嶧致歡迎詞，繼由孫中山先生演說，大致謂：

> 「兄弟此次北來，今日蒙貴黨歡迎，至為感謝！現在，中華民國共和政體，與專制政體不同。專制政體之主權，為君主一人所私有。共和政體三權分立，各有範圍，三者之中，尤以立法機關為要。立法機關乃人民之代表。欲求有完全國家，必先有完全議院，必先有完全政黨。民國初立所發生之政黨，一曰貴黨；一曰國民黨。二黨發生伊始，國民多未解政黨之作用，兄弟請與諸君解釋政黨為何物。
>
> 世界最完全政黨之國，一為英國；一為美國。英國有兩黨：一自由黨；一保守黨。自由黨主張自由貿易，保守黨主張保護關稅，此問題至今相持未決。美國兩黨：一為共和黨；一為民權黨。1898年，麥堅利氏（麥金萊，William McKinley）戰敗西班牙，收買菲律賓群島之後，羅斯福繼為總統，以擴張海軍為急務。羅屬於共和黨，故共和黨亦主張拓張國權，是謂之帝國主義。民權黨則反對練兵，彼以為美利堅本世界最富之國，閉關自守，足以自豪，勿須破壞人道主張，侵略他國，是之謂門羅主義。兩黨各持一義，至今尚未有正當之解決。可知英美兩國政黨所爭持者，皆是極要問題。至於議院之議案，兩黨各以是非為依歸，不以黨見相傾軋。若黨中先有意見，提議一案，先聯屬黨員，私自運動，本黨提出之議案，雖知無益，亦必通過，他黨提

出之議案，雖知有益，亦必反對，此種政黨，純乎私見，必與國家無益。民國初成，吾願兩黨諸君，以英美先進國為模範。倘以公理為依歸，將來必有發達之望，若不以公理為依歸，雖人多勢眾，終必失敗，此一定之公理也。

兄弟此次北來，擬從事社會事業，當脫離政界關係。前國民黨舉兄弟為理事長，今晚開職員會，兄弟即擬辭職，此後即專心致志，辦理實業。兄弟前曾主張三民主義，民生主義亦即其一端，惟民生主義至今尚未達到。然民生主義關係國民生計至重，非達到不可。使大多數人享大幸福，非民生主義不可。但外間對此問題，頗有疑慮，與前二十年反對革命相同。殊不知民生主義，並非均貧富之主義，乃以國家之力，發達天然實利，防資本家之專制。德國俾士麥反對社會主義，提倡國家社會主義，十年以來，舉世風靡。日本前年殺社會黨多人，其政府又主張煙草專賣等事，仍是國家社會主義。可知此主義並非荒謬，世界通行。英、美各國皆受資本家專制之苦，總統歲俸不過十萬，而資本家之一法律顧問，歲俸至三十萬，可知資本家之勢力矣。至議員又多為資本家所收買。中國十年以後，必至有十萬人以上之大資本家，此時防微杜漸，惟有提倡國家社會主義，此則兄弟提倡國家社會主義之微意也已。兄弟欲辦鐵路，每主張鐵路國有，是國家社會主義，為民國富強之基。尚望貴黨諸君，贊成鄙意是幸。」

## （四）出席國民黨本部歡迎大會

民國元年9月15日下午1時，國民黨本部在湖廣會館開會，歡迎孫中山、黃興、陳其美、貢桑諾爾布（蒙族）四人，到會者極多，以至會場不能容納。首由谷鍾秀致歡迎詞，接著孫中山演說，言：

「月前，國民黨開成立大會，鄙人已與諸君謀面，今又蒙歡迎，感何可喻。民國初建，應辦之事甚多，如欲積極進行，不能不賴有政黨。政黨者，所以鞏固國家，即所以代表人民心理，能使國家鞏固，社會安寧，始能達政黨之用意。國民因之而希望於政黨者亦大。故為政黨者，對於一般國民有許多義務，均應擔當

而盡心為之。

　　此次來京，所極欲辦者鐵路。幸得參議院諸公及大總統之贊成，又已奉大總統命令。鄙人才力有限，擔任此事，已虞竭蹶；而國民黨成立後，承諸君不棄，又推鄙人為理事長，鄙人且感且懼。因一經任為理事長，則對於黨中有多少義務，不能不盡。路事甚為緊要，雙方併進，誠恐照料不周，推辭至再。後經黨中在職諸君再三強鄙人擔任，鄙人即不敢再辭。但黨中事務紛繁，非一人力量所能辦，尚望黨中諸君合力擔任。今黃、陳二先生初到，諸君皆十分歡迎，鄙人不能多費時間，不過就對於黨中之意見大略言之。」

孫中山先生演說畢，黃興、陳其美、貢桑諾爾布亦先後演說。

## 四、小結

　　孫中山此次北上，除在一個月內四次蒞臨湖廣會館做了五次演講外，亦曾前往香山會館、安慶會館等處，出席北京社會各界歡迎大會，發表了激動人心的重要演說。所到之處，受到與會者的熱烈歡迎，限於篇幅，在此不贅。北京湖廣會館是國民黨的誕生地，孫中山這一系列在湖廣會館的密集活動和演說，不僅為我們留下了一份極其珍貴、值得深入研究的歷史遺產。而且對中國的未來發展提出了卓識高見，一方面豐富了建國思想，另一方面為建國宏規的實踐指引了一條康莊大道。

**主要參考書目**

1. 何炳棣，《中國會館史論》，台灣學生書局，1996年。
2. 王日根，《中國會館史》，上海東方出版中心，2007年。
3. 北京市對外文化交流協會、北京市宣武區地方志編纂委員會編，《北京湖廣會館志稿》，北京燕山出版社，1994年。
4. 中國會館志編纂委員會編，《中國會館志》，北京方志出版社，2002年。
5. 周宗賢，《血濃於水的會館》，行政院文化建設委員會，1988年。
6. 秦孝儀主編，《國父全集》，第三冊，近代中國出版社，1989年。
7. 羅家倫主編，黃季陸、秦孝儀增訂，《國父年譜》，下冊，1985年。
8. 黃宗漢，〈孫中山先生的三次北京之行〉，收入國父紀念館編，《孫中山與現代中國學術研討會論文集》，1998年。
9. 許立人，〈孫中山先生與湖廣會館〉，同上論文集。

10.王燦熾，〈孫中山與北京會館〉，收入國父紀念館編，《第二屆孫中山與現代中國學術研討會論文集》，1999。
11.黃宗漢，〈孫中山先生在北京活動的重要歷史遺址述略〉，同上論文集。

——原載《廣東文獻》，第158期（2012年4月）

# 新論民初旅歐教育運動

## 一、小引

　　民初旅歐教育運動，可說隨著中華民國的誕生而同時出現，係由具旅歐、留法背景，並富無政府主義色彩的若干同盟會志同道合之士，如李煜瀛（石曾，1881-1973）、吳敬恆（稚暉，1864-1953）、蔡元培（子民，1868-1940）、汪精衛（兆銘，1883-1944）、張人傑（靜江，1878-1950）、張繼（溥泉，1882-1947）等人所倡議，鼓勵學子到法國、比利時等國留學，或以工兼學，旨在扭轉自清華留美以來「美雨壓倒歐風」的留學熱潮，讓美歐學術運河平均輸灌，其終極關懷在溝通東西文明，融合中外學術，另創一種新文明，為人類開一新紀元。

## 二、發起動機

　　「旅歐教育運動」一詞，並非作者近年所獨創，早在1916年秋，蔡、李、吳、汪等倡議之士，即以旅歐雜誌社名義，編印發行《旅歐教育運動》一書，[1]分別函送教育部、雲南都督唐繼堯與國內相關機構及若干人士，簡介他們歷年至法從事教育活動的情況，希望受函者「助其進行」。[2]這是「旅歐教育運動」一詞的由來。

　　至於蔡、李、吳、汪等人為何要發起這個運動，這可以吳稚暉所發表的〈海外中國大學末議〉一文，做為討論的基礎。1919年秋間，正當直皖戰爭期間，在全國教育會議通過速增設國立大學提案，國內中西人士紛紛起而創辦大學之際，吳稚暉為有志留學之莘莘學子請命，特撰

---

[1]　旅歐雜誌社編，《旅歐教育運動》。
[2]　陳三井校訂，《旅歐教育運動》（中央研究院近代史研究所史料叢書27，1996），校訂前贅語，頁2。

〈海外中國大學末議〉一文，刊於《建設雜誌》，[3]提倡以國內創辦大學之經費，移設大學於國外，可以延聘其國第一流教授來校任教，麋費小而成就大，並列舉五點理由及七項附帶功用，以供朝野採納。[4]

其中有兩點理由，可以解讀「旅歐教育運動」發起的動機：

## （一）學術運河的平均輸灌

吳稚暉心目中所擬設立海外大學，最急者為兩處：一為法國，一為美國，原因是中美兩國的「國體相同，物質而外，精神亦調和也。」他認為，有美國則英國可以不加考慮。而巴黎與歐洲各國，接近在片壤之中，英、德、伊（義大利）、比等，皆巴黎中國大學學生所能自在遊歷之地。所以不注意已有甚多留學生之日本者，因「日本近在咫尺，已留學者太多，[5]留學之勢，已成弩末，無從別立一校，自為風氣。且帝國教育之暗潮，亦有與現象衝突之處。」最後，吳稚暉強調，所以先注意於巴黎者，蓋「歐洲學子，遠不及赴美之盛。欲使歐、美潮流，平均輸灌，故先及巴黎。」[6]

總之，具旅歐留法背景的吳稚暉，有鑒於自清末民初以來留學日本者已過甚，留學美國者復又有後來居上之勢，為平衡這種留學潮流，為期學術運河的平均輸灌，故特別鼓吹旅歐教育運動。

這一擬設於巴黎之海外中國大學，除可平衡重美輕歐的留學潮流，讓學術運河平均輸灌外，據吳稚暉的看法，尚有以下四項附帶作用：

1. 可為中國在海外之耳目

　　巴黎中國大學居歐洲，日與彼都人士相接觸，觀察當尤較國內真切，言論當尤較發舒。

2. 可為中國在海外之宣傳

　　可透過該校出版品，如日刊、週刊、月刊等對外有所宣傳，

3　參見《建設雜誌》，1卷6號（民國9年1月），頁1-11；2卷1號（民國9年2月），頁13-20。

4　楊愷齡撰編，《民國吳稚暉先生敬恆年譜》（台灣商務印書館，1981），頁49。

5　據《旅歐教育運動》估計，「十年以前，留學日本者達三萬餘。近雖驟減其數，聞尚逾三千人。若留歐之同學則含各國而計之，尚不及此數三分之一也。」另稱「留歐學界不及數十人」，旨在突顯兩者之不成比例。參閱《旅歐教育運動》，頁30、頁2。

6　吳稚暉，〈海外中國大學末議〉，收入拙編，《勤工儉學運動》（正中書局，1981），頁326。

使「群知有中國，群知中國之消息」；一旦知中國有此大學，大學中有此數百人，則新聞記者必常有蹤跡，亦可自動為中國傳播新聞。

3.可與法國學術界不斷接觸，常邀其大師演講，或與其大學舉行各項運動比賽。

4.可輸入歐洲新知或重要譯述於國內。[7]

## （二）融合世界學術的崇高理想

從吳稚暉、李石曾到蔡元培等人，都是好談教育與學術，具有世界觀的中國啟蒙哲士。先是，李石曾與張靜江早年以隨員名義隨孫寶琦出使法國。兩人同行出國，一見如故，氣味相投，尚未動身，即有世界旅行團之計議，一切設想均以世界為目標。從北京到上海，再由上海到法國馬賽，在船上一連三、四十天，兩人仍時時研究將來如何達成中西文化教育交流的前途，由廣義的「至大無外」至狹義的「至小無內」，無論空間、時間、人間、物間，無不包括在內。其後好友吳稚暉因上海蘇報案被通緝，流亡至英國倫敦，並應張人傑之邀來到巴黎，共商發起世界社之志趣，並討論進行之具體計劃。最後由蔡元培、張人傑、吳稚暉、李石曾、汪兆銘、褚民誼等聯名正式發起，於1907年於巴黎成立。

李石曾是個十足的理想家，他自稱「廿二歲出遊四海，半世紀曾歷五洲」，具有超越時間、空間、人間、物間的世界觀，以全人類文明的進步為志趣，故世界社的事業從教育入手，以著述或出版雜誌廣布宣傳為媒介，至高至大，無所不包。其主要內容包括（1）著述與出版事業；（2）學術與研究事業；（3）教育與文化事業；（4）社會與經濟事業。[8]

以歐洲為出發，融合世界學術，乃旅歐教育運動者的崇高理想。他們立論的基點在於「歐洲為近世文明之中心，然歐洲之文明，非獨屬於歐洲，實世界之潮流感合匯集而成。況歐洲亦世界之一隅，故歐洲之文明，即世界之文明。」同時，他們引伏爾泰（François-Marie-Arouet Voltaire, 1694-1778）「文明屬於眾人」之言，以證「科學為公」之說，認為「歐洲之人，或他域旅歐之人，對此公共之文明，均有介紹之義

---

[7]　同上註，頁332-335。

[8]　陳三井，〈世界社的成立與內涵及其精神〉，參閱拙著《法蘭西驚艷》（秀威公司，2008），頁93-96。

務，而無可界劃」，雖因語言區域之不同而有分工致宜之事實，但無礙於「欲稍盡力以介紹傳達於歐洲中國之間。」[9]本乎此，吳稚暉之倡設中國大學於海外，乃至吳、李、蔡等人之進而發起旅歐教育運動，其動機除了讓歐美學術運河平均輸灌外，更崇高的理想便是要溝通東西文明，融合中外學術，另創一種新文明，為人類開一新紀元。

# 三、創辦者的共同特質

民初旅歐教育運動的創辦者，同時具有幾項共同的特質，並且可以說兼具幾項不同的身分。茲分述如下：

## （一）志同道合的同盟會會員

首先，吳稚暉、蔡元培、張人傑、李石曾，號稱「民國四老」。四老或出身科舉（吳為辛卯科舉人，蔡為壬辰科二甲進士），或生長世家，但有一共同特點，即受新思潮激盪之結果，摒棄了傳統的忠君觀念，邁向革命救國的大道。這一點非常難能可貴。[10]

四老之中，最早加入同盟會的應屬蔡元培。1905年8月20日中國同盟會在東京成立，依會章規定，本部之下設各省分會，各省分會長均經先後派定。安徽分會長吳春暘回滬後，主張於江蘇之外，在上海另設分會，並推薦蔡元培為分會長，本部允之。不久，黃興到上海，將孫的委任書面交。據「中國同盟會成立初期（乙巳、丙午兩年）之會員名冊」記載[11]，蔡氏加入同盟會之日期為「乙巳9月29日」，介紹人為何海樵，其任上海分會長當在10月26日加盟之同時或稍後。[12]但在此前，蔡氏即與一些開明的知識分子在上海成立了中國教育會，又由教育會協助南洋公學退學生成立了愛國學社，志士雲集，頓時成為國內革命者的匯

---

9　《旅歐教育運動》，引言，頁1。

10　陶英惠，〈記民國四老——吳敬恆、蔡元培、張人傑、李煜瀛〉，《傳記文學》，23卷5期，頁21。

11　「中國同盟會成立初期（乙巳、丙午年）之會員名冊」，參見《革命文獻》第2輯，頁18-177。

12　高平叔撰著，《蔡元培年譜長編》（北京：人民教育出版社，1996），上冊，頁303；陶英惠，《蔡元培年譜》上冊（中央研究院近代史研究所專刊36，1976），頁165。另據《國父年譜》載，孫中山委派蔡元培出任上海分會長時間為9月8日，參閱增訂本上冊，頁230。

聚處，與東京的志士及留學生掀起的革命狂潮，遙相呼應。他們發起張園演說會，議論時政，倡言革命，所有的演講詞，均在《蘇報》發表，使一向保皇色彩濃厚的《蘇報》，一變而為愛國學社的機關報，言論之激烈，大為世人所注目，終至觸怒清廷，而釀成翌年轟動中外的「蘇報案」。[13]

1902年夏，吳稚暉在日本為公使蔡鈞拒不保送留日自費生入府城學校事，率眾大鬧公使館，被日警押解出境，適蔡至日遊歷，恐其中途發生意外，乃伴送回國。及抵上海，吳便加入了中國教育會及稍後成立之愛國學社工作，關係日趨密切。[14]蘇報案發生後，吳走英國，後到巴黎，曾與孫中山先後見面，1905年冬，曹亞伯自東京參加同盟會後，又至倫敦，訪晤吳稚暉，出示同盟會盟書，遂由曹亞伯介紹正式加入同盟會。[15]

至於張人傑係浙江湖州南潯富商之子。他在法國充任使館商務隨員的同時，尤其父出資30萬元開辦通運公司，在上海、巴黎間經營古玩、茶葉、絲綢等貿易，並在紐約開設分公司。1905年，張在法國商船上結識了孫中山，表示願意在財政方面資助孫中山的革命活動。此後，張氏在經濟方面大力支持同盟會的活動，獲得了孫中山的信任。[16]1906年3月，張靜江在新加坡正式加入同盟會。四老之中，入盟最晚的應是李石曾，1906年8月在巴黎經張人傑介紹加入同盟會。

除了「民國四老」是同盟會早期會員，與革命關係密切外，尚有兩位實際追隨孫中山，在同盟會總部負責重要職務的幹部，即張繼與汪兆銘。

張繼（1882-1947），字溥泉，河北滄縣人。早歲渡日入早稻田大學，攻政治經濟，除上課外，專在圖書館翻閱中江篤介等所譯之《法蘭西大革命》、《民約論》等書，革命思想勃然以興。張繼的革命歷程，頗為曲折，初入勵志會，繼與秦毓鎏等組青年會，1901年與秦力山等創辦《國民報月刊》，倡言革命排滿；又組興亞會，主張中日同舉革命。1902年始至橫濱結識孫中山，又識章炳麟。1905年，以與鄒容剪留學生

---

[13] 陶英惠，前引文，頁22。

[14] 陶英惠，《蔡元培年譜》，頁102。

[15] 楊愷齡，《民國吳稚暉先生敬恆年譜》（台灣商務印書館，1981），頁33。

[16] 馮自由，〈新世紀主人張靜江〉，《革命逸史》（上海商務印書館，1947年三版），第2集，頁227-228。

監督姚某髮辮，被逐回滬。與鄒容、章炳麟、章士釗等游，董理《蘇報》。及蘇報案發，改辦《國民報》以繼之。1904年赴長沙，任明德學堂西洋史教習。10月，黃興舉義失敗，同走滬，以萬福華刺王之春案被捕。出獄，赴日，任留學生會館總幹事。1905年8月，同盟會成立，任司法部判事（部長鄧家彥）兼《民報》發行人及主編人。[17]

汪兆銘（1882-1944），字季新，號精衛，廣東番禺人。1904年冬，粵督岑春煊選派學生留日，與朱執信、古應芬等四十人考取官費東渡，入東京法政大學速成法政科。1905年7月28日，孫中山在東京召開中國同盟會籌備會，到者七十餘人，眾舉黃興、汪兆銘、宋教仁等八人負責起草會章，又自寫誓詞，宣誓加盟。8月20日，同盟會召開成立大會，加盟者三百餘人，通過會章，公推孫中山為總理，汪任評議部議長，議員尚有田桐、馮自由、胡漢民、朱執信、吳鼎昌等二十人。其後，同盟會機關報——《民報》在東京創刊，一至五期由胡漢民編輯，汪任撰述，嘗以精衛等筆名發表文章，鼓吹革命。胡、汪與保皇黨梁啟超之《新民叢報》大開筆戰，展開革命與君憲之爭。[18]汪氏在革命過程中最轟轟烈烈的一件事，便是1910年春同黃復生等謀刺攝政王載灃的壯舉，可惜失敗被捕，雖然「慷慨歌燕市，從容作楚囚」，卻未能「引刀成一快」，徒負少年頭。

另一位同盟會會員是褚民誼（1884-1946），號重行，浙江吳興人。1903年東渡日本，先入高中，後入大學，研習政治經濟。1906年，隨同鄉張人傑赴法，過新加坡時，加入同盟會。在孫中山親自領導下，同年4月成立同盟會新加坡分會。[19]許多愛國華僑紛紛參加，革命力量空前發展。褚民誼經由張人傑引見，與新加坡分會的主要領導人陳楚楠、張永福、林義順、尤列等會面，並經陳、尤兩人介紹，在會所晚晴園宣示入盟。[20]

---

17 陳三井，〈張繼與勤工儉學〉，收入拙著，《勤工儉學的發展》（台北：東大圖書公司，1988），頁123。

18 劉紹唐主編，《民國人物小傳》，第13冊（傳記文學出版社，1992），頁116。

19 關於新加坡分會成立時間，有兩種說法。《國父年譜》與顏清湟皆主張4月6日（陰曆3月13日），參見黃季陸、秦孝儀增訂，《國父年譜》上冊，頁242及顏清湟著，李恩涵譯，《星馬華人與辛亥革命》（聯經公司，1982），頁110。張玉法則表列為1905年冬，參見氏著，《清季的革命團體》（中央研究院近代史研究所專刊32，1975），頁325。今從前說。

20 黃美真主編，《汪偽十漢奸》（上海人民出版社，1986），頁262。

抵法後，佐吳稚暉、李石曾、蔡元培等刊行《世界畫報》、《新世紀》，鼓吹革命。[21]

## （二）改良社會的進德會會員

辛亥革命成功，民國成立後，蔡元培、李石曾、吳稚暉、張繼、張人傑、汪兆銘等這批老同盟會會員，又於民國元年二月中在上海發起進德會。進德會的發起有其時代背景。緣清帝退位後，李石曾從華北到上海與蔡元培、吳稚暉、張人傑等相會。時各省軍人往來蘇滬者，頗縱情聲色，而剪髮易服之後，社會漸趨奢侈，政客之獵官熱亦驟盛，李、吳、蔡諸人有心想改變這種風氣，遂發起進德會。[22]由李石曾、吳稚暉、張繼、汪兆銘列名為發起人，會約係吳氏所起草。其在〈緣起〉中云：

亡清之腐敗，積社會之腐敗而成，腐敗之原因種種，而亦自有其最普通之可約言者在焉：即「吃花酒」、「鬥麻雀」，加之以「討小老婆」是也。若民國新建，承其流而不加注意，將腐敗之根株不去，而凋敝之原氣難復，因發起為進德會，廣徵海內有道之士，相與邀約，為社會樹立風氣，庶新社會可以成立，而國風不乎其變焉！

該會無會長、幹事等名目，亦無章程，不納會費，不設罰則，但憑會員介紹，即刊刻氏名表字於冊中，使海內共知為進德會會員。其會員分四種，所守之戒約，分當然進德三條（普通會員）及自然進德五條。自然進德又分甲部（四條）、乙部（五條）、丙部（八條）三種會員。茲將會員種類及會約列後：

(1) 會員（即普通會員）：不狎邪、不賭博、不置妾（已置者入會以後不再置）。以上三條，為當然進德，凡為正式會員者，以守當然進德三條為資格之完全；倘止能謹守不狎邪、不賭博兩事者，可列為進德會贊成員。

(2) 特別甲部會員，除前列三項外，加不作官吏。

(3) 特別乙部會員，除前列四項外，加不作議員及不吸煙。

(4) 特別丙部會員，除前列六項外，加不飲酒及不食肉。

---

[21] 劉紹唐主編，《民國人物小傳》，第3冊（傳記文學出版社，1980），頁287。
[22] 陶英惠，前引書，頁243。

戒約最多者為八項，故又曰八不會。自2月27日起，《民立報》每日特闢專欄報導進德會消息，刊登進德會會員錄，以收到先後為序，隨時增列。[23]

其後，會約有所更新，名單亦有所變動。甲種列不賭博、不狎妓、不置妾三項，會員有陶昌善、龐書城、鍾養齋（守頤）、鈕惕生（永建）、顧忠深、陶聲、魏宸組、黃中慧、洪濤、蔡元培。乙種增列不作官吏一項，會員有張人傑、張溥泉、陳方、丁寶書、戴季陶、袁廷梁、孟昭常、陸煒士、史敬（子寬）。丙種增列不作議員、不吸煙兩項，會員有周頌西（廷訓）、周佩箴、汪兆銘、沈桐生（電華）、薛竹蓀（智善）、周冠九（國良）、何泰（劉生）、褚民誼。丁種會員會約規定不狎邪、不賭博、不置妾、不作官吏、不作議員、不吸煙、不飲酒、不食肉。認丁種會員始終遵守會約者，僅李石曾、吳敬恆、廉泉（惠卿）三人而已。[24]

除首倡之「進德會」，又有「六不會」與「社會改良會」之繼起。

按臨時大總統孫山中以清帝退位，袁世凱宣布贊成共和，乃於13日向參議院提出辭職，蔡元培、李石曾、汪兆銘等被派為歡迎袁世凱專使，迎袁南下就職。專使等一行於2月21日自上海乘招商局新銘輪船啟程北上，23日在東海舟次發起組織「六不會」與「社會改良會」。據蔡元培回憶：

> 此行同去者，有汪精衛、宋漁父（教仁）、鈕惕生、唐少川（紹儀）及其餘諸君，凡三十餘人，船中盡是同志，而且對時局都是樂觀的，指天畫地，無所不談。……船駛至天津附近，忽遇霧，停泊數日，在船中更多餘暇，組織了兩個會，一是六不會，一是社會改良會。

六不會是進德會改造的。吳稚暉、汪精衛、李石曾諸君，以革命後舊同志均將由野而朝，不免有染著官場習氣的；又革命黨既改成政黨，則亦難保無官吏議員之競爭；欲提倡一種清靜而恬淡的美德，以不嫖、

---

[23] 「進德會會約」，《民立報》，民國元年2月26日，頁2。

[24] 羅家倫等主編，《吳稚暉先生全集》（中國國民黨史料編纂委員會，1969），卷3，頁635-637。

不賭、不娶妾的基本條件，凡入會的均當恪守，進一步則有不吸煙、不飲酒、不食肉、不作議員六（五）條，如不能全守，可先選幾條守之。同船的人，除汪君外，大都抱改革政治的希望，宋君尤以政治為生命，所以提議刪去不作官吏、不作議員二條，而名此通俗化之進德會為六不會，以別於原有之進德會。[25]

另社會改良會由唐紹儀所發起，其宗旨在以人道主義及科學知識為標準，改良社會上種種之惡習慣，列舉改良條件三十六條，互相策勵。內容相當廣泛，茲錄其條文如下：

（1）不狎妓；（2）不置婢妾；（3）提倡成年以後，有財產獨立權；（4）提倡個人自立，不依賴親朋；（5）實行男女平等；（6）提倡廢止早婚（男子十九歲以上，女子十七歲以上，始得嫁娶）及病時結婚之習；（7）提倡自主結婚；（8）承認離婚之自由；（9）承認再嫁之自由；（10）不得歧視私生子；（11）提倡少生兒女；（12）禁止對於兒童之體罰；（13）對於傭工，不得苛待（如僕役、車夫、轎夫之類）；（14）戒除拜門、換帖認乾兒女之習；（15）提倡戒除承繼、兼祧養子之習；（16）廢跪拜之禮，以鞠躬、拱手代之；（17）廢大人、老爺之稱，以先生代之；（18）廢纏足、穿耳、敷脂粉之習；（19）不賭博；（20）在官時不受餽贈；（21）一切應酬禮儀，宜去繁文縟節（如宴會、迎送之類）；（22）年節不送禮，吉、凶等事不為虛糜之餽贈；（23）提倡以私財或遺產補助公益善舉；（24）婚、喪、祭等事不作奢華迷信等舉動，其儀節本會規定後，會員皆當遵守傳布；（25）提倡心喪主義，廢除居喪守制之形式；（26）戒除迎神、建醮、拜經及諸迷信鬼神之習；（27）戒除供奉偶像牌位；（28）戒除風水及陰陽禁忌之迷信；（29）戒除傷生耗財之嗜好（如鴉片、嗎啡、及各種煙酒等）；（30）衣飾宜崇質素；（31）養成清潔之習慣；（32）日常行動，不得妨礙公共衛生（如隨處吐痰及隨意拋擲污穢等事）；（33）不可有辱罵、喧鬧、粗暴之行為；（34）提倡公墳制度；（35）提倡改良戲劇及諸演唱業；（36）戒除有礙風化之廣告（如賣春藥、打胎等）及

各種印刷品（如賣春面、淫書等）。[26]

其中第一條、第二條、第二十九條等，實與「六不會」同。在上海發起之進德會，與新銘輪舟中所組織之「六不會」及「社會改良會」，均為一種社會改良運動，在新舊時代交替之際，有這些開明的知識分子登高一呼，確能使人耳目一新。[27]當時《民立報》評曰：「此舉似微，然於個人之精神，社會之風氣，關係甚大。果能鼓吹實行，可一掃從前政界之惡習。」並譽兩會會員「實社會革命之負弩前驅者也。」[28]

## （三）無政府主義色彩

近代中國無政府主義派是在日本和法國的海外中國同盟會員中形成的。在日本東京，以出版《天義》報為主進行活動的劉師培、何震、張繼、汪公權等人是「天義派」，在法國巴黎出版《新世紀》為主進行活動的李石曾、吳稚暉、褚民誼、張人傑等人是「新世紀派」。[29]

中國無政府主義的傳入時期，開始於1901年到1902年，在1903年「蘇報案」前後形成一股熱潮，其餘波一直延續到1905年。被視為「中國最早的無政府主義者」的張繼，他的《無政府主義》一書於1903年在上海出版。這本書是張繼利用日本資料以譯述形式編成的上下兩篇著作，它可以說是1907年以前出版的書籍中最富有體系性的譯著。在文章中。張繼認為無政府主義最大的價值在於它的平等原理。他不僅將18世紀法國空想社會主義馬布利、巴伯夫（François Nöel Babeuf, 1760-1797）等人視為無政府主義者，而且將雅各賓派也稱為無政府黨，將啟蒙思想家盧梭的民主平等思想等同無政府主義。張繼在《無政府主義》譯著序文中宣稱：「吾願殺盡滿洲人，以張復仇大義，而養成復仇之壯烈國民；吾願殺盡亞洲特產之君主，以洗亞人之羞辱，為亞人增光；吾願殺盡政府官吏，以去一切特權之毒根；吾願殺盡財產家資本家，使一國之經濟均歸平等，無貧富之差；吾願殺盡結婚者，以自由戀愛為萬事公共

---

[26] 中國國民黨黨史會編，《革命文獻》，第41輯（1967），頁144-147；《民立報》，民國元年3月29日，頁2、12。

[27] 陶英惠，前引書，頁251。

[28] 《民立報》，民國元年3月2日，頁2。

[29] （韓）曹世鉉，《清末民初無政府派的文化思想》（北京：社會科學文獻出版社，2003），頁17及註1。

之基礎；吾願殺盡孔、孟教之徒，使人人各現其真性，無復有偽道德之跡。」他是革命派中的最激進分子，也可以說是虛無主義和無政府主義複合的早期無政府主義分子。但從實質上說，他所崇拜的，充其量不過是一種革命的精神，一種反抗專制統治的信念，還不是西方本來的無政府主義。[30]

身為上海革命派的領導人蔡元培也是中國早期介紹無政府主義的人物之一。1904年2月17日起，他的白話小說《新年夢》分六次在《俄事警聞》（後改名《警鐘》）上發表。他透過「最愛平等自由」的「中國一民」的夢境，宣傳了他那帶有濃厚無政府色彩的社會理念。在《新年夢》中，反映了主人翁以下幾方面的主要思想：

（1）宣傳廢除私有財產和採取按勞分配原則的思想；
（2）主張打倒腐敗的政府；
（3）強調中國人要為反對和抵抗列強侵略、實現民族獨立而鬥爭；
（4）主張設立起調解糾紛作用的萬國公法裁判所；
（5）主張廢除姓氏、家庭、婚姻、法律，統一語言、文字，直至廢除國家，實現大同理想；
（6）號召改造自然、征服自然。[31]

小說的主要內容，是要廢政府、廢私產、廢軍備，同時主張廢姓氏、廢家庭、廢婚姻、廢法律、統一語言文字，最後廢國家。[32]這些空想社會主張與中國無政府派構想的理想社會大體上一致。

在巴黎的「新世紀派」，以吳稚暉、李石曾、褚民誼等人為主角。《新世紀》（La Novaj Tempo, 世界語名稱）於1907年6月22日創刊，1910年5月21日停刊，共出121期。在《新世紀》中，吳稚暉以燃、燃料、夷、四無等為筆名，李石曾以真、真民為筆名，褚民誼也使用了民、千夜等為筆名。新世紀派把無政府主義當作科學的真理，熱情地宣揚無政府主義。《新世紀》宣揚近代科學的實質內容為何？那就是19世紀末20世紀初風靡世界的西方進化論。但是他們接受的進化論不是斯賓

---

[30] 同上書，頁34。
[31] 蔡建國，《蔡元培與近代中國》（上海社會科學院出版社，1997），頁231-234。
[32] 曹世鉉，前引書，頁35。

賽（Herbert Spencer, 1820-1903）以及赫胥黎（Thomas Henry Huxley, 1825-1895）主張的社會達爾文主義，而是克魯泡特金（Petr Kropotkin, 1842-1921）主張的互助論以及邵可侶（Paul Reclus, 1847-1914）的「進化革命說」而形成的一種新的進化論。吳、李等人在宣傳無政府主義的文章中，經常使用「大同」、「公理」、「良心」等傳統詞語，其中，「大同」指理想社會即無政府共產社會，「公理」代表自然和社會的普遍法則即科學、真理的同意詞，還有，「良心」在這裡指一種自然道德。吳稚暉在〈談無政府主義之閑天〉一文中論述道：

> 無政府三個字，乃世間最吉祥的名詞……果其互相消除國界，即最粗淺之一端。……無政府者有「道德」而無「法律」；惟「各盡所能」，而不可謂之「義務」；惟「各取所需」，而無「治人與被治者」；此之謂無政府。[33]

從上面引文中，可知新世紀派對科學、道德及教育的深信，以及無義務、無權利的無政府倫理觀。

蔡元培抵歐後，亦漸有無政府主義之傾向，據《胡漢民自傳》云：

> 吳（稚暉）、李（石曾）久居法國，常與無政府黨人遊，而崇尚其主義。更得張人傑之助，於1907、8年發行《新世紀》於巴黎，斥強權、尊互助，於各國政府皆無恕詞。對滿州更恣情毒詈，雜以穢語，使中國從來帝王神聖之思想，遇之如服峻劑，去其積滯。……精衛與子民、溥泉（張繼），亦漸有無政府之傾向；惟溥泉比較浪漫，不若精衛、子民之通，而自然有節也。[34]
> 據馮自由說，負責《新世紀》財務的張人傑與李石曾一樣，「旅法數年，漸結識西歐無政府黨諸學者，獲聆蒲魯東、巴枯寧、克魯泡特金等學說，因之思想銳進，理論怪特，隱然以中國無政府主義之宣講師自任。」馮自由又說「靜江縱談所篤信之無政府、無宗教、無家庭等學說，論議生風，所談男女關係之界說，尤見天真。」[35]

---

[33] 同上註，頁129。

[34] 《胡漢民先生自傳》（中國國民黨黨史委員會出版，1978），頁246-247。

[35] 馮自由，〈新世紀主人張靜江〉，《革命逸史》第2集，頁227-229。

## （四）旅歐、留法背景

　　這些旅歐教育運動的發起人或實際參與者，多具有旅歐（主要留法）的背景，其最早年代始於1902，以訖於1920年帶旅歐教育運動的高峰，茲列表說明如下：

| | 留法事蹟 | 旅歐（英、德）事蹟 |
|---|---|---|
| 李石曾 | 1902 以隨員名義留法<br>1903 入蒙達集農校<br>1906 入巴斯德學院<br>1907 與吳、張創《新世紀》<br>1908 創辦巴黎豆腐公司<br>1913 全家抵法，住巴黎郊外<br>1915 至巴黎，發起「勤工儉學會」<br>1916 發起「華法教育會」<br>1920 察看里昂中法大學校舍 | 1905 自巴黎至倫敦<br>1906 至倫敦，訪吳稚暉<br>1914 經柏林到巴黎 |
| 張人傑 | 1902 以隨員名義留法<br>1903 創辦通運公司於巴黎<br>1907 合辦《新世紀》週刊 | |
| 吳稚暉 | 1905 應李石曾之約到巴黎<br>1914 由英赴法<br>1920 赴法察看里昂中法大學校舍<br>1921 率國內生赴里昂，出任里大校長，旋離去 | 1903 因蘇報案離滬乘輪抵倫敦<br>1905 孫中山過倫敦，親自造訪<br>1914 與鈕永建同遊荷蘭後，仍返倫敦 |
| 蔡元培 | 1914 歐戰期間由德國移住法國都魯士<br>1920 視察里昂中法大學 | 1907 隨出使德國大臣孫寶琦赴德，先居柏林一年，繼遷居來比錫，入大學註冊聽課，以哲學為主<br>1912 返國出任教育總長 |
| 張繼 | 1908 由星洲乘船至巴黎參與《新世紀》 | 1914 赴歐，歷游英、法、義等國<br>1919 冬赴歐考察，歷法、德、西班牙等國 |

| | | |
|---|---|---|
| 汪精衛 | 1912 經南洋赴法國<br>1915 返國<br>1917 遊法國,經英國、芬蘭、西伯利亞返國<br>1919 再度赴法 | |
| 褚民誼 | 1906 追隨張人傑去法國<br>1912 再次赴法<br>1915 三度赴法,協助汪等籌組華法教育會<br>1920 協助吳、李等人創辦里大<br>1920 入斯特拉斯堡大學學醫<br>1924 獲博士學位 | 1912 就讀比京自由大學 |

## 四、鼓吹到法國留學的理由

所謂旅歐教育運動,進行的結果實際僅包含法國與比利時兩國,而又以法國為主,比利時為輔。法國最初主要以巴黎為首選目標,因巴黎與歐洲各國交通最為適中,如稍早巴黎中國學院之設立是也。且李石曾等人「居法較久,相習較深」,可就近進行。其後因里昂政學兩界人士之建議,與其設大學於巴黎繁華之區,不如創在里昂,所以又多了里昂一個地點。

不管巴黎也好,里昂也罷,這些旅歐教育運動的發起人,為何鼓吹中國青年學子到法國留學?這批具旅歐、留法背景的先知先覺究竟他們對法國的影像、學術文化水準、教育制度、社會觀感等方面有何看法?因為他們這些想法和主觀認識,無疑將左右數以千計的青年學子的前途,也無可卸責的必然影響民國初年的學風趨向。茲分述如下:

### (一)法國大革命、現代性的影響

法國大革命是具有世界歷史意義的重大事件,它的歷史並非專屬法國,而且也屬於整個世界。對中國而言,它的影響促進了辛亥革命的爆發。[36]李石曾認為,法國大革命為世界新學說實行之紀元,法儒盧

---

[36] 章開沅,〈法國大革命與辛亥革命〉,收入劉宗緒主編,《法國大革命二百週年

梭、服爾德、孟德斯鳩、狄岱麓（狄德洛）之說，實為法國大革命之先
導。[37]

　　總體而言，誠如周策縱所指出，「這個時期內，法國對中國影響之
大實在無法形容。自跨入二十世紀以來，法國大革命時的政治思想在
中國青年革命者中間的風行可說一時無兩。在二十世紀開始的二十年
間，它影響了許多中國知識分子和政治領袖，如梁啟超、陳獨秀和不
少國民黨的領導人物。陳獨秀二十多歲時就攻讀法文，後來十分羨慕
和讚法國文明。在《新青年》的創刊號裡，他發表了一篇〈法蘭西人
與近世文明〉的文章，宣稱法國是近代西方文明的創造始者。他沒有
引據充分確切的史實，就認為法國人『創造』三個最重要的學說。拉法
耶特（Marquis de Lafayette, 1757-1834）在他的〈人權宣言〉一文裡提出
了人權學說。拉（陸）馬克（Jean-Baptiste de Monet, Chevalier de Lamark,
1744-1829）於1809年在他的《動物哲學》（Philosophie Zoologique）中
已發表了進化論，比達爾文早了五十年。近代的社會主義則是源出於
法國作家巴伯夫（Grachus Babeuf, 1760-1797）、聖西蒙（Duc de Saint-
Simon, 1675-1755）和傅立葉（Charles Fourier, 1772-1837）。……在很多
方面，五四時期的中國知識分子受十八、九世紀法國民主思想和自由主
義的影響，遠超過受於其他西方國家思想的影響。五四型中國知識分
子的氣質，往往流露出法國浪漫主義的痕跡。法國的烏托邦社會主義
（Utopian Socialism）和無政府主義，尤其是它們的理論方面，也傳入了
中國。」[38]

## （二）法國學術水準不差

　　國人向有菲薄法國學術之觀念，其原因甚多。或說法為民國，本中
國舊社會所不喜；或因法國失敗於普法之戰，多以弱國視之，因亦菲
薄其學術；或謂法國學問，遠不如德國者。[39]有的則從法國社會風氣不

---

　　紀念論文集》（北京：三聯書店，1990），頁79-80。

[37] 《李石曾先生文集》（中國國民黨黨史委員會，1980），下冊，頁229。

[38] Chow Tse-Tsung, *The May-Fourth Movement*（Cambridge: Harvard University Press, 1960）
, pp. 35-36; 周策縱原著，楊默夫編譯，《五四運動史》（台北：龍田出版社，
1980），頁42-43。

[39] 吳玉章，〈在四川留法預備學校之演說〉，張允侯等編，《留法勤工儉學運動》
（上海人民出版社，1980）（一），頁300。

良、巴黎風俗奢靡著眼，反對到法國留學。例如有說：「法國為退化之國，無可為學。……法國人風俗、習慣都不好，差不多是『男惰、女淫、官貪、民詐』，……法國只有三樣東西好：美術好，酒好，婦人好。」[40]有人甚至僅為巴黎之遊，而以偏概全的誤認法國皆驕奢淫佚。[41]李石曾亦明白指出「從前中國人的觀念，覺得法國很腐敗，不足以為中國的模範。因為法國是個民主國，信奉君主的是不贊成到法國去的；因為法國人愛平和，侵略主義的色彩不及別國的濃厚，崇拜帝國主義、強權主義的人士不贊成到法國去的。」[42]

面對這種根深蒂固看法或偏見，旅歐教育運動的倡導者因職責所在，不得不想方設法為法國的學術水準大肆介紹傳達，盡力轉圜抗辯，以免影響莘莘學子留學意願！

歐洲為近世文明之中心，而法國又為歐洲文明之中心，世界學術發明多由法國。[43]李石曾認為，「法國是新思想的源泉，新社會的前驅，就是物質的科學也有豐富的貢獻。」[44]特就法國學術，舉出兩點成就：

（1）物質之科學

法國算學大家戴楷爾（笛卡兒，René Descartes, 1596-1650），助進於科學者甚多，且為唯物哲學之先導。以化學言之，三大發明家皆為法人，鹿華西（拉瓦謝，Antoine Lavoisier, 1743-1794）為普通化學發明家，曾得物質不滅之公例；裴在輅（Marcellin Berthelot, 1827-1907）為有機化學發明家，得有機質科化合之術；巴斯德（Louis Pasteur, 1822-1895）為生物化學發明家，微生物學得以成立，致用於外科之傳染病者，不勝枚舉，而成一醫學之大革命。中國普通觀念，謂醫學以德國為最精，若無巴氏之發明，恐德國醫學亦未能如此進步。巴黎巴斯德學院（Institut Pasteur），乃全世界之首創。其他關於化學實用，因緣於學理而出者正多。即物理學中，如類電母等諸大發明，亦不勝道，均可證法國物質科學非有遜於德國也。

（2）哲理

進化學哲理，為法國陸謨克所發明，猶在達爾文五十年之前。進化

---

[40] 子暲（蕭三），〈我的留法勤工儉學觀〉，同上書，頁356。

[41] 《李石曾先生文集》，下冊，頁296。

[42] 李石曾，〈在預備赴法學生聯合會成立大會上的演講詞〉，同註39，頁309。

[43] 同註39。

[44] 同註42。

學中國亦名天演學，即證明生物進化由簡單而繁複，由微小生物演進而為蟲魚鳥獸以及於人，此說既定，則宗教中上帝造人之迷信已根本打消。又如實驗哲學與社會學，亦成立於法儒孔德（Auguste Comte, 1798-1857），與斯賓塞同時而較早，其學說亦有同處。孔氏謂科學分類，亦由簡而及於繁，由算學而理化博物以至於社會學，實近世科學中至要者。又有近於社會學之人類學，研究人類之各問題，巴黎人類學校與人類學會，為全世界之首創，創立者實法國醫學家樸皋。[45]

「留法儉學會」初成立，為求普及，雖亦有成立「留德儉學會」、「留日儉學會」或「留歐儉學會」之議，但特別解釋趨重法蘭西教育之理由，除上述兩點外，對法國學術之精博一項，復補充謂：「卲可侶（Elisée Reclus, 1830-1905）以地理學大家，貫通人地之觀念。他如伯班巨為氣爐之祖；伯庸里為無線電之先驅。氣船飛艇潛水艦，皆法國之產物。……至於人道主義，盛倡於孟德斯鳩、服爾德、盧梭、狄岱麓諸子。詩文美術，尤為法人之特長。由此一覽，法人學術之精博，人人得而見之，非有所偏譽也。」[46]

蔡元培曾游學德、法兩國，比較兩國之科學，認為各有所長，他說：「近世言科學者，率推法德兩派。法人多創見，而德人好深思，兩者並要，而創建尤為進化之關鍵也。」[47]又稱：「吾國人恆言各國科學程度，以德人為最高。同人所見，法人科學程度，並不下於德人。科學界之大發明家，多屬於法。德人則往往取法人所發明而為精密之研究。故兩國學者，謂之各有所長則可，謂之一優一劣則不可。」[48]

## （三）法國政教分離較澈底

李、吳、蔡等人創辦旅歐教育運動，鼓吹在海外設立中國大學，其中一項考慮，便是「環境較清高，且可免除種種政潮之纏擾」。[49]而法國政教分離的情況，尤其可作為中國之借鏡。

---

[45] 《李石曾先生文集》，下冊，頁228。
[46] 《旅歐教育運動》，頁64-65。
[47] 蔡元培，〈華法教育會叢書序〉，孫常煒編著，《蔡元培先生年譜傳記》（國史館，1986），中冊，頁117。
[48] 蔡元培，〈北京留法儉學會預備學校開學式演說詞〉，高平叔編，《蔡元培全集》（中華書局，1984），卷3，頁52。
[49] 曾仲鳴，《法國里昂中法大學》，頁1。

蔡元培任北大校長時,對於當時北洋政府摧殘教育事業的情況,有深刻感受,故主張「教育事業,當完全交與教育家,保有獨立的資格」,以免受各派政黨及各派教會的影響。他認為教會是保守的,不能把教育權交與教會,他在〈教育獨立議〉一文中,除排斥政黨干預教育外,特別反對教會插手教育,其理由是這樣的:

教育是進步的,……教會是保守的;無論怎麼尊重科學,一到聖經的成說,便絕對不許批評;教育是公共的;英國的學生,可以談阿拉伯人所作的文學;印度的學生可以用德國人所造的儀器;都沒有什麼界限。教會是差別的,基督教與回教不同,回教與佛教不同。……彼此說真說偽,永遠沒有定論。正好讓成年的人自由選擇。……若是把教育權交與教會,便恐不能絕對自由。所以教育事業,不可不超然於各派教會以外。[50]

蔡元培在另一篇題為〈非宗教運動〉講演中,更明白指斥宗教之非是,謂:「然今各種宗教,都是拘泥著陳腐主義,用怪誕的儀式,誇張的宣傳,引起無知識人盲從的信仰,來維持傳教人的生活。這完全是用外力侵入個人的精神界,可算是侵犯人權的。」[51]

蔡元培對於法國政教分離的情況,有深入的觀察。他於1917年1月1日在北京政學會歡迎會上講〈我之歐戰觀〉時,指出「法國人對於宗教,較之德人尤為淺薄,即如聖誕日,德國尚停市數日,飾樹綴燈;法國則開市如常,並無何等點綴。至於教堂中常常涉足者,不過守舊黨而已。自1892年至1912年,法國屬行政教分離之制,凡教士均不得在國立學校為教員,自小學以至大學皆然。此外反對宗教之學說,自服祿特爾(Voltaire)以來,不知有若干人。可見法國人對宗教之態度矣!」[52]報紙所載,常有脫漏或舛誤,同年2月19日,蔡元培有致《新青年》記者函,對此問題又作如下補充:「自1886年至1912年,法國屬行教育與宗教分離之政策。凡國立學校中,關係宗教之分子,一律排除。現在從小學至大學,任事者並無教會之人。此外反對宗教之學說,時有所聞,自服祿特爾以來,不一而足也。蓋法之國立學校,雖排除宗教分子,而教

---

50 蔡元培,〈教育獨立議〉,同註47,頁587-588。
51 蔡元培,〈非宗教運動——在北京非宗教大同盟演講大會演說詞〉,同上註,頁589。
52 蔡元培,〈我之歐戰觀〉,高平叔編,《蔡元培全集》第3卷(北京中華書局,1984),頁2-3。

會仍有私立學校之自由也。」[53]

　　在蔡元培等教育家看來，法國於1866年已廢除神學之專科，1907年實行國教分離，教育職務，多出乎宗教，返乎常民，此誠古今萬國教育界之新聲。換言之，法國教育能脫於君神之迷信，非但其他專制國之所無，即瑞士、美國二國，雖離於君主之制，猶惑於新教之風也。而中國本無國教，遂無宗教之障礙，故法國教育之觀念，最宜於中國。[54]

　　曾在法國留學的左舜生，也舉出事例，見證法人排斥宗教教育之澈底與擁護自由思想之熱烈。某年在里昂召集的全法國小學教員大會，因阿爾薩斯、洛林兩省人民想保留他們的宗教教育，曾議決通過下列條款加以防止：

　　（1）限制有宗教信仰之私家教育的給憑，及其文憑的職業效力；
　　（2）防止教會的教學；
　　（3）禁止兒童學校僱用女修道；
　　（4）強迫有職業者送其子弟入公立學校；
　　（5）一切公共教育上所用之人，皆須係無宗教信仰者；
　　（6）完全廢止教材中之涉及宗教宣傳及暗示者。[55]

## （四）法國美術教育發達

　　當代學者，論美育思想及法國美術教育最多者，殆為蔡元培。蔡元培的教育思想中有一個十分重要的內容，即是他的美育思想。他在德國萊比錫大學留學時，便十分重視學習美學和研究美學思想，尤受康德的哲學美學思想的影響，認為康德的學說為「嗣後哲學家未有反對之者也」。[56]

　　蔡元培研究哲學而又深受希臘美術精神的影響，所以特別注重美育，以美育涵養性靈，以優美代替粗俗，化殘暴而為慈祥。他甚至主張，以美育代宗教。他不僅談美育的理論、美育的價值和功用，也談美育實施的具體方法。要是人生美育化，社會也美育化了，人類的心靈，何患不得平安？人類的道德，何患不得完成？大同之治，可以促進，世

---

[53] 蔡元培，〈致《新青年》記者函〉，同上書，頁24。
[54] 《旅歐教育運動》，頁63-64。
[55] 左舜生，〈法國澈底的排斥宗教教育〉，《醒獅週報》，第5號（1924.11.8），第1版。
[56] 蔡建國，《蔡元培與近代中國》，頁158。

界觀理想,也就可以實現。[57]

蔡元培認為美育是養成健全人格所不可缺少的重要因素。他甚至認為,美術與國民性關係非淺,凡民族性質偏於美者,遇事均能從容應付,雖當顛沛流離之際,決不改變其常度。當法國在歐戰期間,明知軍隊之數,預備之周,均不及德,而臨機應變,毫不張皇,當退則退,可進則進,若握有最後勝利之打算,而決不以目前之小利害動其心者,此皆源於美術之作用也。[58]民族性偏於優美一派的法國,其法語的雅馴,建築與器具的華麗,圖畫之清秀以及文學、美術之品味,在在受到蔡元培的推崇。

## (五)法國普通教育學費低廉

一般而言,法國普通教育尤有特長之點,即學費廉求學易是也。其公立小學,為普及教育之根本,全免學費,人人可得求學(等於台灣後來所實行的義務教育)。中學為學問之要徑,價廉而制簡,較少他國「貴胄學堂」之餘味。等級相去較近,學問普及較易。至於大學為高深學問之建設,多不納學費,或學費相較低廉,寒士工民皆得與共之。法國距離「教育平等」固甚遠,然其趨勢向之矣![59]

法國各級教育由中央統籌,自拿破崙以來已成定制,然學校收費低廉,亦有其社會背景。國人常有一誤解,以為法人為世界最侈靡之民族,不知法國侈靡之習,不過巴黎。曾有義大利作家普雷羅里尼(Perrolini)著《二十世紀之法國人》一書,謂巴黎為世界之都市,其習尚由各國民族輻輳而成,不得以偏概全法人。就巴黎以外各省之法人而觀之,實為世界最善儲蓄之民族,可謂之經濟界平民制,以其全國富力,全操於農人及小康家也。國民儲蓄之增率,每歲不下於二千兆云云。可以知法人之尚儉,而法國良為適於儉學之地點也。[60]

李石曾認為,法國學校學費之所以儉省,較他國費用為廉,與法國之平民主義發達有關。[61]蔡元培對法人的儲蓄習慣極為推崇,認為「法

---

[57] 方炳林,〈蔡元培教育思想〉,《台灣師大教育研究所集刊》,第5輯(1962)。

[58] 蔡元培,〈我之歐戰觀〉,高平叔編,《蔡元培全集》第3卷,頁4。

[59] 《旅歐教育運動》,頁64。

[60] 蔡元培,〈說儉學會〉,高平叔編,《蔡元培全集》第3卷,頁64。

[61] 《李石曾先生文集》,下冊,頁229。

國人多業小農，善儲蓄，和平寬大，均與我國人相類。」[62]李石曾亦說，「法人勤儉而善居積，與吾儕同。」[63]

## （六）法國人崇尚平等自由，較無種族歧視觀念

「自由、平等、博愛」是法國大革命的口號，像法國大革命一樣，對近代中國，尤其對中國的知識界產生過巨大的影響。

李石曾指出，「法人之思想自由，甲于世界。既無崇拜官紳之風，尤少迷信宗教之蹟，不尚繁文，最富美感。」[64]

湖南長沙的徐特立四十三歲始參加勤工儉學的行列，他以親身的體驗，見證法國社會的平等自由風氣。他「一到法國，覺無所謂總統，無所謂平民，無所謂農奴，無所謂文明種族，同為人類，即同為一家也。」他回憶乘法輪赴法時，「同船有軍人六、七百，我等與之水乳交融，見我暈船，則時時詢問，見我等學法語音不合，則殷殷啟導。同船一月，有如舊交，馬賽登岸，握手作別，似有不能捨之意。路人似骨肉，皆平等自由之精神也。」從徐特立的感觸，可知法國人是富於感情的民族，對於陌生人充滿熱烈的感情，對於不同膚色的種族沒有歧視的心理。[65]

早年留學法國，與吳稚暉、張人傑、蔡元培等人發起組織世界社，創辦《新世紀》週報，並設立豆腐公司，主張派遣華工參加歐戰，復倡議旅歐教育運動，鼓勵莘莘學子到法勤工儉學，且創設里昂中法大學以培養專門人才，而能充分融入法國社會，成為巴黎沙龍常客的李石曾，據他的觀察，「法國人民，素無歧視外人之習。」[66]蔡元培亦補充說：「法國人無仇視外人之習。」

以上所述，係屬個人片面感覺問題。事實上，就平等一項而言，歐戰華工到法，工價特少，作工時間過長，且受監工者之虐待，並未受到平等之待遇。何況，華工在現實生活上受到彼國工人及普通社會之嫉

[62] 蔡元培，〈《華法教育會叢書》序〉，《蔡元培全集》第3卷，頁145。
[63] 《李石曾先生文集》，下冊，頁296。
[64] 同上註。
[65] 徐特立，〈由巴黎致湘學界書〉，收入清華大學編，《赴法勤工儉學運動史料》（北京出版社，1980），第2冊，上，頁192。
[66] 李石曾，〈與蔡元培等致勸學所及小學校諸君函〉，《李石曾先生文集》，下冊，頁297。

視，[67]並不如想像中之美好。

總之，欲求高深學問，必先養成學問家，欲養成學問家，捨留學莫濟。總結上述，李、吳、蔡等人何以鼓吹留學以赴法為較宜，希望國內教育家多注意法蘭西教育，理由甚多。除法國本身學術水平不差，各類學問博通外，再以蔡元培的看法做一歸納。蔡氏認為，法國文化有特宜於我國者有五：

（1）曰道德觀念

國人之言道德也，曰恕，曰仁，曰正其誼不謀其利，與條頓民族之功利論、強權論不能相容。惟法人尊自由、尚平等，常為人道主義而奮鬥，與我國同也。

（2）曰文學美學之臭味

我國文學美術，皆偏於優美一派，而騖重神祕之風甚少。歐人中近此者為拉丁民族，而法人尤其著者也。

（3）曰信仰之自由

我國教育中從不參以偏重一教之主教，革命以後，持此尤堅。歐洲各國普遍教育中，有修身而無宗教者，惟法國爾。

（4）曰習俗之類似

法國人多業小農，善儲蓄，和平寬大，無仇視外人之習，均與我國人相類。

（5）曰儉學之機會

吾國學校，尚未遍設；各種專門學術，不能不資於遊學；而遊學之費，公私具絀；費數百金而於三、四年間得造成一種專門學術者，以法國為最便。[68]

簡而言之，法國教育適宜國人之點，較他國為多，故謂：「為高深之學問而擇地，非法其誰乎？」

## 五、結語

以上所論係旅歐教育運度的本質。至其內涵，廣而言之，應溯自「留法儉學會」，歷經「勤工儉學會」、「華法教育會」，包括華工教

---

[67] 《旅歐教育運動》，頁82-83。
[68] 蔡元培，〈華法教育會叢書序〉，高平叔編，《蔡元培全集》，卷3，頁145。

育，兼及北京中法大學、巴黎中國學院、里昂中法大學、比利時曉露槐（Charleroi）中比大學的創辦等事業，前後銜接，國內外學術聯成一氣。茲列一簡譜，以窺知旅歐教育運動的主要內容。

民初旅歐教育簡譜（1912-1946）

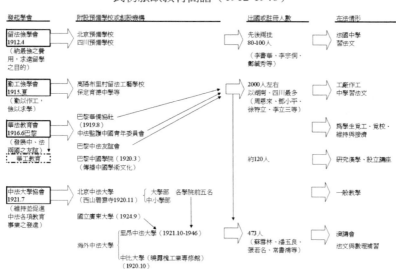

圖　民初旅歐教育簡譜（1912-1946）

　　除上述之外，尚可包括用以支援資助此一運動的若干相關企業，例如豆腐公司、都爾（Tours）中華印字局、通運公司、開元茶店等；用以輔助推進運動的若干學社，諸如世界社、世界編譯社、上海法文學社、巴黎華僑協社等；用以廣佈宣傳的若干刊物雜誌，如《世界畫報》、《民德雜誌》、《學風雜誌》，乃至後來扮演更重要地位的《旅歐雜誌》、《華工雜誌》、《旅歐周刊》等。結合以上這些重要或比較次要的學會、學校、學社或刊物，大體構成一個以北京、上海（國內）、巴黎、里昂（歐洲）為傳播中心的學術網絡，進行那時挫時興、艱苦備嘗，長達半世紀之久的旅歐教育運動。本文因篇幅所限，對這部分無法展開討論。

　　國內外學者研究赴法勤工儉學運動者多，討論旅歐教育運動者少。

這是筆者撰寫本文的動機之一。兩個運動，表面看來雖似孿生兄弟般接近，但本質上仍有若干不同。撇開創辦的動機不談外，無論歷史的長短、範圍的寬窄、地區的大小，後者都比前者具備完整性、全盤性和一致性。最重要的是，旅歐教育運動是主體，是本源，勤工儉學運動是分支，它應當放在旅歐教育運動的大脈絡中去討論，才不致失焦，也比較能掌握應有的適當定位。無可否認的，勤工儉學是旅歐教育運動中最重要的一環；從某種意義上說，它是其中最光芒耀眼的史篇，最扣人心弦的樂章，它不僅豐富了旅歐教育運動的內涵，而且強化了這個運動在中國現代史上不可撼動的地位。總之，兩者各有不同的本質和內涵，不能混為一談，也不必互相抹煞矮化，惟勤工儉學運動不是旅歐教育運動的全部樂章，不可能也不必完全取而代之。這一點史實俱在，應當可以肯定。

——原載《第三屆近代中國與世界研討會論文集》，
中國社會科學院近代史研究所，2015年5月

# 書生報國，毛錐當寶刀
## ——論中青對國民黨和蔣介石權力之挑戰

## 一、引言

在孫中山逝世前後，歐洲先後出現了由國人所組織創設的四個不同的政黨，分別是「中國共產黨旅歐支部」（1922年冬）、「中國國民黨里昂支部」（1923年11月）、「中國青年黨」（1923年冬）、「中國社會民主黨」（1924年6月）。

1923年12月2日，曾琦、李璜、何魯之、周太玄、張子柱、胡國偉等人，於法國巴黎近郊玫瑰城（Fontenay-aux-Roses）共和廣場共和餐廳成立中國青年黨，其宗旨為「本國家主義之精神，採全民革命的手段，以外抗強權，力爭中華民國之獨立自由；內除國賊，建設全民福利的國家。」青年黨的前身，最早可以追溯到五四時代的「少年中國學會」之國家主義派。

中國青年黨初以《先聲週報》（1922年12月創刊）為據點，標榜反共、反蘇的口號，早就與中共旅歐組織的機關刊物——《少年》、《赤光》展開論戰，先由思想上的短兵相接，逐漸引發行動上的衝突，最後甚至演成流血鬥爭。青年黨雖以反共起家，但亦反國民黨，反對國民黨之聯俄容共和一黨專政，故備受國民黨打壓，移回國內後只能祕密活動。自三〇年代起，因為國民黨的若干反共措施與青年黨的反共立場一致，兼以九一八事變爆發之後，日軍入侵，國難當頭，在朝野一致外禦其侮的大前提下，兩黨關係乃逐漸改善。

## 二、「內除國賊，外抗強權」
### ——高舉反蘇、反共大纛

中國青年黨創黨時，其基本主張即「本國家主義之精神，採全民革命的手段，以外抗強權，力爭中華民國之獨立自由；內除國賊，建設全

民福利的國家為宗旨。」

簡言之，中青的兩大宗旨，一為內除國賊，二為外抗強權。曾琦對兩者的定義與種類，曾在《醒獅週報》作明確解釋。先就國賊定義而言：「國賊為何？即其行為有背於國民之公意，有害於國家之生活者也。」

依上述定義，國賊之種類有十種：

（1）盜賣國權，摧殘民命之軍閥；

（2）營私舞弊，禍國殃民之官僚；

（3）假借外力，爭奪政權之政黨；

（4）朝三暮四，寡廉鮮恥之政客；

（5）把持地方，魚肉鄉民之濫紳；

（6）勾結外人，掠奪國富之財閥；

（7）破壞公益，專謀私利之奸商；

（8）欺世盜名，不負責任之鄉愿；

（9）倚仗外人，壓制同胞之教徒；

（10）擾亂社會，妨害國家之流氓。

由是觀之，所謂國賊，絕不限於軍閥，而軍閥則包含於國賊之中。青年黨之所以不單以「倒軍閥」為號召，而特定為「內除國賊」者，蓋欲圖革命之澈底，一方面在使國民知危害於國家者不僅一二軍閥，尚有其他種種孟賊，悉應在鏟除之列；一方面亦預為後來之計，將於「澄清政治」之後，更進而「澄清社會」，俟政治上、社會上所有危及國家生存之一切害蟲病菌，皆絕跡於禹域，夫然後國家之安寧可保，國民之幸福可圖。

次就強權定義而言：「強權為何？即以種種壓力強加於個人或國家者也。」依此定義，強權之種類，大別為下列四種，即：

甲、武力侵略：如直接以兵力佔領土地是也。

乙、文化侵略：如提倡某國化的教育是也。

丙、經濟侵略：如掌握經濟命脈之關稅塩稅是也。

丁、宗教侵略：如派遣來華傳教是也。

列強對華有採甲、乙、丙三項政策者，如日本是也。有採乙、丙、丁三項政策者，如美國是也。有先採甲項政策，後採丙項政策者，如英國是也。有先採丁項政策，後採甲項政策，最後採乙項政策者，如法國是也。……然無論「武力侵略」、「文化侵略」、「經濟侵略」或「宗

教侵略」，其為對我施行有形無形之壓力則一，要皆吾人所宜反對之強權國家也。[1]如何「外抗強權」？《醒獅週報》曾出刊專號加以討論，曾琦特別提出「外抗強權之戰略」，分門別類，針對上述四種侵略，各舉治本與治標兩種辦法予以回應。[2]

而國家主義派所謂的「強權」，決不單指白色帝國主義的英、法、美、德等國，更重要的是又指赤色帝國主義的蘇俄。《醒獅週報》復出刊「中俄問題專號」，對於「新俄禍」有深入之探討。曾琦首引林文忠公言：「終為中國患者，其俄羅斯乎？」蓋以中俄壤地相接，俄之野心尤可畏也。[3]蘇俄是「變相的帝國主義」，在曾琦的眼中，蘇俄有十大罪惡，茲開列如下：

（1）強占蒙古；

（2）窺伺新疆；

（3）誘惑唐努烏梁海；

（4）霸據中東鐵路；

（5）慘殺旅俄華僑；

（6）拒不交還侵地；

（7）以金錢買我青年；

（8）以金錢煽動我工潮；

（9）以軍械助我亂；

（10）公然派人預我內爭。

曾琦認為，「俄羅斯者，『虎狼之國』也。其民族性根本為侵略的。……俄人既不得志於西方，乃轉而圖霸東亞。」是故，中國青年黨不僅反共，甚至主張「驅俄」，以斷共產黨之奧援。[4]

曾琦又認為：「今日中國之人民，其所受之痛苦，蓋為世界上任何國家所不及！何則，以其上有三重之壓迫也。所謂三重之壓迫者何？列強之壓迫一也；軍閥之壓迫二也；共產黨之壓迫三也。」[5]前二者已

[1]　曾琦，〈內除國賊外抗強權釋義〉，《醒獅週報》，第2號（1924.10.18），第1版。

[2]　曾琦，〈外抗強權之戰略〉，《醒獅週報》，第35號（1925.6.6），第2版。

[3]　曾琦，〈中俄問題專號〉、〈弁言〉，《醒獅週報》，第40號（1925.7.11），第1版。

[4]　曾琦，〈抗英驅俄滅赤救國之意見〉，收入陳正茂等編，《曾琦先生文集》（中央研究院近代史研究所，1993），上冊，頁148。

[5]　曾琦，〈三重壓迫下之中國人〉，《醒獅週報》，第59號（1925.11.21），第1版。

述,現談第三者。

　　基本上,國家主義與共產主義,在創黨元老之一的胡國偉看來,是兩個在思想上極端相反的主義;一個主張愛國,認定「國家利益高於一切」;一個主張國際工人聯合,實行世界革命,認為「工人無祖國」。一個主張全民政治(即民主政治),要建設一個全民福利的國家;一個主張階級專政,要打破國界,建立一個以工人為中心的共產世界。胡國偉說:「基於國家主義理論的指導,本黨的本質,便自然是愛國、民主、反共的,而成為中國反共最早最堅定的政黨。」[6]

　　陳啟天亦指出,國家主義與共產主義有三大分歧點:

　　(1)國家主義以國家為前提,共產主義以階級為前提。

　　(2)國家主義主張物心並重,共產主義主張唯物史觀。

　　(3)國家主義主張本國政治革命,共產主義主張世界經濟革命。

　　茲再列表明示如下:[7]

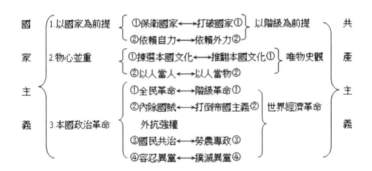

　　故實際上,國家主義派口中所謂的「國賊」,決不是單指封建軍閥,也不光以上述十種人物為限,而還包括中國人民爭取獨立和解放的中國共產黨。因為共產黨的革命是依賴外力,「跟著別人走」的,「其行為有背於國民之公意,有害於國家之生活者也。」左舜生則認為「共產黨是歷史上中俄兩大專制國餘毒的結晶,是辛亥革命以來唯一的反動派」,所以他明白指出,「要國家主義者與共產主義者攜手,恐怕海枯

---

[6] 胡國偉,《巴黎心影》,收入陳三井主編,《勤工儉學運動》(台北:正中書局,1981),頁642。

[7] 陳啟天,〈國家主義與共產主義的分歧點〉,《醒獅週報》,第44號(1925.8.8),第2版。

石爛也是無望的」。「因為我們在根本上就不能承認共產黨是一個獨立的黨，他們在中國的一切行動，並不是幾個黃面孔的共產黨人所能自主的。」[8]

# 三、標榜民主，反對「一黨專政」與「個人獨裁」 ——對執政者權力之挑戰

## （一）反對「一黨專政」

　　孫中山的訓政構想，是「以黨治國」。孫中山認為中國國民黨對中華民國負有歷史使命。「民國一天沒有建設好，本黨就要奮鬥一天」，為要善盡建設民國的責任，故主張「以黨治國」。所謂「以黨治國」，「並不是要黨員都做官，然後中國才可以治。是要本黨的主義實行，全國人都遵守本黨的主義，中國然後才可以治。簡而言之，以黨治國，並不是用本黨的黨員治國，是用本黨的主義治國。」[9]

　　從「以黨治國」到「一黨專政」，在在受到標榜「全民政治」的中國青年黨最嚴厲的批評，直到國民黨政府播遷台灣仍未休止。

　　為確定與國民黨的關係，1927年7月，中青在上海召開第二次全國代表大會，是否與國民黨合作反共，成為會議的主題。會中認為：「為澈底反共，宜與國民黨合作，但國民黨必須取消一黨專政，以便青年黨發展成為健全的在野黨。會議經過充分討論，決定了在兩面夾攻中繼續奮鬥，一面反共，一面反黨治的方針。」會議發表了〈對時局的宣言〉，對南京國民黨政府建立後所標榜的「黨外無黨，黨內無派」口號提出批評，指出「黨外無黨」的主張不合乎孫中山的民權主義和近世各國政黨政治的潮流。「黨內無派」則不符合國民黨當前派系林立的實際情況。總之，本次大會確定了不與國民黨合作並反對國民黨一黨專政的方針。[10]

[8]　左舜生，〈共產黨是可與合作的嗎？〉《醒獅週報》，第60號（1925.11.28），第1版。

[9]　崔書琴，《孫中山與共產主義》（傳記文學出版社，1984），頁123；李雲漢，《中國國民黨史述》（中國國民黨黨史委員會，1994）第3編，頁5。

[10]　陳正茂，〈曾琦與民國政治〉，收入《中國青年黨研究論集》（秀威公司，2008），頁218。

1928年8月中國青年黨在上海召開第三次全國代表大會，公開提出了「打倒一黨專政的國民黨」，會中曾琦代表青年黨向國民黨提出十大質問，其中一問便是「一黨專政」是否與孫中山所揭櫫的「天下為公」之旨根本衝突，文中強調，「吾人之所以反對滿清者，以其私天下於一家也；吾人之所以反對北洋者，以其私天下於一系。今貴黨取北洋派之地位而代之，乃欲私天下於一黨，其毋乃與天下為公之旨大相刺謬乎！」接著義正辭嚴的指出，「一黨專政」之結果，其弊害之最大者有三：

（1）無在野黨之監督，而本身有易趨於腐化之勢；

（2）功利之徒紛紛趨附，使黨內之分子愈雜，派別愈多，博「黨外無黨」之虛名，而收「黨內有派」之實禍；

（3）正直之士斷難屈服，為貫澈其所信之主張計，必相聚而自成一黨，不能公開則出以祕密，不能決勝於議院，勢必決勝於疆場；此所謂逼朋友為仇讎，化溫和為激烈，徒自種荊棘以障礙成功而已，於黨之本身究何利乎？凡此皆一黨專政之必然結果也。[11]

在此前後，青年黨人士筆之健者，亦紛紛發表評論，針對「一黨專政」的作法及其弊害，多所發揮，茲舉其較為重要者，簡述如下：

李璜在成都《振華週刊》上，論及一黨專政之弊有四點：（1）恃強凌弱，必有後禍；（2）權利所在，投機競進；（3）蹂躪思想，妨害進化；（4）群流同歸，黨起糾紛。復在《醒獅週刊》闡明兩點：

（1）尚力而不尚理，遂使一切主義政策破產，政黨威權蕩然無存，國亂將無已時。

（2）尚同而不尚異，遂使一切真實與自由潛藏，只有欺偽與奴役，政治永不得清明。[12]

立齋認為「以黨治國」或「一黨專政」說，師法俄國。他說：「政府之權，操之一黨，更以全國人民之租稅，豢養數十萬之黨員，遇有稍不同道者，輒與之為難。平日既不許國人發表意見，即屆國民會議之日，安從而有真正自由之選舉，此則與俄之以國法明標專政者雖不同，

---

[11] 〈中國國家主義青年黨致國民黨書〉，《醒獅週報》，第188號，頁3。

[12] 李璜，〈再論一黨專政之弊兼測國民黨與中國之前進〉，《醒獅週報》，第195號（1928.11.25），頁8-10。

其為專政一而已。」[13]

純士為國民黨計，論「一黨專政」者四利和五害：

四利是：（1）地盤擴大，黨員人數增加；

（2）利於政策推行；

（3）在社會上樹一不拔之基；

（4）剿絕異黨的根株，毋使滋蔓以為己害。

五害是：（1）足以促國家之分裂；

（2）造成黨內的分派；

（3）足以獎進投機攀附之風，斲喪國民的志節；

（4）使濫竽者充數，而黨的信用因以喪失無疑；

（5）足以促反對黨之團結，在中國造成一種循環的革命。

總而言之，在他的眼中，「一黨專政」的好處不可必得，而為害之大足以顛覆國家，卻是很顯然的。[14]

丁作韶特別強調，黨治與民主不能並行不悖，黨治是民主不共戴天的大仇。他從過去中西歷史演進的體驗，認為黨治就是：

（1）政府作主人，人民作奴的政治；

（2）政府可以自由支配人民的政治；

（3）人民要絕對聽政府指揮的政治。[15]

陳啟天把「一黨專政」等同看成「黨閥政治」。在這種政治下，所要求者以黨治軍與以黨治國，而其根本則在以國治黨。就理論上說，黨閥政治有三大不可：

（1）黨權超於國權，本末倒置。

（2）黨員超於國民，形成貴族。

（3）黨義超於一切，是非不明。[16]

九一八事變後，黨治必須廢除的聲浪更甚囂塵上，陳啟天復指出四點：（1）有黨國無民國；（2）有黨權無民權；（3）有黨員無國民；（4）有黨爭無國政。陳氏特別強調，黨治是造成國難的主要根源，黨治不取消，無法共赴國難。[17]

---

[13] 立齋，〈一黨專政與吾國〉，《新路》，第2期（1928.2.15），頁27。

[14] 純士，〈為國民黨計論一黨專政之利害〉，《新路》，第2期，頁34-41。

[15] 丁作韶，〈評汪精衛的相對黨治論〉，《民聲週報》，第24期，頁7。

[16] 陳啟天，〈國家主義的政治原理〉，《醒獅週報》，第193號，頁4。

[17] 陳啟天，〈國難與黨治〉，《民聲週刊》，第21期（1932.4.1），頁7-8。

左舜生的看法與陳啟天接近，他認為一黨專政是內爭的製造所，為軍閥、政客所依附。他同樣主張，取消一黨專政才有公開的政治可言。取消一黨專政，以共赴國難。具體的作法還包括要黨國要人將最近四、五年所積蓄的 私產，自動的捐出五分之四，以為全國國民毀家紓難之倡。[18]

## （二）挑戰「個人獨裁」

北伐成功後，中國國民黨主張訓政，高唱「黨外無黨，黨內無派」，中青深以此舉不符合民主政治原則，故除反對中國國民黨的一黨專政外，並進而挑戰蔣介石的個人獨裁。

曾琦去國五載，於1924年9月與李璜等人返抵國門後，鑒於國內之腐敗如故，軍閥之私鬥如故，民氣之消沉如故，社會之黑暗如故，回首13年來國事之擾攘不寧，曾琦認為皆由不學無術之武人妄干國政所致。「而武人干政之端，則實由袁世凱啟之，黎元洪繼之，徐世昌從之。……今欲納國事於軌道，惟最禁武人之干政。曹錕以昏庸僭居元首，吳佩孚以妄誕把持政局，國民痛恨，理所當然！」[19]

於是，曾琦提出中心思想與中心人物之重要說，「強調一國之有中心思想，則國是所有而定者也；一國之有中心人物，則國民所望而驅者也。」[20]在中國青年黨本身的主義、政策、領導人尚未定型廣為言論界所肯定重視之前，曾琦所寄望之中心人物，殆為之前的孫中山與之後的蔣介石，故對國民黨前後兩位中心人物不無「愛之深，責之切」的嚴厲批評。

除前述反對國民黨的「一黨專政」外，中國青年黨於1928年8月發表了「中國國家主義青年團致國民黨書」，該書由曾琦親自執筆，向國民黨提出十大質問，指責國民黨和舊軍閥一樣獨裁專制。其內容主要有：

> 「今日中國之統一，為真統一乎？抑假統一乎？」
> 「聯俄容共所生之惡果，其責任應誰負之？」
> 「一黨專政與天下為公之旨有無衝突？」

---

[18] 左舜生，〈黨國要人將如何共赴國難〉，《民聲週報》，第14期（1932.1.2），頁3。
[19] 愚公（曾琦），〈武人與政治〉，《醒獅週刊》，第1號（1924.10.10），第2版。
[20] 陳正茂，《曾琦先生年譜》（國史館，1996），頁80。

「訓政制度與滿清預備立憲有何區別？」

「打倒舊軍閥扶起新軍閥是否國民革命之初旨？」

「號稱國民革命，何故犧牲民眾，又復停止民眾運動？」

「號稱解放民眾，何故給民眾以種種之束縛，更增加其痛苦？」

「在今日人才缺乏之中國，究竟能否以一黨之力，包辦國事，對外收回失地，對內停止混戰？」

明確表示，昔之所不滿於國民黨者，以其聯俄容共有害國家也，今之所不滿於國民黨者，以其一黨專政有違民意也。希望國民黨能「幡然覺悟，取消一黨專政，……如其不然專政如故，腐化如故，國事敗壞，民怨沸騰，吾人為國家前途計，必將順民意而興問罪之師」。

其中第一問涉及蔣介石，有云：「貴黨總司令蔣君介石於此（指統一後內部之裂痕）殆已深感痛苦，故雖以叱咤風雲之人，亦高唱和平之論，威嚴遠遜於中山，柔弱竟同於黎氏，抑亦太可憐矣！」[21]

除「致國民黨書」外，該團復發表「對時局宣言」，認為自辛亥革命以來所有的革命，都是一種假革命，只是少數野心家奪取政權。野心家的武力統一，都是主張全民革命的人所極端反對。國家主義青年團「既不主張南征北伐，尤其反對擁戴某一個人：由一位英雄式的人物帶兵東征西剿，南征北伐，而定天下。只可做為歷史往事的欣賞，絕不是二十世紀所能照著重演的事情。」最後歸結道：「我們從事全民革命，以打倒軍閥，是要實現全民政治與法制清明的政府，國民黨的最近行為，恰恰與我們這個要求相左，我們因此不能不打倒一黨專政的國民黨。」[22]青年黨此處所謂的以武力統一、奪取政權的野心家，以及帶兵北伐、南征北討的英雄式人物，含沙射影的矛頭當然指向蔣介石。

1930年8月，在中原大戰方酣之際，青年黨又發表了「五大宣言」，大批蔣介石「倒行逆施」、「軍閥專制」、「禍國殃民」，表示對國民黨的一黨專政誓死反對，毫無妥協的餘地。[23]1932年12月15日發表的〈中國青年黨九週年紀念告全國國民〉一書中，青年黨除抨擊國民黨的一黨專政外，首度提出，「蔣中正的一黨政府軍事委員會，假一黨

---

[21]　〈中國國家主義青年團致國民黨書〉，《醒獅週報》，第188號，頁2-8。

[22]　〈對時局宣言〉，《醒獅週報》，第188號，頁14-15。

[23]　朱建華主編，《中國黨派百年風雲錄》（北京：華文出版社，1996），頁547。

之名，行個人獨裁之實，表面依賴國聯援助，暗中急與日本妥協，聲東擊西，拍賣祖國，演成了漢族西奔，四分五裂的局面。因而，大失人心，無法挽救，已成強弩之末。」又大罵蔣介石為「法西斯蒂」、「澈底個人獨裁」，國內內戰連綿，皆因蔣介石「所如易也」。並高呼「打倒內戰禍首」，「將個人獨裁與一黨獨裁同樣加以摧毀。」[24]《醒獅週刊》亦有人以安徽大學文科主任劉君典因處理學生鬥毆事件欠當遭蔣介石羞辱一事，借題發揮，大罵「蔣介石是一個不學無術，蹂躪人權的軍閥，並且是併馮玉祥而不如的二、三流軍閥。」[25]

## 四、書生空議論，國共雙夾擊
### ——青年黨如何走出言論報國的困境

中青一面反蘇反共，一面反對國民黨的「一黨專政」與「個人獨裁」。然而處境困難，不但早期不能公開活動，而且遭受兩黨夾擊。

### （一）國民黨之壓迫國家主義派

1.國民黨壓迫國家主義派之原因

國民黨壓迫國家主義派之原因甚多，據宋樹人分析，舉其犖犖之大者有四：

（1）反對一黨專政

國民黨一黨專政，非黨員不能過問國事，以黨治國，強迫入黨，有黨而無國，有黨權而無民權，有黨員而無百姓。青年黨認為此舉不僅違背民主國家之原則，且直視國事如兒戲，十分荒謬。

（2）反對黨化教育

教育乃最神聖之事業，繫乎國家根本大計，不能捲入政治漩渦，應永遠保有獨立之資格。青年黨認為黨化教育，無異視教育為玩具，以國民為奴種之亡國教育、之奴隸教育。黨化教育就是破壞國家教育，就是摧殘民權。

（3）擁護五色國旗

青年黨認為，五色國旗乃五族共和之象徵，為國民公意之代表（臨

---

[24] 同上註，頁550。

[25] 阿斗（左舜生），〈時事雜評〉，《醒獅週報》，第195期（1928.11.25），頁3。

時參議院所定代表漢滿蒙回藏五族共和之國旗），係全國軍民敬禮膜拜，視為最高精神之所寄託，在法律上為不可犯，在民意上為不可侮，不容任何人或黨派擅自廢更。乃國民黨所到之地，即不見五色國旗，違反民意，侮辱國體，一至此極！1928年北伐開始時，國民政府在廣州通令改用青天白日滿地紅旗為國旗後，中青乃在南京、上海等處，召開擁護五色國旗大會，組織擁護五色國旗大同盟。

（4）軟化政策失敗

國民黨最初對青年黨人抱敷衍態度，思欲以金錢與權位加以誘惑，使其漸迷於物質之享樂，而忘卻己身之大任。一但團體瓦解，便可收不勞而獲之利。孰料青年黨人不但不肯投降，即合作亦非彼先有誠意不可。國民黨知青年黨人不可以利誘，乃從而壓迫之。

有此四種原因，國民黨積怨在心，先是咄咄相逼，最後乃大洩而出。宋樹人擔心，國民黨因壓迫國家主義派，可能造成三種結果：

（1）引起國人反感，失去社會上多數人民之同情。

（2）國家主義派因受壓迫而憤激，因憤激而團結更牢不可破。

（3）因國家主義派之反攻，使國民黨敗亡愈速。[26]

2.青年黨黨務之發展

自1924年秋，曾琦等人回國，與左舜生、陳啟天在上海創辦《醒獅週報》後，遂在國內外各地積極發展，並組織國家主義青年團各省都有分部，國外如法、德、美、日亦先後成立支部。茲列表如下：

| | | |
|---|---|---|
| 上海 | 上海商界青年同志會 | 為上海商界青年所組織，宗旨與《醒獅週報》同。 |
| | 中國少年自強會 | 出版《自強雜誌》 |
| | 大夏青年團 | 宗旨：「研究國家主義，發揚大夏精神」，為上海大夏大學學生所組織。 |
| | 國家教育協會 | 1925年7月18日成立，由曾琦、李璜、陳啓天、舒新城等人發起，以「本國家主義的精神以謀教育改進」為宗旨。國內各大學教授、中學教師及各國留學生所組織。 |
| 南京 | 國光社 | 出版《國光旬刊》。 |
| | 暢社 | |

---

[26] 宋樹人，〈論國民黨壓迫國家主義者之失策〉，《醒獅週報》，第163號（1927.11.9），頁5-7。

| 浙江 | 愛國青年社 | 出版《愛國青年旬刊》，為寧波國家主義者所組織，宗旨與《醒獅週報》同，主幹為李縮清、張希為、陳荇蓀等。 |
| | 保華青年團 | |
| 北京 | 國魂社 | 1925年6月成立，出版《國魂旬刊》，旨在聯絡有志青年，研究國家主義。凡富有愛國思想、奮鬥精神，肄業中等以上學校之青年，均得為社員。組成分子多為大學生，如北大夏濤聲、農大陳翰珍、中國大學王師曾、清華大學宋益清等共約三十餘人。 |
| | 救國社 | 出版《救國雜誌》。 |
| | 中國少年衛國團 | 1925年6月成立，出版《新少年旬刊》。 |
| 廣州 | 獨一社 | 為自法國歸來的同志所發起，係廣州信仰國家主義的青年所組織，其宗旨與《醒獅週報》同。 |
| | 獅聲社 | 出版《獅聲週報》，為廣州信仰國家主義之青年所組織，其宗旨、手段、口號完全與《醒獅週報》相同。 |
| 湖南 | 固中學會 | 主幹為留法同志趙登菶，係湖南信仰國家主義者所組織，宗旨為力爭中華民國之獨立與自由，口號與《醒獅週報》同。 |
| | 少年中國自強會 | |
| 河南 | 光華學會 | 出版《光華旬刊》，為河南第一師範信仰國家主義之同志所組織，旨在本國家主義之精神，為共同之研究及活動，以促進國家主義之實現。 |
| 四川 | 惕社（成都） | 以成都大學、成都師大為大本營，加入的學生近四十人，出版《振華》。 |
| | 起舞社 | 成立於1925年6月，為重慶信仰國家主義之同志所組織，旨在努力救國運動。 |
| 重慶 | 光國社 | |
| 江蘇 | 國光社（南京） | 幹部為周謙冲、史澤之等，皆為東南大學學生。 |
| | 自強團（南通） | 出版《自強旬刊》。 |
| | 新民學社（揚州） | 為揚州信仰國家主義之青年所組織，其宗旨在絕對的信仰國家主義，並謀其實現。 |
| 雲南 | 復社 | |
| 湖北 | 國鐸社 | 出版《國鐸》。 |

| 安徽 | 青年社 | 出版《青年之聲》。 |
|---|---|---|
| 山西 | 愛國青年社 | |
| 美國 | 大江會 | 為留美學生中之信仰國家主義者所組織，其宗旨與《醒獅週報》同。 |
| | 大神州社 | 為留美學生中之信仰國家主義者所組織，其宗旨與《醒獅週報》同。 |
| 法國 | 先聲社 | |
| 德國 | 工人救國團 | |
| | 國防同志會 | |
| 日本 | 獨立青年社 | |
| | 華魂社（東京） | 為日本東京信仰國家主義之同志所組織，其宗旨與《醒獅週報》同。 |
| | 江聲社（長崎） | |
| 香港 | 愛國青年社 | |

在國內外各地創辦之日報及期刊，截至1931年，有十數種之多，茲開列主要者如下：

（1）《先聲週報》——1922年12月，由胡國偉等人所發起，胡任社長兼總編輯，俟中青成立後，成為其機關報。

（2）《醒獅週報》——1924年12月10日，為曾琦等在上海所創刊，擴大宣傳國家主義，共發行266期，係中青最具代表性之刊物。

（3）《國魂週報》——北京國魂社發行。

（4）《新路雜誌》——為李璜與民社黨的張君勱所合辦，創刊於1928年2月1日，發行至第1卷第10號即停刊。其主要立論在批判共產黨暴動路線之錯誤及中國國民黨一黨訓政之非。

（5）《剿共半月刊》——1930年由陳啟天創刊於上海，共發行28期，主旨為剿除共黨，以救濟民眾。該刊除發布各地共黨情況調查報告外，並提供對於反共辦法問題的具體意見。陳啟天主編常用「明志」或「致遠」筆名，在該刊上發表文章。

（6）《民聲週報》——為陳啟天於1931年10月「九一八」國難發生後在上海所辦，鼓吹「野戰抗日」及反對中國國民黨的「一黨專政」，總共發行38期。

　　中青在國內的活動，從《醒獅》出版後才開始。初期著重宣傳主張，繼乃祕密吸收黨員，不過寥寥可數。其後受《醒獅》的影響，各地組織團體風起雲湧（參見上述）。中青認為各地愛國青年團體有統一組織的必要，於是於1925年10月創立國家主義青年團，以吸收各地愛國青年團體的活動分子。青年團對外雖有總部，而實際上由中青總部兼辦。中青多須先入團，經過相當時期的訓練再入黨，所以團成為黨的預備組織。黨尚未公開，而先公開團，也可滿足愛國青年渴望組織的要求。從此以後，中青不但用《醒獅週報》展開宣傳工作，也用國家主義青年團展開組織工作，建立了全國各地組織的根基。不到幾個月的光景，中青的各地黨部組織也漸次充實起來，可以召開全國大表大會了！[27]

　　1926年7月，中國青年黨召開第一屆全國代表大會於上海博文女學校，出席者有歐洲、香港、日本及國內各省代表，會中選舉曾琦、李璜、陳啟天、余家菊、張子柱、常燕生、段震寰等七人為中央執行委員，曾琦任委員長。會後並用中國國家主義青年黨的名義對外發表宣言，並完成中青之全國性組織系統。1929年8月20日，中國青年黨在瀋陽召開第四屆代表大會，有黨員認為「該黨力量薄弱，祕密活動無作為，原有組織不足號召」，故而公開黨名。[28]

　　3.國民黨如何壓迫國家主義派

　　然而中國青年黨在這段祕密活動過程中，卻飽受國民黨及有關方面的壓迫。國民黨早就對國家主義派「甘受帝國主義者與軍閥官僚豢養，對於本黨主義及國民政府之設施，日事誣蔑破壞」，嚴加注意。其初「憫其愚昧，且反動未大，無足以撼本黨毫末，故僅通飭各地禁止該《醒獅》報銷售，避免穢亂人民視聽」，奈該派「不但不知悔悟，且近日於我國民革命軍勢力進展中原之際，益加狂妄」[29]，故不得不採取各項對付辦法，茲分述如下：

　　（1）禁止《醒獅》之發行

　　《醒獅》不能在上海公然發售，上海市政府奉衛戍司令部意旨，通令上海郵局停止寄送。上海公安局並封禁該報上海郵局1360信箱，滬上各報不敢登載該報廣告。除上海外，該報亦被禁於廣州、北京。除《醒獅》外，北京《國光旬刊》、《國魂週報》與重慶《長江日報》亦遭遇

[27] 陳啟天，《寄園回憶錄》（台灣商務印書館，1965），頁147。
[28] 陳正茂，《曾琦先生年譜》，頁93-94、111。
[29] 李義彬，《中國青年黨》（中國社會科學出版社，1982），頁53。

類似之命運。

（2）通過「反革命治罪法」

先是，國民黨中央黨部政治會議通過一項「暫行反革命治罪法」，共13條，其中第六條云：「宣傳與三民主義不相容之主義，及不利於國民革命之主張者，處二等至四等有期徒刑。」[30]

國家主義派的宣傳活動，被目為反動，與共產黨無異，可由一項通令得知。1929年中央黨部據上海特別市執行委員會呈稱：「國家主義派張貼標語，暗圖活動，……時有『國家主義派萬歲』等口號，辭意荒悖，與共產黨口吻曾無以異。如不嚴禁，貽患堪虞。」中央黨部最後的決議是：「指令上海特別市黨部轉飭所屬各級黨部一體嚴密偵查國家主義派活動情形。如有相當證據，即行報告就近公安局緝拿呈送究辦；一面通令各省各特別市黨部轉飭所屬，防止國家主義派之反動宣傳，並隨時指出見解之錯誤，以杜煽惑。」[31]

國民黨在於法有據下，遂有曾琦、汪洋二君被法捕房捕禁之事。幸賴王寵惠設法保釋，始得無事。曾琦對此事，自述經過如下：

（1927）8月30日，忽又有人誣予為赤黨，由中國官廳行文租界當局，要求引渡，予復被拘於法國總巡捕房。越日，經法籍律師請保，始得釋出。夫予與國家主義之同志，反對共產黨已逾數年，通國皆知，而南北當局輒反以赤黨相加，豈真憤憤乃爾，毋亦惡予之特立獨行，不輕附和耳！

事後，曾琦感慨萬千，除登報鳴謝諸親友外，並賦詩四首以明志：

　　入獄平生志，幽居亦泰然，縱教頭落地，血氣應衝天。
　　三字雖成獄，千秋論自公，君看小人輩，終亦化沙蟲。
　　兒時憶母教，文山正氣歌，臨危一迴誦，偉烈壯山河。
　　寄語諸同志，死生何足論，要當齊努力，血淚洗乾坤。[32]

根據資料統計，在上海被捕5人、南京5人，南通3人、寧波2人。[33]

---

[30] 黑頭，〈近事雜評──評所謂反革命治罪法〉，《醒獅週報》，第178期（1928.3.10），頁1。

[31] 司馬仙島，《北伐後之各派思潮》（北平鷹山社，1930），頁16。

[32] 陳正茂，《曾琦先生年譜》，頁102-103。

[33] 陳啟天，〈中國國家主義運動的過去與將來〉，《醒獅週報》，第191期，頁7。

## （二）共產黨之壓迫國家主義派

根據曾琦的論述，共產黨人之視國家主義者，殆如「眼中釘」，如「背中刺」，必欲去之而後快。共產黨人眼中之大敵，非軍閥、非國民黨，亦非帝國主義，而實為國家主義者。自1926年7月國民革命軍開始北伐以來，共產黨即利用各軍政治部及國民黨的宣傳機構，散佈「打倒國家主義派」的口號，以多方壓迫中青人士。[34]共產黨之壓迫方法，約分兩種：

1.為間接的：即假手於軍閥與帝國主義者以摧殘國家主義者是也。前者如北京屢次反誣國家主義者為赤化，致使《國魂週報》記者姜華、陳价卿等先後身陷囹圄之事是。後者如在上海誣告赤化，致英帝國主義者大舉搜索「醒獅社」，將經理楊傳渭等拘於巡捕房達半月之久是。

2.為直接的：方法有下列各種：

（1）搗亂會場：凡國家主義者所主持或參加之集會，共產黨人無不出以擾亂手段，甚至演成毆人流血事件，例子甚多，不勝枚舉。

（2）襲擊機關：共產黨人眼見國家主義者插手工人運動，於是出而破壞。例如派出流氓三十餘人手持利斧短槍，襲擊該派在上海所辦之工餘學校，毆傷致死馬致祥等二人。

（3）威脅幹部：共產黨人既認國家主義派為該黨之勁敵，因而對於辦理國家主義團體之人尤視為大逆不道，往往加以威脅。例如1926年3月10日，各愛國團體在北京大學召開「反俄援僑大會」，邀請李璜、彭昭賢等演講，會場被共黨搗毀，同志林炳坤、陳价卿等被共黨打傷；在成都復有所謂「驅李大會」。該黨佔領上海時，組織「除奸團」，其所列舉之奸人即有曾琦、余家菊等人在焉。

（4）拘捕團員：共產黨假手國民黨之勢力以壓迫國家主義者事例甚多。國家主義青年團團員之在粵者，被逮至十餘人之多！其在廣州大學任教授者，一律被迫辭職。至湘、鄂、贛諸省青年之加入國家主義團體者，不惟不能安於位，抑且不能安於學。凡信仰國家主義者，雖小學生亦被開除。

---

34 陳啟天，《寄園回憶錄》，頁151。

（5）禁售書報：共產黨人痛惡《醒獅報》，始則由周恩來以東江
　　行政委員資格在潮梅禁止發行，並聲言凡家藏該報一份者，
　　罰款50元。繼則由孫炳文乘蔣介石離粵之際，以總政治部留
　　守主任名義禁止該報在全粵發行。其他如《國家主義論文
　　集》、講演集等書亦在禁售之列。

除上述種種之壓迫政策外，共產黨對國家主義者亦採「誣毀政
策」，即集中精力於造謠。共黨之刊物如《嚮導》與《中國青年》，一
再出現「軍閥走狗」、「帝國主義走狗」、「反動派」、「復古派」、
「反革命」等名詞，企圖毀對方名譽，傷其人格，進而壞其信用破其團
體。[35]

又據陳啟天的控訴，「共產黨借用國民黨的力量，聯合壓迫我們。
首先查禁《醒獅》不得在廣東、湖南、湖北公開發賣，剝奪我們的言論
自由權。更利用帝國主義與軍閥的勢力查抄《醒獅》的社址，拘捕我們
的朋友十餘人，《醒獅》幾為之中斷。我們在上海從事工人運動的朋友
馬志祥為共產黨所慘殺。（民國）十五年下半年至十六年上半年共產黨
借國民黨的勢力，在廣州、湖南、湖北、四川、江西、安徽等省關閉我
們的學校十餘所，禁止我們的報紙廿餘種，沒收我們的家產卅餘人，拘
禁並殺戮我們的朋友百餘人。」[36]陳啟天在湖北黃陂的家產，且為共黨
操縱的武漢政府下令查封，禍延先考。[37]據國家主義青年團總部自承，
數年來，「發行反共之書籍五十餘種，發行反共之定期刊物三十餘種，
所組織之反共團體遍及國內外，且屢與共產黨短兵相接。」[38]兩相對
照，共產黨迫害國家主義派遠甚於國民黨之原因，至為明顯。

總結而言，國家主義派在發行《醒獅》雜誌之後的三、四年間，組
織蓬勃發展，宣傳活動十分賣力，以致不容於當道，並招共產黨之忌
恨，終至書籍禁止發行，報紙停止郵寄，一切集會結社之自由全被剝
奪，甚至許多在社會方面與共產黨作戰的團員橫遭逮捕。左右雙夾擊，
處境相當艱困。國家主義派為爭國家與個人自由，反對共產主義和一切
不適合國情的政治主張的結果，不僅引來國民黨和共產黨的壓迫，而且

---

[35] 曾琦，〈共產黨撲滅國家主義者之策略〉，《醒獅週報》，第130-133期（1926.5.14）。

[36] 同註33。

[37] 陳啟天，《寄園回憶錄》，頁153。

[38] 〈中國國家主義青年團總部為共產黨佔領廣州事告全國國民〉，《醒獅週報》第
　　167期（1927.12.17），頁1。

同樣引來帝國主義和奉系軍閥的壓迫。自奉軍入北京，國家主義派在北京被捕下獄者不只十次。北京國魂社被抄，捕去經理等數人。所以說，國家主義派，不僅遭受國共兩面之左右夾擊，並且加上帝國主義與奉系軍閥，構成四重壓迫，可謂處境艱困，前途黯淡。

# 五、結語

國家主義派在國共夾擊加上帝國主義與奉系軍閥四重壓迫下，能打出一條新血路來嗎？俗云：「危機亦是轉機」，隨著九一八事件的爆發，中國青年黨立即聲明，「為共抗強權起見，願意放棄對國民黨的反對態度」，因而開啟了「政黨休兵」，兩黨合作的契機。

國家主義派以國事為重，力主政黨休戰，共赴國難，1931年9月26日，曾琦代表青年黨發表了〈為日本強佔東北事致國民黨書〉，指出「國事至此，一切政見異同，已成為次要之問題。當前急務，惟在如何團結全國已渙散之人心，共臨大敵」。希望國民黨當局能夠「幡然覺悟，……以已往誤國之責，懇切請罪於國人，立刻取消一黨專政，還政國民，俾民氣發揚，同心團結。」[39]10月，曾琦復於天津《大公報》發表〈一致對外與一黨專政〉專文，聲明「值茲國難當前之際，吾人絕無取國民黨而代之之心，亦無暇追問其已往之責任」，但強調「世界各國政黨，未有不先國家而後黨派者也。吾人之為此言，非冀國民黨之分我政權也。假令國民黨放棄一黨專政，吾人亦無躍登政治舞台之意，惟以在野黨之資格，公開活動於國人之前，領導民眾，一致對外，斯則義所當為，責無旁貸。至於在朝黨之是否仍由嫉而畏，由畏而防，乃至繼續加以壓迫，是又視國民黨人之覺悟如何，而非吾儕以身許國之國家主義者所暇計矣！」[40]義正詞嚴，不卑不亢，但對於國民黨先是要求「懇切請罪於國人」，其後又表示「無暇追問其已往之責任」，顯然語氣趨緩，在態度上已稍作修正，頗有討好國民黨，息事寧人意味在內。

在1920-30年代之間，從國際環境說，是日俄兩國夾攻中國最緊的時期。青年黨自忖，凡日俄兩國勢力所到之地，便沒有國家主義者活動的餘地。從政治環境說，是國共兩黨夾攻中青最緊的時期。凡國共兩黨

---

[39] 〈中國青年黨暨中國國家主義青年團為日本強佔東北事致國民黨書〉，陳正茂等編，《曾琦先生文集》（中央研究院近代史研究所，1993），中冊，頁714。
[40] 曾琦，〈一致對外與一黨專政〉，同前註，上冊，頁191-194。

勢力所到之地，便沒有民主主義者活動的餘地。因此，青年黨人只能在
內外夾攻與左右夾攻的縫隙中艱苦的掙扎。換句話說，他們只能在租界
活動，只能在少數邊省活動，只能在內地潛伏活動。[41]

　　對於國民黨當局之壓迫，青年黨人還有一套思維邏輯，即由知〔其
一日之長〕而嫉，由嫉而畏，由畏而防，終乃實行大壓迫。這或許也是
一般知識分子毛錐當寶刀，懷才不遇所產生的自然反應。以書生論政報
國的國家主義派生於憂患，在驚濤駭浪中到處飄泊，早已置生死於度
外，故前後遭受軍閥、國共雙方與帝國主義的四重壓迫，或係求仁得仁
當然之結果。青年黨人亦早有此心理準備。面對「北地之妖氛正熾，南
國之毒焰彌張，萬方多難的四重壓迫」[42]，青年黨人「不怕壓迫太多，
只愁壓迫太小」。鑒於茫茫前路，既深感責任重大，惟有抱定「捨我其
誰」態度，樂觀奮鬥，勇往直前，全力以赴！

---

[41]　陳啟天，《寄園回憶錄》，頁154。
[42]　宋樹人，〈勗四重壓迫下之國家主義同志〉，《醒獅》，第164期（1927.11.26），
　　頁4。

# 共識與歧見
## ——論左舜生與蔣介石

## 一、毛錐當寶刀，言論報國一書生

　　左舜生（1893-1969），湖南長沙人，幼讀私塾，嗣接受新式小學教育，曾肄業長沙師範。1913年入上海震旦大學攻讀，與曾琦、李璜等同學，有莫逆之交，旋參加「少年中國學會」，並入中華書局任新書部主任，主編《中華教育界》、《少年中國》及《少年世界》月刊，自此名重海內，士林爭相結納。1925年加入中國青年黨，世人咸以「曾、左、李」並稱，視之為青年黨重要領導人。

　　1926年秋，由書局資助赴法留學，一年後返國，仍任書局編輯，1928-1930年間，先生在滬除經常為青年黨機關報——《醒獅週報》（1924年創刊）撰寫論評外，並為《長夜》及《長風》月刊撰文，又與陳啟天等創刊《剷共半月刊》。1931年「九一八」事變爆發，與陳啟天等創辦《民聲週報》，主張對日作戰，並發表文章鼓吹「停止內爭，一致對外」的基本立場。翌年，「一二八」淞滬戰起，辭去書局職務，除兼課外尚有充裕時間，奔走國事，主辦《申江日報》，鼓勵民心士氣，備極辛勞。曾被上海四十公團推為代表，前往北平，勸說張學良、吳佩孚出兵抗日。1934年7月，赴廬山晉謁蔣委員長，開國、青兩黨聯合抗日之先聲。1937年，「七七」事變後，與曾琦、李璜、張君勱等應邀參加「廬山談話會」。「八一三」滬戰爆發，倡導成立「上海教育界戰時服務團」，發動大上海人力物力，支援前線將士。1938年春，在長沙創辦《國光旬刊》，鼓勵國人敵愾同仇，為國犧牲之決心。4月，正式代表青年黨與國民黨總裁交換函件，重申與國民黨共患難之信念。其後，經遴選為國民參政會參政員，曾與張君勱共同提案，要求國民黨結束黨治，立施憲政，以發揮民力，而利抗戰。1941年，與張君勱、梁漱溟等發起「中國民主政團同盟」，曾一度任秘書長，並主編《民憲》半月刊。

　　勝利復員後，左氏返滬，籌辦《中華時報》，並恢復《青年生活》月刊。1946年11月，制憲國民大會揭幕，先生當選為預備會議主席團主席。1947年春，國青兩黨合作，左氏代表青年黨出任行政院農林部部長。1948年春，當選為第一屆國民大會代表。1949年4月，由滬至台，盤桓四個月，繼而南下香港，從此流寓南國，定居於九龍鑽石山，前後二十年，在港重樹反共旗幟，並經常為《自由人》撰稿。1957年，受聘新亞書院講學。翌年，與港九文化人士共同創辦《聯合評論》。1962年訪美四個月，1969年病逝台北榮民總醫院，享年77歲。[1]

　　從上述可知，按左氏一生，除短暫從政外，主要從事教學、辦報與辦雜誌等文教工作。他雖不是中國青年黨在巴黎創黨的元老之一，卻憑藉其日後的傑出表現，與曾琦、李璜鼎足而三，成為青年黨的重要領袖之一。論青年黨領袖與蔣介石的關係，屬左舜生最為密切，而左氏與蔣之關係，有共識，亦有歧見。早年共識者多，至晚年歧見亦復不少。茲概分為三個時期，論述雙方之共識與歧見。


# 二、建黨初期：中國奮起一「醒獅」（1923-1931）

　　1923年，曾琦與李璜等人因「少中」的分裂，在巴黎創立中國青年黨，其宗旨為「本國家主義之精神，採全民革命的手段，以外抗強權、力爭中華民國之獨立與自由；內除國賊，建設全民福利的國家。」中青創立初期，透過《先聲週報》，同「旅歐中國少年共產黨」的機關刊物《少年》、《赤光》展開思想論戰。1924年9月，隨著旅歐中共黨人周

---

[1]　關於左舜生的生平簡歷，主要請參閱：
　　陳正茂編著，《左舜生年譜》（國史館，1998）。
　　陳正茂著，《在野的聲音：青年黨人的時代關懷及其政治參與》（新文京公司，2004）。
　　陳正茂著，《傳記與思想：青年黨領袖群像》（新文京公司，2004）。
　　陳正茂著，《中國青年黨研究論集》（秀威公司，2008）。
　　吳相湘，〈左舜生常懷千歲憂〉，收入《民國百人傳》（傳記文學，1971），第三冊。
　　李金強，〈民國史學南移——左舜生生平與香港史學〉，《香港中國近代史學會會刊》，第三期（1989.1）。
　　陳啟天，〈左舜生先生的生平〉，收入陳正茂編，《左舜生先生晚期言論集》（中央研究院近代史研究所出版，1996），上冊。

恩來等紛紛離開巴黎或返國，曾、李等人亦將中青黨務由海外轉移至
國內，雙方在上海另闢戰場。左氏於1925年7月在上海加入中國青年黨
後，擔任《醒獅週報》的總經理，這也可以說是他從事實際黨務活動的
開始。《醒獅週報》主張國家主義及全民政治，既反共（反對共產主義
及階級鬥爭），亦反國民黨（反對聯俄容共，反對武力北伐，反對一黨
專政），這是中青兩面作戰，面對左右夾攻，處境最為艱苦的一段時
期。《醒獅週報》刊行兩年，即遭查禁，以後改為不定期發行，前後共
發行266期。

在這個時期，左舜生的言論主要發表於《醒獅週報》，茲將其與國
民黨（包含蔣介石）共識與分歧部分，分別論述如下：

## 甲、共識之所在

### （一）認同孫中山及其締造中華民國之艱難

孫中山逝世後，《醒獅》即於3月21日出刊專號（24號）以示追
悼。除介紹「孫中山先生事略」與「逝世詳情」外，創辦人曾琦首撰
〈弁言〉，對孫中山表達三點推崇：

（1）**中山先生為手造民國之元勳**，吾人苟非復辟之黨徒，自不能
　　　忘此艱難創業之先輩。

（2）中山先生非徒為一黨之領袖，**實係全國之導師**。蓋其晚年所
　　　主張「取消不平等條約」、「收回已失權利」，深合吾人
　　　「外抗強權」之宗旨，抑天下之公言也。

（3）中山先生屢次興師北伐，聲討北洋軍閥，**實符吾人「內除國
　　　賊」**之宗旨。

曾琦另撰〈悼孫中山先生並勗海內外革命同志〉大文，除備述追悼
孫中山六大原因外，並指出孫中山富有革命精神、犧牲精神和創造精神
三大特性，另加好學不倦與廉潔奉公兩事，值得吾人效法。最後，曾琦
強調兩點：

（1）孫中山係「**吾國偉人**，提倡民權，十有餘載，一旦功成，潔
　　　身引退，謙光讓德，**世罕倫比。**」

（2）中山之三民主義，「與吾人之國家主義，實無根本不同之
　　　處。三民主義實包括於國家主義之中，而毫無衝突。蓋民族
　　　主義者，固所以求『獨立建國』者也，中山先生本此主義以

排滿清，且主張以漢族為中心，融合滿蒙回藏為一『大中華民族』，則是明明為『國家主義』。民權主義者，乃所以伸張人民之權力，求平等生活於一國之內，而不受任何階級之專政，是乃民主共和之道義，固猶在『國家主義』之中者也。民生主義不外『平均地權』與『節制資本』二事，……明明為社會政策之一種，亦包括於『國家主義』之中者也。」[2]

左舜生亦撰〈中山之成功與失敗及其對於吾人之教訓〉一文，**首先肯定孫中山的歷史地位**，認為「中國近九十年間之歷史，開中國四千年來一未有之奇局，而中山即適應此奇局而誕育之一產兒」。其次，左氏從《孫文學說》中體會出，「其字裡行間，……但有一種邁往無前之氣概，雷霆精銳之精神，毅然以一身冒萬險，以企圖此『中國命運問題』之解決，雖苦戰奮鬥四十年，大功尚未及，但有此偉大之人格，以昭示來茲，吾信中國之青年，必有以慰此先覺於地下者。」[3]

此外，左舜生對於國民黨有滿腔善意的期望，「**始終承認國民黨是中國一個有歷史的黨**」，並「相信原始的國民黨曾為中國盡過他們相當的努力。」[4]

## （二）反共與反俄

孫中山的容共聯俄，當時在國民黨內外，並不是沒有人反對。可是孫中山自信他的身體還可支持，只要他還存在，他自信有辦法可以應付中共，也有辦法可以對付蘇聯。國民黨自孫中山以至蔣介石，其間之聯俄容共政策分分合合，錯綜複雜，在此無法詳述。

以反共起家的中國青年黨，則始終立場堅定。早在1925年7月於南京召開「少中」第六次年會，會中左舜生提出「本會對於外患與內亂交逼之中國應採取何種方針？」的提案，結果引起會中國家主義者與共產主義者一場激烈的爭執。國家主義派主張中國事應由中國自己解決，不當依賴外國勢力，致陷國家於萬劫不復之地。[5]因為左舜生態度堅決，

2　曾琦，〈弁言〉與〈悼孫中山先生並勗海內外革命同志〉，《醒獅週報》，第24號（1925.3.21），第1-3版。
3　左舜生，〈中山之成功與失敗及其對於吾人之教訓〉，同上引書，第4版。
4　左舜生，〈且看今後的國民黨〉，《民聲週報》，第4期（1931.10.24），頁2。
5　余家菊，《余家菊先生回憶錄》（台北：慧炬出版社，1994），頁16。

最終由國家主義派得到勝利。

左舜生繼之在《醒獅》第57號，以〈反俄與反共〉為題，揭示中青：「既反對共產，同時痛斥蘇俄」的鮮明立場，認為「帝國主義者是『真小人』，蘇俄是『偽君子』」，其論點如下：

(1) 共產黨之加入國民黨，完全出於俄國的嗾使，這種「篡黨」的陰謀為中國政黨史所僅見，破壞中國的政治道德。

(2) 蘇俄在中國的種種作為，一切以金錢收買為之，將腐蝕革命的人格。

(3) 蘇俄（赤色帝國主義）以金錢軍械接濟中國的軍閥，與英美等（白色）帝國主義者競爭，將延長中國的內亂。

(4) 蘇俄在中國的構煽，使白色帝國主義有所戒心，刺激他們聯合一致愈壓迫中國，中國之亂乃無窮期。[6]

中青除了批評國民黨提攜共產黨與聯俄外，在左舜生的眼中，認為「共產黨是歷史上中俄兩大專制國餘毒的結晶，是辛亥革命以來唯一的反動派」，所以他明白指出，「要國家主義者與共產主義者攜手，恐怕海枯石爛也是無望的」。「因為我們在根本上就不能承認共產黨是一個獨立的黨，他們在中國的一切行動，並不是幾個黃面孔的共產黨人所能自主的。他們在國民黨的搗亂，也是被驅策而不得不如此。」[7]

除上述之外，左舜生又繼續在《醒獅》發表〈論中國自來倚賴外力之失敗〉[8]與〈跟著別人走的共產黨〉[9]兩文，以回應共產黨刊物對國家主義的攻擊，並支持自己的論點。在此無法詳論。

1927年寧漢分裂後，時任國民黨革命軍總司令的蔣介石曾對南京黃埔同學會講演，謂「國民黨也是一個國家主義派，不可跟著共產黨喊『打倒國家主義派』」。曾琦對蔣的言論深表贊同，即於《醒獅》撰〈蔣介石對於共產黨認識之進步〉一文，除回顧中青對於「**孫中山之容共自始即認為失策，因而對於蔣介石往日之袒共，亦期期以為不可**」的立場外，認為蔣氏對共產黨的認識有三點進步：

---

6　左舜生，〈反俄與反共〉，《醒獅週報》，第57號（1925.11.7），第1版。

7　左舜生，〈共產黨是可與合作的嗎？〉，《醒獅週報》，第60號（1925.11.28），第1版。

8　左舜生，〈論中國自來倚賴外力之失敗〉，《醒獅週報》，第66號（1926.1.9），第2、3版。

9　左舜生，〈跟著別人走的共產黨〉，《醒獅週報》，第69號（1926.1.30），第1版。

（1）承認共產黨組織之嚴密，為國民黨所不及，非合全國優秀分子之力不能對付；

（2）明瞭打倒國家主義口號，是共產黨造來間接打倒國民黨的名詞；

（3）承認國民黨亦屬國家主義派，不能自己打自己嘴巴。[10]

　　1927年7月，國民黨清黨後，蔣介石曾派陳布雷、黃郛二氏先後與曾琦商談，以反共立場相同，兩黨何妨攜手。曾琦則以胡漢民方唱「黨外無黨」之論，應先取消「一黨專政」而後言合作，否則願從旁協助國民黨清共。[11]

## （三）對軍閥與帝國主義態度

　　中青兩大宗旨，一為內除國賊，二為外抗強權。曾琦對於兩者的定義與種類，曾作明確解釋。先就國賊定義而言：

　　「國賊為何？即其行為有背於國民之公意，有害於國家之生活者也。」

　　依上述定義，國賊之種類有十種：

（1）盜賣國權，摧殘民命之軍閥；

（2）營私舞弊，禍國殃民之官僚；

（3）假借外力，爭奪政權之政黨；

（4）朝三暮四，寡廉鮮恥之政客；

（5）把持地方，魚肉鄉民之濫紳；

（6）勾結外人，掠奪國富之財閥；

（7）破壞公益，專謀私利之奸商；

（8）欺世盜名，不負責任之鄉愿；

（9）倚仗外人，壓制同胞之教徒；

（10）擾亂社會，妨害國家之流氓。

　　由是觀之，所謂國賊，絕不限於軍閥，而軍閥則包含於國賊之中。軍閥的基礎，一部分建築在軍隊上面，一部分便建築在一般為虎作倀的學閥、財閥、流氓等上面。

　　次就強權定義而言：

---

[10] 曾琦，〈蔣介石對於共產黨認識之進步〉，《醒獅週報》，第136號（1927.6.19），頁2。

[11] 陳正茂編著，《曾琦先生年譜》（國史館，1996），頁101。

「強權者何？即以種種壓力強加於個人或國家者是也。」依此定義，強權之種類，大別為下列四種：

（1）武力侵略：直接以兵力佔領土地是也。

（2）文化侵略：提倡某國化教育是也。

（3）經濟侵略：掌握經濟命脈之關稅塩稅是也。

（4）宗教侵略：派遣教士來華傳教是也。[12]

據曾琦分析，國民黨在護法戰爭以前，其對內（軍閥）之態度較強於對外（帝國主義）之態度；及第二次在廣州見逐於陳炯明後，其對外之態度，乃由弱而趨於強。不久，國民黨發表對於時局之宣言，謂「必倒帝國主義，始絕軍閥根據」，是已認定對外重於對內矣。其所標之政綱，如取消不平等條約、撤廢租界、改良農耕、發展實業、保障勞工團體，不出乎中青所主張之「國家主義」與「社會政策」兩大範圍。因此，青年黨雖在理論上對國民黨表同情，但在實行上仍然有兩點疑問：

（1）國民黨既以推倒軍閥為職志，則不禁要問，推倒軍閥究依何種主力？將恃軍隊之力乎？抑恃人民之力乎？如恃軍隊之力，則該黨之地盤僅限於廣東一省，北伐軍固未嘗越韶關一步也。如恃人民之力，則人民所惡者為軍閥，而該黨則既聯皖段，復結奉張，明明與軍閥為緣，又安能得人民之諒解而予以助力乎？

（2）國民黨既認帝國主義為中國之大敵，究依何種方法而抵抗之？將聯日本以抗英美乎？抑聯英美以制日本乎？或並英、美、日本而胥排之乎？

最後，曾琦所希望於國民黨者，**「則對內宜與一切軍閥斷絕關係，而專力於民眾之組織；對外宜與一切列強斷絕關係，而絲毫不假外援。」**[13]以上所述，大致係中青與國民黨對軍閥與帝國主義態度，同中有異，理論與現實有所出入之處。

---

[12] 曾琦，〈內除國賊外抗強權釋義〉，《醒獅週報》，第2號（1924.10.18），第1版。

[13] 曾琦，〈評國民黨對於時局之宣言及其態度〉，《醒獅週報》，第7號（1924.11.22），第1版。

## 乙、歧見部分

### （一）反對聯俄容共

　　大體而言，中青把自己定位為國民黨的「諍友」，對國民黨雖有批評，但態度仍是相當友善，其出發點還是為國民黨著想，對於國民黨的聯俄容共政策，批評比較激烈的是曾琦。

　　中青主張「外抗強權」，在曾琦的眼中，蘇俄有十大罪惡，茲開列如下：

　　（1）強占蒙古；（2）窺伺新疆；（3）誘惑唐努烏梁海；（4）霸據中東鐵路；（5）慘殺旅俄華僑；（6）拒不交還侵地；（7）以金錢買我青年；（8）以金錢煽動我工潮；（9）以軍械助我內亂；（10）公然派人預我內爭。

　　曾琦認為，「俄羅斯者，『虎狼之國』也。其民族性根本為侵略的。……俄人既不得志於西方，乃轉而圖霸東亞。」是故，他不僅反對國民黨聯俄，甚至主張「驅俄」，以斷共產黨之奧援！[14]

　　對於容共問題，曾琦始終認為失策，略謂跨黨之弊，約有數端：

　　（1）因信仰之不同，言行時有衝突，容易互相牽制而不能進行；

　　（2）因各保其固有之團體，不免有各私其黨之嫌，容易互相猜忌而不能融洽；

　　（3）因一人兼跨兩黨，旗幟不能鮮明，革命之主張不易為人所聽信；

　　（4）因跨黨之事，根本違反政黨原則；蓋政黨原貴各標其獨到之主張，以求國民之信任，政治既已不同，則宜加入一黨而不應兼跨兩黨。[15]

　　因此，曾琦希望國民黨要斷然實行清黨，因為中國共產黨以黨內合作的方式與國民黨合作，根本是篡奪國民黨權的一種陰謀。曾琦一生最反對的就是共產黨，為國民黨的聯俄容共，他曾親訪孫中山長談，痛切陳詞，力言聯俄容共將召致無窮的後患，可惜所見不為孫中山所採

14　曾琦，〈抗英驅俄滅赤救國之意見〉，收入陳正茂等編，《曾琦先生文集》（中央研究院近代史研究所，1993）上冊，頁148。
15　曾琦，〈國民黨之清黨運動與共產黨之篡黨陰謀〉，上引書，頁130。

納。[16]

## （二）反對武力統一（北伐）

中國青年黨雖然承認，「革命是流血的事，是暴烈的事」，因為「既稱之曰革命，就不得不用武力手段來掃除革命的障礙」，但認為「武力並不是革命的唯一手段，武力不過是達到革命的目的之許多辦法之一種」，[17]所以反對吳佩孚的武力統一，認為吳佩孚的武力統一「荒謬」。[18]

為此，曾琦一開始便指出「蔣氏此次北伐，不惟無直抵黃龍之望，抑且有根本動搖之憂。」他且從各方面剖析北伐不能成功的六大原因：

(1) 就國民心理論──蔣氏於出師之初，宣言「願受第三國際指揮」，且有俄人加倫親臨前敵，儼若「監軍」，是明明引異族以殺同胞，奉外人以為共主，既大背於中山先生等聯俄之初旨，又顯逾乎國民革命之正軌。

(2) 就國際情勢論──蔣氏引蘇俄一國之力，萬不能敵五強。彼英美日法意諸強既睹蔣氏之背後赫然有俄人勢力在，勢不得不相結而謀對抗，近以保其在華利益，遠以防其本國之動搖。於是或供給餉械於中國軍閥，間接以施其壓迫，或聯合出兵干涉，直接以逞其威。有一於此，蔣氏必敗。

(3) 就友軍聲援論──北伐軍方到長沙，而國民軍已敗退南口。……蔣氏所期之援軍，完全歸於失望。今後作戰，仍賴自身，誠不免有孤立之感。此蔣氏不能成功者三也。

(4) 就內部情形論──廣東內部有三大隱憂，即：共產黨隨時有利用工會農會及赤色軍人起而推倒「南方段祺瑞」（為高語罕贈蔣氏徽號）之可能；譚延闓部留守後方未必心平肯效命；魏邦平、許崇智、吳鐵城三人夙抱「粵人治粵」之旨，而以「大廣東主義」為號召，與蔣氏「大浙江主義」根本不相容。

(5) 就附和軍隊論──蔣氏所收編之部隊，如唐生智、方本仁、

16 《追悼曾琦先生紀念刊》（曾琦先生追悼會編印，1951），頁25。
17 山本，〈時代的錯誤與革命之再起〉，《醒獅週報》，第194號，頁14-15。
18 〈中國國家主義青年團第一次全國代表大會對於時局宣言〉，《醒獅週報》，第97號（1926.8.22），第2、3版。

袁祖銘等，率為反革命之軍人，純以利結而絲毫不了解主義為何？一旦吳孫勢盛，……焉能為主義效力死命哉？

（6）就個人性格論──蔣氏在粵，予智自雄，力排異己。……議者咸以吳（佩孚）氏之量狹為病，實則蔣氏未必勝於吳，易地而處，則皆然耳。

以上六大原因，皆為蔣氏成功之障礙，故曾琦敢斷言其北伐必敗。[19]

左舜生從民國史上，歷數從袁世凱、段祺瑞、吳佩孚到孫中山、蔣介石，力主武力統一之非是。他認為中國在這二十年來的擾亂，便是少數野心家的武力統一之念所引起。**他期盼國民黨應以國家為念，以最有效的方法，改組一可以為民意及各實力派所能擁戴的強固政府，不宜做武力統一的迷夢，讓全國入於休養生息之途。**[20]

## （三）反對「一黨專政」

孫中山的訓政構想，是「以黨治國」。孫中山認為中國國民黨對中華民國負有歷史使命。「民國一天沒有建設好，本黨就要奮鬥一天」，為要善盡建設民國的責任，故主張「以黨治國」。所謂「以黨治國」，「並不是要黨員都做官，然後中國才可以治。是要本黨的主義實行，全國人都遵守本黨的主義，中國然後才可以治。簡而言之，以黨治國，並不是用本黨的黨員治國，是用本黨的主義治國。」[21]

從「以黨治國」到「一黨專政」，在在受到標榜「全民政治」的中國青年黨最嚴厲的批評，直到國民黨政府播遷台灣仍未休止。

為確定與國民黨的關係，1927年7月，中青在上海召開第二次全國代表大會，是否與國民黨合作反共，成為會議的主題。會中認為：「為澈底反共，宜與國民黨合作，但國民黨必須取消一黨專政，以便青年黨發展成為健全的在野黨。會議經過充分討論，決定了在兩面夾攻中繼續奮鬥，一面反共，一面反黨治的方針。」會議發表了〈對時局的宣言〉，對南京國民黨政府建立後所標榜的「黨外無黨，黨內無派」口號

---

[19] 曾琦，〈論蔣介石北伐不能成功之六大原因〉，《醒獅週報》，第98號（1926.8.29），第1、2版。

[20] 左舜生，〈廢止內戰與武力統一〉，《民聲週報》，第23期（1932.7.20），頁2。

[21] 崔書琴，《孫中山與共產主義》（傳記文學出版社，1984），頁123；李雲漢，《中國國民黨史述》（中國國民黨黨史委員會，1994）第3編，頁5。

提出批評，指出「黨外無黨」的主張不合乎孫中山的民權主義和近世各國政黨政治的潮流。「黨內無派」則不符合國民黨當前派系林立的實際情況。總之，本次大會確定了不與國民黨合作並反對國民黨一黨專政的方針。[22]

1928年8月中國青年黨在上海召開第三次全國代表大會，公開提出了「打倒一黨專政的國民黨」，會中曾琦代表青年黨向國民黨提出十大質問，其中一問便是「一黨專政」是否與孫中山所揭櫫的「天下為公」之旨根本衝突，文中強調，「吾人之所以反對滿清者，以其私天下於一家也；吾人之所以反對北洋者，以其私天下於一系也。今貴黨取北洋派之地位而代之，乃欲私天下於一黨，其毋乃與天下為公之旨大相刺謬乎！」接著義正辭嚴的指出，「一黨專政」之結果，其弊害之最大者有三：

（1）無在野黨之監督，而本身有易趨於腐化之勢；

（2）功利之徒紛紛趨附，使黨內之分子愈雜，派別愈多，博「黨外無黨」之虛名，而收「黨內有派」之實禍；

（3）正直之士斷難屈服，為貫徹其所信之主張計，必相聚而自成一黨，不能公開則出以祕密，不能決勝於議院，勢必決勝於疆場；此所謂逼朋友為仇讎，化溫和為激烈，徒自種荊棘以障礙成功而已，於黨之本身究何乎？凡此皆一黨專政之必然結果也。[23]

在此前後，青年黨人士筆之健者，亦紛紛發表評論，針對「一黨專政」的作法及其弊害，多所發揮，茲舉其較為重要者，簡述如下：

李璜在成都《振華週刊》上，論及一黨專政之弊有四點：（1）恃強凌弱，必有後禍；（2）權利所在，投機競進；（3）蹂躪思想，妨害進化；（4）群流同歸，黨起糾紛。復在《醒獅週刊》闡明兩點：

（1）尚力而不尚理，遂使一切主義政策破產，政黨威權蕩然無存，國亂將無已時。

（2）尚同而不尚異，遂使一切真實與自由潛藏，只有欺偽與奴役，政治永不得清明。[24]

---

[22] 陳正茂，〈曾琦與民國政治〉，收入《中國青年黨研究論集》（秀威公司，2008），頁218。

[23] 〈中國國家主義青年黨致國民黨書〉，《醒獅週報》，第188號，頁3。

[24] 李璜，〈再論一黨專政之弊兼測國民黨與中國之前進〉，《醒獅週報》，第195

立齋認為「以黨治國」或「一黨專政」說，師法俄國。他說：「政府之權，操之一黨，更以全國人民之租稅，豢養數十萬之黨員，遇有稍不同道者，輒與之為難。平日既不許國人發表意見，即屆國民會議之日，安從而有真正自由之選舉，此則與俄之以國法明標專政者雖不同，其為專政一而已。」[25]

純士為國民黨計，論「一黨專政」者四利和五害：

四利是：（1）地盤擴大，黨員人數增加；

　　　　（2）利於政策推行；

　　　　（3）在社會上樹一不拔之基；

　　　　（4）剿絕異黨的根株，毋使滋蔓以為己害。

五害是：（1）足以促國家之分裂；

　　　　（2）造成黨內的分派；

　　　　（3）足以獎進投機攀附之風，斲喪國民的志節；

　　　　（4）使濫竽者充數，而黨的信用因以喪失無疑；

　　　　（5）足以促反對黨之團結，在中國造成一種循環的革命。

總而言之，在他的眼中，「一黨專政」的好處不可必得，而為害之大足以顛覆國家，卻是很顯然的。[26]

丁作韶特別強調，黨治與民主不能並行不悖，黨治是民主不共戴天的大仇。他從過去中西歷史演進的體驗，認為黨治就是：

（1）政府作主人，人民作奴的政治；

（2）政府可以自由支配人民的政治；

（3）人民要絕對聽政府指揮的政治。[27]

陳啟天把「一黨專政」等同看成「黨閥政治」。在這種政治下，所要求者以黨治軍與以黨治國，而其根本則在以國治黨。就理論上說，黨閥政治有三大不可：

（1）黨權超於國權，本末倒置。

（2）黨員超於國民，形成貴族。

（3）黨義超於一切，是非不明。[28]

---

號（1928.11.25），頁8-10。

[25] 立齋，〈一黨專政與吾國〉，《新路》，第2期（1928.2.15），頁27。

[26] 純士，〈為國民黨計論一黨專政之利害〉，《新路》，第2期，頁34-41。

[27] 丁作韶，〈評汪精衛的相對黨治論〉，《民聲週報》，第24期，頁7。

[28] 陳啟天，〈國家主義的政治原理〉，《醒獅週報》，第193號，頁4。

九一八事變後，黨治必須廢除的聲浪更甚囂塵上，陳啟天復指出四點：（1）有黨國無民國；（2）有黨權無民權；（3）有黨員無國民；（4）有黨爭無國政。陳氏特別強調，黨治是造成國難的主要根源，黨治不取消，無法共赴國難。[29]

左舜生的看法與陳啟天接近，他認為一黨專政是內爭的製造所，為軍閥、政客所依附。他同樣主張，取消一黨專政才有公開的政治可言。取消一黨專政，以共赴國難。具體的作法還包括要黨國要人將最近四、五年所積蓄的私產，自動的捐出五分之四，以為全國國民毀家紓難之倡。[30]

## （四）反對「黨化教育」

國家主義派有所謂「十大主張」，其中之一便是主張教育獨立，反對黨化教育。[31]國民黨實行一黨專政，黨化教育亦為手段之一，故在反對之列。

在大學專攻政治經濟，曾主編《中華教育界》，對教育問題有專門著作的陳啟天，從國家與教育的重大關係立論，認為「教育是一種國家主權，不是私人主權，不是地方主權，不是教會主權，更不是外國主權。」「教育是一種國家事業……更不是國際事業。」「教育是一種國家工具，……更不是外國在本國殖民的工具。」[32]

何謂「黨化教育」？邱椿為它寫下了最深刻的定義，就是「一個執政的政黨，用法令的形式，制定教育方針，改變學校課程移以貫澈其政治上的主張，或用浮誇的言辭及不正當的方法，對思想未成熟的青年，宣傳其片面的主義，而同時又不容許他黨在學校裡做宣傳的工作，這是比較和平的黨化教育。」又說：「除用法令方式及不正當手段以貫澈黨綱外，又在教育機關及學校內，造成清一色的局面，使教育界未成熟的學生進黨，這是空前的激烈的黨化教育。」[33]

---

[29] 陳啟天，〈國難與黨治〉，《民聲週刊》，第21期（1932.4.1），頁7-8。

[30] 左舜生，〈黨國要人將如何共赴國難〉，《民聲週報》，第14期（1932.1.2），頁3。

[31] 曾琦，〈共產黨撲滅國家主義者之策略〉，《醒獅週報》，第130號（1927.5.15），頁5。

[32] 陳啟天，〈國家與教育〉，《醒獅週報》，第106號（1926.9.16），頁14。

[33] 邱椿，〈反對黨化教育的理由〉，《醒獅週報》，第134號（1927.5.21），頁6。

　　易君把黨化教育視同專制教育。他說：「黨化教育是拿一黨的黨義去教育國民。換一句話說，就是一黨來包辦教育。……黨化教育即是專制教育，一則破裂國家教育的統一，一則以威力壓迫人民之自由信仰，是則『黨即國家』與『朕即國家』有何不同？」[34]陳啟天更直截了當的說出，**「黨化教育就是以三民主義強奸受教育者的心靈，封鎖施教育者的思想，使他們一致成為國民黨施政的工具。」**[35]

　　剛從巴黎返國的左舜生，立即加入這一議題的討論，他摘引蔡元培在《新教育雜誌》刊登的一篇〈教育獨立議〉為依據，指出「國民黨只是中國許多政黨的一派，竟借重武力在中國主張教育的黨化，這是蔑視國人，拿全國人的思想當俘虜，屈全國人的精神為奴僕，無論什麼懦夫，都是應該起來反對的。」他希望夙為國人所尊重的蔡孑民，能對於這種甚囂塵上的黨化教育運動有所匡正。[36]

　　青年黨人對黨化教育，幾乎眾口一辭到了「鳴鼓而攻之」的地步。他們為什麼反對黨化教育？理由除上述外，尚可扼要摘列如下：

　　邱椿的論述最為全面，他分層次指出：

　　（1）對國家世界而言：

　　　　1.黨化教育違反平民精神；2.黨化教育阻止國家及世界文化的進步；3.黨化教育破壞國家的統一。

　　（2）對教育本身而言：

　　　　1.黨化教育阻止教育的自由試驗；2.黨化教育妨礙平穩的進展；3.黨化教育不是真正的教育。

　　（3）對教員與學生而言：

　　　　1.剝奪教員的「教學自由權」和學生的「學習自由權」；2.黨化教育破壞教員與學生的人格；3.黨化教育使教員不能安心教書而學生不能安心讀書。

　　（4）對施行黨化教育的黨團及其主義而言：

　　　　1.黨化教育給反對黨以攻擊的口實而多樹仇敵；2.黨化教育使該黨黨員日見複雜；3.黨化教育使一黨主義僵化而不能隨時修

---

[34] 易君，〈黨化教育與專制教育〉，《醒獅週報》，第98號（1926.8.29），第1版。

[35] 曾琦，〈取消黨治是取消什麼？〉，《民聲週報》，第22期（1932.4.16），頁5。

[36] 黑頭，〈為教會教育與黨化教育在中國的消長問題告中國大學院院長蔡孑民先生〉，《醒獅週報》，第160號（1927.10.29），頁2。

正。[37]

英仇則從大處著眼，提出反對黨化教育的三大論據：

（1）黨化教育破壞國家統一；

（2）黨化教育危害共和精神；

（3）黨化教育違反教育原理。[38]

為擁護國家百年教育大計，孔武甚至提出打倒黨化教育的四點理由：

（1）因為黨化教育就是赤化教育；

（2）因為黨化教育就是狗化教育；

（3）因為黨化教育就是專制教育；

（4）因為黨化教育就是搗亂教育。[39]

最後再舉國家教育協會南京分會的元旦宣言，特別反對黨化教育，內云：「黨化教育，……知有黨而不知有國，知有己而不知有人，國民視作黨民。**奉孫文如耶穌；等教師於黨奴，苛於猛虎。**……焚書之禍將至，坑殺之慘且生」故呼籲「凡我國民，其共奮起！」[40]

# 三、抗戰前後──共赴國難著先鞭（1931-1949）

自九一八事變發生後，日本著著進逼，已用武力完全佔領東北三省，並且用陰謀擾亂東北，使中國有全部淪亡之危險。

在大敵當前之下，向來主張「外抗強權」的中國青年黨頗有共赴國難的準備。此時左舜生與陳啟天等在上海創辦《民聲週報》，主張對日作戰，左氏並常在週報上撰文鼓吹「停止內爭，一致對外」的中青基本立場。[41]

1931年9月26日，曾琦代表青年黨發表了〈為日本強佔東北致國民黨書〉，提出「國事至此，一切政見異同，已成為次要之問題，當務之

---

37  同註33，頁6-10。

38  英仇，〈反對黨化教育的三大論據〉，《醒獅週報》，第114號（1926.12.11），頁15。

39  孔武，〈打倒黨化教育〉，《醒獅週報》，第129號（1927.5.7），頁7。

40  〈國家教育協會南京分會元旦宣言〉，《醒獅週報》，第119號，頁14-15。

41  陳正茂，《左舜生年譜》（國史館，1998），頁83。

急，惟在如何團結已渙散之人心，舉國一致，對日抗戰。」[42]

不過，中青「一致對外，共赴國難」的立場，雖為蔣介石與國民黨所歡迎，但在外交因應和軍事步驟方面，雙方在共識之餘，仍不免歧見發生。

## 甲、歧見之所在

### （一）主戰：積極抗日

面對國民政府在外交上的屈意求和軍事上的不抵抗政策，中國青年黨則堅決主戰，積極抗日。

自東北事變起後，《民聲週報》即始終主戰，以為欲救國難，必須對日斷絕國交，立即宣戰。左舜生在一篇文章中義正辭嚴的表示，「非戰無以保全國家領土，非戰無以改造民族精神，非戰無以消弭國內戰爭，非戰無以防止國賊賣國，非戰無以轉移青年趨向，非戰無以貫澈經濟絕交。」他強調，「非有對外一戰，不能培養真正的人才，不能產生舉國愛戴的最高領袖」，而且惟戰可以備戰，「戰則或可不亡，不戰則必亡」，希望國人同起一致主戰，一致督促政府主戰。[43]至於憑藉什麼而戰？如何而戰？左舜生認為「我們不必叫口號，不必發傳單，不必貼標語，不必打通電，不必再向國聯說話，更不必再向政府請願，最要緊是國民自動的起來抗日！」清風兩袖，空手一雙的國民如何才動得起來呢？左氏提出四點辦法，即是：

（1）我們要有很大的決心；
（2）我們要懂得組織萬能；
（3）要懂得餉械是不成問題的；
（4）我們不必憂慮訓練的不充足。

左舜生甚至說出，「我們志在與敵人同歸於盡，志在打濫仗，十個拼一個，也還不算輸，多打死一個敵人，我們在精神上便多減一分痛苦。除死以外，除殺敵以外，我們找不出免除痛苦更好的辦法。」[44]其

---

[42] 陳正茂，《曾琦先生年譜》，頁115。

[43] 左舜生，〈主戰〉，《民聲週報》，第10期（1931.12.5），頁1-2。

[44] 左舜生，〈國民自動抗日〉，《民聲週報》，第13期（1931.12.26），頁1-2。

後，成立國民自動抗日救國會，參與抗日工作。

王造時要求國民黨政府對外須準備對日宣戰，「如果國際聯盟、非戰公約及九國公約都不能主持正義公理，政府只有一條路可走，便是領導全國國民，與日作殊死戰爭；如果政府還是完全依賴人家，無絲毫準備，或甚至於與日本直接交涉，斷送東北，那麼我們只有設法先把賣國政府打倒，再去對付日本帝國主義。」[45]

常乃悳除了批評國民政府的不抵抗主義以及訴諸國聯的錦囊妙計等不可行外，他提出兩個全靠自己而不靠他人的辦法。第一個辦法是平和的，就是對日本澈底經濟絕交，以制日本經濟的死命；第二個辦法是激烈的，就是用野戰的方法與日本作戰。[46]他認為，正式軍隊作戰既不可靠，故只有用野戰方法，以零碎的隊伍，分布於各地，與敵軍作持久的散兵戰。這個方法可使戰爭延長，戰事延長，對日經濟絕交不必鼓吹自然實現，最後必有勝利的把握。[47]

## （二）拒不出席「國難會議」

自1931年九一八事變發生後，中國國民黨於同年11月在南京舉行第四屆全國代表大會，為了團結禦侮共赴國難，主張召開「國難會議」。

「國難會議」受到各方的矚目，左舜生撰〈我們理想中的國難會議〉一文，希望這個會議「不是一個虛應故事的東西，也不是一個敷衍殘局的工具，它應該是在這個國難期中能夠徹頭徹尾去完成它救國工作的惟一機關，……它應該是全國經濟、智慧、良心的總團結」，所以左氏建議，「所代表的方面要多，而分子不宜太雜。人選的標準，應該以在民眾的信用一點上站得住腳的為主，不要以為這是可以用來敷衍任何方面或控制任何方面的一種工具。」[48]

「國難會議」於翌年4月在洛陽召開，與會者分四批名單邀請，網羅方面甚廣，其中屬於中青者有：曾琦、李璜、左舜生、陳啟天、余家菊、常乃悳、張子柱、王鎮五、劉天予等。然由於時任行政院長汪兆銘

---

[45] 王造時，〈對國民黨統一會議的要求〉，《民聲週報》，第4期（1931.10.24），頁4。

[46] 常乃悳，〈野戰抗日〉，《民聲週報》，第4期，頁11。

[47] 常乃悳，〈怎樣去對日作戰〉，《民聲週報》，第8期（1931.11.21），頁8。

[48] 左舜生，〈我們理想中的國難會議〉，《民聲週報》，第9期（1931.11.28），頁1。

的深閉固拒態度，加上政府體制未先變更，一黨專政迄未取消，議題亦不涉及政治外交，殊無國民更始之誠意，中青代表遂拒絕出席。另一青年黨領袖曾琦時旅居天津，除辭不出席外，且賦詩明志，詩云：

> 入洛怕聞鵑喚急，避秦猶恐鼠驚疑。
> 賈生鼂錯盈朝野，安用狂生獻策為！

詩後註云：「聞當局所招議郎，已逾田橫五百之數，近更擬有所增，或將湊足八百羅漢，濟濟多士，黨國以寧，亦一時之盛也。予則避秦有願，美新未能，西望洛陽，亦惟賦此誌慨而已。」[49]

## 乙、共識部分

### （一）支持蔣「安內攘外」政策，與國民黨合作

青年黨與國民黨在「一黨專政」上面，固然存在者嚴重的矛盾，但作為一個國家主義的政黨，在中華民族生死存亡關頭，當然必須與掌握國家政權的國民黨在政治上保持一致，所以中青決定改變對國民黨的批評和反對態度，停止單獨的抗日活動，支持蔣介石攘外必先安內政策。[50]

1934年2月，左舜生在上海《時事新報》上以「仲平」的筆名，發表了一篇短論──〈時局諍言〉，文中多方為政府「攘外必先安內」的決策辯護，對黃郛（膺白）與日本人交涉的經過頗表同情，認為「處在那樣一種險惡的環境，還能有這樣一個結果，實在已經大不容易，著實對這班主持人有一些恕辭，而對當時的輿論，獨持了一種不同的態度。」[51]

黃郛閱後，引為空谷足音，遂透過沈怡（君怡）的介紹相識，並邀左舜生到莫干山長談，此來開啟了左氏與蔣介石的關係。此年7月，因蔣有聯絡中國青年黨之意，一再致電左舜生，約其在暑假赴廬山與

---

[49] 沈雲龍，〈曾琦先生傳〉，收入《曾慕韓先生逝世卅週年紀念特刊》（中國青年黨中央黨部出版，1981），頁91；沈雲龍，〈國難會議之回顧〉，收入氏著，《民國史事與人物論叢》（傳記文學出版社，1981），頁344。

[50] 陳正茂，〈曾琦與民國政治〉，同註22，頁220。

[51] 左舜生，《近卅年見聞雜記》（中國青年黨印行，1984），頁45。

之會談。蔣在6月20日日記中記曰：「請左舜生君七月杪駕臨廬山面敘。」[52]左氏接電後，即與曾琦商定了與國民黨合作的方針，並確定了與國民黨合作三項必守的原則：即「（1）團體不失立場；（2）個人不失身分；（3）為國家之故，可能與國民黨合作，但決不參加國民黨內的派系鬥爭。」[53]

左舜生代表中國青年黨到廬山會晤蔣，同去者尚有何魯之（因魯長於應付，故約同往，以免隕越）。這是兩黨主要領導人之間的第一次會晤。為求慎重起見，事前左氏曾親訪蔣百里和黃郛兩人，聽其意見。很不巧，到廬山時正值蔣介石重病不能見客，左、何兩人遊了幾天的山，然後才和蔣氏匆匆見了兩次面。第一次見面，蔣仍未大好，僅作普通寒暄。第二次談話稍多，涉及外交、西南、共黨種種方面，並面約以後通信，將來南京再談，惟於團體一字不提。[54]

至於此行收穫，左舜生覺得「蔣給我的印象是很好的。其時廬山正辦著大規模的訓練班，似乎是蔣先生為著『安內攘外』而正在勵精圖治的時候。」[55]蔣中正事略稿本除8月24日簡記「見左舜生」外，復於翌年1月28日記曰：「左舜生柳克述可用也」，2月14日記曰：「左舜生應予延攬」。[56]總之，兩黨領袖所談的合作話題雖然不多，但在蔣氏的開誠相與之下，左舜生的廬山之行，可謂達成了國青兩黨合作鋪路的任務。[57]

## （二）支持抗戰，參加政府

1936年12月12日「西安事變」爆發，左舜生就常理推測，認為蔣先生的安全決無問題。他為《國論月刊》撰文〈寫在西安事變以後〉指出：「蔣先生在西安未脫險以前，引起全國國民一致的煩憂，既脫險以後，又引起全國國民一致的歡欣鼓舞。這種景象，至少可以證明兩點：其一、像今日中國這樣一個國家，一個有力的領袖，一般國民已認為萬不可少；其二、蔣先生平日隱忍待時，主張先安內而後攘外，質言之，

---

[52] 《蔣中正總統事略稿本》（國史館印行，2006），第26冊，頁414。

[53] 同註51，頁44。

[54] 〈左舜生覆子行等同志書〉，同上引書，頁1804。

[55] 同註51，頁100。

[56] 《蔣中正總統事略稿本》，第29冊，頁185、383。

[57] 陳正茂，《左舜生年譜》，頁101。

必先解決共產黨的紅軍而後能積極抗日，這個意見是沒有錯，並已博得了全國國民的同情。」[58]

1937年春，曾、左、李到浙江奉化晤蔣，盤桓三日，與蔣介石就內政外交等問題進行兩次長談，對國事多所建議，召開廬山談話會即其中之一。此次會談是為青年黨與國民黨化除黨見，共同攜手抗日，奠定合作基礎。7月7日，「盧溝橋事變」發生，蔣委員長鑒於國難日益嚴重，非謀全國之團結合作，不足以禦外寇，乃分次束各黨派、各社會階層領袖聚集廬山，共商國是。7月16日，盧山談話會召開，曾左李等代表青年黨應邀出席。其後，中國青年黨陸續參加了「國防參議會」、「國民參政會」、「政治協商會議」、「制憲國民大會」，並參加行憲後新政府的工作，大致與國民黨維持「政黨休戰」、通力合作的關係。

中青黨人對抗戰所持的態度，可以左舜生的看法為代表作一分析。他這樣說：「國家顯然已到了存亡絕續之交，……我們對國家前途，只有悲天憫人之懷；對人們的亂動，只有哀矜勿喜之念；**我們既不願藉抗戰以自求多福，更不願假抗戰做分取政權的方便之門。**」相反的，將以「延續國家生命，求取抗戰勝利為職志」，所以把今後的言論範圍自我設限。總之，**以打倒敵人為第一，認國家利益高於一切，並看輕一黨一派的的利益。**[59]

1938年4月21日，左舜生代表中國青年黨致書國民黨正、副總裁蔣中正和汪兆銘，正式表明擁護政府抗戰的態度，並重申與國民黨共患難之信念。函中要點有云：

國民政府為今日舉國共認之政府，亦即抗戰唯一之中心力量，同人等必本愛國赤誠，始終擁護。……同人等睹目前之艱鉅，念來日之大難，僅有與國民黨共患難之一途。外此都非所計及，僅知國家不能不團結，以求共保，外此亦無所企圖。

蔣汪亦於4月24日覆函，對左氏擁護政府之赤誠，以及願為抗戰建國而盡最善努力之態度，表示欽佩欣慰！[60]這兩封函件的交換，除了代表國民黨與國民政府承認青年黨的合法地位外，亦象徵中國政治將由一黨訓政而走上各黨合作建國的憲政，為此後的制憲、行憲，打下了基

---

[58] 左舜生，〈寫在西安事變以後〉，《國論月刊》，第2卷第5期（1937.1.15），頁2。
[59] 左舜生，〈抗戰以來的積感種種〉，《國論週刊》，第8期（1938.4.9），頁1-3。
[60] 〈特載〉，《國論週刊》，第11期（1938.4.30），頁2。

礎。[61]

回顧中國青年黨自1923年創黨，其與國民黨關係可謂亦敵亦友，有親有疏，例如1927年以前反對容共，國民黨清黨以後反對一黨專政，九一八以後反對對日妥協，但自抗戰軍興，隨即主張全國神聖大團結，共赴國難。勝利以後，為著和平民主統一團結，參加政治協商會議，誠如朱文伯所言，「**本黨既是救國的政黨，在此民主時代，為國家存亡關頭，自不能因黨見稍有不同，置身事外，不負責任，朋友失敗，所關尚小，國家毀了，我們豈能倖存？**」[62]這是中國青年黨捐小嫌，顧大局，相忍為國選擇和國民黨合作，參加政府的理由。

# 四、香港時期：爭民主自由一鬥士（1949-1969）

1949年，大陸局勢急轉直下，中國青年黨與左舜生個人都必須面對未來有一番新的規劃。為了迅速在香港建立起反共宣傳之聯合陣容，國民黨、青年黨與民社黨咸認為「香港為溝通國內外之要地，從來政治活動者莫不在港建立宣傳機關，以便轉移國內外輿論之傾向」，以免香港新聞界為左傾勢力所壟斷，故三黨計劃在港各辦一份日報，以便互相呼應。估計開辦費及維持費，每報約需港幣一百萬元，一次撥足。青年黨港報負責人擬由陳啟天、左舜生擔任，民社黨港報負責人擬由蔣勻田、梁朝威擔任（國民黨在港則另有籌備）。[63]

而左舜生個人亦以（1）香港近代史籍夥多，在香港蒐求較易；（2）從事文化出版事業，以言論反共，遏阻其海外宣傳兩項理由，決定由台赴港定居，而未接受傅斯年校長的台大教授聘約。

自1949年9月到港定居，至1969年10月病逝，期間除短暫出國訪問並赴台出席國民大會之外，左舜生在港大約滯留二十年，先後與何魯之等創辦《自由陣線》與「自由出版社」，並獨立創刊《聯合評論》週刊，且先後為《祖國週刊》、《自由人》、《自由陣線》與《聯合評論》等刊物撰文，發揮知識分子書生論政的角色。大陸學者黃嘉樹曾批評這時期的左氏「一面反共，一面批蔣」，而左本人所主持的《聯合評

---

[61] 陳正茂，《左舜生年譜》，頁130。

[62] 朱文伯，〈青年黨參加政府之動機〉，《青年台灣》，第8期（1948.7.31），頁2。

[63] 〈蔣勻田、陳啟天、左舜生致雷震──附三黨在港聯合宣傳計劃要點〉，收入傅正主編，《雷震密藏書信選》（台北：桂冠公司，1990），頁45。

論》更是島外言論的總壇。[64]所以，這個時期左氏與中華民國政府的最大共識是「反共」，亦即在文化上進行反共鬥爭，而為了闡揚民主自由思想，又不得不批蔣，這是他與蔣之間最大的紛歧。

## 甲、共識之所在

### （一）反共言論

這一段時期，左舜生所撰反共論文與短評，難計其數。主要論述為什麼反共？反共的基本立場以及反共力量之所在，並強調反共宣傳的重要性。因篇幅所限，在此不詳述。

### （二）贊成蔣中正復職

1950年3月1日，蔣介石在台復行視事。三年後，左舜生針對蔣復行視事三週年文告，特撰〈談蔣總統「三一」文告書後〉，文長八、九千字，對於台灣三年來的一切措施及其進步情況，大致感到滿意。但也建議蔣總統應該抓住的四大要點：

（1）今後政治趨向的總方針，宜澈底實行民主政治；
（2）抗俄復國大業的完成，要充分理解國際態勢；
（3）不宜忽視對大陸實際情況的認識；
（4）培育人才與保全和發揚文化。[65]

## 乙、歧見之所在

### （一）對國民黨治台政策的批評

左舜生除了秉持一貫立場反共外，對在台灣的國民黨政府同蔣介石本人，亦有許多「恨鐵不成鋼」式的批評！1959年6月19日，左氏在《聯合評論》以〈搶救中華民國的時間已經不多了！〉為題，嚴辭抨擊「私」字誤了中國六十年，並忠言逆耳的提出改革原則十六點，其中包括（1）根除一黨壟斷；（2）精簡政府機構；（3）實行司法獨立；（4）保障人民基本自由；（5）裁減軍隊人數等等。而文中最觸犯政府當局忌諱的是，左氏主張只需要一個留台的「臨時政府」。依此建議，

---

[64] 黃嘉樹，《第三隻眼看台灣》（台北：大秦出版社，1996）。
[65] 〈談蔣總統「三一」文告書後〉，同上書，上冊，頁121-125。

國民黨必須放棄它的既得利益和壟斷地位，國民黨一黨獨占的政治體制必須改變，國民黨政權將成為「臨時政府」或「地方政府」。[66]這種主張當然不為以「擁護法統」自居的國民黨當局所喜。此文被視為左舜生反蔣、反國民黨當局的集中代表作。批露之後，自然引起海內外的軒然大波及一陣圍剿。[67]

## （二）不贊成蔣連任第三屆總統

中華民國的總統，依據現行憲法是六年一任，而且硬性規定，任何人擔任總統，最多只以兩任為限。換言之，即無論如何不能超過十二年。蔣中正先生被選為第一任總統，是1948年5月20日就職，1954年5月，他做滿了第一任；第二任他又當選，到1960年的5月20日，他的第二任又屆滿。但是在屆滿前，有一部分人主張修憲，意思是要把憲法規定總統副總統任期的第一條（即憲法第47條）加以修改，以便蔣依然可以連任。至於蔣本人的態度，他先對光復大陸設計委員會（由國大代表組成）表示，他代表政府、代表國民黨反對修憲，於是群情鼓舞，以為他確能守法，與袁世凱、曹錕那般軍閥畢竟不同。繼而他在某次「總理紀念週」上說：「憲法是國家的根本大法，不宜輕言修改；……但目前有三項顧慮，即：（1）不使敵人感到稱心；（2）不使大陸億萬同胞感到失望；（3）不使海內外軍民感到惶恐。」這一「但是」的結果，便是不走修憲的途徑，而以增加「動員戡亂時期臨時條款」的方法，讓蔣可以輕鬆的連任第三任總統。

為蔣是否連任第三屆總統問題，國內是贊成者眾，反對者寡。他們贊成的理由，不外無論黨和軍，一向是聽命於蔣總裁，以他數十年來的統治經驗，可以罩得住。如換另一人做總統，恐怕又起派系傾軋，反而弄巧成拙，所以贊成蔣續做第三任總統，以便早日反攻大陸。至於憲法對總統任期的限制，總歸有辦法可想。至於反對的理由，認為蔣的個性過分胸襟狹窄，無容人之量，不足以統治國家。大陸之失敗，就是鐵證。可是這些話，多為街談巷議，竊竊私語，不敢見諸文字。但也有一例外，就是《自由中國》始終公開反對「蔣介石連任第三任總統」。至

---

[66] 左舜生，〈搶救中華民國的時間已經不多了〉，《聯合評論》，第44號（1959.6.19），第1版。
[67] 陳正茂，《左舜生年譜》，頁246-247。

於國外，則是反對者眾，贊成者寡。[68]

　　所謂國外，主要是對港澳地區而言，以《自由人》與《聯合評論》兩種刊物為主。左舜生一共寫了六篇相關文章，其中五篇在《聯合評論》發表，一篇發表在《自由人》上。左舜生在讀了蔣介石反對修憲的演說辭後，一度極為讚賞，認為蔣先生的「措詞明白爽朗，完全從內心發出」，而且「深合機宜，洞明大體」。[69]1959年5月20日，他為文公開主張不贊成蔣連任第三屆總統，指出此事「關係蔣先生個人的成敗還小，關係國家的命運者則甚大，故期待蔣先生毅然作下最後的決定。」[70]其後，蔣之連任已成定局，左舜生又在《聯合評論》撰文〈再談蔣連任問題〉，明白主張「我們既不贊成修憲，當然更不贊成增加『臨時條款』，實際就是不贊成蔣先生再幹下去，而對國民留下一點去思！」[71]同年10月23日，左氏再度為文，坦白鋪陳不贊成蔣總統連任的理由，「決不是否定蔣總統個人的威望確實高出今天台灣的任何個人之上，乃是希望蔣總統退居國民黨總裁的地位，趕快找出一個替人，加以提挈與扶持。」至此，左舜生「依然沒有放棄希望蔣總統本人再作最後考慮，作出超越個人利害而以國家利害為利害的考慮。」[72]1960年2月19日，左舜生、李璜、張君勱、張發奎、黃宇人、勞思光、謝扶雅、許冠三、李金髮等數十位旅港人士，在《聯合評論》刊出〈我們對毀憲策動者的警告〉一文，堅決反對蔣毀憲競選第三任總統，文中痛切指出：

　　我們在這裡警告國民黨當權派，及在台灣的國大代表：我們要認清，這一毀憲連任的事件，在歷史上將成為分別邪正和決定成敗的大關鍵；它考驗中國人的智慧，也考驗中國人的良心。我們切盼國民黨當權派能夠懸崖勒馬，也深望各位國大代表能夠自愛自重，不要做毀憲禍國的歷史罪人。[73]

[68] 馬之驌，《雷震與蔣介石》（《自立晚報》出版，1993），頁389-391。
[69] 左舜生，〈讀了蔣先生反對修憲的演辭以後〉，《聯合評論》，第22號（1959.1.9），第1版。
[70] 左舜生，〈蔣總統連任問題〉，《自由人》，第856期，轉引自陳正茂，《左舜生年譜》，頁245。
[71] 左舜生，〈再談蔣連任問題〉，《聯合評論》，第41號（1959.5.29），第1版。
[72] 左舜生，〈對蔣總統連任問題一個最後的陳述〉，《聯合評論》，第62號（1959.10.23），第1版。
[73] 王安世等，〈我們對毀憲策動者的警告〉，《聯合評論》，第78號（1960.2.19），第1版。

### （三）對雷震案的態度

1960年9月，台北發生《自由中國》半月刊發行人雷震等以「叛亂」罪嫌遭警備總部逮捕事件，俗稱「雷案」。「雷案」發生的主要原因，就是雷震積極鼓吹組織「反對黨」的問題。「雷案」發生後，海內外震驚。左舜生大為震怒，除為文駁斥《中華日報》的一篇社論外，並認為這是國民黨當局一個預定的陰謀，其目的不僅在使《自由中國》不能繼續出版，同時也在使籌組中的「中國民主黨」無法成立。因此他主張，立即釋放雷震。[74]

同時，左舜生、李璜等人以雷震朋友的身分，聯合香港民主人士在格蘭酒店招待記者聲援雷震，認為雷震是愛國的、反共的，也是為民主政治運動的奮鬥者。左氏除答覆中外記者詢問外，並曾以「關於雷震等被捕事件的真相」為題，發表書面談話。[75]《聯合評論》且以「援雷專號」發表〈我們對雷案的認識和主張〉專文，強調「不依循法定程序，而任意捕人，然後再派罪名，甚至以戒嚴法為壓制人民的工具，是一種不可容忍的暴政。」並主張三點：

（1）立即釋放雷震；

（2）懲辦此次先捕人後派罪名的負責人員；

（3）向全國人民保證，此後不再有同樣事件發生。[76]

同年10月5日，左舜生等人致函聯合國人權委員會，呼籲及時援助雷震等四人，電文指稱，國民黨當局以《自由中國》半月刊的言論「構成叛亂的罪證」，「其為斷章取義，故入人罪，已昭然若揭。中華民國政府當局此等迫害言論出版及蹂躪人權的不法行為，實為對聯合國人權宣言第三、第九、第十一及第十九條款的公然蔑視。倘不及時予以制止，則人權宣言必將失去其存在的意義。」[77]

這年10月14日，雷震被判有期徒刑十年。雷案判決後，左舜生特撰〈雷案判決感言〉，抒發多年的憤慨，他這樣認為，「總而言之，台北

---

[74] 左舜生，〈主張立即釋放雷震〉，《聯合評論》，第107號（1960.9.9），第1版。

[75] 〈為聲援雷震被捕香港民主人士招待中外記者〉，《聯合評論》，第108號（1960.9.16），第1版。

[76] 本社同人，〈我們對雷案的認識和主張〉，《聯合評論》，第108號，第1版。

[77] 〈為援救雷震等致函聯合國人權委員會書〉，《聯合評論》，第112號（1960.10.14），第1版。

當局要消滅《自由中國》這本雜誌，要消滅雷震這個人，要消滅一個將要出現的新黨，這是他們早已確定的決心。無論上訴也罷，不上訴也罷，他們一定蠻幹到底，其他一切的『手勢』，一切的『表情』，一切的『穿插』，不過只是加重一個事件戲劇化的氣氛，大抵無關宏旨。」[78]

雷案經過三個月的紛紛擾擾之後，覆判仍維持原判，胡適聞判連嘆失望。左舜生則於同年12月2日發表對雷案覆判後的感想，對於蔣氏沒能接受輿論，作出非常之舉的減刑或特赦，而仍毅然決然的維持原判，頗有所憾的指出，蔣氏「**表現了一種軍人蠻幹到底的特質，不失為東方一個碩果僅存的標準獨裁者；**同時也通明透亮表示了他對民主絲毫不能理解，絲毫不感興趣，不惜以走極端的態度，甘冒天下之大不韙，向國內外一切主持公道與正義的人士挑戰。」[79]

# 五、結語

曾琦曾將中國歷史上的人物分為兩類：第一類為英雄式帝王式，即劉邦、李世民、朱元璋之流，只須具有氣魄與度量，大刀闊斧，知人善任，便可以成大事，不必有何等高深學識；第二類為聖賢式宰輔式，即伊尹、周公、諸葛武侯……、曾文正、李文忠之流，必須才、學、識、氣、度五者俱備，即是修己治人之道、安邦定國之術，講求有素，乃能有所成就。曾琦自況，他的性格實非只求成功不擇手段以打江山爭天下的人物，所以既非英雄亦非聖賢，而是近於豪傑與近代型的政治家。[80]左舜生的修為，何嘗不是如此！

曾、左、李並稱「中青三傑」，雖性格各異，惟其共同特色則是善讀書，長於治學，精於理論，是皆能文之士，下筆萬言不能自已。他們崇尚民主政治，愛好自由；他們眼光遠大，品德高尚，意志堅強；雖然不能忘情於政治（如組黨、辦雜誌等），但並不熱衷於政治，大體內心恬淡，政治慾權勢慾並不強烈，而且認為立言比立功重要。平心而論，他們是熱心的愛國者、救國者，無時無刻不在為國家民族的生存而奮鬥，無時無刻不在為理想與信仰的實踐而努力，但徒有救國治國之抱

78 左舜生，〈雷案宣判感言〉，《聯合評論》，第112號，第1版。
79 左舜生，〈雷案與團結〉，《聯合評論》，第119號（1960.12.2），第1版。
80 王師曾，〈曾慕韓先生生平志業〉，收入《追悼曾琦先生紀念刊》，頁32。

負，成效卻不顯著。或謂，革命乃是英雄與流氓的事業，同質性高，被
譏為「秀才集團」的中青人士，在先天上便落入「宜於治國不宜於爭
國，重理論而不顧現實」的困境！左舜生與中青黨人和國民黨以及蔣介
石之間的歧見，或許就是這種現實環境的一種真實反映！

　　德國社會學家韋伯（Max Weber, 1864-1920）曾區分「信念倫理」與
「責任倫理」，認為只講「信念」的政治家，是不負責的政治家，因為
他們只追求個人的心安與道德的純潔。「信念政治家」往往只是任性必
發洩道德情緒。……這種道德聖人，或許原本不應該進入實際政治操作
的領域，因為在他們的道德優越之下，不容許別人與他們平等。在此我
們無意把青年黨人比喻做「信念」政治家或道德聖人，也無意看輕他們
對國家和社會所作出的貢獻。不過，這些創黨前輩憂時之深的特立獨
行，其國家主義難免陳義過高，有時甚至徒託空言，亦在在頗予人有
「生不逢時」之慨！

──原載《亞洲研究》，第63期（2011年9月）；

陳紅民主編，《中外學者論蔣介石》，浙江大學，2013年1月

# 蔣介石眼中的香港自由民主運動

## 一、引言

　　大陸政權易手後，國共兩黨除了繼續隔海對峙外，復把戰場轉移到香港，從事文化與宣傳、統戰和反統戰的另一場戰爭。誠如左舜生等所認定，「香港為溝通國內外之要地，從來政治活動者莫不在港建立宣傳機關，以便轉移國內外輿論之傾向，以免香港新聞界為左傾勢力所壟斷。」[1]基於這個認識，凡自認反共又不願追隨不民主的國民黨政府來台的一批文化人和知識分子，便滯留香港，從事他們心目中所追求的第三條路線，也就是既反共又追求自由民主的運動。

　　這些李璜所稱的「港澳亡命客」，論其政黨屬性，有青年黨、民社黨人，亦有失聯不想歸隊的國民黨舊屬棄將。論其身分，胡志偉把他們分為七類：（1）失意政客；（2）落魄軍人；（3）桂系要員；（4）中共叛徒；（5）漢奸；（6）知識分子；（7）青年學生。[2]不管如何，這些活躍在1950年代的各色各樣人物，他們是這一場戰爭的主角，也是國共雙方注意動態、搜集情報、拉攏收買或夾擊的對象，更是美、日兩國多方爭取、扶持、援助的對象。

　　論海外自由民主運動，當然不以香港一地為限。在美、日亦有活動，如1949年曾琦與胡適、于斌、賴璉等於美國紐約發起創立「中國民主自由聯盟」，蔣廷黻之組「中國自由黨」皆是。[3]又若干重要人物之僕僕風塵於香港、日本之間，亦隱含了廣尋同情之意，惟日本追隨美國之後，雖亦支持活動，殆能力有限。故本文主要仍以香港為範圍，論香

---

[1]　〈蔣勻田、陳啟天、左舜生致雷震——附三黨在港聯合宣傳計劃要點〉，收入傅正主編，《雷震密藏書信選》（台北：桂冠公司，1990），頁45。

[2]　胡志偉，〈「自由中國抵抗運動」的開場與收場〉，《傳記文學》，93卷6期（2008.12），頁48-49。

[3]　陳正茂編著，《曾琦先生年譜》（國史館，1996），頁199。

港1950年代的自由民主運動，其最重要團體，有「自由陣線」、「中國自由民主戰鬥同盟」（戰盟）、《聯合評論》等，惟本文的目的，不在勾勒他們所組織運動團體的盛衰起落，而只想從蔣介石和國民黨的立場，以改造委員會時期（1950年8月-1952年10月）為主，探討如何透過組織的運作去面對和看待他們？在研究過程中，資料的運用，如改造委員會的全部檔案，只能閱讀《蔣中正總裁批簽檔案目錄》，查考中改會部分資料，無法深探全部內容，又如《蔣介石日記》之尚不能充分公開，在在限制本文的展開，只有期諸來日。

## 二、國共兩黨對旅港文化人的部署

### （一）中共對旅港文化人的部署

中共視香港為中國革命的一個戰略基地，早就對港英當局展開外交、統戰工作。根據中共中央的指示，廣東區委與港英當局進行談判，迫使英方同意中共在港的合法地位，共方則同意撤退東北縱隊港九大隊；英方允許中共在港開展半公開的活動，而共方則承諾其活動不以推翻港英政府為目的。這樣中共在香港的生存有了安全的政治環境，使蔣介石與國民黨對中共在港的活動感到無可奈何。外交談判的結果，使得中共在香港順利地建立起重要的領導機關。1946年夏天，廣東區委在香港調整領導機構，建立了直屬中央南京局的祕密（廣東區委）和公開（港粵工委）的兩套機構。1947年，中共中央對成立香港分局作出具體安排。5月分局成立，方方任書記。香港分局是中共中央的派出機構和中共在華南的領導機構，它根據嚴格區分祕密與公開的原則，設立了公開領導香港等地公開活動的香港工委，負責華南城市地下祕密工作的香港城委，領導各地農村武裝鬥爭的各地黨委。[4]

周恩來認為，知識分子基本上既不是一個獨立的階級，也不是一個統一的階層，但周恩來也明白指出，「革命需要吸收知識分子」，「革命知識分子是革命迅速發展的重要因素」，「中國共產黨的發展是同革命知識分子分不開的」，「建設尤其需要吸收知識分子」。[5]可見他對

---

[4] 袁小倫，《戰後初期中共與香港進步文化》（廣東教育出版社，1999），頁2-3。

[5] 李世平編，《周恩來和統一戰線》（四川大學出版社，1986），頁46-75。

知識分子的重視。

在此一前提下，從抗戰勝利後至1948年間，中共早就把眼光放在香港，在周恩來的部署下，從內地滬、寧、渝、穗等地眾多文化精英會聚香港。內地旅港文化人和香港本地文化人一起組成浩浩蕩蕩的文化大軍。他們分別以教授、學者、作家、藝術家、編輯、記者等身分在港從事民主、文化活動。中共在政治上、工作上、生活上對這些文化人給許多關懷和幫助：

1. 政治上，中共充分信任文化人，並積極開展團結和爭取工作，通過真誠的合作和善意的批評，引導他們前進。
2. 在工作上，中共香港組織遵照周恩來的指示，非常重視發揮民主、文化人士的經驗與才幹。
3. 生活上，中共殫精竭慮，開源節流，儘量支應文化人的生活困難。[6]

其後，從1948年8月到1949年8月，足足歷時一年，香港分局和工委共分二十批，護送了民主、文化人士及其他人員逾一千人，北上參加第一屆文代會（中華全國文學藝術工作者代表大會）和新政協會議。[7]

## （二）國民黨對旅港文化人的安撫

由於剿共軍事失敗，大陸淪陷的革命大頓挫，蔣介石所領導的國民政府於遷台後，在痛定思痛之際，於1950年8月，成立中央改造委員會，在消極方面，要嚴厲整肅，以恢復中國國民黨的革命精神；在積極方面，對海內外仁人志士、愛國青年，要精誠號召，親密合作，以擴大革命的陣容。[8]

在組織方面，改造委員會除秘書處與五個委員會之外，下設七組，第三組掌理海內外黨部之組織，與黨員之訓練，並指導其活動，第六組掌理對社會、經濟、政治等動態有關資料之搜集、整理、研究，與對敵鬥爭之策劃。有關敵後黨務工作之發展，如中央的領導機構及其領導原則、駐港澳的聯絡執行機構等，目前所接觸到的資料仍諱莫如深，[9]無

---

[6] 袁小倫，上引書，頁112-119。

[7] 袁小倫，上引書，頁149-155。

[8] 秦孝儀主編，《先總統蔣公思想言論總集》（中國國民黨黨史委員會，1984），卷23，演講，頁329-336。

[9] 中央改造委員會的相關工作報告，仍列為機密資料，予以省略。

法進一步開展，只知中央改造委員會為統一長江以南大陸地區及港澳工作之領導與配合，於1951年5月21日的第136次會議通過成立南方執行部，其組織規程第二條特別載明，「中央與敵後各單位駐港澳聯絡機構之工作，均由本部指揮監督之。港澳支部除由中央改造委員會第三組主管外，其須與駐港澳各單位配合進行之工作，應受本部指揮監督」。[10]依據規程，南方執行部原置委員五至七人，其後改為七至九人，以陳大慶為主任，前後派任之委員有陸京士、李崇詩（未到任）、馬吉奎、梁日新、陳壽甫、李濱、李國俊、周異斌、張炎元等人。對在港作黨派活動，由第六組指導，該部負責進行，予以爭取或分化。[11]又立法委員王新衡係蔣經國留俄同學，為香港工作站負責人，亦負有政治使命。[12]期間曾遭共方特工暗殺，中彈兩槍，幸性命獲保。

我駐港單位，為知己知彼，曾對香港反共宣傳報紙進行調查，茲簡單列表如下：[13]

| 報刊名稱 | 刊期 | 發行人及其背景 | 發行量 | 經費來源 | 收支 |
|---|---|---|---|---|---|
| 華僑日報 | 日 | 岑維休、立場公正 | 四萬份 | | 每月營利數十萬 |
| 華僑晚報 | 晚 | 少數共黨潛伏 | | | |
| 工商日報 | 日 | 董事長何世禮，社長兼總編輯胡秩五 | 三萬份，銷台約五千份 | 創辦時何東出資 | 每月盈餘五萬元之譜 |
| 工商晚報 | 晚 | 反共，擁護國策 | 六、七千份 | | |
| 香港時報 | 日 | 社長許孝炎，總編輯李秋生，本黨立場 | 在港三千份，銷台二千五百份 | 由政府每月補助三萬元 | 每月虧損三萬五千元 |
| 自然日報 | 日 | 督印人姚湘勤，主筆任畢明，標榜反共、反國民黨 | 二萬五千份 | 唐紹錫資助 | 月虧四千餘元 |
| 中聲晚報 | 日 | 督印人李勝祥，反共亦反國民黨，抨擊第三勢力， | 日報四千餘份，晚報萬四千份 | | |

---

[10] 中央委員會秘書處編印，《中國國民黨中央改造委員會會議決議案彙編》（1952.12，以下簡稱《決議案彙編》），頁176。

[11] 同上，頁167。

[12] 馬之驌，《雷震與蔣介石》（自立晚報，1993），頁30。

[13] 《中央改造委員會議第335次會議紀錄》，黨史館。

| 掃蕩晚報 | 晚 | 督蔭人蔣博光，反共氣氛濃 | 三千份 | | 虧累甚鉅 |
|---|---|---|---|---|---|
| 呼聲日報 | 日 | 督印人羅逢餘，社長方勵 | 千餘份 | | 不易維持 |
| 新聲晚報 | 晚 | 督印人黃遠，實際主持人黎蒙（李宗仁外甥），總編輯富雄常抨擊政府，反共反蔣 | 二、三萬份 | 為桂系人士所支持，李宗仁出資 | 每月營利二萬元 |
| 時事春秋 | 日 | 督印人嚴雲，堅持反共立場 | 四千份 | 由嚴雲等七人合資創辦 | 初期銷往南洋各地 |
| 上海日報 | 日 | 社長沈秋雁，宣傳反共抗俄 | 五千份 | | 經濟拮据，月虧四、五千元 |
| 精華日報 | 日 | 為陳式銳經營，澳門出版，反共 | 七千份 | | 收支平衡 |
| 鐵報 | 日 | 潘中時等人所經營，後改由張自安獨辦 | | | 經費難維持 |
| 自由人 | 半週刊 | 王雲五、成舍我、胡秋原等創辦 | 三千份 | 創辦人合資 | 收支相抵 |
| 天台台 | 兩日刊 | 督印人陳孝威自編自撰 | 一萬份 | | 頗有盈餘 |
| 新聞天地 | 週刊 | 督印人卜少夫，立場反共 | 一千五百份 | | 能自給 |
| 新聞世界 | 週刊 | 督印人張雪萍，主編吳天申 | 一千份 | | |
| 自由陣線 | 週刊 | 主持人謝澄平，反共亦反國民黨 | 香港四千五百份，國外千餘份 | 美國聯邦調查局津貼 | |
| 華僑天地畫刊 | 半月刊 | 主持人丁中江，負責人梁風，立場反共 | | | 虧損數千 |
| 公平報時代生活雙週刊 | 半月刊 | 國民黨主辦，主持人邱志清，宣傳反共抗俄 | 一千五百份 | 黨員資金 | 開支不敷 |
| 獨立論壇 | 半月刊 | 督印人黃如廷，反共但鼓吹其他政治活動 | 一度停刊 | 聞由美方資助 | |

| 時事春秋半月刊 | 半月刊 | 南方、邵維新二人主辦，反共抗俄擁護政府 | 三千份 | | |
| 中國之聲 | 週刊 | 主辦人顧孟餘，主編人張國燾，反共但鼓吹其他政治活動 | | 每月由顧孟餘出資一萬元 | |

　　根據上表，所列總共廿四種刊物中，堪稱眼花撩亂，相當眾多。論刊期、日晚刊有十四種，兩日以上週刊有十種。就政治立場而言，多半為反共刊物，約占一半以上；惟既反共，亦反國民黨，並鼓吹其他政治活動者亦有四、五種之多，這應是台北方面所需加強工作經常與之聯繫的對象。親共者不多，但主筆或員工有少數潛伏共黨，並不意外。至經費來源，由美方資助或桂系支持者，亦所在多有。

　　駐港單位，對於共方所辦之《大公報》、《文匯》、《新晚報》以及親共之《成報》、《星島日報》等亦有調查分析，限於篇幅，其內容在此不贅。

　　本文既以第三勢力活動為主，在此特別介紹《自由陣線》與自由出版社之概況。陳正茂認為，《自由陣線》是第三勢力運動刊物中，發行最久，立場最堅定，內容最明確，旗幟最鮮明的喉舌先鋒。[14]

（1）自由陣線原為週刊，後改為半月刊，現又改為週刊，對外公開地址為九龍鑽石山下原嶺152號地下。自由出版社亦設在該處，主持人史澤之（即史農父）為青年黨，謝澄平係重要幹部之一，另外有重要幹部二人，為《自由陣線》主編丁廷樑（主編最初為史農父），一為《中聲晚報》總編輯左幹臣（左舜生之侄）。

（2）《自由陣線》與自由出版社之經濟來源完全由謝澄平負責。左舜生僅處於督導地位。謝對外宣稱係得自華僑岳父之助，又云係以大宗文稿供給美國《生活襍誌》及各報社而取得之稿酬，實際則與美國政治方面有關，其數額本為美金每月壹萬元，後增至壹萬八千元，現又減為壹萬弍千元，折合港幣七萬餘元。[15]

14　陳正茂，《五〇年代香港第三勢力運動史料蒐祕》（秀威公司，2011），頁19。
15　關於《自由陣線》的經費來源，據程思遠透露，李宗仁在廣州的時候，以代總統

（3）謝澄平除辦理《自由陣線》及自由出版社之外，更以每月三千元港幣為代價，收買《中聲晚報》之社論地位，惟聞因此事謝與《中聲晚報》後台張發奎曾有不愉快情形。《中聲晚報》則係謝獨立創辦，目的想打倒左傾之《新晚報》，其發展情形較《自由陣線》為佳。

（4）謝澄平本為公開喊出「第三勢力」的重要份子，然以左舜生對此表示不熱心，致謝亦未加入「第三勢力」之組織，僅派丁建標代表加入（探虛實而已）。

（5）自由出版社已出書約三十餘種，有十餘種在編印中，所出各書均需註明反共者。

惟美國新聞處對《自由陣線》之批評及估價並不高，說他們文章僅有少數幾個人執筆，且不署真姓名，未免有怕死之嫌，對其所能產生的號召力亦頗為懷疑云。[16]

惟在南方執行部成立前後，蔣介石已指派雷震等兩次赴港從事活動，對滯港文化人士進行安撫工作，茲將其過程與處理情形分敘如下：

1.雷震第一次赴港任務

時間：1950年10月6日至27日

任務：

（1）調查《香港時報》的經費與銷售問題。

（2）會見香港知識人，說明台灣年來進步情形，拉攏反共人士，解答台北不民主疑問。

（3）籌組「自由中國協會」問題。

這時雷震的身分除了國策顧問外，也是改造委員會下的考核設計委員會的一個委員（主任委員蕭自誠），同時是《香港時報》管理委員會委員兼秘書（主任委員為總統府秘書長王世杰）。而《香港時報》的社長是許孝炎。可見此次雷震赴港，前一項任務奉命調查《香港時報》的盈虧與發行數字，是名正言順的公事，而第二項會見香港文化人士的工作，可視為附帶的任務。

雷震返台後，曾於10月30日（雷震全集作11月2日），呈給蔣介石

名義發給青年黨、民社黨各三萬元作為疏散經費，青年黨把這筆款辦《自由陣線》，在香港復刊，初由左舜生主持，後交由謝澄平接手。程思遠，《政海秘辛》（桂冠公司，1995），頁303。

[16] 《中央改造委員會議第335次會議紀錄》，黨史館。

第一次赴港報告，報告赴港見聞及自由中國協會成立經過。蔣把此一簽呈交11月21日舉行的改造委員會第52次會議核議。會議決議：推唐縱、谷正綱、袁守謙三人負責對本案研究，擬具具體意見，再行提會討論，並由唐縱擔任召集。

對於雷震所提在港各黨派組織「自由中國協會」一事，唐縱等三人審查意見為：

（1）「自由中國協會」以在黨外活動為原則，凡本黨同志非經中央指派或核准者，一律不得參加。

（2）「自由中國協會」之組織與其活動應在香港向大陸方面發展，在台不得活動。[17]

按「自由中國協會」以擁護中華民國，崇尚自由，篤信民主，改善民生，並促進世界自由、民主國家之合作為宗旨，於1950年10月20日成立，推選王雲五、左舜生、金侯城、王聿修、成舍我、許孝炎、卜少夫七人為幹事，以王雲五為主席，許孝炎為書記。[18]

由上述決議可知，國民黨只把該協會視為其在香港的外圍組織，目的在牽制當地第三勢力的發展，而不許該會在台活動，則是避免節外生枝。然在港成員對國民黨此舉，極為不滿，儘管雷震解釋說：「台灣除國民黨及民、青兩黨外，不許其他政治組織，故『自由中國協會』亦未准成立」，彼等仍不能釋懷。[19]

其後，為聯絡留居港澳之反共抗俄人士，增加黨外人士對國民黨及政府的瞭解與希望，特將原有之「自由中國協會」予以改組，規定該協會設一幹事會，由國民黨中央指派少數高級同志參加，藉資掌握運用。幹事會與國民黨同志，亦受南方執行部之領導，以發揮黨團作用。至其餘人選及主席，以同情國民黨之黨外反共人士充任，以廣號召。

茲誌「自由中國協會」幹事名單如下：[20]

---

[17] 《決議案彙編》，頁80。
[18] 傅正主編，《給蔣氏父子的建議與抗議》，《雷震全集》（桂冠公司，1990），冊27，頁16-17。
[19] 萬麗鵑，《一九五〇年代的中國第三勢力運動》（政治大學歷史學系博士論文），頁159。
[20] 《決議案彙編》，頁199-200。

| 姓名 | 年齡 | 籍貫 | 略歷 | 黨籍 |
|---|---|---|---|---|
| 左舜生 | 58 | 湖南 | 上海震旦大學畢業後留學法國，曾任國民參政員、農林部長 | 青年黨 |
| 何魯之 | | 四川 | 現任青年黨中委 | 青年黨 |
| 金侯城 | 70 | 江蘇 | 曾任民社黨秘書長 | 民社黨 |
| 王厚生 | | 江蘇 | 現任再生雜誌總編輯 | 民社黨 |
| 錢穆 | | 江蘇 | 曾任浙江大學及北京大學教授，現任香港新亞書院院長 | 無黨派 |
| 成舍我 | | 湖南 | 曾任世界日報社長、國民參政員，現任立法委員 | 無黨派 |
| 歐陽百川 | | 廣東 | 現任華僑日報副總編輯 | 無黨派 |
| 張國興 | | 廣東 | 曾任中央社記者，現任美國合眾社駐港記者 | 無黨派 |
| 袁倫仁 | | 江蘇 | 曾任美國合眾社記者，現任英文虎報總編輯 | 無黨派 |
| 靳宗岳 | 50 | 貴州 | 曾任大學教授，國際問題研究所工作 | 無黨派 |
| 王聿修 | 45 | 河北 | 曾任北平大學教授 | 無黨派 |
| 許孝炎 | 51 | 湖南 | 曾任中宣部副部長，現任立法委員 | 國民黨 |
| 黎晉偉 | | 廣東 | 曾任香港時報主筆，現任工商日報主筆 | 國民黨 |
| 張丕介 | | 山東 | 曾任中央政治學校教授，現任民主評論總編輯 | 國民黨 |
| 汪祖華 | 43 | 安徽 | 日本東京帝國大學研究生，曾任南京市民政局長、南嶽震華學院政治系主任，現任本黨第六組專門委員 | 國民黨 |
| 陳劍如 | 50 | 廣東 | 曾任南京市社會局長、農工部副部長 | 國民黨 |
| 唐惜分 | 51 | 廣東 | 曾任教育部督學，現任港澳黨部文化工作委員 | 國民黨 |

2.雷震第二次赴港任務

時間：1951年1月31日至3月4日

人員：雷震、洪蘭友

任務：

（1）宣慰反共人士。

（2）調查第三勢力在港發展狀況。

　　蔣介石這段期間對於滯港文化人士甚為關注。1月12日與國策顧問、前行政院秘書長端木愷等商討接納香港部分參加所謂「第三勢力」及態度觀望人士，於日記自記：「與端木愷等商討香港第三者，以及反對政府本想投共而未實現，今日猶想回頭歸來而不好意思之流，擬派員

赴港招呼，以溫舊情也。以最近香港形勢危險，美僑撤退，人心惶惑，故擬救之。」[21]

　　及雷、洪3月4日從香港返台，先於7日下午出席行政院長陳誠召集之會議，洪蘭友作一綜合報告，雷震再做說明，並將問題提出。[22]蔣介石亦於7日晚約見雷震、洪蘭友、王世杰、張道藩、鄭彥棻、周宏濤等晚餐，聽取其見聞與相關報告。並於日記自記：「約洪、鄭等聚餐，報告其香港邀約聞人與游離者詳情」。翌日，蔣親自主持改造委員會第95次會議，聽取各單位年度工作計畫，並下達指示：「現尚留居海外及港澳文化界反共人士，應設法聯絡延攬，在可能範圍內得協助其來台工作，並酌情照顧其生活，此點希改造委員會指定小組，詳加研究。」[23]

　　雷、洪二人香港行，分別於1951年2月10日、19日、3月5日，前後呈給蔣介石、陳誠三次報告。對於港澳文化工作有幾點重要陳述：

（1）對於香港反共人士，應經常保持聯繫及不斷探訪慰問，藉以溝通意志，增進相互瞭解，加強反共力量。

（2）對於現居香港而過去曾經動搖之分子，例如已靠攏而追悔者，及靠而未攏深感失望者等，似宜採取比較寬大態度。

（3）關於所謂第三勢力問題，實際上僅有許崇智、謝澄平、孫寶剛等少數分子，其中以許之集團聲勢比較浩大，一面聯絡各黨派首領網羅本黨失意分子，一面與美國接觸，對兩廣游擊隊保持聯繫。謝澄平在文化工作方面頗有成績，辦有《自由陣線》週刊、《中聲日報》、《中聲晚報》、英文雙週刊、自由出版社等。孫寶剛等僅有一《民主自由》刊物，其他殊不足道。惟有一部分人士，希冀在日本建立一反共團體，目前僅在醞釀中。此等第三勢力，不必過分重視，但亦不可棄置不理。[24]

　　除報告外，雷震等人並向行政院提出十一項建議，向改造委員會提出六項建議，後者最後一項涉及國民黨改造路線，事後引起反彈。茲誌原建議如下：

---

[21]　秦孝儀等編，《總統蔣公大事長編初稿》，卷10（2003.12），頁14；《蔣介石日記》，1951.01.12。

[22]　《雷震日記——第一個十年（三）》，《雷震全集》，冊33，頁58。

[23]　《總統　蔣公大事長編初稿》，卷10，頁56-58；《決議案彙編》，頁144。

[24]　《雷震全集》，冊27，頁33-35。

（1）目前第三勢力所藉以成長者，胥賴美國之支持與日本之同情，倘政府能對美日兩國增進良好關係，及在日本加強各部門之工作，則彼等失去美日之支助，自必削弱而至瓦解矣。

（2）本黨為領導政府實施憲政之黨，黨的改造應根據此項原則以領導政府推行各項政策。因此，凡含有一黨專政意味之措施，務須避免，目前學校之三民主義課程及軍隊設黨部兩項應予廢止。[25]

關於學校中講授三民主義課程及軍中建立黨部應否廢止問題，經改造委員會議第122次會議（1951.04.25）決議，先推陶希聖、谷正綱、陳雪屏、曾虛白、蔣經國、沈昌煥、唐縱等七人組織小組，並約同外交部長葉公超，共同研議，最後達成兩項結論：

（1）鑒於對共黨思想鬥爭的必要及大陸失敗之教訓，為樹立本黨對於青年學生的思想領導，三民主義課程在中學以上學校實有設置之必要。

（2）為建立以黨的思想領導促進官兵的團結，以黨的組織領導鞏固軍隊組織，提高軍隊戰鬥意志增強戰鬥力量，重建三民主義的革命武力，以爭取反共抗俄勝利，在軍中建立各級黨團，實有必要。[26]

青年黨一向反對「一黨專政」與「黨化教育」，認為國民黨不該黨化軍隊，應即撤銷軍隊黨部，這是左舜生等人所提意見。蔣介石看了報告之後，十分震怒，認為雷震等不該接受黨外人士的「濫調」，懷疑雷震「已中黨外之毒，靠不住了」，從此兩人關係生變。[27]雷震本人也自覺第六部分的建議得罪了蔣氏父子，1951年3月29日上午在圓山忠烈祠參加祭典時，曾遭蔣經國斥責指為「共產黨同路人」，氣得連午飯也未吃。[28]

---

[25] 同上書，頁51。
[26] 《決議案彙編》，頁166-167。
[27] 馬之驌，前引書，頁51。
[28] 《雷震全集》，冊27，頁51。

# 三、對顧（孟餘）張（發奎）等醞釀第三勢力之態度

關於香港第三勢力運動，當事人張發奎在其口述回憶[29]中有專章討論，近年來研究成果亦逐漸浮現，尤以萬麗鵑、[30]陳正茂[31]兩人所掌握的資料較豐，致力最深，在此不贅。

1951年6月7日，中央改造委員會第150次會議對南方執行部所提「對顧（孟餘）、張（發奎）等醞釀第三勢力近況報告」進行討論。南方執行部的報告甚長，茲摘錄其要點如下：

## 甲、與美方接洽經過情形：

1.自許崇智、張發奎破裂後，香港第三勢力之醞釀一度陷於停頓，美方曾由馬尼剌派一人來港調停，但無結果。嗣美方因查明許在社會方面聲譽不甚佳，無多大號召力量，且因其對美方所提出之計劃，美方認為不切實際，當時許要求美方供給八師槍械，組織軍隊。美方曾笑問許，此批槍械在何處交貨，知其不足成事，故決定放棄許崇智，專一支持張、顧二人，由張主持軍事，顧主持政治，此為4月中旬事。

2.美國代表三人，於4月中旬來港，藉李微塵之介紹，與張顧接洽，三人中有一名柯克（Cooke），一名哈德曼（Hartmaun），另一人名未查悉，惟此等名稱，可能俱係化名，其中兩人一人為軍人，一人為文人。據張顧等方面透露之消息，三人俱係國務院派來，但接洽時均不以國務院之代表自居，而以美國人民之代表自稱，謂美國人民同情海外各地之中國人士，一方反共抗俄，一方主張民主自由，均願以極大助力，支持此等人士，使形成一有組織力量，在中國政治上發生推動作用。此三美國人所表示之具體態度，主要有五點，茲摘其最重要兩點如下：

---

[29] 張發奎口述，夏蓮瑛訪談及記錄，鄭義翻譯及校註，《蔣介石與我——張發奎上將回憶錄》（香港文化藝術出版社，2008）。

[30] 萬麗鵑，《一九五〇年代的中國第三勢力運動》，國立政治大學歷史學系博士論文，2001。

[31] 陳正茂，〈簡述50年代香港第三勢力運動〉，《傳記文學》，71卷5期；〈50年代香港第三勢力運動的主要團體〉，《傳記文學》，98卷3期。

（1）台灣軍事力量不夠堅強，在大陸之游擊隊尤不可靠，恐難獨立負擔反共抗俄之全部責任，且政治態度又欠民主，將來回大陸後，恐仍走「一黨專政」之舊路，故美國認為中國有組織第三勢力之必要。

（2）香港接近大陸，為一最佳之政治作戰場所，不宜放棄，應在此處積極從事宣傳及吸收人才等工作。

　　3.張顧於聽取美方代表意見後，即表示願接受美方援助，積極展開工作，當時即進一步討論組織程序問題，決定第三勢力為一反共抗俄各黨派之聯合戰線，先由各黨派中選定代表人物若干人，由張顧出面邀請舉行談話會，初步交換意見，成立籌備會，再由籌備會推出五人為常務委員，主持會務，並出面與美方簽定協定。當時張顧第一次提出一八人名單，計為：

　　張發奎、顧孟餘、李璜、張君勱、伍憲子、童冠賢、張國燾、黃旭初

　　嗣美方表示，八人太少，不足以反應各黨派力量，於是張顧第二次提出一組二十五人名單，計為：

　　國民黨——張發奎、顧孟餘、黃旭初、許崇智、上官雲相、彭昭賢、宣鐵吾、張純明、張國燾、何義均、黃宇人、黃如今、甘家馨

　　國民黨桂系——黃旭初、徐啟明、周天賢

　　民社黨——張君勱、伍憲子、伍藻池（代表張）、王厚生、李微塵（有云李並未參加民社黨，但與李大明有密切關係）

　　青年黨——李璜、左舜生、謝澄平、何魯之

　　就中內定常務委員為張發奎、顧孟餘、張君勱（未到時由伍代）、左舜生等四人，其餘一人自由推舉，張顧屬意張國燾，但頗遭反對，相持不下，於是有主張常委名額擴充為七人至九人者，但不為美方所贊成，此一問題後因左舜生堅拒不參加，現尚懸而未決。

## 乙、張顧所表示之態度：

　　一、張對人表示，第三勢力有組織之必要，其理由為：

　　　　1.容納台灣所不能容納之反共力量；

　　　　2.接受投共分子及部隊之反正；

　　　　3.分化共黨，接受共軍之起義。

　　但第三勢力應反共不反蔣，反蔣係無常識，台灣應向開明寬大方面

走，容納反共各黨派，組織聯合陣線。

  二、顧對人表示，反共勢力應多方面發展，將來殊途同歸，政治上有一反對力量存在，亦可收「制衡」之效。

  三、黃宇人、張國燾等對人表示，第三勢力之態度不外兩途，一為革命的路線，一為民主的路線。所謂革命的路線，就是獨樹一幟，與台灣對抗；所謂民主路線，就是採聯合政府的方式與台灣合作。

  就目前情形而言，此一組織將來究竟採取那一路線，現尚未到達決定階段，張顧等重要人物，說話態度很保留，很含混，尚無公開反台灣的言論，但底下的一般人則態度相當偏激，言論頗為鋒利。

## 丙、在形成組織中所遭遇的困難

  一、對許關係

  張顧對許，原擬只將其名字列入，而不令其參加實際活動。惟最近美方表示許在廣東軍人中尚有相當地位，如令其投閒置散，恐引起反感，增加前途困難。故令張顧等對許應有妥善處置辦法，張顧對此大感困難，因為如許積極參加，則來者不只許一人，最高幹部之25人名單，恐將無法分配，且張許之間，亦甚難對，許自然不能屈居張下，張亦不甘受許支配。而在軍事上取雙頭制，又為事實所不許，故張顧對此甚感困難，無法答覆美方。在許崇智方面，張顧等最近活動，已為許所悉，認張等將其幹部（彭、上官、國燾等）拉去，而將其關在門外，甚表憤慨，且亦自知與張不能相處，故對此一新組織究應採如何態度，現尚未確定。觀許曾於本月19日在梁寒操（未參加組織，但與許往來甚密）宅，約得左舜生、方覺慧、彭昭賢、關素仁及其親信趙某決定態度。據傳許已表示不參加。

  二、對青年黨關係

  在張顧等第一次所提名單中，青年黨方面只有李璜一人參加，嗣因美方主張擴大名單為25人，故張顧等乃將左、謝及何三人之名加入，左謝何三人因與李璜不睦，知李參加在先，故表示拒絕參加，且謝每月自美方領補助費美金二萬元，開辦《自由陣線》、平安書店、自由出版社、《中聲日晚報》及研究所等，聲勢頗為喧赫，深恐一旦參加之後，所有美援均需統一支配，則謝目前局面將維持不住，故尤堅決表示不參加。李璜本與張顧最接近，且為新組織發起人之一，奔走最熱心，後因

張顧最近拉攏左謝何加入，且內定左為常委之一，他自己反落空，面子上殊覺難堪。且台北青年黨中央於曾琦逝世後，又推彼為該黨代理主席，儼然黨魁，於是李對於參加張顧組織或回台灣兩者之間，頗難選擇，故最近態度頗現模稜，現尚未做最後決定。青年黨如不參加，則張顧等之聯合陣線不完整，美方代表對此尤表不滿，故令張顧等極力拉攏。現張顧手段，一方面極力包圍左，除顧本人親往鑽石山訪左兩次外，並派國燾、宇人及周天賢等逐日往訪勸駕，弄得左走投無路。另一方面對謝威脅，謂謝如不參加，則將請求美方對謝停止補助，使謝感覺進退兩難。

三、內部矛盾

25人名單並未能將所有各方熱心第三勢力人士完全籠罩。如涂公遂、程思遠、尹述賢及張領導下之廣東將領俱未能列名，自必引起各方不滿，而常委之分配，尤引起內部糾紛。常委五名，原內定為張顧李三人，並將一人自由推選，張君勱或伍憲子，左或李璜俱為難於決定之問題，而其餘一名自由推選逐鹿者多，更難處理，國燾、昭賢及冠賢三人尤相持不下。

四、因以上三種原因，致使本月12日之第一次籌備會未能成會。張顧等原擬在是日下午6時在張公館舉行第一次籌備會，推選常務委員，並成立委員會以下各組，惟因是日出席者僅張、童、國燾、上官、彭昭賢、鐵吾、純明、義均、宇人、黃如今、甘家馨、黃旭初、周天賢、伍憲子、伍肇池、王厚生、李微塵等18人，其餘各人，君勱尚未到港，啟明因病未到，李託故請假，許未獲邀請出席，左謝何三人則拒絕參加。因青年黨無人參加，故臨時改開談話會，未推定負責人選。現張顧等正集中力量解決對許關係及青年黨問題，如此兩問題解決，該組織即可於短期內成立。[32]

本次會議並對南方執行部所提各項意見，做了兩點相關決議：

1.查近所傳香港政治性之結合，亦即所謂第三勢力之醞釀，無非少數人士欲利用外人關係所為之政治性活動，其不能形成一種勢力甚明，本黨除應嚴密注視其活動，隨時為分別適宜之處措外，不可遽以所謂第三勢力稱之，以自墜其借外人自重殼中。（美國在港活動

[32] 〈對顧張等醞釀第三勢力近況報告〉，《中央改造委員會第150次會議紀錄》，附件，黨史館。

之目的，以其跡象觀之，似在於情報之搜集與協助游擊技術之訓
練，目前或不致有違背其國策，以製造所謂第三勢力之企圖）。

2.南方執行部應對此一香港政治性結合特予注視，瞭解其內容之演
變，並儘量設法影響其中層分子，分解其力量。[33]

綜合中央改造委員會幾次會議決議，除定調「對在港作黨派活動之人
士，應作進一步調查分析，由第六組指導南方執行部負責進行，並斟酌情
形，予以爭取或分化」外，有人建議暫不開除張發奎、顧孟餘二人，免
其加入第三勢力，惟蔣介石力持反對，因張顧叛黨不只二次、三次也。[34]

民社黨主席張君勱的動向頗受注目，南方執行部透過第六組，向改
造委員會的兩次報告，值得觀察。

1952年4月14日，中改會第326次會議，第六組報告：「據南方執行
部第三組報稱『（1）張君勱即將由澳洲雪梨來港，（2）張對香港所謂
第三方面之活動，頗具微妙關係，在港一般政治活動份子，擬邀張來
港，其中李微塵、伍藻池等更主張三張（張君勱、張發奎、張國燾）團
結一致，惟張君勱感於港方意見紛歧，留澳觀望，近以其弟張嘉璈之慫
恿，故決來港，允作聯繫試探，冀有所作為。』等情。按張在所謂第三
方面人物中頗具偶像作用，但以港方現況而言，其到港亦難獲致成就，
在形式上或不免有一度波動，除飭該組密切注視張之動態，隨時具報
外，謹報請鑒察。」[35]

1952年5月7日，中改會第337次會議，第六組報告：「續報張君勱
抵港後之各種情況如次：

（1）張於三月下旬祕密抵港，因受張（發奎）顧（孟餘）集團之
包圍，經作多次會商，準備以張君勱、張發奎、顧孟餘、李
璜、張國燾、童冠賢、李微塵等七人為中心，期以此發展組
織，但張對政治作法原與顧孟餘所見有異，張主先以相當時
間作政治經濟暨國際形勢之一般研究，而後再來策劃組織，
顧主先行成立組織，而後運用組織去觀察及解決問題，從上
項會商結果，可能側重顧之主張。

（2）彼等現已擬具兩項文件，交由在港之某美國人轉遞美國務
院，其一為表示彼等對時局之看法，對台灣亦略有批評，另

33 《決議案彙編》，頁187。
34 《總統蔣公大事長編初稿》，卷10，頁121。
35 《中央改造委員會第326次會議紀錄》，黨史館。

一則為表示彼等能做及願做之工作，包括所需經費等項。

（3）張君勱將偕李微塵、伍藻池二人赴美，並取道東京與黃旭初會晤，顧孟餘、童冠賢準備赴日長住，與駐日美方加強聯繫，張發奎、張國燾則將赴馬尼剌一行，然後返港主持，彼等主要目的，冀在與各該地政府及華僑進行聯絡，相互呼應，造成一種所謂新的形勢。

（4）在港民青兩黨人士，以張君勱、李璜之合流頗有趨附模樣，其間雖有部分不滿張（發奎）顧（孟餘）集團之包辦，但多數已受此一形勢之影響，至程思遠等前以不為張君勱所接納，頗感憤懣，現彼等已將童冠賢列入其中，亦寓有力求協調之意。」[36]

　　6月29日，蔣介石主持情報會談，聽取關於香港方面組織「第三勢力」之報告，於日記上自記曰：「召集情報會談，可知香港所謂第三勢力政客與軍閥欺詐美國，與破壞中央之如何卑劣可笑矣。」[37]

## 四、青年黨的分裂與國民黨態度

　　中國青年黨自1923年12月成立之後，即以反共、反蘇、反國民黨相標榜。在日軍侵華期間，青年黨與國民黨關係於國難當頭，共禦外侮的大前提下，雖有改善，但仍屬貌合神離。做為國共兩大勢力之外的第三黨，在大陸易幟之後，大部分青年黨人因反共關係亦追隨政府來台，但仍有部分青年黨領袖如李璜、左舜生、何魯之等和不少黨員滯留香港，從事反共與自由民主運動，其與第三勢力之間的若即若離關係，自會受到國民黨當局的關注。

　　同時，青年黨來台後本身亦鬧分裂問題。其分裂固有內在因素，但亦不排除外力的運作，這就無法避免將扯上與國民黨關係。國民黨對青年黨的分裂，究竟持何種態度？是見獵心喜，進而推波助瀾，抑從中調解，見仁見智，在此稍做說明。

　　一般認為，青年黨的分裂，執政的國民黨實難辭其咎，它宛如幕後一隻黑手。因為國民黨當局往往運用兩手策略，一手以「反共抗俄宣傳

---

[36]　《中央改造委員會第337次會議紀錄》，黨史館。

[37]　《總統蔣公大事長編初稿》，卷10，頁170。

費」來豢養青年黨，使其乖乖俯首聽命，另一手再從中製造分裂，使其無力抗衡國民黨。誠如李璜一針見血指出：「青年黨的問題不是不能解決的，最大的問題出在政府的津貼（即反共抗俄宣傳費）上，政府停止一切津貼，糾紛自然平息。還有，國民黨也不必多管閒事，說什麼承認張三，不承認李四，憑空又增加許多意氣。」

又一種說法，青年黨分裂之初，是由青年黨本身央求國民黨派員來介入調停自己黨內糾紛的。過去如莫德惠、王雲五、蔣勻田、雷震等，均曾銜命奔走。[38]

事實上，青年黨來台之後，人數變少，力量變小，對國民黨無論中央或地方政權威脅均不大。站在反共的大前提之下，國民黨何嘗不樂見青年黨本身之團結。茲將改造委員會期間國民黨處理青年黨問題，作一整理敘述如下：

1951年6月23日。青年黨在港中常委李璜、左舜生、何魯之、張子柱聯名致函國民黨當局，調解該黨紛爭，在以中常委為主體之同時，亦遷就事實，以陳啟天為臨時主席，將胡阜賢補為中常委。夏濤聲願意接受調解，陳啟天尚未表示意見。[39]

6月29日。陳啟天復李璜等函，堅拒調解青年黨內部紛爭，並要夏濤聲等告退辭職，中常會應停止職權，在中央主席團下謀取改革並團結全黨。

莫德惠、王雲五、李萬居調解能否有望，尚不可知，夏濤聲認為若李璜來台任代主席居間協調，雙方尚可勉強合作。[40]

8月16日。莫德惠等人調解青年黨內部糾紛迄無結果。李萬居主持之《公論報》更力求置身事外，證明調解失敗。

近日，王師曾、夏濤聲等訂於9月9日召開全國代表會，陳啟天方面於12日集會反對全代會，會後並前往中常會責問對方，幾致動武。[41]

8月23日。改造委員會第195次會議，蔣總裁親自主持，第五組主任袁守謙報告青年黨內部爭執情形。蔣指示：「本黨應以促進青年黨之團

---

[38] 陳正茂，《在野的聲音：青年黨人的時代關懷及其政治參與》（新文京公司，2004），頁271、295。

[39] 《蔣中正總裁批簽檔案目錄》（國立政治大學歷史學系、中國國民黨黨史館出版，2005），頁47。

[40] 《蔣中正總裁批簽檔案目錄》，頁48。

[41] 《蔣中正總裁批簽檔案目錄》，頁58。

結為主旨，並宜明白表示如該黨召開之9月9日全國代表大會，其領袖人物如李璜、左舜生務須參加，以示全黨之團結。在李、左二人來台之前，希望大會延緩舉行，以免分裂。」[42]

蔣並於日記自記曰：「到中央開會，討論青年黨分裂及其召開全會之態度問題，最後決定對其勸告，如其開全會必須李璜、左舜生等由港來台參加該會為妥。否則，陳啟天、余家菊等反對開會，因之必致該黨分裂，於現局甚不利也。但亦不提其陳、余必須參加大會之意，避免干涉之嫌。以該黨曾、李一派，即現在主開大會者，本為反動與漢奸之列，而左、陳、余則較正規也。」[43]

1951年10月8日。改造委員會第219次會議，王世杰提出「關於解決中國青年黨內部糾紛之建議」

中國國民黨及民社黨各指定代表一至二人，約請青年黨爭執中兩方面之重要負責人，請其接受下列辦法進行解決其爭執：

(1) 組織仲裁團，由爭執之兩方面各推定二人（以非青年黨之人士為限）並由此四人共推定三人（亦以非青年黨之人士為限）組織之。

(2) 前項仲裁團體之工作期定為三星期，該仲裁團體應先與爭執兩方面協商，求得解決，如能獲得爭執雙方之協議，即依協議之方案進行解決，如不能獲得雙方協議，則由仲裁團體依其過半數之決議提出仲裁方案。

(3) 爭執雙方均於仲裁團體成立前，預先聲明，如不能依前條之規定覓致協議，願接受更前條所述之仲裁方案，並誠意助其實行。

(4) 中國國民黨及民社黨亦預先聲明，對於依第二條辦法所成立之協議或仲裁方案，願予支持，其對於某一青年黨黨部是否承認，即以該黨部是否接受本辦法第二條之規定為準。[44]

11月29日。改造委員會第249次會議，蔣總裁親自主持，秘書長張其昀、第五組主任報告青年黨內部分裂情形及莫柳忱（德惠）、王雲五、徐傅霖三先生調解經過，蔣指示三點：

1.本黨承認青年黨為合法政黨，惟承認者為從前團結之青年黨，而

---

[42] 《決議案彙編》，頁249。

[43] 《總統蔣公大事長編初稿》，卷10，頁254。

[44] 《中央改造委員會第219次會議紀錄》，黨史館。

非今日分裂之青年黨。

2.對青年黨領袖人物李璜、左舜生二先生仍望其來台,以求該黨之團結。

3.莫柳忱、王雲五、蔣勻田三先生對該黨糾紛之調解,仍望繼續進行。

以上三點,由主管組告知青年黨陳啟天、劉泗英二先生。[45]

1952年5月29日。改造委員會第347次會議,蔣總裁親自主持,由袁守謙主任報告青年黨內部分裂近況及其在台灣各地發展黨務情形。蔣指示:「青年黨內部分裂,本黨應促其團結,仍須繼續調解,並以該黨如能團結,則經費補助與人事可獲整個解決;若仍分裂,則經費與人事將另行考慮之意,通知大華新村與新生南路兩方。」[46]

從以上摘錄可知,改造委員會在蔣介石親自主持下,至少有三次會議由主管單位報告青年黨的糾紛與調解情形,蔣本人亦代表國民黨先後做了立場鮮明的指示,主旨在促進青年黨之團結。而團結的前提在希望李、左兩氏來台開會,大有調解不到絕望關頭,則繼續進行之概,甚至以經費補助與人事相威脅。而蔣本人與國民黨之所以一再強調等李、左來台,不無隱含冀其與第三勢力脫鉤之深意。

## 五、結語

1950年代初期,當香港自由民主運動風起雲湧之際,蔣64歲,其時國民黨政權正處於存亡絕續之交,不久韓戰爆發,其後且有中日和約之談判,皆使蔣憂心不已,必須付出更大的精神,苦思解決之道。可以想見,香港自由民主運動問題,尚不是政策上優先急待解決的問題。若覆按雷震兩次香港行回來所提出的各項建議,包括廣開言路,放寬出入境限制,照顧生活艱苦之反共人士,解決調景嶺難民營學生來台問題等,亦在在困難重重,礙於經費及種種考慮,並未能確實做到,徒有「高遠的理想,恢弘的氣度」。相較於毛澤東所言:「凡是反對國民黨及總統之人士,他們都願招待,一視同仁,絕不歧視」,[47]台北的所做所為,顯然不及北京痛快淋漓。

---

[45] 《總統蔣公大事長編初稿》,卷10,頁351。

[46] 《決議案彙編》,頁422。

[47] 〈給蔣氏父子的建議與抗議〉,《雷震全集》,冊27,頁5。

　　針對眼花撩亂的香港自由民主運動，雷震等所帶回來的資訊是，所謂「第三勢力」不足重視，內情也很簡單。政府如對之採取嚴厲辦法，則反增加其勢力，如採不重視態度，則可睹其自生自滅。[48]又認為，雖不必過分重視，但亦不可棄置不理。此等第三勢力所藉以成長者，胥賴美國之支持與日本之同情，故一方面建議，「政府應抱定反共抗俄之聯合陣線，藉以團結並增強其力量」，一方面「倘我政府對美、日兩國增進良好關係，美、日不助，則第三勢力亦不易建立成功也。」[49]

　　至於青年黨與第三勢力的離合關係，自是蔣氏與國民黨在改造期間所關注的一個焦點。站在執政黨的立場，自然不希望這個過去的合作夥伴琵琶別抱或絕裾而去。李璜在理念上對自由民主運動初頗熱心，但對亡命客的品類不齊與種種荒唐作為，頗為不齒，且一向反對中國人假借外援，以從事政治活動，故不久即離開香港是非之地，南遊北婆羅洲長住。[50]然而李璜的回憶錄卻隻字未提，他曾多次出席在黃宇人寓所定期召集的「民主中國」座談會，還以不能守祕為理由堅決反對左舜生介入。[51]左舜生先後主持過《自由陣線》與《聯合評論》，張、顧籌組第三勢力團體時，左曾被列為常務委員，然因與李璜不睦，且知李參加在先，故婉拒參與。[52]

　　第三勢力之不能成事，固有種種原因，其中自不排除國民黨運用各種手段予以分化、滲透和收買。台灣當局知道顧、張聯盟以美國中央情報局作後台，不好公開出面破壞，便從收買伍憲子入手。伍憲子在重金引誘下，祕密去了臺灣，[53]並獲蔣介石召見。而蔣介石對青年黨始終表現團結示好的態度，或亦有釜底抽薪之功效。

　　　　——原載黃自進、潘光哲主編，《蔣介石與現代中國的形塑》，
　　　　　　中央研究院近代史研究所，2013年9月

---

[48] 同上書，頁6。
[49] 同上書，頁34-35。
[50] 李璜，《學鈍室回憶錄》（明報月刊叢書，1982），下卷增訂本，頁727。
[51] 《蔣介石與我——張發奎上將回憶錄》，頁488，註46。
[52] 陳正茂，《五〇年代香港第三勢力運動史料蒐祕》，頁54。
[53] 程思遠，《政海秘辛》，頁305。

# 乘桴浮於海：論1949年胡適的抉擇

## 一、前言

就國共兩黨長期鬥爭的歷史而言，1949年是一個最具關鍵性的年代。這一年，對國民黨所領導的國民政府來說，稱得上是最黯淡的一年，尤其到了下半年更面臨一個真正的「危急存亡之秋」。

就在此一大變局下，許多人面臨史無前例的痛苦抉擇，也不得不做出個人一生自我認定的最佳選擇。在學界或文化界，知識分子處沸騰紛擾之世，其心情之淒苦難決，更可想見。有的因信仰和理想問題，力求表現，熱情迎接解放，共輔新朝；有的面對改朝換代，心存觀望，但「不去父母之邦」，不願浪跡天涯，堅持根留中國；有的則反共立場堅定，於陸沉之後追隨蔣介石來台，另起爐灶，義不帝秦；有的乘桴浮於海，或避難香港，或遠颺美國，任其花果飄零；也有的被中共列為戰犯，回歸與否，徬徨不定。這一幕攸關個人生與死、榮與辱的抉擇，無不摻雜了個人情感、家庭因素、師生情誼、承諾與職責等考量，甚至與經濟問題密切相關，更不排除個體對大我的責任和使命感，極其錯綜複雜，並非單一因素所能闡釋清楚。

本文主要以胡適為論述對象，探討他1949年做出政治抉擇的心路歷程。在未進入正題之前，仍有必要先對胡適的簡單學經歷稍做交待。

## 二、自由主義者胡適

胡適（1891-1962），安徽績溪人，原名洪騂，後改名適，字適之。早年入上海中國公學。1910年入美國康奈爾大學，先學農，後於1915年轉哥倫比亞大學，師從杜威，獲哲學博士學位。1917年回國後，任北京大學教授。先後主編《新青年》、《每周評論》、《國學季刊》，並參與創辦《努力》、《新月》、《現代評論》、《獨立評論》

等刊物。1928年任中國公學校長，並參加籌組中央研究院。抗戰期間，任駐美國大使。抗戰勝利後，任北京大學校長、國大主席團成員，並當選為第一屆中央研究院院士。[1]

胡適是中國現代自由主義者的標誌，面對1949年的變局，自由主義者陷入兩難之境。當時流行在自由派學人中的一句話是：「國民黨可恨，共產黨可怕」；另一句話是：「在國民黨下面自由是多少的問題，在共產黨下面自由是有無的問題。」一方面胡適與傅斯年都承認「與中共呈勢不兩立之勢，自玄學至人生觀，自理想至現實，無一同者。他們得勢，中國必亡於蘇聯。」同時說過：「共產黨來了，決無自由」，所以要抵抗中共，使「政府不倒而改進」，另一方面又對國民黨政府極其不滿，所以堅持不參加政府，以保持在野的獨立地位，並不斷地批評政府。[2]胡適最後暫時選擇了「可恨」但「多少」有點自由的國民黨，但不久即受蔣介石託付，以私人身分到美國爭取援助，用道義支持蔣介石和國民黨，也符合「在美國又有麵包又有自由」的選擇。乘桴浮於海的結果，胡適這一頭不甘寂寞的獅子，從此成了斷線的風箏，在蟄居紐約期間，過的是生活清苦，堪稱「遊手好閒」的日子。花果飄零，固是時代造成的悲劇，但何嘗不是知識分子的自我抉擇。這一切並不是歷史的偶然，偶然中也有其必然，有果必有因，且讓我們先回顧胡適與國共兩黨愛憎離合的複雜過程。

## 三、若即若離——胡適與國民黨關係

作為「一個注意政治的人」，胡適在剛回國時雖主張「二十年不談政治，二十年不幹政治」，但他由文學革命始，暴得大名，崛起於輿論界，並立足北大，且很快羽翼豐滿，到了挑起「問題與主義」論爭，聯名發表《爭自由的宣言》時，便是他「忍不住了」要介入、干預政治的開始。[3]

綜胡適一生，他和一班朋友先後所創辦的刊物，至少有《新青年》、《科學》、《新潮》、《每週評論》、《星期評論》、《努力週

[1] 陳旭麓、李華興主編，《中華民國史辭典》，上海人民出版社，1991，第352頁。
[2] 余英時，《重尋胡適歷程——胡適生平與思想再認識》，台北聯經公司，2004，第106-107頁。
[3] 沈衛威，《無地自由——胡適傳》，安徽教育出版社，2005年，第156頁。

報》、《新月》、《獨立評論》、《自由中國》等十多種，這些刊物提供了他發表政論文章的園地，量多而爭議性亦復不少。加上他的日記和來往書信，我們首先建構他與國民黨的複雜關係。

## （一）對孫中山的肯定與批評

當1919年「五四」發生時，胡適正在上海接待來華講學的杜威（John Dewey, 1859-1952），胡與蔣夢麟曾同往會晤孫中山，這應該是兩人的第一次見面。孫中山曾對胡適概述其近著《孫文學說》。在該書出版後，孫中山復命廖仲愷寄給胡適五冊，並轉達先生的意見謂：「擬煩先生（指胡）在《新青年》或《每週評論》上對於此書內容一為批評，蓋以學問之道有待切磋，說理當否？須經學者眼光始能看出也。」[4]胡適接讀《孫文學說》後，對於該書的〈以作文為證〉所云：「（中國）文字有進化，而言語轉見退步」表示異議。孫中山亦頗能虛心接納。[5]

這次的見面，是為兩人　文字之交的開始。胡適對於國民黨領袖孫中山有很好的印象，並予肯定。事後，胡適追憶這段見面經過，曾說：

> 民國八年五月初，我去訪孫中山先生，他的寓室內書架上裝的都是那幾年新出版的西洋書籍，他的朋友可以證明他的書籍不是擺架子的，是真讀的。中山先生所以能至死保留他的領袖資格，正因為他終身不忘讀書，到老不廢修養。其他那許多革命偉人，享有盛名之後便丟了書本子，學識的修養就停止了，領袖的資格也放棄了。[6]

從上面這段話，周質平引申說，孫中山給胡適的印象，決不是一個不學無術的政客，而是一個好學深思的政治家。[7]這應該是持平公正

---

4　〈廖仲愷致胡適〉，梁錫華選註，《胡適祕藏書信選》，遠景公司，1982，正編，第329頁。

5　〈廖仲愷致胡適〉，轉引自蔣永敬，〈胡適與國民黨〉，收入周策縱等著，《胡適與近代中國》，時報公司，1991，第71頁。

6　胡頌平編著，《胡適之先生年譜長編初稿》，聯經公司，1984，第2冊，第355頁。

7　周質平，〈胡適論辛亥革命與孫中山〉，《傳記文學》，第99卷第6期（100.12），頁40。

之論。

其後，《每周評論》於第31號（1919.07.20）刊出胡適所撰〈《孫文學說》之內容及評論〉一文，對該書頗為推崇，內云：「《孫文學說》這部書是有正當作用的書，不可把他看作僅僅有政黨作用的書。中山先生是一個實行家，凡是真實行家都有遠見的計劃。……中山先生又做了一種《建國方略》，聽說是一種很遠大的計劃。他又怕全國的人仍舊把這種計劃看作不能實行的空談，所以他先做這一本《學說》，要人拋棄古來『知易行難』的迷信，要人知道這種計劃的籌算雖是不容易的事，但實行起來並不困難。這是他著書的本意，這是實行家破除阻力的正當手續。所以我說，這書是有正當作用的。」[8]孫中山讀到胡適的評論，頗為滿意，認為將來該書在中國若有影響，就是胡適的力量。[9]但幾年後，胡適在《新月》所撰〈知難，行亦不易〉（1929.06）一文卻認為，此說有兩大危險：其一，許多青年同志便只認得行易，而不覺得知難。於是有打倒知識階級的喊聲，於是有輕視學問的風氣；其二，一班當權執政的人借「行易知難」的招牌，以為知識之事已有先總理擔任做了，政治社會的精義已包羅在《三民主義》、《建國方略》等書之中，中國人民只有服從，更無批評辯論的餘地了。[10]

1922年5月，胡適等人創刊《努力週報》（The Endeavor），並以「好政府」做為〈我們的政治主張〉，提出結束南北對抗。並於6月3日聯名蔡元培等北京各校教職員二百餘人致電孫中山，勸其「停止北伐，實行與非法總統同時下野之宣言」。當時正值孫中山開府廣州，任非常大總統，以護法為號召，先擬取道湖南北伐。由於湖南省長趙恆惕和廣東省長陳炯明的反對，孫中山的北伐受挫。此電發出後，立刻遭到張繼（1882-1947）、張難先（1874-1968）等國民黨人義憤填膺的指責。中國國民黨北京執行部長張繼電蔡元培稱：「閱公勸中山總統停止北伐一電，不勝駭然。北軍宰割江流，行同強寇，僕北人也，尚不願鄉人有此行動。公以南人，乃欲為北軍游說，是何肺腸！前者知公熱心教育，含垢忍辱，身事偽廷，同人或尚相諒。今乃為人傀儡，阻撓義兵，軼出教

8　季羨林主編，《胡適全集》，安徽教育出版社，2003，第21卷《時論》（一），第188-189頁。
9　〈廖仲愷致胡適〉，蔣永敬，前引文，第72頁。
10　《胡適全集》，第21卷，《時論》（一），第405頁。

育範圍以外，損失名譽，殊不值也。」[11]湖北革命先賢，曾出版《湖北革命知之錄》的張難先在〈致子民、適之兩先生函〉，對於蔡等6月3日致孫中山及非常國會議員電，期期以為不可，中謂：「竊謂公等此種主張是偏頗的，是狹隘的，是苟且的，是糊塗的，是違反真正民意的，是袒護有槍階級的，是造成異日大戰的，是汙辱吾國最高學府的，望公等……自籌補救，無為吾國造絕大之惡勢力焉，則幸甚。吾氣甚，悶甚，……二公執學界牛耳，出言不可不慎，主張不可不公。軍閥專橫，賴政治家以糾正之；政治家卑汙，賴學者以糾正之。今學者又復如斯，則吾國之苦百姓將再無寧日矣。」[12]

　　同年6月16日，陳炯明在廣州發動兵變，趕走孫中山。陳炯明為國民黨黨員，且是孫中山委任的陸軍部長兼廣東省長、粵軍總司令。兵變發生後，國內一些報刊紛紛刊登各界人士聲討陳炯明的函電和文章，責罵陳為「叛逆」。但是胡適在6月25日出版的《努力週報》著文評論兵變時，卻持異調，認為「孫文與陳炯明的衝突是一種主張上的衝突。陳氏主張廣東自治，造成一個模範的新廣東；孫氏主張廣東做根據，做到統一的中華民國。這兩個主張都是可以成立的。但孫氏使他的主張，迷了他的眼光，不惜倒行逆施以求達到他的目的，於是有八年聯安福派的政策，於是有十一年聯張作霖的政策。遠處失了全國的人心，近處失了廣東的人心。孫氏還要依靠海軍，用砲擊廣東城的話來威嚇廣州的人民，遂不能免這一次的失敗。……一方面是他不能使多數人了解他的主張，一方面是他自己不幸採用了一種短見的速成手段。但我們平心而論，孫氏的失敗不應該使我們埋沒他的成功。」[13]

　　胡適的這番話一出，陳炯明頗為感激，便於7月16日派人帶信向胡適表示敬意。因為在國人的一片撻伐聲中，居然有胡適這樣的學術名流公開支持，陳炯明自然是感到寬慰。[14]

　　7月23日，胡適在《努力週報》的第12號上的「這一週」時評中，又寫道：「陳炯明的一派，這一次推翻孫文在廣東的勢力，這本是一種革命，然而有許多孫派的人，極力攻擊陳炯明，說他『悖主』，說他

[11] 《申報》，1922年6月7日，轉引自高平叔編，《蔡元培年譜》，人民教育出版社，1996，中冊，第516頁。
[12] 蔣永敬，前引文，第73頁。
[13] 《努力週報》，第8號（1922.06.25），第1頁。
[14] 沈衛威，《無地自由——胡適傳》，第164頁。

『叛逆』，說他『犯上』。我們試問，在一個共和的國家裡，什麼叫做『悖主』？什麼叫做『犯上』？至於『叛逆』，究竟怎樣的行為是革命？怎樣的行為是叛逆？」[15]此時，國民黨的報紙連續發文批評胡適偏陳抑孫，胡適卻自以為他的這點政治「努力」產生了效應。在8月13日的日記中，他這樣記載：「廣州之亂事正未有已時。陳炯明手下毫無人才；此人堅忍有餘，果斷不足。⋯⋯我在《努力》（12）號上作一短評，說孫黨不應拿『舊道德的死屍』來壓人；陳炯明此次革命，不是叛逆。這段短文，竟引起孫黨的大反對，他們的《民國日報》日日罵我。前日有位『惡石』罵我『喪心病狂』，其實我的話正中他們的要害，故他們這樣痛罵我。他們的罵我，正表示他們承認這一點有力。」[16]8月20日，《努力》第16號上發表〈記孫陳之爭〉長文，胡適又在〈這一週〉短評上，認為「在一個公開的政黨裡，黨員為政見上的結合，合則留，不合則散，本是常事；在變態的社會裡，政治不曾上軌道，政見上的衝突也許釀成武裝的革命，這也是意中之事。」對這次兵變，「我們旁觀的人只看見一個實力派與一個實力派決裂了，故認作一種革命的行動。而在孫氏一派人眼裡，只見得一個宣過誓的黨員攻擊他應該服從的黨魁，故指出『叛逆』、『叛賊』等等舊名詞來打他。」[17]

胡適除了盛讚「『六・一六兵變』本是一種革命」、「是一種打倒軍閥的一個重要武器」之外，亦熱情支持陳炯明的聯省自治主張。9月10日，他在《努力週報》第19號上發表〈聯省自治與軍閥割據〉，反對陳獨秀的〈對於現在中國政治問題的我見〉。文章強調「中國太大了，不適於單一制的政治組織」。又說，「用集權形式的政治組織勉強施行於最不適於集權政治的中國，是中國今日軍閥割據的一個大原因。我們還可以進一步說，根據於聯省自治的聯邦制，是今日打倒軍閥的一個重要武器」。[18]

他的這些偏陳抑孫的公開論調，不僅與孫中山過意不去，而且擺明與國民黨處於尖銳的對立面。

桑兵曾撰〈胡適與孫中山──從新文化運動到國民革命〉與〈陳炯明事變前後的胡適與孫中山〉兩文，對於胡適與孫中山兩人的若即若

---

[15]　《努力週報》，第12號（1922.07.23），第1頁。
[16]　《胡適全集》，第29卷，第711頁。
[17]　《努力週報》，第16號（1922.08.20），第1頁。
[18]　耿雲志，《胡適年譜》，第115頁。

離關係有深入的分析。限於篇幅，在此僅摘記幾點：（1）孫中山常被人攻擊為空想家，胡適則力排眾議，推崇孫中山的有計畫和肯實行；（2）孫中山所寫《民權初步》，即《會議通則》，許多人以為幼稚無聊，胡適卻刮目相看；[19]（3）胡與孫二人明顯的分歧，在於對直、皖、奉系軍閥的態度，對陳炯明其人的認識，對聯省自治和武力統一的看法。[20]

## （二）國民黨的諍友

1926年7月，國民政府所屬國民革命軍在蔣中正總司令指揮下自廣州出師北伐，不到一年時間，擁有長江流域。中經1927年的國共分裂（清黨）及奠都南京，到1928年便統一了全國。國民政府取代北洋軍閥的統治，實施訓政，屬行黨治，目的在鞏固統一與建設，但卻引發了1928年到1930年連續的內戰，國民黨內部亦呈現分裂現象。一些知識分子對於國民黨的訓政頗多批評，而胡適、徐志摩、梁實秋等人於1928年3月在上海所創刊的《新月》月刊，志願「要從惡濁的底裏解放聖潔的泉源，要從時代的破爛裏規復人生的尊嚴」，[21]則為批評訓政的主要刊物，形成與國民黨的緊張關係。[22]

綜合各家研究，在北伐戰爭前後，胡適明顯站在南方一邊，他本來反對武力革命和一黨專政，但是革命既爆發，便只有助其早日完成，才能減少戰爭，從事建設。胡適把國民革命視為新文化運動的一個新階段，甚至高度贊揚在俄國顧問幫助下，國民黨的軍黨一體化制度。總之，他對國民黨寄有期許，對國民政府的改革充滿希望。[23]

惟國民黨得勢太快，不免使黨人過於充滿自信。強調革命精神，有時難免流於「霸氣」。尤其在完成北伐後所頒布的「訓政綱領」，黨治色彩，益顯強烈。胡適對於國民黨的作風，似乎漸感不耐。1929年3月，國民黨在南京召開三全大會，對訓政與黨治做了進一步的確認與規劃，其中有提案使胡適不堪忍耐的，則為國民黨上海特別市代表陳德徵所提「嚴厲處置反革命分子案」。此案主旨在指出，法院往往過於拘泥

---

[19] 桑兵，《孫中山的活動與思想》，中山大學出版社，2001，第227頁。

[20] 桑兵，上引書，第254頁。

[21] 〈新月的態度〉，《新月》，創刊號，第10頁。

[22] 蔣永敬，〈胡適與國民黨〉，第76頁。

[23] 同上註，第77頁。

證據，使反革命分子容易漏網，故其辦法是：「凡經省或特別市黨部書面證明為反革命分子者，法院或其他法定之受理機關應以反革命罪處分之。」這就是說，法院可以不需審問，只憑黨部一紙證明，便須定罪處刑。胡適在報上看到這個提案，實在忍不住，便寫信給國民政府司法院長王寵惠，明白質疑，「在世界法制史上，不知那一世紀那一個文明民族曾經有過這樣一種辦法，筆之於書，立為制度的嗎？」此案雖未成為事實，卻足顯示黨人之心態與霸氣。[24]

《新月》初為純文藝性的雜誌，一年之後改變面目，增添政治色彩，大量刊登政論性文章，探討國是。胡適在《新月》上發表的有關批評國民黨的政論文章，主要有下列幾篇：

〈人權與約法〉，列舉了許多事實，指責國民政府的「保障人權的命令」的虛偽，要求「快快制訂約法以確定法制基礎，快快制訂約法以保障人權」。[25]

〈我們什麼時候才可以有憲法？〉，文中認為孫中山於民國13年（1924年）以後放棄了約法的思想，只講軍政、訓政，由革命黨和政府來訓練人民，這是不相信人民有在約法和憲法之下參與政治的能力。文章最後說：「我們不信無憲法可以訓政，無憲法的訓政只是專制。我們深信只有實行憲政的政府，才配訓政。」[26]

〈新文化運動與國民黨〉，文中嚴厲指出國民黨在「思想言論自由」和「對文化問題上反動」，對於新文化運動的態度，對於中國舊文化的態度，自始便會有保守的性質，往往含有誇大舊文化和反抗新文化的態度。這裡面含有很強的感情作用。國民黨的力量在此，他的觀點也在此。此外，他也向國民黨提出幾點建議：（1）廢止一切「鬼話文」的公文法令，改用國語；（2）通令全國日報，新聞論說一律改為用白話；（3）廢止一切箝制思想言論自由的命令、制度、機關；（4）取消統一思想與黨化教育的迷夢；（5）至少至今，學學專制帝王，時時下個求直言的詔令。[27]

周質平強烈主張，孫中山和胡適，一主政治，一主文化。辛亥革命是日後白話文運動和新文化運動的先導，但諷刺的是這股進步先導的

---

[24] 同上註，第78頁。
[25] 胡適，〈人權與約法〉，《新月》，2卷2號，第1-7頁。
[26] 胡適，〈我們什麼時候才可以有憲法？〉，《新月》，2卷4號，第1-8頁。
[27] 胡適，〈新文化運動與國民黨〉，《新月》，2卷6、7號合刊，第1-15頁。

力量，在1927年國民黨主政之後，漸漸的由新文化運動的助力變成了阻力。[28]

國民黨方面對於胡適的種種批評，也有一些迴響。首先是國民黨上海特別市第三區黨部在1929年8月的「全區代表大會決議」，認為胡適「實屬行為反動，應該將胡適撤職（中國公學校長）懲辦」。上海特別市黨部將此決議轉呈國民黨中央執行委員會，並加按語「胡適近年以來刊登言論，每多悖謬」，要求中央「予以相當之懲處」。國民黨中央又據轉國民政府，也加上按語，說是「查胡適近年來言論確有不合」，希望「加以警告」。國民政府照轉行政院，所加按語是「自應照辦」。行政院要教育部「分別遵照辦理」。教育部長蔣夢麟在10月4日給胡適的公文，除將以上五個機關的來文照抄外，加了十三個字的按語：「等因，合行令仰該校長知照。此令。」[29]

國民黨除飭令教育部對胡適嚴加警告外，並有青島市指委會以胡適在《新月》發表〈人權與約法〉等文章，對於總理知難行易學說及建國大綱，多有攻擊誣衊之處，而影響黨國初基，故建議迅將豎儒胡適逮捕解京，予以嚴懲，以為詆毀總理學說者戒。[30]

胡適所寫的政論文章，越寫越激烈，所引起國民黨方面的反彈也越來越大。保守派視他為黨國之敵，宣傳上大加撻伐。胡適在強大的政治壓力和朋友們的勸阻下退縮了，他把在《新月》寫的幾篇文章，加上梁實秋寫的〈論思想統一〉和羅隆基的三篇文章，合編成《人權論集》，於1930年初出版，並且自寫小序說：「今日正是大火的時候，我們骨頭燒成灰終究是中國人，實在不忍袖手旁觀。我們明知小小的翅膀上滴下的水點未必能滅火，我們不過盡我們一點微弱的力量，減少良心上的一點譴責而已。」即使這篇小序，也引發讀者陳九皋強烈的批評，指出胡適這個「吾家博士」昏瞶，日趨下流，以致奇文疊出，真是前無古人，名下無虛士，令人澈底絕望。[31]「寧鳴而死，不默而生」，這就是胡適本色。由於不願個人的言論，影響到學校的運作，胡適最後還是選擇離開中國公學。其後，《新月》不斷遭禁，無法按時出版，主編羅隆基被

[28] 周質平，〈胡適論辛亥革命與孫中山〉，《傳記文學》，第99卷第6期，頁39。
[29] 蔣永敬，〈胡適與國民黨〉，第81頁。
[30] 《胡適的日記·手稿本》，遠流公司，1990年，第9冊，「民18年9月22日附剪報」。
[31] 〈胡適日記〉，《胡適全集》，第31卷，第643-644頁。

捕，又得勞動胡適到處找朋友，上書蔣介石，多方營救。

## （三）胡適眼中的蔣介石

從九一八到七七盧溝橋事變，從抗戰全面爆發到勝利後戡亂，乃至大陸政權易手這將近二十年的時間，基本上是一段動亂的歲月。就胡適本人而言，他是北大文學院長，同時和一些學術界的朋友辦《獨立評論》，對政治外交各方面的問題，不斷的提出批評和評議。其間，他奉命到美國去辦外交，做了一年特使，四年駐美大使。勝利之後，他回國擔任北京大學校長，除了主持校務外，也到南京參加了國民大會。1948年底，北平情勢危急，政府派專機把他接出來。在這段時間，與蔣介石有較多的接觸，他最後的去留，與蔣介石的關係最大。

胡適何時見到蔣介石？問題還是不少，有待釐清。陳漱渝提出三種說法，而排除1933年說。[32]根據胡頌平的《胡適之先生年譜長編初稿》，認為是在民國21年（1932）冬的武漢。胡適大約在11月底之前到了武漢（陳漱渝指出確切日期是11月27日），12月1日在武漢大學講〈中國歷史的一個看法〉，順便與蔣見了面。胡適自己的回憶並沒有說出確切日期，覆查《蔣中正總統事略稿本》，幸發現12月2日下午，是日載：蔣介石「聽李惟果講《德國復興史》後，與胡適談教育方針與制度。胡適主張教育制度既定，宜持之以久，謂利不十則不變法云。」蔣稱以為然，又曰：「胡適之為人似尚易交。」[33]這次見面，胡適留下一冊《淮南王書》，希望蔣委員長能夠想想《淮南》〈主術訓〉中〈重為善，若重為暴〉的主要意思，做一國元首要能夠自我節制，不輕易做一件好事，正如同不輕易做一件壞事一樣，這才是守法守憲的領袖。[34]奇怪的是，胡適日記載明，他與蔣第一次相見的日期竟是11月28日，相差四天。日記這樣說：「下午七時，過江，在蔣介石先生寓內晚餐，這是我第一次和他相見。飯時蔣夫人也出來相見。今晚客有陳布雷、裴復恒。」[35]另有一說，耿雲志則認為是在民國20年10月，胡適趁到上海參加太平洋國際學會之便，曾與丁文江同往南京晉見。根據的是10月14日

[32] 陳漱渝、宋娜，《胡適與蔣介石》，湖北人民出版社，2011，第32頁。
[33] 《蔣中正事略稿本》，第17冊，第513頁。
[34] 胡頌平，《胡適之先生年譜長編初稿》，2003，第3冊，第1111-1112頁；第32冊，第170頁；張忠棟，《胡適五論》，允晨文化，1987，第298頁。
[35] 《胡適全集》，第32卷，第170頁。

《申報》發布的消息，上稱：「丁文江、胡適來京謁蔣。此來係奉蔣召，對大局有所垂詢。國府以丁、胡卓識碩學，擬聘為立法委員，俾展其所長，效力黨國。將提14日中政會簡任。」[36]不過，《事略稿本》並無相關記載，《胡適日記》亦有闕漏，足見可信度比較不高。

《獨立評論》曾對「民主與獨裁」議題進行評論，主角除了胡適與丁文江外，還有蔣廷黻、陶希聖、錢端升、陳之邁、吳景超等人加入，本文無意重提辯論經過，[37]此處只就最高領袖與對蔣的看法問題，稍做解析。

談到最高領袖的問題，胡適同意中國當時需要一個偉大的領袖領導解救國難，但是他認為這個領袖必須是一國的領袖，而不是一黨一派的領袖。「他自己儘可以繼續在黨內做一黨的領袖，正如他儘可以站在軍中做一軍的領袖一樣。但他的眼光必須超出黨的利益之外，必須看到整個國家的利益。不能如此的，決不夠資格做一國的領袖。」胡適相信蔣委員長確有做一國領袖的資格，這並不是因為「他最有實力」，而是因為「他長進了，氣度變闊大了，態度變和平了。而且蔣先生這三年多來，的確聲望增高，毀謗減少。他的見解也許有錯誤，他的措施也許有很不能滿人意的，但大家漸漸承認他不是自私的，也不是為一黨一派人謀利益的。在這幾年之中，全國人心目中漸漸感覺到他一個人總在那裡埋頭苦幹，挺起肩膊來挑擔子，不辭勞苦，不避怨謗，並且『能相當的容納異己者的要求，尊重異己者的看法』」。另一方面，胡適認為蔣委員長的最大缺點「在於他不能把自己的權限明白規定，在於他愛干涉到他職權以外的事。軍事之外，內政、外交、財政、教育、實業、交通、煙禁、衛生，中央的和各省的，都往往有他個人積極干預的痕跡。其實這不是獨裁，只是打雜；這不是總攬萬機，只是侵官」。分析了蔣委員長做領袖的優點和缺點之後，胡適希望蔣委員長認清他的「官守」，明定他的權限，不可用軍事最高長官的命令來干預「官守」以外的政事，他應該像日本西園寺的地位一樣，自處於備政府諮詢的顧問，協助政府作重大的決定，然後退藏於密，不再干預。

胡適並進而教導蔣介石如何做一個「最高領袖」：

[36] 耿雲志，《胡適年譜》，四川人民出版社，1989，第194頁。

[37] 詳情請參閱陳儀深，《獨立評論的民主思想》，聯經公司，1989，第59-149頁；張忠棟，〈在動亂中堅持民主〉，《胡適五論》，第157-258頁。在此不贅。

最高領袖是「處高位」，他的任務是自居於無知，而以眾人之所知為知；自處於無能，而以眾人之所能為能；自安於無為，而以眾人之所為為為。凡察察以為明，瑣瑣以為能，都不是做最高領袖之道。[38]

除了第一次見面談教育外，胡適日記裡又記載了兩次與蔣介石談話的經過。1932年12月5日，胡適還在武漢時，蔣先生與他談哲學。據是日附記有云：

他先把所著的五小冊《力行叢書》送給我看。其中第四冊「自述研究革命哲學經過的階段」比較最扼要。他想把王陽明「知行合一」、「致良知」的道理來闡明我們「知難行易」的學說。……他似乎也明白陽明與中山的思想有根本不同。簡單說來，二說之區別如下：陽明之說是知易行易，中山之說是知難行易。……中山之說以「知難」屬於領袖，以「行易」望之眾人，必人人信仰領袖，然後可以「知行合一」。然既謂「行易」，則不必一定信仰領袖了。……所以必須明瞭「行亦不易」，然後可以信仰專家。[39]

九一八事變後，胡適在《獨立評論》發表有關中日問題文章特別多，相較之下，胡、蔣面對面討論外交問題的機會似乎不多。胡適認為當時中國實無對日作戰的能力，因此他贊成不抵抗，並屢次建議與日本直接交涉，以求有條件的妥協。他的這一立場，曾受到各方嚴厲的批評，不少人甚至認為他「媚日」。其後，程潛在最高層會議上曾指責胡適為漢奸，居正甚至聲言應該逮捕胡適。[40]

楊天石對胡適向日求和的「餿主意」，有更為生動的描述。胡適與蔣夢麟等都認為中國不可能和日本打，一打中國的精華元氣就全毀了。胡適表示，他要再做最後一次努力，他要給中國和中日之間再爭取五十年的和平。於是，通過陳布雷給蔣介石寫了一封信，信內建議放棄東三省，承認「滿洲國」，用這個辦法和日本一刀兩斷。胡適這個近乎「賣

---

[38] 胡適，〈政制改革的大路〉，《獨立評論》，第163號（1935.08.11），第2-9頁。
[39] 《胡適全集》，第32卷，第178-180頁。
[40] 耿雲志，《胡適新論》，中國人民大學出版社，2010，第81-83頁。

國」的「餿主意」，在國防會議上被程潛罵為漢奸，國民黨元老居正也主張，應該逮捕胡適。[41]

七七事變後，汪、蔣聯名召開的「廬山談話會」，胡適自是第一期受邀的貴賓之一。蔣在會上發表「中央對盧溝橋事件所取方針」的聲明，指出：中央對日本的野心早有認識，因此不退讓，不坐視日軍的進犯，早有決心動員軍力以與日敵周旋。具體而言，盧溝橋事件已到「最後關頭」。胡適對蔣委員長「決心打」的想法相當了解，對此聲明充分表示滿意和佩服，認為日軍這次的挑釁是有計畫的，想不戰而屈我，我如心存僥倖，以為是局部問題，可以和平方法解決，一定會失敗到底。失敗的結果，危及北平與華北，故盧溝橋的失與守，乃是整個華北存亡的關鍵。[42]會後，在南京，1937年7月31日，蔣約胡適、梅貽琦、張伯苓、陶希聖、陳布雷等人午飯。蔣先生宣言決定作戰，可支持六個月。伯苓附和之。胡適考慮人多不便說話，只在臨告辭時說了一句話：「外交路線不可斷，外交是應尋高宗武一談，此人能負責任，並有見識。」蔣說：「我知道他，我是要找他談話。」[43]

胡適由國民黨的諍友變成蔣介石的座上客，與前一年發生的西安事變不無關係。12月12日，西安發生張學良劫持蔣委員長的事情，史稱「西安事變」。胡適得知消息後，「心緒很亂」，立刻致電張學良：

> 陝中之變，舉國震驚。介公負國家之重，若遭危害，國家事業至少要倒退二十年。足下應念國難家仇，懸崖勒馬，護送介公出險，束身待罪，或尚可自贖於國人。若執迷不悟，名為抗敵，實則自壞長城，正為敵人所深快，足下將為國家民族之罪人矣。[44]

語氣極端嚴厲，胡適對過去張學良在東北「不抵抗政策」本無好感，12月13日，胡在日記上尚留下這一段話：

> 這禍真闖得不小！漢卿為人有小聰明，而根基太壞，到如今還不

---

[41] 楊天石，《找尋真實的蔣介石》，香港三聯書店，2008，頁501-502。
[42] 呂芳上，〈凝聚抗戰共識——盧山談話會的召開〉，《紀念七七抗戰60週年學術研討會論文集》，國史館，1998，上冊，第50-51頁。
[43] 《胡適全集》，第32卷，第668頁。
[44] 《胡適之先生年譜長編初稿》，第4冊，第1545頁。

曾成熟，就為小人所誤。他的勾通共產黨，政府久已知之。[45]

即便以後在追憶起這段往事時，胡適對少帥仍有強烈的批評：「這個『少帥』張學良，那時正在三十四十歲的中間，是一個因縱容而變壞的豎子；他的理解力從沒有成熟過。……他已陷入夜郎自大的地步。幻想他可以成為反日反蔣的『聯合陣線』的領袖。」[46]

除了給張學良的電文外，胡適打鐵趁熱，復於18日撰〈張學良的叛國〉一文，於批判張學良的背叛國家的同時，復強調蔣介石先生在今日中國的重要：

> 張學良和他的部下這一次的舉動，是背叛國家，是破壞統一，是毀壞國家民族的力量，是妨害國家民族的進步。……
> 蔣介石先生在今日中國的重要，真是如傅斯年先生所說的「無可比擬的重要」。西安叛變的突然發生，使全國愛護國家的人們格外感受到這個領袖的重要。……在他患難之中，全國人對他表示敬愛與關懷，那才是最真誠的表示，是利祿與威權買不來的好意。[47]

此文後來刊登於12月20日的天津、上海《大公報》以及《國聞週刊》第14卷第1期，與傅斯年的〈論張賊之叛變〉，同被南京當局印成傳單，以飛機空投西安城內，廣為散發，產生了很大的影響。[48]

## 四、錯估與低估——胡適與共產黨的關係

### （一）迎拒馬克思主義

胡適在1910年赴美留學，從此開眼看世界，在美七年，不僅用心觀察美國社會，同時不拒新思想，關注俄國問題，討論社會主義。1917年

---

[45] 《胡適全集》，第32卷，第595頁。
[46] 《胡適之先生年譜長編初稿》，第4冊，第1551頁。
[47] 同上註，第1548-1550頁。
[48] 吳相湘，〈胡適「但開風氣不為師」〉，《民國百人傳》，傳記文學社，1971，第一冊，第173頁。

春，胡適尚在美國，聞俄國革命，推翻沙皇，他當時認為「新俄之未來」是「未可限量的」，並曾有「拍手高歌，新俄萬歲」的詩句。[49]

早期中國著名的馬克思主義者陳獨秀（1880-1941）、李大釗（1889-1927）都是胡適的好朋友。[50]在1920年代，胡適對馬克思主義和社會主義的批評主要不在內容上，而在提倡者的批評，和追隨者的盲從上。1922年，他在〈我的歧路〉中指出：

> 我對於現今的思想文藝，是很不滿意的。孔丘、朱熹的奴隸減少了，卻添上了一班馬克思、克洛泡特金的奴隸；陳腐的古典主義打倒了，卻換上了種種淺薄的新典主義。[51]

1930年，胡適寫〈介紹我自己的思想〉，類似的話又重說了一次：

> 我這裡千言萬語，也只是要教一個人不受人惑的方法。被孔丘、朱熹牽著鼻子走，固然不算高明；被馬克思、列寧、史大林牽著鼻子走，也算不得好漢。[52]

胡適一生沒有接受過馬克思的經濟理論，他也從不相信所謂「生產方式」決定歷史發展的「唯物史觀」。所謂「生產方式」是決定歷史發展最後和最主要的原因，在胡適看來，至多不過是一個未經「小心求證」的「大膽假設」。胡適對歷史發展的解釋，始終強調偶然、多元，而不認為有最後和唯一的解釋。馬克思的經濟史觀，在1920年代被許多中國知識分子認為是歷史發展的科學解釋，也是唯一的解釋。接受這個理論，往往是信仰共產主義的先決條件。胡適根本不承認歷史發展的一元解釋，就更不必說接受馬克思的經濟史觀了。[53]

---

[49] 胡適，《胡適的留學日記》，台北商務，1963，第4冊，第1132頁。1954年，胡適對自己27年前對於社會主義的高度評價有過「公開的懺悔」。

[50] 羅志田，《亂世潛流：民族主義與民國政治》，上海古籍出版社，2001，第119頁。

[51] 胡適，《胡適文存》，歐陽哲生編，《胡適文集》，第三冊，北京大學出版社，1998，第366頁。

[52] 胡明編選，《胡適選集》，天津人民出版社，1991，第286頁。

[53] 周質平，〈胡適的反共思想〉，收入氏著，《現代人物與思潮》，三民書局，2003，第98-101頁。

1926年夏，胡適出席在英國倫敦召開的中英庚款全體委員會議，取道西伯利亞鐵路，抵達莫斯科停留了三天，參觀了革命博物館和監獄，既感動又滿意。他在致張慰慈的信中說：

> 此間的人正是我前日信中所說的有理想與理想主義的政治家；他們的理想也許有我們愛自由的人不能完全贊同的，但他們意志的專篤（seriousness of purpose）卻是我們不能不十分頂禮欽佩的。他們在此做一個空前的偉大的政治新試驗；他們有理想，有計畫，有絕對的信心，只此三項已足使我們愧死。[54]

在下一封信，胡適又加重了語氣，對俄國的政治試驗大表佩服：

> 我是一個實驗主義者，對於蘇俄之大規模的政治實驗，不能不表示佩服。……在世界政治史上，從不曾有過這樣大規模的「烏托邦」計畫居然有實施試驗的機會。……我這回不能久住俄國，不能細細觀察調查，甚是恨事。但我所見，已足使我心悅誠服地承認這是一個有理想，有計畫，有方法的大政治實驗。[55]

胡適下車伊始，亦曾參觀孫逸仙大學，並作一次演講，由校長拉狄克主持其事，據當時留俄學生記載，胡適登台之後，首先盛讚蘇聯1917年革命的成功，並表示佩服。拉氏問他對蘇聯的觀感如何？胡氏答覆說：「有一群人，很努力的依據自己的理想，在那裡幹。」問他幹得好否？他說這是將來的事，他非預言家。[56]這些描繪，在大方向上也可以佐證胡適給張慰慈信的內容。

這三天的訪問使胡適在政治思想上起了一個新變化，他想把自由主義和社會主義結合起來。換言之，胡適在中年時期對蘇俄懷有近距離的憧憬，有過短暫的迷惘。據余英時分析，從1926年到1941年，胡適一直都對蘇聯和社會主義抱著比較肯定的態度。直到1941年7月8日他在密西根大學講演〈意識形態的衝突〉，才第一次把蘇聯社會主義專政和德國

54　《胡適全集》，第23卷，第494頁。
55　同上註，第495頁。
56　羅志田，《再造文明的嘗試——胡適傳（1891-1929）》，中華書局，2006，第258頁。

的納粹、義大利的法西斯，視為一丘之貉，與民主、自由的生活方式絕不能並存的。[57]

## （二）反共的哲學基礎

胡適一生服膺杜威的實驗主義，在社會的改造上，反對澈底通盤「畢其功於一役」的革命，不相信有「包醫百病的根本解決」，而主張一點一滴的改良。這個基本信念，早在1919年「問題與主義」的辯論中即已明白表示出來。胡適經常引用杜威的一句話是：「進步不是全盤的，而是零星的，是由局部來進行的。」這種溫和的改良態度是胡適和李大釗、陳獨秀等左派知識分子最大不同之所在，也是《新青年》團體在「問題與主義」論爭之後，分化成左右兩個營壘的根本原因。共產黨的革命主張用暴力的手段，做翻天覆地式的澈底改變。這恰是胡適主張的反面，這點基本態度的不同是胡適日後反共的哲學基礎。[58]

胡適思想中反共的另一個基本成分是他的個人主義。在個體與群體的關係中，他一方面強調個體需為群體服務，個體的生命必須透過群體才能達到不朽；但另一方面，他絕不抹煞個體的獨立性和特殊性。換言之，群體絕不允許假任何名義，對個體的獨立性和特殊性進行壓迫。「多樣並存，各自發展」是胡適思想中的一個重要信念。任何違背這一信念的主義和教條都在他反對之列。他在〈意識形態的衝突〉一文中，除了指出「激進的革命與點滴的改良是獨裁與民主的根本不同之所在」外，並強調「獨裁集權與自由民主的另一個思想衝突是一致與多樣（uniformity vs. diversity）的不同。」換言之，「民主方式的生活，基本上是個人主義的。」[59]

在《每周評論》上，胡適連續發表了〈多研究些問題，少談些主義〉、〈三論問題與主義〉、〈四論問題與主義〉等文章，與李大釗等人有所辯論。胡適主要反對的是馬克思主義，他指責馬克思主義的階級鬥爭學說，養成「階級的仇恨心」，「使社會上本來應該互助而且可以互助的兩種大勢力成為兩座對壘的大陣營，……使歷史上演出許多不須有的慘劇。」[60]

---

[57] 余英時，《重尋胡適歷程》，第27頁。
[58] 周質平，《現代人物與思潮》，第92-93頁。
[59] 同前註，第95-96頁
[60] 耿雲志，《胡適年譜》，第76-77頁。

　　胡適對共產黨在中國的發展，有過一段時間的低估和錯估。在1928年5月18日的日記，記載了他和吳稚暉的一段談話。吳稚暉總愁共產黨要大得志一番，中國還免不了殺人放火之劫。胡適卻不這麼想。[61]直到1953年11月24日，胡適寫〈追念吳稚暉先生〉一文，重提了這件25年前的舊事，承認自己的錯估，佩服吳稚暉「清黨」、「反共」的遠見。[62]

## （三）胡適眼中的毛澤東

　　1917年夏秋之交，胡適返國，擔任北京大學教授。

　　胡適與毛澤東結緣，始於《湘江評論》。《湘江評論》是五四時期毛澤東在湖南長沙主辦的周刊。1919年7月14日創刊，共出版5期，還有「臨時增刊」第1號（7月21日出版），八開一張，第5期沒有來得及發行，就被張敬堯軍閥政府全部沒收了。[63]

　　同年8月24日，胡適在《每周評論》第36號上寫〈介紹新出版物——《建設》、《湘江評論》、《星期日》〉，肯定了毛澤東寄來的《湘江評論》和毛澤東寫的〈民眾的大聯合〉長文：

> 《湘江評論》的長處是在議論的一方面。《湘江評論》第2、3、4期的〈民眾的大聯合〉一篇大文章，眼光很遠大，議論也很痛快，卻視線新的重要文章。還有，「湘江大事述評」一欄，記載湖南的新運動，使我們發生無限樂觀。武人統治之下，能產出我們這樣的一個好兄弟，真是我們意外的歡喜。[64]

　　五四時期的胡適，是最受青年崇拜的偶像之一。毛澤東為了驅張問題和勤工儉學的安排，幾次到北京，都去拜訪胡適。但胡適的日記卻記得很簡略：

> 1920年1月15日下午5時條：
> 毛澤東來談湖南事。[65]

---

[61] 《胡適全集》，第31卷，第111頁。
[62] 《胡適之先生年譜長編初稿》，第6冊，第2356頁。
[63] 《五四時期期刊介紹》，三聯書店，1978，第一集，上冊，第144頁。
[64] 《胡適全集》，第21卷，第212頁。
[65] 《胡適全集》，第29卷，第55頁。

同年3月2日下午5時條：
作自修大學計劃。[66]

1951年胡適因為要寫一篇關於英文毛澤東傳的書評，翻閱了若干大陸新出的相關小冊子，其中有涉及毛回長沙組織「自修大學」的事。據胡適的回憶說：

> 毛澤東依據了我在1920年的「一個自修大學」的講演，擬成〈湖南第一自修大學章程〉，拿到我家來，要我審定改正。他說，他要回長沙去，用「船山學社」作為「自修大學」的地址。過了幾天，他來我家取去章程改稿，不久他就南去了。[67]

毛澤東始終是主張出洋，主張吸收西方知識的。最初計劃過到日本去，後來又打算學俄語，到俄國去留學。在赴法勤工儉學的浪潮中，身為新民學會主要發起人之一的毛澤東，在送走五批會員共18人之後，卻因旅費問題、語言天賦等考慮，決定留在北京。其間經楊昌濟的介紹，到北大圖書館當一名助理員，並有機會到北大旁聽，且結識胡適等一些新文化運動的領導人物。

或許由於早年的這些印象，直至抗戰勝利後，胡適懷著一種天真的想法，希望毛澤東能放棄武力，與國民黨合作，在中國成立一個兩黨政治。1945年8月24日，已卸任駐美大使在紐約蟄居的胡適，發了一封電報給當時即將前往重慶談判的毛澤東，力陳此意：

> 潤之先生：頃見報載，傅孟真轉述兄問候胡適之語，感念舊好，不勝馳念。22日晚與董必武兄長談，適陳鄙見，以為中共領袖諸公，今日宜審察世界形勢，愛惜中國前途，努力忘卻過去，瞻望將來，痛下決心，放棄武力，位中國建立一個不靠武力的第二政黨。公等若能有此決心，則國內18年之糾紛一朝解決；而公等20餘年之努力，皆可不致因內戰而完全消滅。……若能持之耐心毅力，將來和平發展，前途未可限量。萬萬不可以小不忍

---

66 《胡適全集》，第29卷，第102頁。
67 《胡適全集》，第34卷，第116頁。

> 而自致毀滅。以上為與董君談話要點，今特陳達，用供考慮。[68]

　　周質平認為，從這通電報可以看出胡適在政治上的天真，和他「不可救藥的樂觀主義者」的個性。[69]玩政治也要靠實力，這何嘗不是胡適對毛澤東的個性和共產黨「槍桿子出政權」的本質缺乏認識的一廂情願想法。胡適在政治中沒有個人的利益和野心，他和多數國人一樣，希望中國能夠避免內戰，但周明之也質疑，「難道他真的相信共產黨能有公平的機會成為『第二政黨』，抑或共產黨或民國黨真的會『忘卻過去』，或『放棄武力』？」[70]

# 五、根株浮滄海──作了逃兵的胡適？（代結論）

　　1948年12月上旬，人民解放軍發動平津戰役，至21日，北平已經成為一座孤城，被解放軍團團圍住。在南京的國民政府除了發動高校南遷外，並進行「搶救學人」計畫，胡適作為知識分子的標桿，自然也是搶救的主要目標。

　　當時的北大早已為中共完全滲透和大部控制，所以在這場知識分子的爭奪戰中，共產黨不僅沒有缺席，而且通過電台宣傳和地下黨做工作，試圖把胡適挽留下來。先是，在圍城之初，胡適的得意門生，清華大學教授吳　曾兩次登門勸其留下，並轉達毛澤東的意見：「只要胡適不走，可以讓他做北京圖書館館長」。又早在1948年8月，吳　即輾轉到達解放區，受到毛澤東、周恩來的接見，吳　向毛、周談到北平地下黨鬥爭及高校情況時，毛曾經很明確地這樣說。但胡適卻勸告吳　：「不要相信共產黨的那一套。」師徒二人不歡而散。[71]

　　北大哲學系研究生汪子嵩與胡適並不熟悉，卻透過同情革命的北大哲學系教授鄭昕向胡適遊說。鄭與胡同為安徽人，二人交往相當密切，又是牌搭子。當鄭昕知道中共有意挽留胡適後，即利用打麻將的機會向胡適轉達了中共的意見，但胡適並沒有表態。北大教授季羨林也曾親歷過十分相似的場景。北平圍城後，有一天季羨林到校長辦公室去見胡

[68]　《胡適之先生年譜長編初稿》，第5冊，第1195頁。
[69]　周質平，《現代人物與思潮》，第105頁。
[70]　周明之，《胡適與中國現代知識分子的選擇》，第160頁。
[71]　張高杰編著，《知識分子在1949》，北京人民出版社，2009，第6頁。

適，商談什麼問題，忽然走進來一個人告訴胡適說，解放區的廣播電台昨天夜裡有專門給胡適的一段廣播，勸他不要跟著蔣介石集團逃跑，將來讓他當北大校長兼北京圖書館館長。胡適聽後既不激動，也不愉快，而是異常平靜地微笑著說了一句：「他們要我嗎？」[72]

眾所周知，胡適在這個關鍵時刻，並未被任何頭銜所吸引，而是選擇登上蔣介石派來的專機，於12月15日離開北平，直飛南京。17日下午，胡適到中央研究院禮堂參加在南京的北大同學會舉辦的「北大五十校慶大會」。胡適在致詞中說：「我是一個不名譽之逃兵，不能與多災多難之學校同度艱危，實在沒有面子再在這裡說話」，講到這裡，胡適聲淚俱下。

這一年陽曆除夕，胡適和傅斯年在南京一起渡歲，相對淒然。兩人一邊飲酒，一邊背誦陶淵明的〈擬古〉詩第九首：

> 種桑長江邊，三年望當采。
> 枝條始欲茂，忽值山河改。
> 柯葉自摧折，根株浮滄海。
> 春蠶既無食，寒衣欲誰待。
> 本不值高原，今日復何悔！[73]

翌年（1949）1月，蔣介石宣佈引退，由副總統李宗仁代行其職權。4月，國軍撤出南京，就在這個風雨飄搖的時候，胡適把家眷安置台灣，停留一周，然後回上海接受蔣介石的勸說，以私人身分到美國爭取援助，在道義上支持蔣介石，擔起為政府辯冤白謗的責任，也符合在美國又有麵包又有自由的選擇。4月6日，胡適在上海搭克里夫蘭總統號到美國，先到舊金山，最後落腳在紐約故寓。胡適回到紐約以後，跟哈德門太太（Virginia Davis Hartman）又有一段恩愛的同居生活，哈德門不但照顧他的生活起居，而且等於是擔任他的秘書，只是好景不長，一年以後，也就是1950年6月，江冬秀就到紐約跟胡適團圓了。

事後，蔣介石有一封密信給胡適，交代此行的任務：「此時所缺乏而急需於美者，不在物質，而在其精神與道義之聲援。故現時對美外交

---

72 季羨林，《懷舊集》，北京大學出版社，1996，第72頁。

73 《胡適之先生年譜長編初稿》，第6冊，第2065-2066頁。

之重點，應特別注意於其不承認中共政權為第一要務。至於實際援助，則尚在其次也。對於進行方法，行政與立法兩途不妨同時並進。……望先生協助少川大使多加工夫為盼。」[74]

令人好奇的是，蔣介石真的對胡適信任有加嗎？在蔣的日記中，過去已有多處對胡不滿，甚至不屑的言詞，例如：1939年9月11日說：「胡適（駐美）、楊杰（駐蘇）太不成事，應速更調。」[75]又，1942年10月25日於接見宋子文自美返國後曰：「胡適乃今日文士名流之典型，而其患得患失之結果，不惜藉外國之勢力，以自固其地位，甚至損害國家威信，亦所不顧。彼使美四年，除為其個人謀得名譽博士十餘個以外，對於國家與戰爭，毫無貢獻，甚至不肯說話，惟恐獲罪於美國，而外間猶謂美國之不敢與倭妥協，終至決裂者，乃彼之功。幸於此次廢除不平等條約以前，早予撤換，否則，其功更大，而政府令撤更為難矣。嗚呼！文人名流之為國，乃如此而已，真可歎也！」[76]可見蔣介石對胡適使美四年和文人名流之為國，已有定評。這或許可以解釋胡適此次只獲蔣口頭指派，沒有給予任何名義的原因之所在。

在此，我們也不禁要問，胡適真的對蔣介石言聽計從嗎？他不是說過：「這樣的國家，這樣的政府，我怎麼樣抬起頭來向外國人說話」[77]嗎？我們並不懷疑，胡適對苦難的國家有奉獻的忠誠，但我們不禁合理的懷疑，胡適拋妻棄子，走得如此匆忙，既沒有任何名義，又沒有薪水，用意何在呢？何況這時國共大局已定，美國承不承認中共政權有那麼急迫嗎？所以，唯一的解釋是，他急於擺脫內戰的漩渦，在美國找到一塊自由的樂土，甚至抹不掉心頭遠方的人影，不排除藉機想和在美的紅粉知己重聚。

在胡適寓美的9年期間，儘管從1951年至1953年間，蔣介石透過在美的俞國華，共送過美金4萬5千元給胡適做為生活費，[78]但胡適精神上仍是苦悶的，一方面美國對國民政府的態度已經發生了一百八十度

---

[74] 胡適紀念館，館藏號HS-NK04-008-001，這封密函寫於1949年5月28日，係收到胡適11日來信後的覆函。

[75] 《困勉記》，國史館，2011年12月，下冊，頁680。

[76] 同上註，頁866。

[77] 胡明，《胡適傳論》，北京人民出版社，1996，下卷，頁935。

[78] 陳紅民，〈台灣時期的蔣介石與胡適關係補正〉，《近代史研究》2011年第5期，第147頁。

的轉變,整個氣氛變得非常冷漠。總統杜魯門和國務卿艾契遜（Dean Acheson）都是極端厭惡蔣介石和國民黨的。在美國對華政策方面有影響力的學者如哥大的習斯普（Philip C. Jessup,《白皮書》主編）和哈佛大學的費正清（John K. Fairbank）,雖都是胡適的舊識,此時卻主張放棄支持蔣介石的政權。尤其,費正清還大聲疾呼,警告美國絕不應繼續承認蔣的「流亡政府」。[79]在這種政治空氣下,使他感覺「一籌莫展」,不但不受重視,也難有所作為。另一方面他在蟄居紐約期間,既無兵,也無糧草,過著僱不起傭人,一切自己動手,大多賦閒在家,無所事事的清苦生活。觀其抵美後初期的日記,滿篇僅記載與誰午餐、晚餐,內容極其平凡簡單可知。

總之,胡適逃離大陸專制無自由的共產政權,放棄台灣不夠民主的國民黨政權,乘桴浮於海到美國,少了一份配合他身分地位的工作,能做的事未必想做,想做的事未必能做,從此有如斷了線的風箏。無垠的藍空聽不見喧嘩,而且相當冷寂,偏偏胡適卻是一頭不甘寂寞的獅子,他需要的是不斷的掌聲喝采!

## 重要參考書目

季羨林主編,《胡適全集》,安徽教育出版社,2003年。
《胡適的日記・手稿本》,遠流公司,1990年。
《胡適祕藏書信選》,遠景公司,1982年。
《胡適的留學日記》,台北商務,1963年。
《困勉記》,國史館,2011年。
歐陽哲生編,《胡適文集》,北京大學出版社,1998年。
胡明編選,《胡適選集》,天津人民出版社,1991年。
胡頌平編著,《胡適之先生年譜長編初稿》,聯經公司,1984年。
余英時,《重尋胡適歷程——胡適生平與思想再認識》,台北聯經公司,
　　2004年。
桑兵,《孫中山的活動與思想》,中山大學出版社,2001年。
陳儀深,《獨立評論的民主思想》,聯經公司,1989年。
沈衛威,《無地自由——胡適傳》,安徽教育出版社,2005年。
周策縱等著,《胡適與近代中國》,時報公司,1991年。
陳漱渝、宋娜,《胡適與蔣介石》,湖北人民出版社,2011年。
張忠棟,《胡適五論》,允晨文化,1987年。
耿雲志,《胡適年譜》,四川人民出版社,1989年。

---

[79] 余英時,《重尋胡適的歷程》,第116頁。

耿雲志，《胡適新論》，中國人民大學出版社，2010年。

胡明，《胡適傳論》，北京人民出版社，1996年。

張高杰編著，《知識分子在1949》，北京人民出版社，2009年。

季羨林，《懷舊集》，北京大學出版社，1996年。

羅志田，《再造文明的嘗試——胡適傳（1891-1929）》，中華書局，2006年。

羅志田，《亂世潛流：民族主義與民國政治》，上海古籍出版社，2001年。

楊天石，《找尋真實的蔣介石》，香港三聯書店，2008年。

周明之，《胡適與中國現代知識分子的選擇》，廣西師範大學出版社，2005年。

周質平，《現代人物與思潮》，三民書局，2003年。

周質平，〈胡適論辛亥革命與孫中山〉，《傳記文學》，第99卷第6期（100.12）。

陳紅民，〈台灣時期的蔣介石與胡適關係補正〉，《近代史研究》2011年第5期。

吳相湘，〈胡適「但開風氣不為師」〉，《民國百人傳》，傳記文學社，1971年，第一冊。

呂芳上，〈凝聚抗戰共識——廬山談話會的召開〉，《紀念七七抗戰60週年學術研討會論文集》，國史館，1998年，上冊。

——原載潘光哲主編，《胡適與現代中國的理想追尋》，

秀威公司，2013年8月

# 作者歷年著作

## 一、專著

1. 《近代外交史論集》，台北：學海出版社，1977年7月，246頁。
2. 《現代法國問題論集》，台北：學海出版社，1977年10月，236頁。
3. 《國民革命與臺灣》，台北：近代中國出版社，1980年10月，253頁。
4. 《中國國民黨與臺灣》，台北：中央文物供應社，1985年2月，202頁。
5. 《華工與歐戰》，台北：中央研究院近代史研究所，專刊（52），1986年6月，257頁。民國94年8月再版，257頁。
6. 《勤工儉學的發展》，台北：東大圖書公司，滄海叢刊，1988年4月，228頁。
7. 《臺灣近代史事與人物》，台北：商務印書館，岫廬文庫（104），1988年7月，280頁。民國97年再版。
8. 《近代中法關係史論》，台北：三民書局，大雅叢刊，1994年1月，306頁。
9. 《近代中國變局下的上海》，台北：東大圖書公司，滄海叢刊，1996年8月，280頁。
10. 《中山先生與法國》，台北：台灣書店，2002年12月，中山學術文化基金會叢書，217頁。
11. 《中山先生與美國》，台北：學生書局，2005年1月，中山學術文化基金會叢書，215頁。
12. 《舵手與菁英——近現代中國史研究論叢》，台北：秀威資訊，2008年7月，448頁。
13. 《中國躍向世界舞台——從參加歐戰到出席巴黎和會》，台北：秀威資訊，2009年7月，224頁。
14. 《四分溪畔讀史》，台北：秀威資訊，2011年3月，250頁。
15. 《輕舟已過萬重山——書寫兩岸史學交流》，北京：社會科學文獻出版社，2011年8月，220頁。
16. 《華工與歐戰》，長沙：岳麓書社，2013年1月，235頁。
17. 《旅歐教育運動：民初融合世界學術的理想》，台北：秀威資訊，2013年4月，274頁。
18. 《四分溪畔論史》，北京：九州出版社，2013年4月，393頁。
19. 《迢迢密使路——穿梭兩岸密使群像》，台北：秀威資訊，2016年10月，170頁。

## 二、合著

1.《鄭成功全傳》（與王曾才等合著），台北：台灣史蹟研究中心，1979年6月，495頁。
2.《中國的臺灣》（與陳奇祿等合著），台北：中央文物供應社，1980年11月，386頁。
3.《人類的歷史》（與吳圳義、莊尚武合著），台北：國立空中大學，1987年3-5月，上冊，386頁；下冊，372頁。
4.《近代中國青年運動史》（與李國祁等合著），台北：嵩山出版社，民國1990年7月，389頁。
5.The Guomindang in Europe: A Sourcebook of Documents, co-author with Marilyn A. Levine, Institute of East Asian Studies, University of Berkeley, CRM52, 2000, 303p.

## 三、編著

1.《勤工儉學運動》，台北：正中書局，1981年11月，706頁。
2.《台北市發展史》，台北：台北市文獻委員會，1981-1983年，第一冊，947頁；第二冊，1052頁；第三冊，1214頁；第四冊，1252頁。
3.《羅浮博物館———世界博物館之十》，台北：出版家文化公司，1982年11月，190頁。
4.《六十年來的中國近代史研究》（與朱浤源、呂芳上合編），台北：中央研究院近代史研究所，特刊（1），上冊，1988年6月，438頁；下冊，1989年6月，453頁。
5.《中國文明的精神》（三冊）（與王壽南等合編），台北：廣播電視事業發展基金會，1990年7月，1050頁。
6.《廿世紀中國全記錄》（與王爾敏等共同審定），台北：錦繡出版，1990年9月，1304頁。
7.《先民的足跡——古地圖話臺灣滄桑史》（中文校訂），比利時Mappamundi、台北南天出版社，160頁。
8.《郭廷以先生九秩誕辰紀念論文集》（二冊），台北：中央研究院近代史研究所，特刊（2），1995年2月，上冊，398頁；下冊，410頁。
9.《走過憂患的歲月——近史所的故事》，台北：中央研究院近代史研究所，特刊（4），1995年2月，247頁。
10.《旅歐教育運動》，台北：中央研究院近代史研究所，1996年5月，123頁
11.《歐戰華工史料》（與呂芳上、楊翠華合編），台北：中央研究院近代史研究所，中國近代史資料彙編，1997年6月，868頁。
12.《華僑與孫中山領導的國民革命學術研討會論文集》（與張希哲合編），台北：國史館，1997年8月，646頁。
13.《居正先生全集》上、中、下三冊（與居蜜合編），台北：中央研究院近

代史研究所，史料叢刊（40），1998年6月－2000年10月，上冊421頁、中冊1104頁、下冊876頁。

14. 《加拿大華工訂約史料（1906-1928）》，台北：中央研究院近代史研究所，中國近代史資料彙編，1998年6月，722頁。

15. 《近代中國婦女運動史》，台北：近代中國出版社，2000年12月，664頁。

16. 《中華民國外交志》（與劉達人、周煦聯合主編），台北：國史館，2002年12月，全一冊，1115頁。

17. 《民初旅歐教育運動史料選編》，台北：秀威資訊，2014年6月，504頁。

18. 《吳鐵城重要史料選編》，華僑協會華僑華人叢書之七，華僑協會總會、中國國民黨文化傳播委員會黨史館編，2015年10月，上下二冊，792頁。

19. 《串起五大洲的彩鑽：僑協成立分會實錄》，華僑協會總會「再造會史‧鮮活記憶」叢書之一，2016年2月，上下二冊，728頁。

20. 《揮舞團結的大旗：僑協全球聯誼大會實錄》，華僑協會總會「再造會史‧鮮活記憶」叢書之二，2016年2月，200頁。

21. 《春江水暖我先知：僑協兩岸交流實錄》，華僑協會總會「再造會史‧鮮活記憶」叢書之三，2016年3月，360頁。

22. 《人間有情多歡樂：會員聯誼活動剪影》，華僑協會總會「再造會史‧鮮活記憶」叢書之四，2016年4月。

23. 《學海無涯：我們的研究活動》，華僑協會總會「再造會史‧鮮活記憶」叢書之五，2016年4月。

# 四、雜著

1. 《法國漫談》，台中藍燈公司，1976年12月，237頁。
2. 《學術的變形》，台中藍燈公司，1979年1月，194頁。
3. 《走過的歲月——一個治史者的心路歷程》，秀威世紀映像叢書13，2007年5月，195頁。
4. 《青史留痕——一個台灣學者的大陸之旅》，秀威世紀映像叢書18，2007年7月，226頁。
5. 《法蘭西驚艷》，秀威世紀映像叢書33，2008年1月，186頁。

# 五、論文

逾百篇，因篇幅所限，此處不及備載。請參閱中研院近代史所網站兼任研究人員部分。

史地傳記類　PC0662　讀歷史61

# 八十文存
## ——大時代中的史家與史學

作　　者 / 陳三井
責任編輯 / 杜國維
圖文排版 / 周政緯
封面設計 / 蔡瑋筠

發 行 人 / 宋政坤
法律顧問 / 毛國樑　律師
出版發行 / 秀威資訊科技股份有限公司
　　　　　114台北市內湖區瑞光路76巷65號1樓
　　　　　電話：+886-2-2796-3638　傳真：+886-2-2796-1377
　　　　　http://www.showwe.com.tw
劃撥帳號 / 19563868　戶名：秀威資訊科技股份有限公司
　　　　　讀者服務信箱：service@showwe.com.tw
展售門市 / 國家書店（松江門市）
　　　　　104台北市中山區松江路209號1樓
　　　　　電話：+886-2-2518-0207　傳真：+886-2-2518-0778
網路訂購 / 秀威網路書店：http://www.bodbooks.com.tw
　　　　　國家網路書店：http://www.govbooks.com.tw

2017年6月　BOD一版
定價：620元
版權所有　翻印必究
本書如有缺頁、破損或裝訂錯誤，請寄回更換

國家圖書館出版品預行編目

八十文存：大時代中的史家與史學 / 陳三井著.
　-- 一版. -- 臺北市：秀威資訊科技, 2017.06
　　面； 　公分. -- (史地傳記類；PC0662)(讀
歷史；61)
　BOD版
　ISBN 978-986-326-428-6(平裝)


　1. 現代史　2. 中國史　3. 文集

628.07　　　　　　　　　　　　106006857

# 讀 者 回 函 卡

感謝您購買本書,為提升服務品質,請填妥以下資料,將讀者回函卡直接寄回或傳真本公司,收到您的寶貴意見後,我們會收藏記錄及檢討,謝謝!

如您需要了解本公司最新出版書目、購書優惠或企劃活動,歡迎您上網查詢或下載相關資料:http:// www.showwe.com.tw

您購買的書名:＿＿＿＿＿＿＿＿＿＿＿＿＿＿＿＿＿＿＿＿＿

出生日期:＿＿＿＿年＿＿＿＿月＿＿＿＿日

學歷:□高中 (含) 以下　　□大專　　□研究所 (含) 以上

職業:□製造業　□金融業　□資訊業　□軍警　□傳播業　□自由業

　　　□服務業　□公務員　□教職　　□學生　□家管　□其它＿＿＿

購書地點:□網路書店　□實體書店　□書展　□郵購　□贈閱　□其他

您從何得知本書的消息?

　□網路書店　□實體書店　□網路搜尋　□電子報　□書訊　□雜誌

　□傳播媒體　□親友推薦　□網站推薦　□部落格　□其他＿＿＿＿＿

您對本書的評價:(請填代號　1.非常滿意　2.滿意　3.尚可　4.再改進)

　封面設計＿＿　版面編排＿＿　內容＿＿　文／譯筆＿＿　價格＿＿

讀完書後您覺得:

　□很有收穫　□有收穫　□收穫不多　□沒收穫

對我們的建議:＿＿＿＿＿＿＿＿＿＿＿＿＿＿＿＿＿＿＿＿＿

＿＿＿＿＿＿＿＿＿＿＿＿＿＿＿＿＿＿＿＿＿＿＿＿＿＿＿＿＿＿

＿＿＿＿＿＿＿＿＿＿＿＿＿＿＿＿＿＿＿＿＿＿＿＿＿＿＿＿＿＿

＿＿＿＿＿＿＿＿＿＿＿＿＿＿＿＿＿＿＿＿＿＿＿＿＿＿＿＿＿＿

11466
台北市內湖區瑞光路 76 巷 65 號 1 樓

**秀威資訊科技股份有限公司**　　　收

BOD 數位出版事業部

‥‥‥‥‥‥‥‥‥‥‥‥‥‥‥‥‥‥‥‥‥‥‥‥‥‥‥‥‥‥‥‥‥‥‥

（請沿線對折寄回，謝謝！）

姓　　名：＿＿＿＿＿＿＿＿＿　年齡：＿＿＿＿　性別：□女　□男

郵遞區號：□□□□□

地　　址：＿＿＿＿＿＿＿＿＿＿＿＿＿＿＿＿＿＿＿＿＿＿＿＿

聯絡電話：(日) ＿＿＿＿＿＿＿＿＿＿＿　(夜) ＿＿＿＿＿＿＿＿＿＿＿

E - m a i l：＿＿＿＿＿＿＿＿＿＿＿＿＿＿＿＿＿＿＿＿＿＿＿